동아시아한국학 연구총서 2

동아시아, 개항을 보는 제3의 눈

인하대학교 한국학연구소 편

인하대학교출판부

간행사

20세기 한국학은 식민지와 분단 시대를 넘으면서 서구주의를 보편성으로 수용하는 한편 민족주의적 특수성의 정당성을 옹호하는 두 편향을 주기적으로 반복하는 모습을 보여 왔다. 근대와 전통, 보편과 특수, 서양과 동양, 세계와 민족 사이에서 양자택일의 강요는 자리를 바꾸고 차원을 달리하면서 상쟁의 자기장을 형성하였다. 21세기 들어 동아시아로의 우회로를 통해 한국학의 지평을 일신하려는 시도는 그래서 제3의 길로서 주목되고 있다. '동아시아한국학'의 제창은 바로 그런 맥락에 놓여 있다.

인하대학교 인문학부 소속의 한국어문학, 사학, 철학, 문화콘텐츠 전공은 한국학의 동아시아적 융합의 필요성을 절감하고 대학원에 한국학과정을 합동으로 개설하였다. 동아시아 각국으로부터 한국학을 공유하고자 쇄도하는 유학생의 행렬, 그리고 이를 계기로 동아시아를 향해 열린 시각을 갖추고자 하는 우리의 학술적 자세가 결합한 결과다. 그렇지만 한국학 연구에서 융합적 방법론의 창출 없이는 동아시아한국학의 학제적 안착을 낙관하기는 어려울 것이다.

본 연구소에서 한국연구재단의 인문한국사업Humanities Korea Project에 동참하여 '동아시아 상생과 소통의 한국학Koreanology for East-Asia Community'을 내세운 것은 한국학 연구의 융합적 방법론을 인문학적 차원에서 모색하기 위한 것이다. 우리의 프로젝트는 동아시아한국학을 학제적學際的 국제적國際的 연구영역으로서 정립하여 승자와 패자를 구분 짓는 20세기 상쟁相爭의 전장을 벗어나 이웃과 생산적 연대를 맺는 21세기 상생相生의 보금자리를 틀고자 한다. 제국주의적 발상에서 구조화된 지역학의 전략적 일방성을 벗어나 쌍방향적 소통을 제안한 것은 이 때문이다.

3단계 10년에 걸친 연구소의 사업내용을 소개하면 다음과 같다. 제1단계는 '동아시아 지평 속의 한국학'이다. 일국사적 시각에서 이해되어 온 한국의 역사적 사상적 문화적 경험들을 동아시아의 관점에서 재해석하는 작업이다. 한국학을 대상으로 한 작업의 성과가 동아시아 각국에서 자국학을 이해하는 방법으로 전염되기를 희망한다. 제2단계는 '한국학과 동아시아의 소통'이다. 동아시아에서 한국을 재발견하려는 작업이다. 침략과 저항의 20세기 상쟁의 한국학을, 21세기 소통과 상생의 한국학으로 재구축하려는 것이다. 제3단계는 '동아시아한국학의 정립과 확산'이다. 소통과 상생의 한국학의 방법론을 정립하고 이것을 실용적으로 적용하고 확산시키려는 것이다.

21세기 한국학을 재구축하려는 동아시아로의 우회로에도 복병은 있다. 동아시아를 자기 중심의 위계로 재구축하려는 상쟁적 의지는 과거의 위대한 역사를 재현하려는 열망과 얽혀 새로운 형태로 반복 재생된다. 이제 상생의 길은 융합과 교섭에 있다고 본다. 우선, 한국학 내부에서 인문학의 융합이 필요하다. 어학·문학·역사·철학·문화의 기계적 조합이 아닌 화학적 융합이 요청된다. 그리고 그 효과는 사회과학과 자연과학에도 미쳐야 한다. 나아가, 동아시아 각국의 한국학 및 자국학과의 교섭도 확대되어야 한다. 탄생단계에 있는 동아시아 각국의 한국학과 쌍방향적 시선의 교환이 필요할 뿐 아니라 그 지역 자국학과의 만남도 절실하다. 중국학, 일본학에 머물지 않고 동아시아의 범주를 동남아시아에 이르기까지 확대하고 아시아 전체에도 미칠 수 있어야 할 것이다.

'동아시아한국학연구총서'는 동아시아한국학의 발전을 위한 학제

간 연구의 열린 마당으로 꾸미고자 한다. 역사적 경험의 재발견, 재
조명에서부터 대안적 담론의 개발, 그리고 인문적 실천에 이르기까
지, 동아시아한국학의 융합적 방법론을 창출할 창의적인 성과를 담
아낼 그릇으로 만들 것이다. 풍성한 수확으로 가득 채워 "인천－한
반도－동아시아－세계를 잇는 21세기 한국학의 새로운 중심"으로
도약할 것을 약속드린다.

2009년 12월

인하대학교 한국학연구소장 이영호

목 차

1부 개항 전후

2부 기억의 정치

서문 : 경계에서 다시 보는 개항

　한국사회의 근대성을 해명하는 데 식민지 문제는 아직 뜨거운 감자다. 식민의 과거를 억압과 수탈의 역사로 부정하는 민족주의론과 그로부터 근대성의 맹아를 찾아내려는 식민지근대화론, 이 길항하는 두 축 사이를 버티며 그 너머의 시야를 확보하기란 그 긴절성에도 불구하고 간단치 않아보인다. 최근 『창작과비평』 지면에, 근대성을 식민지로 일괄 귀결하는 식민지근대화론의 환원주의를 강하게 비판한 김흥규의 글은 '해묵은' 내발론에 담론적 생기를 부여함으로써 이른바 내발론과 외발론, 민족주의론과 근대화론이라는 오랜 논쟁구도가 여전히 현재진행형임을 시사했다.

　시선을 밖으로 돌려보면, 이는 비단 한국만의 특수한 상황이 아니다. '동방의 진주'라는 왕년의 명성을 회복하며 화려하게 국제무대로 복귀한 상하이를 둘러싸고 중국에서는 조계租界의 역사적·문화적 의미에 대한 재평가 작업이 한창이다. 그 과정에서 사회주의시기 서구 제국주의의 문화 침략이자 오염으로 얼룩졌던 조계의 불순한 문화가 글로벌시대의 '혼종문화'로 승격되었다. 그런데 민족주의가 여전히 현대 중국문화의 본원적 생리를 이루고 있음을 감안할 때 이런 재평가는 어딘가 모순적인데, 비슷한 아이러니가 자발적 개국으로 식민지를 피해갔던 일본에서도 발견된다는 사실이 흥미롭다. 안세이安政 년간 서구열강과 맺은 불평등조약을 개정하는 과제가 '문명개화'를 간판으로 내건 메이지明治 근대국가의 오랜 숙원이었다는 이율배반. 이 이중성을 건너뛰는 한 '근대의 초극'과 대동아공영권, 나아가 평화헌법 개정 요구로 이어지는 일본 우익내셔널리즘의 맥락 속으로 진입하기 힘들다.

이처럼 식민지—근대성에 잠복해 있는 트라우마의 복잡한 심층으로 진입하는 길목에서 우리는 개항을 문제화하는 과제와 만나게 된다. 반세기 전 도전—응전 패러다임으로 출발한 동아시아 근대성 논의가 이후 내발론—외발론, 내셔널리즘—콜로니얼리즘 등 이름은 달라도 큰 틀에서 동일한 구도의 논쟁으로 반복되어 온 것은, 어쩌면 개항을 자국과 자국에 침투한 제국주의와의 이원관계로 제한하는 일국주의·서구주의적 사고에 기인하는 것 아닐까. 즉, 한편으로 이것은 자국 국민국가 존립의 위기상황을 폐쇄적으로 전경화한다는 점에서 일국주의인 동시에, 서구와의 양자관계에 입각하여 근대의 문제를 풀이하려 한다는 면에서 서구주의이다. 여기에 결락된 것은 개항을 동아시아 역내의 상호관계로부터 보는 지역적regional 시야이다. 개항을 압박한 서구뿐 아니라 동아시아 각지에서 서로 다른 양상으로 진행된 개항의 경험을 상호 교차적으로 복원하는 작업으로부터, 일국주의와 서구주의가 구축한 담론의 성긴 틈을 메울 생산적 논의를 기대할 수 있을 것이다.

동아시아적 시야에서 개항의 의미를 재구축하려는 본서의 기획은 수년 전부터 시작되었다. 2007년 재단법인 인천문화재단의 '동아시아지역문화교류사업'의 일환으로 출발한 세 차례의 심포지움—'한국 개항도시의 문화유산'(6.5), '인천-나가사키 개항의 역사와 문화'(9.29), '인천-칭다오 조계도시의 역사와 문화'(10.28)—에, 2008년 인하대학교 한국학연구소 HK사업단과 한국학과 BK사업단이 공동 개최한 국제학술대회 '개항과 동아시아, 텍스트의 안과 밖'(12.4~5)이 더해지면서, 인천, 부산, 목포, 상하이, 칭다오, 요코하마, 나가사키, 호이 안 등 동아시아 각 개항(장)이 내포하는 역사적·문화적 이슈들이 가시화될 수 있었다. 네 차례의 학술회의에 제출된 발표문 중 개항을 보는 최근의 새로운 접근법과 논쟁적 문제의식을 담은 글들을 선별하여 책으로 묶었다. 이 외에, 일본 개국 초기의 복잡한 내면과 상하이 문화의 이율배반성에 대해 독창적 견해를 선보인 미타니 히로시三谷博와 천 쓰허陳思和의 글, 그리고 인천 개항장의 매판상인의 활동을 논구한 이영호의 글을 추가적으로 보완함으로써, 부족하나마 개항을 둘러싼 역사·문학·문화의 주요 이슈들을 균형있게 포괄하는 종합적 연구서의 형태를 갖추게 되었다.

구성 면에서 이 책은 역사학 논문들로 구성된 제1부와 문학 및 문화론을 담은 제2부로 나뉜다. 이에 앞서, 한국 학계가 거쳐 온 '개항찬미론'과 '개항부정론'의 이분법을 넘어 개항이 지닌 양면성에 대한 성숙한 인식을 통해 진정한 탈식민의 시야를 열어낼 것을 촉구한 최원식의 도론導論 「인천과 환황해네트워크」는 이제까지 개항 연구의 현주소를 짚고 미래의 연구 방향을 제시한 제언적 글이다.

제1부는 한국의 대표적 개항장인 인천과 부산, 목포에 관한 논문으로 출발한다. 이영호의 「인천 개항장의 '한국형 매판', 서상집의 경제활동」은 개항기 인천 상인 서상집의 생애와 경제활동을 소상하게 다룬다. 미국계 회사의 대리인에서 인천을 대표하는 민족자본가로 성장한 서상집을 민족상인으로 볼 것인가 근대 부르주아지로 볼 것인가에 대해서는 논의가 분분한데, 저자는 이러한 양분법을 넘어

그를 정 관잉鄭觀應으로 대표되는 중국 매판買辦과의 연계선상에서 동아시아 매판의 한국적 형태로 보는 시각을 제출한다. 김승의 「일제 강점기 해항도시 부산의 형성과 발전」과 박찬승의 「목포의 식민지 근대성과 이중도시」는 식민지시기 일제에 의해 부산과 목포가 근대 도시로 탈바꿈하는 양상을 분석한 글이다. 김승의 글은 식민지시기 부산이 일제 주도의 매축과 도시공간의 확장을 통해 해방 후 수출항 부산으로 도약하는 기반을 닦는 과정을 보여준다. 그리고 박찬승에 따르면, 개항 초기 미곡과 면화의 수출항구였던 목포 또한 식민지를 통해 호남 제일의 공업도시로 변모한 바, 이 같은 목포의 근대성은 일본인과 조선인 거주지역이 확연히 대비되는 '이중도시'라는 모습으로 구체화되는데, 여기에 식민지근대성의 양면성이 발견된다.

1부 후반부에는 동아시아 개항의 면면을 엿볼 수 있는 외국 필자들의 글을 실었다. 미타니 히로시의 흥미로운 논문 「막다른 골목으로부터의 탈출」은 일본의 대외 개방이 1854년 미국에 의해 비롯되었다는 학계의 통상적 선입관에 문제를 제기한다. 그에 따르면 쇄국정책 하에서도 네덜란드로부터 서구의 항해술과 과학기술을 배웠던 일본에는 페리 내항 전부터 개방에 대한 적극적 움직임이 있어왔고, 따라서 무역이나 외교관계를 틀짓는 근대조약 수립 과정에서 네덜란드의 도움과 일본의 주도성이 적지 않은 역할을 했다. 개항을 수동적으로 보는 과거의 연구경향에 대해, 개항을 주체의 적극적 행위로 재해석하는 변화된 경향을 보여주는 글이라 할 수 있다. 가고타니 나오토籠谷直人의 「동아시아에서 자유무역 원칙의 침투」 또한 개항에 대한 적극적 해석의 한 사례이다. 그는 개항을 조공체제라는, 거래기준과 결제중심이 모호한 교역상태에 런던 중심의 근대적 자유무역원칙이 침투하는 계기로 읽는다. 즉, 개항은 영국이라는 근대

제국주의와 화교네트워크의 상호의존관계에 의해 성립한 것으로서, 바로 이 같은 근대적 네트워크에 포섭된 것이 일본의 개항이라는 것이다. 한편, 베트남 학자 응우옌 반 낌Nguyen Van Kim은 전근대시기부터 존재했던 동아시아의 교류—무역 네트워크에 주목한다. 그의 글 「개항 이전 동아시아의 교류—무역 네트워크」에 따르면, 동아시아 교류—무역 시스템은 한대에 시작하여 당대를 거쳐 글로벌한 시스템으로 발전했고 17세기 전후에 이르면 동아시아의 거의 모든 국가가 이 시스템 안으로 편입되었다. 베트남의 항구 호이 안은 근대 서구열강에 의한 강제적 개항 이전부터 이미 동아시아세계에 형성되어 있던 교역네트워크를 보여주는 한 사례로서 주목되는 바이다.

제2부는 동아시아에서 개항과 조계의 문화 분석에 관한 주요 쟁점을 제기한 글들로 구성되었다. 위앤 진袁進의 「상하이는 어떻게 중국 근대문화의 중심이 될 수 있었는가」와 천 쓰허의 「해파문학의 전통」은 조계지 상하이에 만개한 근대문화가 전체 중국문학 및 문화사에서 점하는 특수한 맥락을 짚는다. 위앤 진의 글에서 보이듯, 난징조약으로 개항한 다섯 항구 중에서도 가장 덜 중시되었던 상하이가 동아시아 최대의 조계도시로 발전할 수 있었던 이유는, 베이징으로 상징되는 정치적·문화적 중심부의 통제를 덜 받는 주변부였기 때문이다. 이미 개항 전부터 전통문화가 해체되기 시작했고 개항 후 외세에 대한 배척의식도 상대적으로 약했던 탓에, 상하이는 중국 봉건전제통치에 저항하는 다양한 문화운동을 흡수하는 근거지가 될 수 있었던 것이다. 한편, 천 쓰허는 '해파海派문학'을 퇴폐적 통속문화로 폄하해온 학계의 기성관념에 반대하면서, 해파문학의 전통을 번영과 부패가 공존하는 현대성 전통과 그것에 비판적인 좌익문학 전통의 모순적 결합체로 볼 것을 주장한다. '신감각파'와 '좌익문학'이라는 상호 대립적인 문학전통이 사실상 해파문화의 동일한 양면

이라는 그의 탁견은 비단 중국뿐 아니라 우리의 모더니즘을 보는 데에도 중요한 참고가 된다.

2부 후반부에는 조계시대 제국주의가 남긴 문화유산을 자국 근대문화로 수용하는 문제에 관한 논쟁적 글들을 모았다. 독일조차지였던 칭다오靑島에 설립된 고등교육기관에 관한 글 「더화 칭다오 특별 고등전문학당의 설립 과정」에서, 쑨 리신孫立新은 비록 그것이 중국에 독일의 영향력을 확대하기 위한 제국주의 식민통치의 수단이다 하더라도 실질적 과정에서 중국 당국이 적극적으로 개입하고 참여했던 측면을 간과해서는 안 된다고 주장함으로써, 조계지 문화통치 과정에서 독일 제국과 중국의 상호작용을 부각했다. 한편, 자오 청궈趙成國는 「식민주의 인식과 식민유산의 보호」에서 조계시대 중국 각지에 세워진 서구 건축물의 세계문화유산 등재를 둘러싼 일련의 논쟁을 소개하면서, 식민지 역사가 남긴 '식민문화유산'을 국가와 지방정부의 중요한 문화유산으로 수용해야 할 당위성을 조심스레 제기했다. 아울러, 조계시대 인천 각국공원(現 자유공원)에 있었던 양관洋館 존스턴별장의 역사와 내력을 고찰한 백지운의 「식민지의 기억, 그 재영토화를 위하여」는 냉전과 민족주의 이념갈등 속에 망각되어가는 조계시대 문화기억을 동아시아 조계의 네트워크를 복원하는 과정을 통해 다시 소환할 것을 제안한다.

마지막으로 추이 허숭崔鶴松의 「『인간문제』에 나타난 근대 노동자 도시 인천」은 식민지시기 한국 작가 강경애의 장편 『인간문제』에 대한 작품론이다. 대체로 농촌을 배경으로 삼았던 강경애에게 『인간문제』는 근대도시 인천을 다뤘다는 점에서 이례적인 작품이다. 노동운동의 활력으로 생기 넘치는 근대 노동자 도시 인천의 상을 생생하게 그려낸 것은 물론 식민지시대 '인간문제'를 돌파하는 혁명적 모색의 장소로서 인천이 그려졌다는 사실을 부각함으로써, 이 글

은 개항도시 인천을 읽는 문화적 텍스트로서 『인간문제』의 의미를
되새기게 한다.

이 책에 수록된 글들이 어떤 특정한 방향이나 가치관을 공유하는
것은 아니다. 그러나 일국적 경계, 그리고 서구와의 단선적 관계라
는 폐쇄주의를 넘어, 동아시아로 열린 관계망을 자유롭게 넘나듦으
로써 개항의 역사적·문화적 의미를 역동적으로 재독하자는 기획에,
여기 실린 글들은 직·간접적으로 적지 않은 시사점을 제공한다. 아
무쪼록 이 글들이 펼쳐보이는 스펙트럼이 개항 및 식민지 문화연구
의 새로운 방향 탐색을 향해 내딛는 의미 있는 일보가 되기를 기대
한다.

2010년 5월 12일

백지운

도론 : 인천과 환황해네트워크

최원식

1. 병자조약 전후

1875년 9월 1일 일본 군함 운요호雲揚號가 인천 앞바다에 나타났다. 강화江華 초지진草芝鎭을 박살내고 이어 영종진永宗鎭을 유린한 일본에 의해 조선의 오랜 쇄국은 종언을 고했다. 병자호란丙子胡亂이 발발한 지 240년 뒤, 다시 맞은 병자년에 "조선국은 자주의 나라로 일본국과 더불어 평등의 권리를 보유한다朝鮮國自主之邦 與日本國保有平等之權"고 선언한 강화도조약(1876)이 조선정부와 메이지明治정부 사이에서 조인되었다.

강화도조약으로 조선이 개국함으로써 세계시장의 고리가 완결되었다. 사실 조선은 그 사이, 프랑스함대의 침략을 물리치고(병인양요丙寅洋擾, 1866), 미국의 무장상선 제너럴셔먼호를 불태우고(1866), 미국

---

* 인하대학교 인문학부 한국어문학전공 교수. 본 논문은 2008년 12월 4일, '개항과 동아시아, 텍스트의 안과 밖'이라는 주제로 개최된 인하대학교 회의에서 「개항을 보는 제3의 눈」이란 제목으로 발표된 기조발제를 정리한 것임.

의 육전대와 장렬한 전투를 치르면서까지(신미양요辛未洋擾, 1871), 자본
주의 세계시장에 편입되기를 거부해온 마지막 국가였다. 아편전쟁阿
片戰爭의 패배로 1842년 난징조약南京條約을 체결하고 개국한 중국과
미 제독 페리Perry의 위협에 굴복, 1854년 불평등조약을 맺고 개항한
일본에 이어 조선도 마침내 세계자본주의의 시장에 강제로 편입되
었던 것이다. 일본은 임진왜란壬辰倭亂(1592~1598)의 실패를 반복하지
않았다. 이로써 메이지유신明治維新(1868)을 통해 비서구세계에서 유
일하게 근대국가로 전환하는 데 성공한 일본에 의해 개국당함으로
써, 조선은 비서구세력이 개국을 주도한 최초이자 최후의 국가라는
희귀한 기록을 보유하게 되었다.

　서양의 계속되는 개항 요구에는 완강했던 조선이 일본의 위협에
굴복한 데는 무엇보다 대원군정권(1864~1873)의 붕괴라는 조선 내부
의 정국변화가 큰 요인의 하나로 작용하였다. 대원군정권의 등장과
붕괴는 당시 동아시아로 뻗어오는 서구 자본주의의 전반적 위협과
분리해서 생각할 수 없을 것이다. 영불연합군에 의한 베이징함락
(1860)은 중국뿐 아니라 조선과 일본에도 심대한 충격을 선사했다.
그 얼마 뒤 조선에서 위정척사사상衛正斥邪思想으로 무장한 대원군大院
君의 집권이 이루어지고 그의 정책이 안팎으로 일정한 성과를 거둘
수 있었던 것은 아마도 이 위기의식에서 비롯되었을 터인데, 그럼에
도 중세체제의 부분적 개혁으로 서구자본의 공세를 차단하려 했던
대원군정권은 조만간 실패할 운명에 처할 수밖에 없었다. 병인양요
와 신미양요에서 거둔 대원군의 작은 승리의 순간에 그 실각의 씨앗
이 배태되었다고 할까? 이 점에서 중국의 위기를 전기로 삼아 체제
변화에 일단 성공한 메이지유신이 대원군정권의 붕괴를 촉진했는지
도 모른다. 평양감사로서 제너럴 셔먼호를 격퇴하는 데 진력했던 박
규수朴珪壽가 그 후 오히려 병자조약체결에 적극적 역할을 행사한 데

에서 보이듯 개국을 통한 체제변화론이 하나의 뚜렷한 흐름으로 부
상했던 것이다. 이제 바람은 중국이 아니라 일본에서 불어온다.

열강의 간섭을 불러올지도 모를 동아시아의 무력충돌을 두려워
하여 강화도사건의 평화적 해결을 조선정부에 넌지시 권유한 중국
도 한몫을 했거니와,[1] 그럼에도 조선정부가 일본의 개국요구에 그
처럼 쉽게 응한 이유가 다 풀리는 것은 아니다. 대원군과 재야 지식
인들의 개국 반대론에 대해 당시 정부는 병자조약이 일본과의 '구교
舊交의 계속'이라고 주장하면서 양이洋夷와의 쇄국정책 고수를 다짐하
였다. 이처럼 일본과 양이를 구별한 정부의 논리를 "위정척사론자
의 반격에 대한 고충의 변명"[2]이라고 볼 수도 있지만, 나는 이것을
조금 더 적극적으로 해석하고 싶다. 일본에 대한 경계에도 불구하
고 기왕의 교린交隣관계를 생각할 때 조선정부가, 서양의 충격 아래
에서도 나라를 보존할 뿐 아니라 체제변화에도 일정하게 성공한 일
본의 경험으로부터 동병상련적同病相憐的 학습의 나눔을 호의적으로
기대했던 것은 아닐까? 그러나 일본은, 쑨 원孫文의 유명한 표현을
빌리면, '동양왕도의 아성'이 아니라 '서양패도覇道의 주구走狗', 즉 서
구자본주의의 아시아 침략의 대리자 또는 하위 파트너로 전락했다.

이 점에서 개항에 반대한 위정척사론자 면암勉庵 최익현崔益鉉의 왜
양일체론倭洋一體論[3]은 날카롭다. 그는 양복을 입고 양박洋舶을 타고
양포를 쏘면서 몰려온 일본이 과거의 '왜이'가 아니라 이미 양화洋化
한 '금수禽獸'이기 때문에 병자조약이 결코 '구교의 계속'이 될 수 없
음을 강조하였던 것이다. 유신 이후의 일본을 과거의 왜이와 구분
한 그의 안목은, 답답한 쇄국론의 회로에 갇혀 있을망정, 정곡을 얻

1] 海野福壽, 『韓國併合』, 岩波書店, 1996, 22~23쪽.
2] 姜在彦, 『近代朝鮮の思想』, 紀伊國屋書店, 1971, 77쪽.
3] 姜在彦, 위의 책, 77~79쪽.

은 터이다. 강화도조약 체결 당시에도 이를 병자호란에 비기는 논의가 있었던 모양이다. 청淸과의 관계가 강화講和 이후 오히려 안정되었듯이 강화도조약도 그와 유사한 효과를 거두리라고 전망하는 일부의 논의에 대해 면암은 예의 금수론에 입각, 메이지정부를 중세적 이적夷狄인 청과 엄격히 차별지었던 것이다. 요컨대 1876년 인천 앞바다에 출현한 일본은 근대 이전 무수히 한반도에 출몰했던 왜구가 아니라 전혀 새로운, 근대 자본주의의 첨병 '양이洋夷'라는 점을 그는 간파하고 있었다.

　과연 일본은 당시 조선 조야 일부의 우려 섞인 기대를 배반하고 '양이'의 면모를 유감없이 발휘하였다. 이에 조선정부는 뒤늦게 1882년(고종 19) 미국·영국·독일 등과 수호조약을 잇따라 맺음으로써 청·일을 견제하면서 자강을 도모하려 하지만 이 또한 오판이었다. 서구 열강, 특히 영·미는 일본의 조선 및 중국 침략을 후원함으로써 일본을 아시아의 경찰로 키웠던 것이다. 그런데 이는 비단 서구뿐만이 아니다. 엥겔스가 청일전쟁을 "러시아 정부가 일본을 도구로 사용하여 도발"[4](「맑스의 딸 라우라 라파르그에게 보낸 편지」, 1894.9)한 것으로 파악했듯이, 이 전쟁에 즈음한 러시아의 양면전술은 대표적이다. 러시아는 "중국에 대해서는 선심을 쓰는 척하면서도 일본을 부추기어 중국에 대한 침략전쟁을 발동하게 함으로써 일본의 손을 빌어 중국 봉건군벌들의 세력을 조선으로부터 몰아내며 나아가서는 중·일 양국이 지친 틈을 타서 중국 동북과 조선에 대한 저희들의 침략의도를 진일보 성취"시키려고 획책하였던 것이다.[5] 그런데 러시아의 기대와는 달리 청은 너무 빨리 패배하고 이에 따라 동아시아 국제질서를

4] Marx & Engels, *Werke* 39, Dietz Verlag, 1950, 298쪽.

5] 송정환, 『러시아의 조선침략사』, 범우사, 1990, 84쪽. 그러나 이 책의 관점은 지나치게 친중반러적인 것이 문제다.

지탱해온 전통적 중화체제는 붕괴되고 말았다. 엥겔스가 그 편지에
서 예견한 대로 청일전쟁은 "낡은 중국의 모든 전통적 체계들의 철저
한 와해der vollige Zusammenbruch des ganzen traditionellen Systems im alten China"
를 가져왔던 것이다. 일본이 만약 이때 중화체제를 철저히 해체하고
진정한 의미의 아시아연대론에 입각해 동아시아의 근본적 평화를
가져올 새로운 질서의 건설자로서 자기 역할을 진지하게 고려했다
면 어떠했을까? 그러나 일본은 다른 길을 선택했다. 중화체제를 대
신하여 아시아의 패자로 군림하려는 확전擴戰의 도정이 그것인데, 그
근원에 메이지유신의 성격이 가로놓여 있다고 해도 좋다.

　나는 메이지유신을 비서구지역 근대화의 교과서로 미화할 의도
는 전혀 없지만 그렇다고 이를 과소평가하고 싶지도 않다. 메이지
유신이 위로부터의 변혁이라고 해도 그 과정에서 정치적으로 사망
한 숫자가 약 3만 명에 달한다는 사실에도 주목해야 하지만,[6] "좋든
나쁘든 일본인들이 전국에 걸쳐 근본적인 변혁을 이룩한 것은 일본
의 역사에서 명치유신이 단 하나의 예"[7]라는 점에 유의해야 한다.
봉건체제를 수호하는 수구세력의 강고함을 뚫고 더구나 그것이 서
구 열강의 근본적 위협이라는 조건 아래에서 유신이 성공할 수 있
었다는 것은 놀라운 일이다. 조선과 중국에서 유신을 모델로 한 갑
신정변甲申政變(1884)과 무술정변戊戌政變(1898)이 모두 실패로 끝난 것을
상기하면, 메이지 10년대까지 반전을 거듭하며 진행된 유신의 변혁
과정이 그 이후에 이루어진 메이지국가보다 위대하다는 다케우치
요시미竹內好의 지적이 의미심장하다.

　이처럼 대단한 일을 해낸 근대일본은 어찌하여 아시아의 침략자

6] 三谷博, 「幕末일본의 외교와 정치변동」, 『동북아』 제2집, 동북아문화연구원, 1995,
　78쪽.

7] 市井三朗, 김홍식 역, 『명치유신의 철학』, 태학사, 1992, 5쪽.

로 돌변하는가? 여기에 메이지유신의 근본적 문제가 있다. 유신변혁을 추동한 주된 담당층이 막말기幕末期의 부르조아적 세력과의 제휴가 약한 사족적·귀족적 반대파에서 배출됨으로써 일찍부터 아니 처음부터 '황국와해皇國瓦解' 방지론에 입각한 국가주의에 경사했다는 점이다. 이로 말미암아 그들은 "봉건제로부터의 해방을 열망하는 인민에 의거하는 것을 거부하고 (…중략…) 봉건영주계급과의 타협 위에 자기의 진로를 구"하는 모순에 빠졌다.[8] 이 반인민적 성격은 대외적으로는 아시아 이웃에 대한 침략주의와 긴밀하게 호응한다. 요시다 쇼인吉田松蔭이 "교역으로 러시아와 미국에 잃은 바를 토지로 조선과 만주에서 보상"받겠다고 말했듯이, "대對아시아의식만 있고 아시아의식을 결한 '아시아의 일원'인 일본의 비극"[9]이 여기에서 싹텄던 것이다.

특히 정한론征韓論은 악명 높은 것이다. 1873년 조선 정부의 왜관倭館 봉쇄를 계기로 사이고 다카모리西鄕隆盛가 주창한 정한론이 그중 뚜렷이 드러난 바이지만, 그 연원은 막부 말기로 소급된다. 구미열강의 압박과 양이파攘夷派의 대두 속에서 위기에 몰린 막부는 1860년대 초, 돌연 정한론으로 그 돌파구를 모색하였다. 막부에 적대적인 웅번雄藩의 군사력을 오히려 해외로 돌려 막각幕閣독재의 재확립을 획책하였던 것이다.[10] 그런데 막부의 안보이데올로기로 제기된 정한론을 유신정부도 거의 고스란히 계승하고 있는 점에 주목해야 한다. 내정의 주도권 장악이 군사적 권위의 확립과 직결된 메이지 국가의 속성을 염두에 둘 때, 지배층 내부의 권력투쟁이 조선 침략의

8] 大江志乃夫, 「征韓論の成立とその意義」, 『東アジア近代史の研究』, 御茶の水書房, 1967, 77쪽.

9] 大江志乃夫, 위의 글, 59쪽.

10] 大江志乃夫, 위의 글, 65~66쪽.

주도권을 누가 잡느냐, 바로 이 문제와 연동된다는 것을 이해하게
된다. 1873년 사이고 다카모리의 정한론이 이와쿠라 도모미岩倉具視
파에 의해 좌절됐을 때 그의 몰락은 이미 예고되었던 것이다. 그렇
다고 이와쿠라파가 조선 침략에 본원적으로 반대했던 것은 물론 아
니다. 그들은 사이고의 자멸 이후 운요호 사건으로 조선을 도발하
여 결국 강화도조약을 맺었던 것이다.[11] 요컨대 구미 열강에 대한
종속의 대상代償을 가까운 이웃 아시아의 침략에서 구하는 요시다
쇼인의 방향이, 열강의 힘의 균형을 이용하여 '소독립국 일본'에의
길을 추구했던 하시모토 사나이橋本左內의 꿈을 압도함으로써 메이지
일본은 군국주의가 조숙했던 것이다.

2. 개항을 보는 눈들

오랫동안 한국에서 개항은 찬미의 대상이었다. 서구와 일본을 모
범으로 삼는 근대주의가 한국사회를 지배해 왔기 때문이다. 물론
그 침략적 성격마저 찬양하려는 의도는 전혀 아니겠지만 '근대화'를
강조하다 보니 저절로 개항의 식민성이 괄호에 들었던 것이다. 1970
년대 이후 개항을 비판하는 논의가 강력하게 대두하였다. 개항이
결국 식민지로 가는 길의 출발점으로 되었다는 점을 강조함으로써
외세에 의해 주도된 치욕으로 치부하는 민족주의 담론의 일환으로
서 개항을 부정하는 논의가 흥기하였던 것이다. 전자를 '개항은 있
다'론이라면 후자는 '개항은 없다'론이라고 할 수 있겠다.

여기서 잠깐 개항 이후 조선의 풍경을 빠르게 개관해 보자. 병자

11] 大江志乃夫, 위의 글, 90~91쪽.

조약에 따라 개항이 추진되었다. 체결 뒤 바로 부산釜山이 개항하였다. 부산은 원래 왜관의 전통이 깊은 곳이다. 이어 일본은 러시아의 남하를 견제할 교두보로서 원산元山을 선택하였다. 1880년 원산이 개항하였다. 그리고 지리한 교섭 끝에 마침내 조선정부는 1883년 1월 1일 인천항을 열었다. 부산이나 원산 같은 변방과 달리 인천은 왕조의 수도를 겨누는 비수와 같은 곳이다. 조선왕조는 일본의 집요한 요구에 다시 굴복, 인천 개항을 승인하지 않을 수 없었다. 개국이 강제적이듯이 인천의 개항 역시 비자발적인 선택이었던 것이다. 이렇게 조선은 일본의 군사력을 앞잡이로 한 서구자본의 압도적 요구에 따라 근대로 호출되었다.

　조선을 둘러싼 외세의 각축이 치열해졌다. 청일전쟁淸日戰爭(1894~1895)이 터졌다. 일본에 대항하여 형식적 속방관계屬邦關係를 넘어 조선을 실질적으로 지배하려고 한 늙은 제국, 청은 이 전쟁에서 패배하였다. 청은 '신선한 외기外氣에 쏘여 급속히 부패하는 미이라'(맑스)였다. 장구한 기간 동아시아를 지배했던 중화체제가 붕괴하고 '고상한 간섭noble interferences'12]을 내건 신흥 일본의 도전이 거세졌다. 청을 대신해 러시아가 남하했다. 러일전쟁(1904~1905)이 발발했다. 인천항에 정박중인 러시아군함에 대한 선제공격으로 시작된 이 전쟁에서 일본은 또다시 승리하였다. 조선을 둘러싼 열강의 각축에서 일본은 최후의 승자가 되었고 껍데기만 남은 대한제국大韓帝國은 1910년 일본제국주의의 희생양으로 바쳐졌다.

　서양에서 만든 지도에는 인천이 흔히 'Jemulpo' 또는 'Chemulpo'로 표기되곤 했다. 인천은 제물포濟物浦인가? 아니다. 원래 인천의 중심은 문학산文鶴山 기슭이고, 제물포는 인천도호부仁川都護府 소속의 포구

12] 內村鑑三가 청일전쟁에 대한 논평에서 사용한 용어. 咸東珠, 「메이지 일본의 조선관」, 『한일관계사연구』 제2집, 한일관계사연구회, 1994, 67쪽에서 재인용.

였다. 그런데 일본은 제물포를 개항장, 즉 새 인천의 근거지로 삼아 그 위계를 전복한다. 옛 인천은 제물포, 즉 새 인천에 지방정부의 모든 기능과 함께 그 이름마저 헌상함으로써 일거에 역사의 뒤안길로 물러앉는다. 이 역전 속에서 비류백제沸流百濟의 건국신화가 숨쉬는 오랜 고을, 인천의 역사는 지워지고 제물포가 외세의 진출루트에 알맞게 '과거가 없는sans passé' 식민도시로 재창안되었던 것이다.

그런데 개항장들에서 일제의 전일적 지배가 허용되지 않았던 점에 유의해야 한다. 서구열강은 일본을 후원하면서도 일변 견제하였고 그 틈새에서 식민주의들의 압력에 응전하는 반식민의 활로가 간신히 열렸으니, 개항장들은 근대도시의 흥미로운 실험실로 되었던 터다. 말하자면 신분이 아니라 재능이 자신의 삶의 질을 결정하는 근대성이 일변 꽃피운 것이다. 항구는 번성했고, 아시아에서 세 번째로 철마가 달리기 시작했다. 1899년 9월 18일 경인선京仁線이 개통됨으로써 인천에 도착한 근대가 서울을 향해 질주했다. 조선에 대한 자본의 포섭력이 일층 강화되면서 구체제는 급속히 분해되기 시작하였고, 항로와 철도를 따라 전국에서 고향을 버린 사람들이 속속 모여들었다. 많은 사람들이 항구에서 배를 타고 세계로 흩어져 갔다. 상하이上海항로를 통해 혁명가들이 잠행潛行했고, 일본항로로는 쌀을 비롯한 조선의 자원이 수탈되었다. 떠돌이의 경험들 속에서 "모든 단단한 것들은 한줌의 연기로 사라진다"(맑스). 항구를 조국으로 삼는 새로운 시민이 탄생하였다. 시간의 미묘한 발효작용 속에서 항구는 해방의 서사敍事를 조직하는 이념들의 발신처로 들끓었다. 민족주의자·사회주의자·무정부주의자 들이 새로이 탄생한 시민과 결합하여 합법적/비합법적 투쟁을 조직해 나갔다.

이 개관을 살피건대, 개항에 대한 '있다/없다'론은 모두 상상된 imagined 것에 가깝지 않을까? 전자가 인천을 비롯한 개항장을 '과거

가 없는' 도시로 보고 싶은 국외자의 시각에 사로잡혀 있다면, 후자
는 단일한 정체성의 간단없는 지속을 꿈꾸는 토박이의 향수에 지펴
있다. 어떤 점에서 양자는 동전의 양면, 즉 대립적 공존을 이루고
있는지도 모른다.

　우리는 우선 이 '있다/없다'의 형이상학에서 탈주해야 한다. 형이
상학에서 현상학적 환원으로! 사물의 양면성에 대한 성숙한 인식을
바탕으로 단순한 양분법을 넘어서는 훈련이 절실하다. 식민도시로
개발되었지만, 그 의도를 넘어 재창조된 개항장들이 한국근대도시
의 실험실로 되었다는 점에서 민족주의적 시각으로만 개항을 파악
하는 것은 탈민족주의적으로 접근하는 것만큼 적실하지 않을 것이
다. 한반도의 운명을 좌지우지하려는 식민주의적 기도에 대해서 경
계해야 마땅하지만, 그렇다고 침략과 저항이라는 이분법에 의거해
주체 중심의 외세배격으로 치닫기 쉬운 반식민주의는 오늘의 현실
과 상충하기 십상이기 때문이다. 주체를 제대로 보위하기 위해서도
개방이 조건으로 되는 또는 개방의 시련을 너끈히 겪은 주체만이
실다워지는 그런 국제주의·세계주의 시대를 우리는 통과하고 있다.
더구나 반식민주의는 쉽게 신식민주의 또는 아류 제국주의로 전화
되기도 한다는 점을 더욱 경계해야 한다. 식민주의는 악이고 반식
민주의는 선이라는 단순사고를 탈피하는 게 요체다.

　이 점에서 식민주의와 반식민주의를 횡단하는 탈식민주의를 새로
운 사상의 거처로 점검할 만하다. 현재 세계는 중심―반주변부―주
변부라는 계서제에 의해 구성되어 있다. 이 엄연한 현실을 가리고
식민지 또는 식민주의 문제는 과거의 일인 양 여기는 그런 탈식민주
의는 사절이다. 식민주의의 진출 루트로 된 해방 전이나, 식민주의
의 새로운 변형으로서 출현한 분단체제를 받치는 거점으로 발전한
해방 후나, 식민주의적 성격을 벗는 것은 한국사의 비원이다. 그럼

에도 지금 이 과제를 반식민의 이름으로 수행하기를 사양하는 바는 기존의 역사를 오직 부정의 대상으로만 설정하지 않으려는 성숙한 자기긍정의 발로가 아닐 수 없다. 식민주의의 극복을 종지로 삼되, 식민성의 틀 안에서 형성된 부정적·긍정적 힘들도 미래의 자산으로 포용하는 일종의 운명애運命愛, 이것이 바로 탈식민의 핵이다. 그것은 또한 세계와 국가 사이를 매개하는 접촉권역contact zone으로서 동아시아라는 지역region을 적극적으로 사유하는 작업이기도 한데, 19세기 말의 개항이 지닌 결여를 동아시아네트워크 속에서 극복하는 일이야말로 21세기 동아시아의 고상한 꿈이 아닐까?

1부 개항 전후

인천개항장의 '한국형 매판', 서상집의 경제활동

이영호

1. 머리말

동아시아의 개항장은 서구제국주의가 중국·일본·조선의 문호를 강제로 열어 무역의 이익과 특권적 거주, 조차지의 획득을 목적으로 하여 설치한 것이다. 기본적으로 외국상인들의 경쟁과 침략의 무대이지만 여기에 본국상인들이 참여함으로써 개항장에서의 상권경쟁은 국적과 민족이 배경으로 작동하게 된다. 외국상인과 본국상인의 관계는 유통의 구조와 그 변화 속에서 경쟁과 대립, 협력과 매판의 양상을 보인다.

인천개항장에서 국내외상인과의 관계망을 활용하여 경제활동을 전개한 대표적인 상인으로 서상집徐相集을 들 수 있다. 그는 개항 초기에는 미국계 타운센드 순신창상회順信昌商會의 대리인으로 활동하고, 갑오개혁기에는 공동회사公同會社를 세워 조세상납 대행 및 미곡

---

* 인하대학교 인문학부 사학전공 교수. 본 논문은 『사학연구』 제88호(한국사학회, 2007.12)에 게재된 것을 약간 수정하였다.

무역, 그리고 해외홍삼무역을 전개하였다. 대한제국기에는 신상회
사紳商會社를 조직하여 일본인 상인단체에 대항하는 한편, 해운업·조
선업·금융업에 뛰어들어 인천의 대표적 자본가로 성장하였다. 경제
적 성장은 필연적으로 정치적 관계망에 포섭되지 않을 수 없어 개
화파 유길준의 쿠데타기도 사건에 연루되기도 하였다.

　서상집의 이러한 경력은 한국의 근대전환기, 경제적 측면에서는
근대성의 세례를 가장 첨단에서 맞는 개항장에서, 경제와 정치의 관
계양상을 검토할 수 있는 좋은 사례가 되고 있다. 중앙집권적 군주
제하에서 국가나 왕실은 상인들에게 상업활동의 독점권을 주고 그
반대급부로서의 상업세를 수취하는 공생관계를 형성하였지만, 개항
이후 근대자본주의의 영향을 받게 되면서 경제세력과 정치권력 사
이에 새로운 형태의 관계설정이 요구되기 시작하였다. 이 문제의
일단을 서상집의 사례를 통해 살펴보고자 한다.

　서상집의 가계와 인격에 대하여는 잘 알려져 있지 않다. 서상집
의 사회경제활동에 대하여는 순신창상회의 대리인,[1] 공동회사 경
영,[2] 신상회사 조직,[3] 대한천일은행 인천지점 개설,[4] 유길준 쿠데
타기도 사건 연루,[5] 인천명사로서의 삶[6] 등 여러 각도에서 연구되

1] 하지연, 「타운센드 상회 연구」, 『한국근현대사연구』 4, 1996, 12~14쪽 ; 나애자,
　『한국근대해운업사연구』, 국학자료원, 1998, 209~210쪽.

2] 오두환, 「갑오개혁기의 부세 금납화에 관한 연구」, 『경제사학』 7, 1984, 26~28쪽
　; 이영호, 『한국근대 지세제도와 농민운동』, 서울대학교출판부, 2001, 114~117쪽.

3] 조기준, 「한말의 민족상인단체의 성격고 : 인천신상협회를 중심으로」, 『학술원논
　문집』 13, 대한민국학술원, 1974 ; 김진식, 「1894~1897년 인천항 민족상인들의 활
　동」, 『기전문화연구』 7, 경인교대, 1976.

4] 이승렬, 『제국과 상인』, 역사비평사, 2007, 123~128쪽.

5] 윤병희, 「일본망명시절 유길준의 쿠데타 음모사건」, 『유길준연구』, 국학자료원,
　1998.

6] 최성연, 『개항과 양관역정』, 경기문화사, 1959(도서출판 해반 윤문본, 1999), '서
　감리저택'.

었지만, 그의 활동에 대한 종합적인 평가는 내려져 있지 않다. 사료 상에서 서상집은 간상奸商, 객주, 사장, 부호, 감리 등으로 등장하지 만 그 의미는 짚어지지 않았다. 개항장을 무대로 활동한 실명 한국 경제인이 거의 없는 상황에서 서상집의 이름을 등재하고, 그를 통해 근대경제와 정치의 관계, 개항장 근대상인의 존재방식과 그 동아시 아적 특성에 대해 검토해 볼 필요가 있다고 생각한다.

2. 서양회사의 대리인 및 자본축적

인천항은 1883년 1월 개항되었지만 일본인 등 외국인이 들어오기 시작한 것은 5월이 되어서였고, 개항장의 꼴이 갖추어지게 된 것은 1884년에 들어가서였다. 인천항의 조선인 회사는 1883년 하반기 반 관반민半官半民의 순신초상회順信招商會,[7] 장춘사, 대동상회가 처음으로 개설되었다. "작년 봄 일본 및 청국에 유람하고 지금 혜상국 총판인 민응식閔應植 씨는 순신초상회라는 것을 조직하여 스스로 사장이 되 고 참의 군국사무 신기선申箕善 씨는 부사장이 되어 오로지 외국교역 을 목적으로 하여 국산 확장을 계획한다"고 하였다.[8] 관쪽에서 사장 이 된 민응식은 임오군란 때 피신한 민왕후에게 장호원의 집을 제 공한 후 정계에 진출한 수구계열 인물로서 이때 군국사무아문의 협 판, 보부상조직인 혜상공국의 총판으로서 회사를 설립하였고, 부사 장 신기선은 군국사무아문 참의로서 후에 대한제국기에는 보부상

7] 순신초상회는 이후 순신상회, 순신회사, 순신창상회 등으로 불렸는데 여기서는 순신창상회로 부른다. 순신창상회에 대하여는 여러 논문에서 지적하고 있지만 그 연혁이 불투명한 바 있어 여기서 재검토한다.

8] 『通商彙編』(1883. 下半季, 일본외무성편), 1883년 12월 30일 (인천)영사 小林端一 보고, '朝鮮人近時 商法景況', 333~334쪽.

조직의 책임자 상무사장商務社長이 된 인물이기도 하다. 임오군란에 공을 세운 보부상은 1883년 8월 통리기무아문에 상국商局, 상사, 상회 같은 조직의 설립을 건의하고 이것이 받아들여져 혜상공국惠商公局이 설립된 바, 이것은 개항 이후 새로운 유통조직의 형성과정에 보부상들이 적극 참여하고자 한 의지의 반영으로 읽힌다.[9] 순신초 상회가 "외국교역을 목적으로 하여 국산 확장을 계획한다"고 한 것은, 내륙에서 상품집산의 말단기능에 놓인 보부상 조직의 유통맥락을 개항장으로 연결지으려 한 것이라고 할 수 있다.

한편 일본 요코하마에 있던 미국무역상사의 조선지점을 개설하기 위해 1884년 5월 1일 인천항에 도착한 타운센드는, 4개월 뒤인 9월 황해도와 평안도를 답사할 때 사과司果라는 군직에 있던 서상옥徐相鈺과 동행하였다. 같은 시기 인천 화도진별장의 첩보에 의하면 "화도진에서 봉류捧留한 동래부 엽전 31,543냥4전6푼과 국왕의 재정을 위해 상납할 표지標紙를 미국인 타운센드淡順, W. D. Townsend가 추거推去하게 되어 서상옥에게 출급하니, 도합 출급전이 81,543냥4전6푼이고, 축전縮錢이 257냥3전4푼"이라고 하였다.[10] 타운센드가 조선정부에 납품한 물품대금 대신에 조세를 외획外劃한 것으로 보이는데, 그 업무를 순신상회인으로 지목된 서상옥이 대리한 것이다. 그리고 같은 시기인 1884년 9월 26일 통리교섭통상사무아문에서 "허개순신창상회사許開順信昌商會社"라고 하여[11] 순신창상회사의 개점을 인허하고 있다. 그해 말 미국공사가 이임할 때 서울 미국공사관의 물건을 제물포의 순신창에 실어 보내거나, 미국 공사관서기 윤치호가 인천에서 업무를 볼 때 언제나 순신창에 숙소를 정하고 또 타운센드와

9] 조재곤, 『한국근대사회와 보부상』, 혜안, 2001, 105~116쪽 참조.
10] 『統署日記』(『統理交涉通商事務衙門日記』) 1884년 9월 6일, 9월 20일.
11] 『통서일기』 1884년 9월 26일.

동행하기도 한 것을 보면,[12] 순신창은 이미 타운센드가 경영하는 회사임에 틀림없다. 순신창은 타운센드상회의 인천지점인 듯하고, 미국공사관의 인천근거지로서의 역할을 하고 있다고 판단된다.

그렇다면 1884년 9월 개점한 순신창상회사는 1883년 가을 민응식이 설립한 순신초상회와 어떠한 관계에 있는가? 처음 타운센드를 도운 순신상회인 서상옥이 각국조계 내에 소유한 가옥문제의 처리과정을 통해 그 관계를 살펴보자.

순신창상회는 개항장을 관장하던 통리교섭통상사무아문으로부터 준허准許를 받고 내외 세무사의 지휘하에 건물을 지었다고 한다. 그런데 그 위치는 당시 경계가 명확하게 확정되지 않은, 각국조계로 예정된 지역이었다. 1884년 9월 30일 독일영사가 순신창상회의 건물이 각국조계에 속한 지점에 있다고 문제점을 지적하자, 인천감리는 '동쪽머리 순신창 가옥東首順信昌屋子'은 모종의 관용官用에 필요한 것이라고 답변하였다.[13] 조선순신창상회의 가옥은 서상옥의 명의로 되어 있었던 것 같다. 1884년 10월 3일 조인된 인천제물포각국조계장정 제1조에 의하면 2개월 이내에 조계 경내의 조선가옥을 모두 철거하고 조선인의 가옥건축을 불허한다는 조항이 나온다. 각국조계 내에 있던 순신창가옥이 서상옥 명의라면 철거의 대상이 되는 것은 당연하였다. 그럼에도 불구하고 각국조계지단을 공매할 때 22호, 23호의 2,160평방미터가 '조선순신창상회지단朝鮮順信昌商會地段'으

12] 『윤치호일기』 1884년 12월 20일, 22일, 25일, 26일 ; 1885년 1월 14일.

13] 『舊韓國外交文書』 德案, No.115, 1885년 5월 11일(음력 3월 27일). "각국지계 첫 입구(송학동 3가)에 순한국식 건물들이 있는데, 순신창이라는 객주집 다음 집이 담손이란 애칭으로 불리던 타운센드 상사의 옛 터전"이라는 증언(최성연, 앞의 책, 105쪽)에서 볼 때 순신창상회와 타운센드상회가 각국조계 끝부분 조선지계와 만나는 곳에 연이어 있었던 것을 알 수 있다. 『제물포각국조계지도』의 제22호, 제23호가 바로 그 지점이며 한 블록 위에 감리서가 위치하고 있다.

로 지정되었다.[14] 독일영사는 각국조계 내에 조선인 명의의 가옥이 있다는 점을 집요하게 문제삼았다.[15] 1885년 여름 서상옥 명의의 순신창 가옥이 타운센드에게 방매된 것은 이러한 사정 때문이었을 것이다. 그렇지만 앞에서 본 것처럼 타운센드는 1884년 가을 이미 서상옥 명의의 순신창 가옥을 근거지로 사용하고 있었다.

그 후 1886년 서상옥으로 짐작되는 "그 상회를 주관主管하던 조선인"이[16] 조선정부의 요청에 따라 순신창가옥을 청국 전신電信회사에 빌려주었고, 출타중이던 타운센드가 돌아와 통리교섭통상사무아문의 확인까지 받은, 매매문서까지 명백히 있는 남의 집에 입주했다고 철거를 요구하여 분쟁이 발생하였다.[17] 서상옥이 왜 타운센드의 순신창가옥을 청국 전신회사에 빌려주었는지는 모르지만, 이 분쟁은 서상옥이 타운센드의 순신창상회를 위해 더 이상 협력하지 않고 있음을 보여주는 것이라 판단되며, 이후 서상옥은 더 이상 등장하지 않는다.

순신창상회의 관리인으로 서상집이 등장하는 것은 1888년 6월경이다. 미국순신창상회와 그 관리인 서상집, 그리고 인천감리 및 세관 사이에 분쟁이 일었다. 미국공사는 순신창상회 관리인 서상집이 상품운송을 위해 조선배 2척을 고용하여 상회의 깃발을 내걸고 입항하였는데, 인천감리서에서 깃발과 물품을 빼앗고 서상집과 선원들을 체포했다고 항의하였다.[18] 이에 대해 인천감리 박제순은 서상

14] 『구한국외교문서』 덕안, No.115, 1885년 5월 11일(음력 3월 27일). 『제물포각국 조계지도』에 의하면 제22호 930, 제23호 900평방미터, 합하여 1,830평방미터이 므로 평수에 약간의 차이가 있다.

15] 『구한국외교문서』 덕안, No.124, 1885년 6월 6일(음력 4월 24일).

16] 『구한국외교문서』 美案, No.370, 1886년 12월 5일.

17] 『구한국외교문서』 美案, No.357, 1886년 10월 7일 ; No.361, 1886년 11월 14일 ; No.376, 1886년 12월 12일 ; No.377, 1886년 12월 12일.

집의 상선이 항구에 도착하면 매번 미국상선의 깃발을 달고 미국상
인이 고용한 배라고 주장하면서 세관의 과세를 회피하여 세관의 서
기관書記官 8명이 단자를 올리고 퇴장하는 일까지 있었다고 서상집의
비리를 지목하였다. 또 인천감리서가 김포에서 공적인 화물의 운송
을 위해 조선배를 동원할 때 서상집이 외국인에 고용된 양 거부하
여 괘씸하다는 것이었다.[19] 인천감리는 배가 순신창상회에 고용된
것이 아니고 서상집의 사주로 깃발만 고쳐 달았다는 선주의 진술을
들어 서상집의 불법행위를 엄단한다는 강경한 입장을 취하였다. 이
에 맞서 미국공사는 서상집이 순신창에 긴요한 사람이므로 그를 형
벌하지 않는다는 증서를 요구하면서 사태를 봉합하고자 하였다.[20]
인천감리는 외국상인이 조선배를 고용할 때는 감리서에 빙표憑票를
제출하는 절차를 마련하면서, 서상집을 풀어주었다.[21]

　타운센드와 미국공사의 강력한 비호 하에[22] 조선배를 이용한 내
지무역활동을 전개하던 서상집은 이후에도 순신창상회의 사원으로
서 계속해서 연안무역활동에 종사하였다. 일본풍범선을 고용하기도
하였다.[23] 타운센드는 여러 사업에 관심을 많이 가졌지만 순신창상
회는 연안무역을 통해 주로 미곡매집활동을 전개하였고, 그것을 서
상집이 대리한 것이다.[24] 다만 서상집이 대리인 역할에 그치지 않

18] 『구한국외교문서』美案, No.548, 1888년 7월 13일(음력 6월 6일).

19] 『통서일기』 1888년 6월 18일, 20일.

20] 『구한국외교문서』美案, No.555, 556, 558.

21] 『구한국외교문서』美案, No.551, 1888년 7월 20일(음력 6월 12일).

22] 서상집과 타운센드의 밀접한 관계는 서상집의 누이가 타운센드와 동거했다는 설
　이나 이용익의 빚 독촉을 피하여 서상집이 타운센드의 집에 2~3일씩 숨어 있었다
　는 이야기에서도 엿볼 수 있다(최성연, 앞의 책, 151쪽).

23] 『통서일기』 1890년 2월 6일.

24] 하지연, 앞의 글, 14~19쪽.

고 독립경영을 모색했을 가능성은 엿보인다.

서상집은 윤선을 이용하여 경강을 왕래하고 용산에까지 진출하였는데 승객의 화물을 보관할 곳이 없어 일본인 창고를 빌려 사용하였다. 그렇지만 비용이 너무 많이 지출되자, 1893년 봄 마포에 '고사방자庫舍房子'를 짓기로 하고 일본에서 기술자를 초빙하였다. 그런데 외국기술자 고용의 위법가능성을 우려한 마포사험국查驗局에서 일본인 기술자 고용을 금지하자 서상집은 완공할 수 있도록 허락해줄 것을 호소하였다. 이에 대해 통리교섭통상사무아문에서는, "일본기술자를 초빙하여 일본식을 채용해야만 멋있는 집을 지을 수 있는 것인가? 우리나라 건축물도 드나들만하고 또 족히 손님을 맞이할 수 있는데, 왜 꼭 멀리서 다른 나라의 제도를 구하여 사람들의 이목을 현혹시키는가? 그대의 생각을 알만하다. 이미 건축한 방은 먼저 철거하여 죄를 짓지 말라"고 답변하였다.[25] 통상분야의 최전선에 있는 정부기관보다 더 앞서서 선진 문물을 수용하려는 서상집의 자세를 엿볼 수 있다.

인천개항 이후 양화진, 용산이 외국인에게 개시장開市場으로 되고, 1889년에는 인천해관에서 입항절차를 마친 외국상선이 마포에서 화물하륙을 할 수 있도록 인천해관의 분국인 마포사험국이 설치되었다.[26] 인천항에서부터 마포, 그리고 마포 상하류에 위치한 용산과 양화진에서까지 외국상선은 무역활동을 할 수 있었다. 서상집은 경강을 이용하여 타운센드 순신창상회의 경강무역활동을 주도하고 있었던 것이다. 마포에 창고와 건물을 짓고 그 건축자를 일본에서 불러올 정도면 상당한 자본력을 과시하는 것인데, 갑오개혁 때 공동회

25] 『통서일기』 1893년 3월 13일 ; 『所志謄錄』 1893년 3월 12일.

26] 최태호, 「마포해관분국의 설치와 혁과」, 『경제사학』 2, 1978.

사를 설립하게 되는 것을 보면 서상집의 자본력일 가능성도 없지
않다.

이 시기 서상집의 경제활동의 양상을 1888~1889년, 1892~1893년
상선의 인천항 출입항 기록에서 살펴보자. 서상집은 1888년 5월 서
울의 조한승(36세)과 송귀손(35세)이 인천항 빙표를 소지하고 중국 천
진으로 상품판매차 출국할 때 '보인保人', 즉 보증인이 되기도 했
다.[27] 1892~1893년의 경우에는 서상집이 나타나지 않고 순신창만
등장한다. 순신창은 주로 서울·의주·개성·평양·인천 상인들의 보
인을 자주 맡았다. 상인들은 국내의 개항장으로 가기도 하고, 해외
무역을 목적으로 중국 상하이上海·옌타이烟台·잉커우營口·홍콩香港과
일본 오사카大阪·고베神戶 등지를 왕래하고 있다. 보인의 명단에 개
항장 객주 등 개인명의 외에 회사조직으로는 순신창과 제흥사濟興社
가 자주 등장한다. 회사의 업무 중에 보인업무도 포함된 것으로 보
인다. 개항장 객주 황학수·홍대유 등은 1888년부터 1893년에 이르
기까지 매우 자주 보인역할을 했다.[28] 개항장에서 선박을 이용하여
출입할 때 빙표를 조사하는 대상은 모두 조선인이고 보인도 조선인
이 서고 있으므로 순신창의 명의로 보인을 한 것은 순신창이 타운
센드와 관계없는 조선인 명의의 회사로도 행세했을 가능성을 보인
다. 여기에 앞에서 언급한 인천감리 박제순의 지적과 서상집에 고
용된 선주의 진술 속에서, 서상집이 서양 상인의 고용인임을 위장했
다는 부분을 주목하면, 그가 단지 서양 상인의 대리인에 그치지 않
고 독립경영을 꾀하여 자본축적에 성공하였을 가능성이 매우 높다.

이상에서 개항 초기 순신창상회의 설립과정과 미국계 타운센드상

27] 『仁川港警察所商船憑票摘奸成冊』(1888.5).

28] 『仁川港警察所商船憑票摘奸成冊』(1888.3~1889.12, 1892.4~1893.12).

회로 넘어간 과정, 그리고 그에 고용된 서상옥, 서상집의 활동을 살
폈다. 서상옥은 타운센드가 조선에서 사업을 시작하기 위한 기초조
사를 안내하고, 조선정부에 대한 상품조달을 대행하고, 타운센드상
회의 조선대리점의 개설에 앞장서는 역할을 한 것으로 볼 수 있다.
서상집은 타운센드 상회의 중요사업인 내륙미곡무역을 전담하여,
인천에서 한강을 통해 김포, 마포, 용산에 이르는 수도권 수로의 중
심선을 무역의 무대로 삼아 활발하게 활동하였고, 그 과정에서 독립
경영도 꾀하여 상당한 자본의 축적을 이룬 것으로 평가할 수 있다.

3. 독립경영과 국내 및 동아시아 유통망

갑오개혁에 의하여 특권상업체제가 붕괴한 것은 서상집과 같이
외국상회의 대리인으로 활동한 사람에게는 상업활동을 확대할 수
있는 절호의 기회가 되었다. 갑오개혁 이전 인천항에서는 25객주전
관제, 4인두목제, 10인감동제 등으로 객주들이 정부에 구문口文 또는
영업세를 납부하고 상품거래의 중개권을 장악한 상황이었다. 상회
사商會社도 상품중개권을 얻고자 했지만 성공하지 못하고 상회사의
상품에 한해서만 직접 판매가 허용되었다.[29] 갑오개혁 이후 이러한
특권체제가 붕괴하고 자유로운 상업활동이 보장됨으로써 외국상인
의 대리인으로서 근대자본주의의 경험을 쌓은 서상집은 그 활동공
간을 크게 확장할 수 있었다. 특히 갑오정권의 조세금납화 정책은
미곡무역에 종사하여 창고까지 건립하려 한 그에게는 더 없이 좋은

29] 한우근, 『한국개항기의 상업연구』, 일조각, 1970 ; 이병천, 「거류지 무역기구와
　　개항장객주」, 『경제사학』 7, 1984 ; 박수경, 「개항후 인천항객주에 관한 연구
　　(1883~1894)」, 『대한제국연구』 5, 이화여대 한국문화연구원, 1986 참조.

상업활동의 기회가 되었다.

조세금납화 조치로 인하여 서울의 정부에는 돈으로 세금이 들어오지만, 미곡은 생산지에 그대로 머물러 서울의 미가 폭등을 초래할 가능성이 높았다. 반면 지방에는 미곡은 풍족하지만 돈이 없는, 금융경색이 발생할 수 있었다. 이 문제를 해결하기 위해서는 미곡유통이 활성화되어야 한다. 정부에서는 우선 차인·객주·선상 등으로 하여금 지방에서 미곡을 매입하여 서울에 비축하거나 방매하게 하는 방식으로 미곡유통의 활성화를 꾀하였다.[30] 그리고 이 일을 전담할 미상회사를 설립하였다.[31]

미상회사는 서울의 미전米廛상인, 경강의 객주·여각이 중심이 되어 농상아문의 허가를 얻어 1894년 가을 설립되었다. 미상회사의 역할은 공전수납公錢收納과 미곡무천米穀貿遷에 있었다. 지방에서 매입한 미곡이나 세곡을 한강을 통해 운송하여 마포의 별영창別營倉에 비축함으로써[32] 서울의 미가와 미곡수요의 조절에 기여하고자 하였다.

타운센드 순신창상회를 위해 수로를 이용하여 내륙에서 미곡매집활동을 벌여온 서상집에게 있어서 미상회사의 설립은 사업확장의 기회였다. 미상회사가 전국의 공전수납과 미곡무역을 모두 감당할 수는 없었기 때문이다. 1895년 2월 전라도의 결전結錢수납을 위해 탁지아문에서 길정吉貞회사를 설립하여 최상엽·최영원을 파송하기도 하였다.[33] 갑오정권에 끈을 댈 수 있다면 미상회사나 길정회사와 유사한 회사를 설립하여 조세운송이라는 공적인 사업에 뛰어들 수

30] 오두환, 앞의 글 ; 이영호, 앞의 책 참조.
31] 『한말근대법령자료집』 1, 1894년 7월 24일 의안, 미상회사 설립에 관한 건, 77~78쪽.
32] 『公文編案』 제22책, 1895년 3월 4일 公同貿易會社稟目.
33] 『공문편안』 제13책, 1895년 2월.

있었다. 결국 1895년 3월 서상집은 공동회사를 설립하는 데 성공하
였다.

　서상집은 누구의 도움을 받아 공동회사를 설립할 수 있었을까?[34]
갑오개혁의 주도세력인 유길준·유성준 형제의 역할이 있었을 것으
로 생각된다. 후술하듯이 1902년 일본망명객 유길준의 쿠데타기도
사건에서 서상집은 유길준이 신임하는 국내자금책이었다. 서상집이
유길준과 가까운 관계를 갖게 된 연유를 자세히 알 길 없는데, 통리
교섭통상사무아문에서 유길준과 함께 주사로 근무한 서상우徐相雨가
서상집의 인척이라는 지적이 있다.[35] 서상우는 1882년 조미수호통
상조약, 1883년 조영수호통상조약 체결 때 종사관으로 참여하였고,
인천개항장의 조계획정에도 관여한 인물이다.

　서상집은 유길준의 동생 유성준과도 깊은 관련이 있었다. 유성준
은 1883년 일본 게이오기주쿠慶應義塾에 유학하고, 1885년 수신사 서
상우를 따라 귀국한 뒤 통리교섭통상사무아문 주사를 역임하였다.
1891년에는 전운서轉運署 사무관으로서 기선 창룡호를 이용하여 삼
남의 세미稅米 조운漕運을 담당하였다. 갑오개혁이 진행되던 1894년
12월에는 인천 이운사利運社의 사장을 맡았다. 이운사는 1893년 창설
되어 세곡운송, 화물 및 여객운송 기능을 수행하다가 갑오개혁 이후
민영화되어 인천항 상인이 떠맡았다가 일본우선회사에 위탁되었는
데, 이때 유성준이 사장이 되었다.[36] 1895년 4월에는 농상공부 회계
국장으로서 안영수·조병교·심노한과 함께 요코하마, 상하이 해관시

34] 1894년 7월 설치된 군국기무처의 회의원 중 한 사람인 徐相集(1865~1897)은 과
　　거를 통해 관직에 나가 부호군의 지위에 있었던 사람으로서(이승렬, 앞의 책,
　　123쪽), 공동회사 사장 徐相澯과는 다른 인물이다.

35] 유동준, 『유길준전』, 일조각, 1987, 201쪽.

36] 나애자, 앞의 책, 99~114쪽.

찰에 나섰다. 이때 탁지부에서는 이들 4인의 가족생활지원금으로 각각 30원씩 120원을 공동회사에 임치하고 그 금리를 가지고 1895년 6월부터 5개월 동안 매월 지급하도록 공동회사 사장 서상집에게 지시하고 있다.[37] 이러한 사실은 유성준과 서상집의 관계를 짐작케 한다. 유성준은 서상집과 활동반경이 상당히 중복되는 세곡운송, 해운업 분야의 정부쪽 인사였다.

공동회사를 설립한 취지는 상업을 확장하여 각국상인과 경쟁하려는 것이라고 하였다. 이를 위해 우선 내지무역을 확대하여야 하는데 미곡을 무역하여 경강으로 운송하고서도 쌓아둘 곳이 없어 강변에 노적하고 있는 점이 가장 큰 문제로 인식되었다. 그래서 마포의 별영창 중 강가에 가까운 창고 100간을 대여하여 이용하고자 하였고, 탁지아문에서는 이미 미상회사가 별영창을 사용하고 있지만 함께 사용하도록 조치하였다.[38]

여기서 우리는 서상집이 이미 1893년 마포에 창고를 지으려 한 사실을 떠올릴 수 있다. 공동회사 경영은 순신창상회에서 전개한 미곡무역활동의 경험을 계승하고 있다. 공동회사 경영내용을 살펴보면, 호서와 호남의 세곡과 결전을 운반하기 위하여 군산에 공동회사 창고를 설치하고,[39] 인천 전환국에서 추심한 동전을 서울로 운송하는 책임을 지기도 하고,[40] 군부의 평양진위대 비용 2천 원을 강화도 육해군 재정으로 지출할 때 공동회사가 운송하기도 하고,[41] 제주도 공마의 상납도 현물이든 금납이든 공동회사 사원이 책임지고 있

37] 『공문편안』 제22책, 1895년 윤5월 23일 훈령 공동회사사장 서상집.
38] 『공문편안』 제22책, 1895년 3월 4일 공동무역회사 稟目.
39] 『공문편안』 제22책, 1895년 3월 29일 下帖 공동회사, 4월 6일 甘結 湖南派員主事.
40] 『공문편안』 제22책, 1895년 6월 26일.
41] 『훈령편안』 제1책, 1895년 10월 25일 훈령 공동회사.

고,[42] 경상도 각군의 신구新舊 공전을 공동회사 파원派員이 탁지부에 상납하는 등의 일이었다.[43] 조세수납과 관련된 화폐나 현물을 운송하는 내용이 많이 나온다. 1895년 4월에는 정부의 지시에 따라 공동회사에서 무역한 쌀 6천 석을 흉년이 든 경상도 고성 창원 거제 울산 연일 등지에 산포하였다.[44] 공동회사는 사적 경영 외에 정부의 공적 활동에도 협력하고 있는 것이다.

공동회사의 활동에서 주목되는 것은 세납과 국내무역에 머물지 않고 동아시아 개항장으로 시야를 넓히고 있다는 점이다. 즉 공동회사는 중국을 향한 홍삼무역에 적극 나섰다. 개성에서의 홍삼제조는 정부의 특허를 받아야 하고 정부에 세금을 낸 후 수출이 가능하였다. 원래 홍삼은 중국사행의 대표적인 선물로 활용되었으나 개항후 중국으로의 홍삼 밀무역이 극심하였다가 청일전쟁 이후에야 공식적인 수출이 허용되었다.[45] 1895년 가을 중국에 수출한 증조홍삼蒸造紅蔘은 모두 15,000근으로 100근에 20근씩 즉 3,000근의 미삼尾蔘이 추가되었다. 그 가운데 공동회사 사장인 서상집은 홍삼 1,000근, 미삼 200근을 수출하였다. 20~30여 명의 홍삼수출업자 속에 공동회사가 끼어든 것이다.[46] 나아가 인천·부산·원산 세 항구의 공동회사가 탁지부를 대신하여 잠삼潛蔘을 조사하는 역할까지 맡았다. 즉 해관에서 잠삼을 적발하여 공동회사 지점으로 보내면 연유와 근수를

42] 『공문편안』 제10책, 1895년 6월 21일.

43] 『훈령편안』 제1책, 1895년 6월 3일 部令 영천 경산 청도 선산 상주 의성 영덕 흥해 청하 영해.

44] 『공문편안』 제34책, 1896년 6월 9일 훈령 고성 창원 거제 울산 연일.

45] 인천부, 『인천부사』, 1933, 943~946쪽.

46] 『度支部各部院等公文來去文』 제17책, 1895년 11월 3일. 공동회사가 해관에 보관한 원삼 2,350근, 미삼 153근의 중국판매를 의뢰한 기록도 있다(『공문편안』 제22책, 1895년 8월 14일 훈령 烟台파원 윤규섭).

조사하여 탁지부에 보고하고, 적발한 분량의 40%를 포상금으로 산
정하여 해관으로 보내는 일을 담당하였다.[47] 탁지부에서는 옌타이
에 윤규섭을 파견하여 홍삼의 판매와 판매대금의 처리를 맡겼다.[48]
화교상회 동순태同順泰의 차용금 상환에 옌타이에서 판매한 홍삼대
금을 사용하기도 하였다.[49] 후술하듯이 윤규섭은 서상집과 거래선
을 가진 인물이었다.

갑오개혁기 공동회사 사장 서상집의 경제활동은 한강과 수도권
에 미곡유통망을 구축하고 이를 전국적으로 확대하며 인천개항장의
이점을 살려 중국의 상하이와 일본의 개항장을 잇는 동아시아 유통
망을 형성하는 방향으로 나아가고 있었다.[50] 후술하듯이 서상집이
국내에서 기반을 상실한 후 상하이에 진출하여 해운업에 종사한 것
은 이러한 지향의 실현이라고 할 수 있겠다.

47] 『탁지부각부원등공문래거문』 제17책, 1896년 1월 31일 札柏卓安, 1월 31일 훈령
    공동회사.

48] 『탁지부각부원등공문래거문』 제17책, 1895년 10월 27일 훈령 烟台派員 윤규섭.

49] 『공문편안』 제22책, 1895년 7월 12일 훈령 烟台파원 윤규섭, 10월 20일 훈령 烟
    台留駐派員 윤규섭.

50] 1888년 중국 초상국의 인천-상하이 정기항로의 개설로, 인천-상하이, 인천-
    오사카의 상품유통망이 형성되고, 1897년 일본의 금본위제 실시 이후 한중일 삼
    국의 금융유통네트워크가 구축되었으며, 인천항을 중심으로 형성된 국내유통네
    트워크와 해외유통네트워크가 인천항 상인의 성장조건이 되었다는 지적에서 볼
    때(김윤희, 「개항기(1894~1905년) 인천항의 금융네트워크와 韓商이 성장조건」, 『
    인천학연구』 3, 인천대학교 인천학연구원, 2004), 개항기 인천항은 동아시아 유
    통망의 한 축을 형성하기 시작하였고, 서상집은 그러한 변화를 읽고 있었다고
    생각된다.

4. 민족과 경제의 정치학

1) 신상회사 조직

청일전쟁 이후 청국상인이 경쟁에서 탈락하자 조선상인과 일본
상인의 상권경쟁이 더욱 치열하게 되었다. 인천항에서는 더욱 그러
했다. 일본은 1896년 3월 인천에서 미두거래소를 설립하여 조선인
객주와 대립하고, 4월에는 인천에서 계림장업단을 조직하여 보부상
단과 대립하고, 나중에는 조선인 부두노동자 조직인 응신청에 대항
하여 일본인 노동권업사를 세우기도 하였다.[51] 갑오개혁 이후 대한
제국기에는 상인조직·보부상조직·노동자조직에 있어서 조선상인과
일본상인의 대립이 치열하였다.

일본상인 가쿠 에이타로加來榮太郎, 나가이 후사키치永井房吉 등은 주
식회사 '인천미두취인소仁川米豆取引所'를 개설하여 1896년 5월 5일부터
영업을 개시하였다. 대두의 거래는 활발하지 못하여 미곡만 거래하
였다. 인천미두거래소는 일본으로의 미곡반출을 위하여 미곡의 집
산과 거래의 표준을 정하기 위한 제도였지만, 곡물가격을 이용하여
이득을 얻으려는 투기적 문제도 안고 있었다.[52]

일본인의 상권확장에 대항하여 인천의 상인들도 움직이기 시작
하였다. 다음의 두 기사를 살펴보자.

인천항구에서 모든 장사하는 인민들이 서로 의논하는 처소를 설시하

51] 이영호, 「내외상인의 진출과 인천지역의 경제변화」, 『인천시사』 2, 인천광역시,
    2002, 521~534쪽.

52] 김도형, 「갑오 이후 인천에서의 미곡유통구조 : 인천미두취인소의 설립을 중심으
    로」, 『擇寫許善道선생정년기념 한국사학논총』, 일조각, 1992.

였는데 그 뜻은 장사들이 영업상에 규모있게 하자는 것으로, 새로 집을 창건하고 꽃동산을 만들어 연희와 운동장으로 정하였는데 3일 사이에 찬성금 들어온 것이 900여원이라 한다.[53]

인천항 객주 서상집 등이 그 항구 객주 팔구십명을 모아 서상집이가 도사장이 되고 각 사람에게 수렴한 돈이 천여원이 된다 하는 고로 농상공부에서 인천항감리에게 지령하기를 상무회의소규례가 자재한즉 회원뽑는 모든 규칙을 한결같이 준행하는 것이 옳거늘 의소를 자하로 천단히 설시하고 장정초를 꾸며 돈을 거두는 것이 다 법이 아닌지라. 그 소위를 궁구하면 중히 다스리겠으나 특별히 안서하니 이러한 일은 다시 못하게 금하고 수렴한 돈은 도로 각 사람에게 내어 주게 하라 하였다더라.[54]

기사의 보도날짜로 볼 때 1897년 1월경, 인천항의 상민들이 회의할 단체와 건물을 갖추고, 인천항 객주로 지칭된 서상집이 80~90명의 객주로부터 1천여 원을 모금하였다는 것이다. 이에 대해 정부에서는 농상공부에서 관장하는 법률 제17호 상무회의소규례(1895년 11월 10일 제정)에 규정된 회원선출, 회비갹출, 설립절차를 준수하라고 요구하였다. 여기에 보도된 조직은 신상회사임이 틀림없다.[55] 농상공부대신 이윤용은 『신상회사장정』의 서문에서 나라의 강약은 상업의 흥왕에 달려 있는데, 개항 이래 상업이 크게 발전하지 못한 것은 단지 경영능력의 부족만이 아니라 상업을 천시여기는 편견 때문이라고 지적하였다. 그 서문의 일부를 읽어보자.

53] 『독립신문』 1897년 1월 23일 잡보.
54] 『독립신문』 1897년 3월 9일 각부신문.
55] 『紳商會社章程』 ; 조기준, 앞의 글 ; 김진식, 앞의 글 ; 박수경, 앞의 글.

　　본항은 국내 항구 가운데 제일 중요한 요충지에 있다. 각종 상인들이 운집하고 온갖 상품이 날마다 폭주하니 진실로 상업을 경영하여 재원을 장악할만하다. 그래서 신상회사를 설립하니 그 뜻이 어찌 헛되겠는가. 이제 진신縉紳의 관리가 혹은 각국을 왕래하고 혹은 각국의 서적을 읽어 그 사무를 보고 익히며 그 시세를 요량하여 두는 것은, 관직에서 물러날 때 상회의 사업에 뛰어들어 일반평민으로서 상업을 하는 사람들과 마찬가지로 되어, 일반상민이 미치지 못하는 것을 지혜로 이끌며 예부터 물들어온 장애를 깨뜨림으로써, 상민으로 하여금 역시 귀한 사람들도 상업에 뛰어든다는 것을 알게 하면, 상민의 권리가 애쓰지 않고도 저절로 완전하게 되고 재용의 흥륭興隆이 살피지 않아도 이룰 수 있게 될 것이다.

1896년 11월 의정부찬정 농상공부대신 이윤용서李允用書

　　이윤용은 한국에서 가장 중요한 항구인 인천에 신상회사를 설립한 것을 격려하면서 상업을 천시하는 생각을 바꾸기 위해 정부의 관리도 상업활동에 적극 참여해야 한다는 점을 강조하였다. 1896년 11월에 서문을 썼으므로 신상회사는 이때 설립된 것으로 보아야 할 것이다.[56]

　　1901년 서병선이 붙인 서문의 일부를 보면 다음과 같다.

　　지난 1896년 서상집徐相潗군이 이를 안타까이 여겨 힘써서 제도는 범려范蠡의 고사를 따르고 실례는 서양의 일반적인 방식을 모방하여 회사를 조직하고 신상紳商이 연합하여 규모를 일신하고 상권을 주장함으로써 외

56] 1897년 양력 1월 1일은 음력으로는 1896년 11월 28일이다. 국립중앙도서관 소장 『신상회사장정』의 이윤용 서문은 1896년 11월로 되어 있고, 국회도서관 소장 『신상회사장정』에는 1897년 1월로 되어 있으므로 두 자료에 모순이 없는 날짜는 음력으로는 1896년 11월 28일과 29일이고, 양력으로는 1897년 1월 1일과 2일뿐이다. 상징적으로 1897년 1월 1일로 보아도 좋을 것 같다.

국인에게 사기당하지 않고 그들의 독점 때문에 이익을 잃지 않도록 하고
자 한다. 이렇게 하면 사람들이 모두 이익을 얻고 나라도 어찌 부유해지
지 않겠는가. (…중략…) 매번 국가의 경축절을 당하면 회원을 모아 연회
를 배풀어 신상의 성의를 표하고, 또 각동에서는 국기國旗를 게양하고 채
색등을 달아 향리의 몽매한 습속을 일제히 씻어버리면 이것이 일정—定하
게 되는 것이다.

1901년 3월 정삼품 비서원승 서병선서徐丙宣書

진신과 민상의 연합에 의하여 외국상인의 침투로부터 상업의 이
익과 국가의 이익을 지켜내야 한다는 입장이 개진되어 있다. 진신
의 보호를 받으면서 민상의 이권을 지키려 한 것이다. 외국상인의
침투 앞에서 상업의 이익을 확보하는 것은 곧 애국적 국익의 보호
와 직결되는 것으로 인식하고 있다. 애국적 상인단체임을 과시하기
위해 국가 경축일에 국기를 게양하고 채색 등을 설치하여 경축할
것을 장려하였다. 민상의 대표는 서상집과 인천객주 박명규이고, 진
신으로는 사장에 추대된 궁내부대신 청안군淸安君 이재순, 찬정 이하
영, 참판 민영선이었다. 신상회사는 내장원에 소속되어 세금을 내면
서 객주의 상품중개 독점권을 보장받았다.[57]

서문이 쓰인 1901년에는 일본상인들이 인천항수출곡물상조합을
조직하여 상권의 확장을 꾀하고 인천항에서 수출되는 곡물은 모두

---

[57] 내장원에서 마련한 1903년 10월의 완문에 의하면, "인천은 개항한 이래 각 객주영
업자가 본래 귀속된 곳이 없어 外人에 의해 능멸당하고 짓밟히며 客商에게 기만
을 당하는 것이 없는 바가 없다. 지난 병신(1896)년간 상회사를 창설하여 외인에
게 대항하고 객상을 비호하여 본국 상민이 믿는 바가 있게 되어 興販하였다. 객주
구문 중 百十條를 거두어 춘추 두차례에 내장원에 상납하고 나머지는 매년 경축
절에 연회를 열어 송축하였다. (…하략…) 1903년 10월 내장원"이라 하여 내장원
의 신상회사 보호와 신상회사의 민족적 입장이 제시되어 있다. 『完文及章程』, '光
武 7年 10月 仁港紳商會社 完文'.

이 조합에서 감독 심사하려 하여 한국상인과의 경쟁이 치열한 상황이었다. 외국상인의 침투 앞에서 상업의 이익을 확보하는 것은 곧 국익의 보호와 직결되는 애국적 활동으로 인식되는 상황인 것이다. 제국주의 시대에 외국세력의 경제적 침략에 대항하여 상권경쟁을 벌이는 한국인 상인들의 위상이 민족적 애국적인 행위로 평가되고 있다.

2) 자본가로의 성장

서상집은 1898년 당시 45세로서 1854년생으로 추정된다. 본관은 대구이고 직업은 상업이며, 인천항 축현리 외동 4통 6호에 거주하였다. 부는 언순彦淳, 조부는 진보珎輔, 증조는 유욱有郁이며, 모친은 최씨, 처는 김씨, 그리고 고모가 함께 살았다. 동생 가족 상은相溵과 제수 정씨, 질녀, 그리고 7촌숙 기순璣淳, 숙모 이씨, 8촌 동생 상의相毅가 동거하였다. 기구寄口는 남 1명, 고용雇用은 남 1명, 여 2명이었다. 거주하는 인구는 남자 5명, 여자 8명, 합 13명이었다. 소유한 주택은 기와 56간, 초가 6간, 합하여 62간이었고, 22통 7호의 초가 12간의 빈집도 소유하였다.[58] 도시 한복판에 56간짜리 저택을 소유하고 있다는 것은 그를 인천의 '부상富商'이라[59] 부른 세평이 지나치지 않다.

서상집은 이미 축적한 부를 토지에도 투자해 놓았다. 1896년 1월 각국조계에 편입된 토지 중에 답 5두락, 청국조계에 편입된 토지 중에 전 1일경이 서상집의 소유로 밝혀졌다.[60] 조계에 바짝 붙은 땅

58] 『京畿仁川港枏峴外洞戸籍臺帳』(1898) ; 오성, 「19세기말 인천항의 호와 호주」, 『한국근대상업도시연구』, 국학자료원, 1998, 37쪽.

59] 『황성신문』 1901년 1월 9일 잡보.

60] 『仁川報牒謄本來報』 1896년 1월 13일.

을 매입하여 상점을 열 것에 대비한 것으로 해석해 볼 수 있다. 시
흥군 하북면 하곳리 빈땅을 둘러싸고 현지주민과 일본인이 분쟁할
때 일본인은 그 땅을 인천의 서상집에게 샀다고 주장하였다.[61] 서
산군 석곶리의 땅을 일본인이 채굴하려 할 때도 일본인은 그 땅을
인천의 서상집에게서 매득했다고 주장하였고, 서상집은 황성신문에
광고를 내어 서산군에 토지를 가진 것이 없을 뿐 아니라 항구 10리
밖에서는 외국인에게 토지를 매도하는 것이 금지되어 있다고 주장
하였다.[62] 서상집의 토지소유 여부보다 그의 활동범위가 인천뿐 아
니라 수도권을 넘어 충청도까지 미치고 있는 증거로 보아도 될 것
이다.

　1902년 3월 15일에는 축현의 평당 1원짜리 땅 5,630평을 일본조계
에 기부하여 일본영사관에서 그를 포상하라고 한국정부에 요청하였
다. 포상 내용을 보면 서상집은 인천항 굴지의 부상富商으로서 일본
어에 능하고 상업상 일본인과 관계가 깊다고 표현하였다.[63] 본인
거주지 인근의 금싸라기 상업지구의 땅 5천여 평을 기부한 것은 어
떤 정치적 목적을 달성하기 위한 것이거나 형사처벌을 회피한다든
지 하는 사정이 있었겠지만 그만큼 땅부자인 것도 보여준다.

　축적한 자본을 바탕으로 서상집은 대한제국의 식산흥업정책의
분위기 속에서 자본가로의 성장을 꾀하였다. 이때 관여한 사업은
조선업, 해운업, 금융업이었다.

　신상협회를 조직할 즈음인 1896년 11월, 서상집은 월미도 남쪽에
선박조선소와 창고, 그리고 선박 수리소의 개설을 추진하였다. 서상
집은 "통상 항구 안의 상품운송에 있어서 선척이 가장 긴요한데, 본

61] 『경기도래거안』 1901년 10월 19일.
62] 『황성신문』 1901년 10월 25일 잡보, 10월 31일 광고.
63] 『仁川府史』, 487~488쪽.

국의 범선은 신속하지 못하여 매번 외국의 삼판선을 구매하여 운송
하였는데 혹 깨지거나 새로 만들면 번번히 외국 기술자를 써서 그
이익을 모두 잃어버리므로 개항장에 조선소가 없을 수 없기에 인천
항 부근 월미도 남쪽 한 귀퉁이 갯가에 창고를 짓고 조선소를 개설
하여 항내 각 상선 훼손된 것은 보수하고 선박용 물건도 계속 비치
하면 선상의 이익이 흥왕할 것"이라고 하면서 조선소 개설을 청원
하였다.[64] 정부에서 인허를 하였는지 알 수 없으나 서상집의 상업
활동이 공업의 영역으로, 그것도 자본이나 기술의 측면에서 공격적
인 성격을 내포하는 조선소의 건설에까지 미쳤다는 것은 상당히 놀
라운 일이다. 월미도 남쪽이라면 아관파천 이후 러시아가 석탄고를
확보한 바로 그 인근이다. 월미도는 일본, 청국, 러시아가 모두 선박
용 석탄고를 가지고 있던 곳으로 전략적으로 중요한 위치에 있었다.
그런 곳에 조선소를 개설한다는 것은 군사전략의 측면에서 의심을
받을 수도 있는 것이지만, 러시아 공사관에 머물고 있는 고종의 정
부가 어떤 군사적 전략을 세울 수 있는 상황은 아니었다.

　1900년 7월에는 미국금광회사 소유의 기선 헬닌호를 비롯한 세척
의 선박을 영매永買 또는 고용雇用하여 해운업에 뛰어들었다.[65] 선박
을 이용한 무역활동은 개항초기 서상집이 처음 전개한 사업이고, 공
동회사를 통해서도 무역활동을 계속하였기 때문에 새삼스러운 것은
아니었다. 그렇지만 타운센드 순신창상회의 대리인으로서 상선을
이용하여 무역활동을 할 때와는 달리 서상집 스스로 선박을 사들이
거나 고용하여 사업을 전개한 것은 서상집의 자본력이 크게 성장한
것을 의미하기에 충분하다.

64]『仁川港案』1896년 11월 20일 ;『仁川報牒謄本來報』1896년 11월 20일.
65]『仁川報牒』1900년 7월 12일.

1899년 설립된 대한천일은행은 경성·개성·인천의 상인들이 경영진의 주축을 이루고 있었는데, 서상집은 인천상인의 대표로서 인천지점장 역할을 맡았다. 서상집이 대한천일은행 인천지점장으로 참여하게 된 것은 전환국 근무의 경험이 작용했을 것이다.[66] 대한천일은행의 핵심경영자인 최석조는 전환국 기사 시절 서상집의 상사로서 전환국장의 지위에 있었다. 서상집이 대한천일은행에 투자한 자본금은 1900년부터 1905년까지 매년 500원씩 모두 3,000원이었고, 받은 배당금은 1900년부터 146원 20전, 185원 74전, 188원 95전, 213원 66전, 181원 68전, 131원 50전,[67] 합하여 1,047원 73전으로 평균 31.4%의 수익률을 올렸다.

대한천일은행의 회계장부에 의하면 서상집은 마포의 미곡상 김진섭, 객주 최사영과 금전거래를 하는 것으로 나타났다. 최사영은 서상집의 후원으로 성장한 마포객주로 충남 은진과 안악의 조세금을 운반한 적이 있었다. 서상집은 홍삼무역에 참여하면서 역관출신으로 대한천일은행의 주주가 된 개성상인 윤규섭과도 교류했었다.[68] 서상집의 유통망이 금융 분야에까지 확대되어 인천에서부터 서울, 개성으로 연결되어 있었다.

3) 정치적 연계망

서상집은 수도서울과 해외를 연결하는 관문인 인천에서 조직과

66] 서상집은 전환국 기사로서 1898년 이용익의 지시를 받아 수개월간 오사카에 출장하여 화폐재료를 구입하는 일을 맡았던 적이 있었다. 이승렬, 앞의 책, 126쪽 ; 三上豊, 이석륜 역, 「전환국회고록」, 『한국경제사문헌자료』 1, 경희대학교 한국경제경영사연구소, 1970, 64~65쪽.

67] 이승렬, 앞의 책, 148, 206~207쪽.

68] 이승렬, 앞의 책, 87·102·123·133·146쪽.

자금을 갖춘 유력한 인물로 성장하였다. 상업분야에서의 경력도 화려하였다. 이러한 실력을 바탕으로 정치적 포부를 펼쳐볼 수도 있었다. 순신창상회를 통해 외국상인과 돈독한 관계를 형성하였고, 공동회사 경영을 통해 근대문물에 눈을 뜬 유력한 개화파와도 교류하였고, 신상회사의 조직을 통해 왕실파와의 관계도 형성하였다. 정치적 격변기에 있어서 정치적 처신은 축적한 부를 지키기 위해서도 필요한 일이었다.

서상집이 관직에 진출한 것은 1898년 전환국 기사로서 일본 출장을 간 것에서 나타난다. 1900년 8월에는 조병식이 주일공사로 파견될 때 그 수행원으로 도일하여 개화파 망명자의 동향을 탐지하는 밀명을 수행하였다. 서상집은 박영효로부터는 개혁자금의 조달을, 유길준으로부터는 저작출판비의 지원을 요청받았다.[69] 이후 유길준은 고종황제의 폐위를 포함한 쿠데타를 준비하면서 서상집을 국내 자금책으로 지목하고, 여러 차례 서신을 주고받았다.[70] 인천항은 개항 이후 정변실패 후 해외망명의 출발지로서의 위치에 있었으므로 자금책이 인천에 터잡고 있다는 점은 더욱 안성맞춤이었다. 서상집의 역할에 기대를 건 유길준은 정변 성공 이후의 조각 명단에 막강한 정치가들과 나란히 서상집의 이름을 올렸다.[71]

유길준의 쿠데타기도는 주관적 의지도 작용했겠지만 고종의 밀명에 의해 서상집과 인천감리 하상기가 조성한 환경에 유도된 측면도 없지 않았다. 일본공사는, "서상집은 고종의 뜻을 받들어 자기의 상

69] 『주한일본공사관기록』 17(국사편찬위원회, 1995), 기밀 제62호 망명자 유길준의 사주에 의한 음모폭로의 건에 대한 具申, 1902년 5월 2일 '林공사의 小村대신에 대한 보고', 125~130쪽.

70] 서상집이 1901년 8월, 10월, 11월, 1902년 1월의 네 차례에 걸쳐 유길준에게 보낸 서신이 남아 있다. 『유길준전서』 IV, 일조각, 1971, 261~264쪽.

71] 윤병희, 앞의 글 참조.

업상 기타 이익을 얻으려는 목적을 가지고, 고종은 서상집으로 하여 금 망명자를 정탐하게 하려는 저의였던 것은 의심할 수 없다'고 판단 하였다.[72] 쿠데타 모의를 위한 아지트로 삼기 위해 서상집은 석유 100상자를 제공하여 유길준의 추종자들에게 종로에 상점을 열게 하 였다. 그 자금은 고종으로부터 제공된 2천 원이었지만, 서상집이 그 런 투자를 할 수 있는 자본가로서 인식되어 있었던 것도 분명하다.

서상집의 진술에 의하면,[73] 유길준이 서상집에게 보낸 서신에는 "역도안逆徒案, 모행사약조謀行事約條, 예산기豫算記" 등이 있었다고 한다. 여기서 유길준은 20만 원의 추가준비, 의심을 피하기 위한 병원 및 총포점 개설을 요구하였다. 서상집은 우선 좌시坐市를 열어 회동소 를 만들고 총포점은 관허를 얻은 후 열자고 하였다. 여기서도 서상 집의 자금력은 전혀 의심받지 않았다. 그러나 서상집은 고종의 지 원금 외에 백동화 사주私鑄를 통한 자금조달을 꾀하고 있었다. 그는 역당으로 몰릴 것을 우려하여 치밀하게 자신의 안위를 위한 대책을 세웠는데, "신이 역당을 정탐하는 일로 해도안록該徒案錄에 들어가고 사주전私鑄錢에 관여한 것은 모두 칙교를 받들어 거행한 것인 즉 거 실차據實次 문적의 하사를 복축伏祝함. 신축辛丑 11월일"이라는 계자문 적啓字文蹟까지 받아 두었던 것이다. 그럼에도 불구하고 서상집은 유 길준 쿠데타기도가 발각된 뒤 1902년 음력 4월 3일부터 5월 13일까 지 구속되어 심문을 받았다. 심문관은 광무정권의 핵심실세인 경무 사 이용익이었는데, 고종의 밀명을 받고 있던 서상집은 이에 강력 반발하였다.

72] 각주 69와 같음.
73] 『주한일본공사관기록』 17, 기밀송 제37호 유길준의 음모에 관한 건, 1902년 5월 13일 외무대신 小村壽太郞의 한국공사 林權助에게, 별지 3 〈유길준(필자주 : 서상 집)의 무혐의주장 청원서〉, 134~137쪽.

서상집과 이용익의 인연은 순조롭지 않았다. 1898년 전환국기사
로서 이용익의 지휘를 받기도 했지만, 1899년 내장원에서 인천 황곡
에 설치한 황장皇庄의 감동監董으로서 서상집은 전혀 납부하지 않아
문제가 되었다.[74] 내장원경이던 이용익은 이를 추궁한 것 같고, 서
상집은 이를 피해 피신하기도 하였으며,[75] "인항거仁港居 부상富商 서
상집씨가 무슨 사건에 인함이던지 향일向日 도피하였다더니 일작日昨
궁내부에서 해항 감리에게 훈칙하여 서씨의 가옥과 집물을 집류하
라 하였더라"는 보도는,[76] 바로 이 황장의 도세미납사건을 말하는
것 같다. 서상집이 유길준 사건으로 체포되기 하루 전인 1902년 4월
2일, 인천 황장도세 미납한 것을 1899년 조부터 추심하는 공문을 이
용익이 서상집에게 발한 것은,[77] 유길준사건뿐 아니라 다른 비리사
건도 들추어 서상집을 궁지에 몰아넣으려는 심산이었던 것으로 볼
수 있다. 서상집과 이용익은 곡물매입문제로도 충돌했던 전례가 있
는데,[78] 이제 유길준 사건에서 비롯된 화폐위조 문제로 서상집이 단
죄되는 상황이 된 것이다.

　그러나 서상집은 이미 계자문적까지 받아 놓은 상황이었기 때문
에 이를 믿고 강력 반발하였다. 1902년 7월 2일 인천감리 하상기가
경무청 경무국장으로 가고 서상집이 7월 9일 인천감리에 취임하게
된 것은[79] 이러한 사전조치 때문이었을 것이다. 서상집은 일찍이

74] 『훈령조회존안』 1902년 4월 2일 내장원경 이용익의 인천부황곡감동 서상집에
　　대한 훈령.
75] 타운센드집에 숨어 있었다고도 하고(최성연, 앞의 책, 151쪽), 일본인에게 숨어
　　있다가 일본공사의 조정으로 문제가 해결되었다고도 한다(주 69 참조).
76] 『황성신문』 1901년 1월 9일 잡보.
77] 각주 74와 같음.
78] 이승렬, 앞의 책, 127쪽 ; 三上豊, 앞의 글, 76쪽.
79] 『황성신문』 1902년 7월 3일 잡보, 7월 16일 잡보.

인천항에서 외국상인의 대리인으로 활동하기 시작하여 경제력을 획득하고 상인조직을 지휘한 끝에 국제무역항 인천항의 최고책임자의 자리에 오르는 영광을 얻게 되었다. 유길준과 같은 개화파에 동조하지 않고 고종의 밀명을 따라 정탐원으로서 활동하여 자신의 재산을 보호하고 경제적 이익을 확대하고 나아가 고위관직까지 얻게 됨으로써 서상집은 자신의 정치적 처신이 적중했다고 의기양양했을 것이다. 그는 한걸음 더 나아가 이용익의 죄상 13개조를 들어 재판소에 고소하였다. 고소에 의거하여 법부에서는 이용익을 체포하려고 하였다. 그렇지만 고종의 조정과 비호로 이용익은 다시 발탁되어 탁지부대신서리에 임명되었다. 겨우 7월 28일 부임하여 보름여 시무하던 서상집은 8월 17일 교체되고 말았다.[80] 서상집이 사직을 청원하자 인천항 주민들이 그의 선정을 열거하며 더 있게 해달라고 청원하였다는 것은[81] 한 달도 근무하지 못한 관리에게는 있을 수 없는, 음모의 냄새가 나지만 서상집의 조직력을 보여주는 것이기도 하다. 물론 그 조직력으로 이용익의 권력에 대항할 수는 없었다.

한국이 보호국이 된 뒤 개화파 유길준·박영효는 금의환향하였다. 국내에서 발 붙일 곳이 없게 된 서상집은 중국 상하이로 건너갔다. 서상집은 1906년 말 상하이를 무대로 항해업을 하기 위해 가선적증서假船籍證書의 발급을 신청하였다. 일본영사는 서상집에 대해 "한국인 서상집이라는 자가 이곳에서 기선 한척을 매입하여 한국국기를 달고 항해업을 경영하려고 가선적증假船籍證의 발급을 신청하였다. 본관은 이에 대해 어떤 조치를 취해야 할 것인지 훈령을 요청한다"고[82] 본국의 외무대신에 보고하고 있다. 중국으로 무대를 옮겨서도

80] 『總關去函』 1902년 7월 28일 ; 『外部奏本』 1902년 7월 5일, 8월 17일 ; 『沿途各郡案』 1902년 7월 28일, 1902년 8월 13일.

81] 『황성신문』 1902년 8월 18일 잡보.

해운업을 경영하려는 서상집의 자본가적 정신은 개항 후 축적된 사
업경영의 경험과 역량에서 비롯되었을 것이다.

중국에서 서상집의 경제활동은 그런대로 성공을 거둔 것처럼 보
인다. 어떤 회고담에 의하면, 독립운동가 장경이 상하이에서 무관양
성을 위한 학생들의 기숙사로 대동보국회관을 열었을 때, 부족한 재
정을 상하이의 한국인 부자 민영철·민영익·민영찬·서상집에게서
얻었다고 한다. 그들 부자는 본래 돈도 많지 않았지만 돈쓸 줄도 몰
라 '좀팡 중의 상좀팡'이어서 얻어 쓰기 어려웠다는 회고이다.[83] 여
기에 상하이 한국인 망명자를 돕지 않을 수 없는 민씨 척족과 어깨
를 나란히 하는 재력가로서 서상집이 등장한다.

5. 인천개항장의 '한국형 매판買辦'

서상집의 활동에 대한 평가는 민족상인론, 부르주아지론으로 구분
할 수 있다.

서상집은 1896년 말 인천항의 객주를 모아 신상회사를 조직하였
다. 내장원에 매년 2천 원을 납세하는 대가로 인천항의 상품중개를
객주에게 맡기고 객주 구문 중 10%를 수취하여 운영하는 회사였다.

82] 『한국근대사자료집성』 10권(국사편찬위원회), 來信第九六號 [徐相集의 航行 假船
籍證書 發給 申請에 관한 件 照會], 永瀧總領事가 林大臣에게.

83] 『국민보』 1951년 5월 30일 한국일사. 안중근이 상하이로 건너가 민영익을 만나
려다 거절당하고, 徐相根을 만나 한국의 독립에 대해 의논하니, 서상근은 "나는
일개 장사아치로서 몇 십만원 재정을 정부 대관배에게 빼앗기고 이렇게 몸을 피
해서 여기 와 있는 것"이라고 하였다(윤병석 역편, 『안중근전기전집』, 국가보훈
처, 1999, 153~154쪽). 안중근이 민영익과 서상집에게 한국독립을 위한 활동자금
을 요청한 것으로 보이는데, 서상근이 바로 서상집을 가리키는 것이 아닌가 생
각된다.

신상회사는 외국상인 특히 일본상인에 대항하여, 특히 일본인 미두 거래소의 상품집산활동에 대항하여 인천항의 상품중개권을 독점하려 하였다. 상인 개인의 경제적 이익을 상인단체의 이익 곧 민족적 이익으로 환원하고 이를 위해 정부관료를 사장으로 추대할 뿐 아니라 경축일에 국기를 게양하고 채색 등을 달고 축제를 열어 애국하는 성의를 보였다. 이러한 신상회사와 그 주동자 서상집의 활동을 민족적인 것으로 평가하는 견해를[84] 민족상인론이라고 할 수 있다.

부르주아지론은 서상집이 자본축적에 성공하고 이를 토대로 금융업에까지 참여하고 있는 점을 근거로 든다. 대한천일은행 본점의 김두승·김기영·조진태·백완혁 등의 상인과, 지점의 서상집·설효석 등은 "광무정권의 금융근대화를 위한 국가적 기획에 참여하여 근대적 금융자본가로 전환한 대표적 케이스", "도고상업체제 하에서의 전기적 특권을 매개로 삼지 않고 근대적 기업형태인 은행의 설립과 운영을 매개로 형성되었다는 점에서, 금융부문에서 성장한 한국의 부르주아 1세대"라고 평가되었다.[85]

이들 견해는 서상집의 대한제국기 경제활동에 대해 내린 적절한 평가라고 생각된다. 분명 민족상인으로 평가할 수 있는 활동을 하였고, 또 자본가로 성장하여 여러 사업에 과감한 투자도 하고 있다. 그렇지만 서상집의 활동은 상당히 복합적이고 시기적으로도 차이가 있다. 국내외상인 및 정치세력과의 다방면에 걸친 복잡한 역학관계를 활용한 서상집의 활동을 어떻게 평가할 것인가? 나는 중국의 '매판'과 비교하여 평가해보고 싶다.

매판은 중국 개항장을 중심으로 활동한 외국회사의 중국인 책임

84] 조기준, 앞의 글 ; 김진식, 앞의 글.
85] 이승렬, 앞의 책, 137쪽.

자를 일컫는 말이다. 매판은 외국인 회사의 고용인, 거래의 중개인, 외국상인 대신 내륙에서 상품매매하는 대리인, 외국상인의 위탁상품에 대한 책임을 지는 도급업자, 매판 외에 자신의 사업도 경영하는 독립상인 등 다양한 역할을 하였다. 경제적인 측면에서 매판은 외국상인을 중개하면서 벼락부자가 되었지만 기업가정신을 가지고 해운업, 광산업, 방직업 등에 자본투자를 함으로써 개항장의 경제발전을 주도한 측면도 인정하지 않을 수 없다. 사회적으로는 상인단체를 조직하는 등 개항장의 지도층 인사로 신분을 끌어올리는 데 성공하였다. 정치적으로는 경제성장과 신분상승을 배경으로 애국적 혁명운동에도 동참하였다. 문화적으로는 언어·자녀교육·생활양식 등에 있어서 전통적 가치관을 탈피하고 서구식을 추종하였다. 지식은 어정쩡한 편이지만 정 관잉鄭觀應과 같은 매판은 『이언易言』을 저술하는 등 개혁사상을 펼치기도 하였다. 결론적으로 말하여 매판은 "전통과 근대, 동양과 서양을 중개한", "전형적인 주변인으로 두 문화 중 어떤 쪽에도 속하지 않은", "두 문화를 한몸에 지닌 문화혼혈아"였다고 평가되었다.[86]

서상집의 매판가능성에 대하여는 충분하게 논의된 바 없다.[87] 서상집은 개항 초기에는 타운센드 순신창상회를 경영하면서 외국상인

86] 郝延平, *The Comprador in Nineteenth Century China*, Harvard University, 1970(이화승 역, 『동양과 서양, 전통과 근대를 잇는 상인 매판』, 씨앗을뿌리는사람들, 2002) 참조.

87] 서상집이 개항 초기 미국무역회사 모스−타운센드 회사의 대리인으로서 순신창 상회를 통해 미곡매입활동을 전개한 것을 외국회사의 이익을 대변한 것이라 하여 당시 인천감리 박제순은 '奸商'이라고 비판한 적이 있었다. 비슷한 논리로, 순 신창상회의 서상집이 미국상회, 외세자본과 결탁하고, 광무년간에는 또 일본상 인과 결탁한 점에서 매판적 성격을 지닌 것으로 보는 견해도 있다(하지연, 앞의 글). 그러나 매판론을 강하게 주장한 것은 아니고 또 이때의 매판은 본 논문에서 논의한 개항장 중개인으로서의 개념이 아닌, 매국적 상인이라는 개념이다.

의 대리인으로서 역할을 하였는데, 외국상인의 이익을 위해 봉사한
다는 부정적 의미에서는 이때의 상황을 매판에 견줄 수 있을 것이
다. 그렇지만 갑오개혁기에는 공동회사를 경영하면서 세납 및 미곡
무역과 홍삼무역에 종사하였다. 그는 한강과 황해연안 등 수도권을
중심으로 한 국내 유통망을 구축하고, 대외적으로는 인천, 상하이,
일본 개항장을 잇는 동아시아 개항장 유통망 구축을 지향하였다.
조직과 자금의 축적을 이룬 서상집은 청일전쟁 이후 일본상인의 상
권이 크게 확장되는 상황에서, 이에 맞서 정부관료를 끌어들여 한국
인 객주조직을 만들고 애국적 민족적 지향을 보이면서 일본상인과
대립각을 세웠다. 본인 스스로 해운업, 조선업, 금융업에도 과감하
게 투자하였다.

　경제적 축적과 사회적 지위향상이 정치적 연계망을 구축하는 방
향으로 진전되는 것은 중국매판의 경우에서 흔히 보인다. 서상집은
친척인 서상우의 도움도 받은 것 같고, 개화파의 핵심 유길준·유성
준 형제와도 밀접하였고, 신상회사를 후원한 정부의 보수적 관료나
인천감리 하상기와 같은 황제파 관료와도 가까웠다. 유일하게 적대
적으로 된 것은 자신의 상관이기도 했던 친러파 이용익이었다. 서
상집은 이용익의 휘하에서 전환국 기사, 내장원의 인천 황장감동을
맡았지만 갈등만 증폭되었다. 서상집은 고종을 비롯한 황제파 우편
에 서서 개화파를 정탐하고 유길준 쿠데타기도 세력을 일망타진하
는 데 앞장섰다. 그러한 대가로 인천항의 최고위직인 인천감리에까
지 올랐다. 그렇지만 상인출신인 서상집의 정치적 연계망은 친러
파·친일파·황제파 등 정치권의 세력다툼을 이겨내기에는 너무 허
약하였다. 러일전쟁 이후 일본의 한국보호국화 및 유길준 등 일본
망명인의 귀국은 서상집의 수십 년 매판적 행로의 종말을 고하는
것이었다.

서상집이 남긴 글은 유길준 쿠데타기도사건에서 유길준에게 보
낸 서신 4통과, 체포되어 심문받는 과정에서 무혐의를 주장한 청원
서가 있다.[88] 이 글들은 국한문 혼용체로 되어 있는데, 청원서는 서
신과는 달리 공문서의 문체를 따르고 있다. 서신의 문체가 품위있
다고 보기는 어려워, 서상집의 교육수준이 높다고 말하기는 어려울
듯하다. 일본어는 능통했다고 하고, 중국과의 교역을 추진하거나 중
국으로 이주한 것을 보면 중국어 소통도 어느 정도 되었을 것으로
생각된다. 중국매판이 어정쩡한 지식을 보유했다고 하는 점과 상통
한다.

『신상회사장정』의 서문을 살필 때, 상업의 진흥을 위하여 객주조
직을 구성하면서 그 명분을 중국 춘추시대 관중과 범려의 고사를
제시하여 상업의 중요성을 논하고 있는 점에서 전통에 대한 연계성
에 주의하고 있음을, 서양의 근대회사 조직을 모방하여 회사를 설립
하고 있는 점에서 서양을 수용하고자 하였음을 알 수 있다. 이것은
매판이 추구한 전통과 근대의 중개, 동양과 서양의 중개라는 점과
상통한다.

서상집은 생활이나 문화의 측면에서도 중국매판의 모습과 유사
성을 보여준다. 1901~1903년경 율목동에 인천에서 한국인 소유로는
유일한 2층 양옥집을 지었고, 큰 아들 서병의를 상하이 및 영국 케
임브리지대학에 유학을 보냈다고 한다. "그는 부호인지라 자녀도
언제나 새로운 스타일의 양복을 쪽쪽 빼입고 다녔으며 신기한 소지
품들도 많았다. 또 멋진 오토바이를 몰고 으스대는 신식청년이었던

88] 『유길준전서』 IV(일조각, 1971), '仁川來書'(1901년 8월, 10월, 11월, 1902년 1월),
261~264쪽 ; 『주한일본공사관기록』 17, 기밀송 제37호 유길준의 음모에 관한 건,
1902년 5월 13일 외무대신 小村壽太郎의 한국공사 林權助에게, 별지 3 〈유길준
(필자주 : 서상집)의 무혐의주장 청원서〉, 134~137쪽.

까닭에 그 시절 청년들의 선망을 온통 받고 있었다. 웃터골 운동장으로 축구를 하러 나올 적이면 일반청년들은 겨우 짚신을 신고 나왔건만 그들 형제는 가죽 축구화도 부족해서 정강이까지 가죽용구로 감싸고 나오는 통에 모두 기가 죽었다고 한다." 타운센드와는 가까운 친분을 유지하여 피신할 때 그 집에 숨어 지내기도 하고, 누이가 타운센드와 동거한다는 소문도 돌 정도로 서양식에 익숙하였다.[89]

[그림 1] 서상집[90]

이런 점들을 종합해 볼 때 서상집은 현재까지 알려진 개항장 경제인 가운데 '한국형 매판'의 모습을 지닌, '동아시아 개항장 자본가'의 전형적인 인물이라고 평가할 수 있다.

89] 최성연, 앞의 책, 151~152쪽.
90] 『조선신문』, 1911년 10월 8일.

일제강점기 해항도시 부산의 형성과 발전

김 승

1. 머리말

부산항은 지리적으로 일본과 가장 가까웠던 만큼 동아시아에서 일본이 대륙으로 진출할 때 맨 먼저 발을 디딘 곳이었다. 이러한 지리적 특성 때문에 임진왜란 이후 동래부는 그 산하에 군사방어를 위해 하나의 수영水營과 두 개의 진鎭을 설치할 정도로 국방상 요충지였다. 게다가 부산항은 왜관倭館을 통한 대일교역의 창구 역할을 담당했던 곳이기도 하였다. 이처럼 전근대 군사, 교역상 중요한 위치를 차지했던 부산항은 오늘날 한국의 근대도시들이 대개 그러하듯이 전통도시였던 동래東萊와 단절된 채 새로운 식민도시로 성장하여 현재에 이른다.[1] 한국의 근대화가 내부가 아닌 외부로부터 시작

---

* 한국해양대학교 국제해양문제연구소 HK교수. 본 논문은 발표 이후 필자가 내용을 좀 더 보완하여 완성된 논문으로 공간할 계획이었으나 주위의 요망에 따라 시론형태로 몇몇 비전문학술지에 게재된 것임.

1] 한국에서 현재의 대도시들은 대개 개항장이었거나 경부선, 호남선 등과 같은 철도망의 교통 요충지를 중심으로 발전하였다. 고석규,『근대도시 목포의 역사 공

되었음은 오늘날 부산지역의 행정명칭을 통해서도 확인 가능하다. 곧 내부가 아닌 외부로부터의 근대화였던 만큼 부산지역의 행정명칭 또한 '동래광역시'가 아니라 전통과 철저하게 단절된 부산광역시로 통용되고 있는 것이다. 이 하나를 통해서도 부산항이 식민도시로서 형성되었음을 단적으로 알 수 있다.[2] 부산항은 최초의 개항장이면서 그 뒤에 개항하게 되는 인천, 목포 등과 다른 특성을 갖고 출발하였다. 즉 일본은 개항과 함께 조선시대 초량왜관草粱倭館이 있었던 곳을 곧바로 근대법적인 전관거류지concession로 설정함으로써 처음부터 과거 초량왜관 지역이었던 10만 평을 배타적으로 장악할 수 있었다. 그 결과 일본은 부산항을 과거 자신들의 생활근거지였던 왜관 내에 신속하게 거류지역소·영사관·경찰서·상업회의소·금융기관·병원 등과 같은 근대 시설들을 설치하면서 전관거류지에 대한 자신들의 영향력을 강화하였다.[3] 이렇게 부산항에서 일제의 영향력이 강했던 것에 반비례해서 영국과 러시아, 청국 등의 영향력은 상대적으로 약할 수밖에 없었다. 이런 역사성을 갖고 출발한 부산항이 일제강점기를 거치면서 어떻게 변모하였는지 본고에서는 부산

간 문화』, 서울대학교출판부, 2004, 9~13쪽.

2] 橋谷弘는 일본의 식민도시를 세 가지 타입으로 언급하였다. 첫째, 완전히 새롭게 형성된 도시(부산, 인천, 원산, 대만의 가오슝, 만주의 대련), 둘째, 재래의 전통도시 위에 겹쳐지면서 형성된 도시(서울, 평양, 개성, 타이베이, 타이난), 셋째, 기존 대도시 근교에 일본이 신시가지를 건설한 新京(현 장춘), 하얼빈 등 만주에서 주로 건설된 도시 등으로 구분하였다. 橋谷弘, 김제정 역, 『일본제국주의, 식민지도시를 건설하다』, 모티브, 2005, 17~19쪽.

3] 재부일본인의 상업회의소의 전신인 부산상법회의소는 1879년에 설립되었다(차철욱, 「개항기~1916년 부산 일본인상업회의소 구성원 변화와 활동」, 『지역과 역사』제14호, 2004 ; 전성현, 「일제하 조선상업회의소연합회의 산업개발전략과 정치활동」, 동아대학교 박사논문, 2006 참조 바람). 이밖에 최초의 근대병원이었던 부산항의 濟生病院에서 지석영이 1879년 종두법을 배운 것 또한 개항장 부산의 '근대성'과 관련하여 유의할 필요가 있다. 제생병원에 대해서는 김승, 「한국 근대의학병원의 효시에 대한 연구」(보론), 『부산대학교 의과대학 50년사』, 2005 참조.

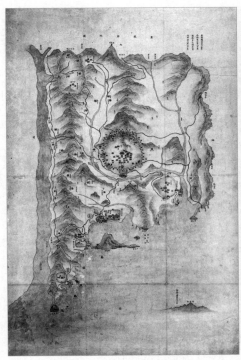

[그림 1] 1872 동래부지도

[그림 2] 왜관도

항의 매축, 인구증가, 산업구조의 변화 등 세 부분으로 나누어서 살펴보고자 한다.

2. 부산항 매축과 도시공간의 확대

일제의 대륙진출 교두보였던 부산항은 정치·경제·군사상의 중요성에도 불구하고 넓은 배후지를 갖고 있지 못한 한계가 있었다. 따

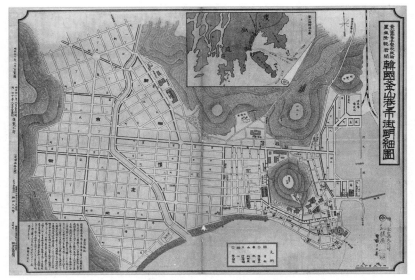

[그림 3] 1907년 부산항시가명세도

라서 도시규모의 확장은 필연적으로 해안선과 맞닿은 가파른 바닷가의 산들을 깎아 바다를 메우는 대규모의 매립이 불가피하였다. 이하에서 부산항이 어떤 과정을 거쳐 매축되었는지 대표적인 매축공사를 살펴보도록 하겠다.

1) 북빈매축공사(1902~1908)

부산항에서 맨 먼저 근대적 매립이 시작된 것은 1888년 청나라 북양대신 리 홍장李鴻章의 주선으로 당시 부산 세관장이었던 영국인 헌트Hunt(한국명 하문덕何文德)와 합작하여 오늘날 부산데파트 동쪽지역에 위치한 부산세관의 부지가 협소함을 내세워 용미산(옛, 광복동 입구 부산시청자리) 기슭의 일부를 깎아 매립한 것이 부산항 매립역사의 출발이었다.

한편 일본인들은 개항 이후 부산으로 이주해 오는 일본인들의 증가와 한일 간의 무역량 증대로[4] 항만시설의 확충과 새로운 부지의 필요성을 절감하였다. 이에 일본인들은 1898년 부산매축주식회사를 설립하여 오늘날 부산데파트로부터 부산우체국, 부산연안여객터미널, 중앙동의 중앙로, 세관 일대를 매립하는 흔히 북빈北濱매축공사라고 부르는 매축공사를 한국정부에 청원하였다. 그 결과 1902년 7월부터 1908년에 걸쳐 바다를 매립하여 이 일대 4만 1,374평의 새로운 부지를 확보하였다. 이로써 오늘날 중앙동 일대(세관, 부관페리호·연안여객선 선착장)의 기본적인 도시공간이 마련되었다.

북빈매축공사는 당시로서 대규모 공사이었기에 공정을 1, 2기로 나누어 진행되었다. 1기 공사(1만 3,632평)는 1902년 7월부터 시작해 1904년 12월 준공을 보았으며 2기 공사(2만 7,742평)는 1907년 4월부터 시작해 1909년 8월 공사를 완료하였다.

1기 북빈매축공사가 끝난 1년 뒤 1906년 부산잔교棧橋회사가 새롭게 설립되어 폭 5.5칸間, 길이 100칸의 북빈잔교北濱棧橋를 가설하여 관부연락선과 외항선들이 정박할 수 있는 시설이 마련되었다. 북빈매축이 완료된 이후 그곳에는 각종 운수업, 창고시설, 정미소 계통의 회사들이 들어서게 된다.[5] 북빈매축공사는 일본인들이 과거 초

4] 부산항에서 개항 당시 200명이었던 일본인들은 1895년 4,953명으로 증가하였다. 1895년의 이 수치는 한국주재 일본인 중에서 대략 54%를 점유하는 비율이었다. 1892년 일본으로부터 수입되는 물품 가운데 인천은 43.5%, 원산 43.1%였던 데 반해 부산은 97.2%였을 정도로 부산항의 대일 무역 수입은 절대적 위치를 차지했다. 홍순권, 「근대 개항기 부산의 무역과 상업」, 『항도부산』 제11호, 부산시사편찬위원회, 1994, 112, 115~116쪽.

5] 김용욱, 「釜山築港誌」, 『항도부산』 제2호, 157쪽 ; 김의환, 『부산근대도시형성사연구』, 연문출판사, 1973, 55~59쪽 ; 차철욱, 「부산 북항 매축과 시가지 형성」, 『한국민족문화』 28, 부산대학교 한국민족문화연구소, 2006.

[그림 4] 부산역, 세관, 1잔교

량왜관 지역이었던 일본인전관거류지를 벗어나 부산의 북부지역으로 도시가 뻗어 나갈 수 있는 발판을 마련했다는 점에서 중요한 의미를 갖는다.

2) 영선산착평공사(1909~1913)

부산항 매립에서 두 번째로 이루어진 사업이 영선산착평營繕山鑿平 공사였다. 오늘날 중부경찰서에서 영주동 입구 조흥은행에 이르는 이곳에 해발 50미터의 영선산營繕山이 있었다. 산의 봉우리가 두 개였기에 쌍산雙山이라고도 불렀는데 이 산 때문에 경부선 출발역이었던 초량역(현 지하철 초량역)과 관부연락선이 정박하는 부산잔교는 지형적으로 떨어져 있었다. 따라서 일제는 늘어나는 철도와 선박의 물량을 직접 연결시키기 위해 영선산을 무너뜨리는 영선산착평공사

를 1909년 5월부터 1913년 3월까지 실시하여 4만 4,780평의 땅을 새롭게 확보하였다.[6]

이들 공사로 오늘날 중앙동 사거리 일대의 넓은 평지를 마련할 수 있었다. 일제가 영선산착평공사를 서둘렀던 이유는 경부선을 이용한 내륙의 철도운송과 관부연락선을 이용한 해운운송의 연계가 절실했기 때문이다. 즉 일제는 일본인전관거류지의 내륙방향(부산의 북쪽 방향) 진출의 필요성과 당시 압록강가교공사(1909.8~1911.10)와 연계해서 '관부연락선 → 부산항 → 경부철도 → 경의철도 → 대륙진출'의 운송루트를 일괄적으로 확립할 목적에서 영선산을 착평하였다. 영선산착평공사로 부산항은 더 이상 일본인전관거류지 지역에 한정되지 않고 조선인들의 전통적 거주 지역이었던 부산진 방면과 연계되는 항구도시로 성장하였다.

3) 부산진매축공사

북빈 매축과 영선산 착평 후 일본인들은 1912년 8월 나고야 지역의 일본인 자본가들을 중심으로 조선기업주식회사를 설립하여 오늘날 초량~범일동에 이르는 40만 평을 매립하고자 했다. 공사는 3기로 나누어 1기(1912.11~1915.3)는 13만 7천 평, 2기는 1918년 3월부터 17만 평을, 3기는 1921년 3월까지 나머지 평수를 매립한다는 계획이었다. 그러나 실제 각 시기별 공사는 연장되어 1기공사 자체가 1917년 준공되는데 원래 2기 공사에 포함되었던 영가대永嘉臺까지의 매축이 1기 공사 때 완공되었다. 이는 1917년 조선방직주식회사가 설립되면서 철도가설 부지가 필요하여 영가대까지 매축을 하게 된 것이

6] 김용욱, 위의 글, 171~179쪽 ; 김의환, 위의 책, 66~73쪽.

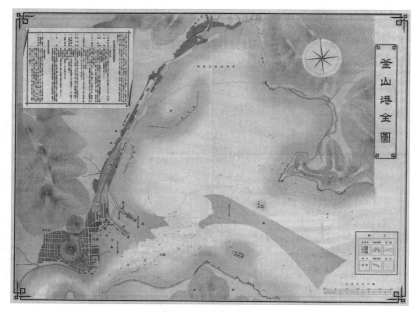

[그림 5] 1912년 부산항 전도

다. 1기 공사를 통해 매축된 10만 평 규모의 부산진 일대 매축지는
이듬해 1918년 일본의 시베리아출병과 맞물려 제1잔교와 함께 일본
군 1개 사단 이상의 병력과 군마, 식량 등의 군수물자를 수송하는
데 유용한 공터로 직접 활용되었다.[7]

　애초 부산진매축을 담당했던 조선기업주식회사는 1기 공사 이후
1923년 해산하게 된다. 따라서 원래 부산진매축 2기 공사 이후의 부
분은 1926년 11월 설립된 부산진매축주식회사에서 사업을 인수하여

7] 김의환, 위의 책, 93~94쪽 ; 김용욱, 위의 글, 199쪽 ; 차철욱, 「1910년대 부산진 매
축과 그 성격」, 『지역과 역사』 제20호, 2007, 70~71쪽 ; 坂本悠一, 「植民地期 朝鮮
鐵道에 있어서 軍事輸送」, 『한국민족문화』 28, 부산대학교 한국민족문화연구소,
2006, 150~152쪽.

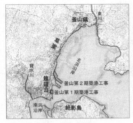
[그림 6] 1기 공사

[그림 7] 2기 공사

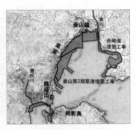
[그림 8] 3기 공사

1926년부터 1937년까지 자성대 앞쪽 범일동 일대와 우암동 앞바다 30만 5천여 평을 순차적으로 매립하였다.[8] 새롭게 매축된 이곳에는 미곡창고, 철도관사, 경찰서, 우편소, 초량역, 부산진역, 학교 등이 세워졌다. 부산진매축 2기 공사로서 확보된 이들 지역은 1930년대 이후 부산의 중요 공업지대로 변화하게 된다. 일제는 부산진매축 2기 공사를 완료함으로써 현재 부산항의 동북쪽에 해당하는 신선대 앞쪽을 제외한 부산항의 기본적인 골간을 갖추게 되었다.

한편 일제는 영선산착평공사와 부산진매축공사를 진행하는 것과 함께 항만물동의 수송을 원활하게 하기 위해 제1잔교(1910~1918)와 제2잔교(1919~1928) 공사를 함께 진행하였다. 특히 제2잔교 공사는 부산항의 하역설비공사를 보완할 것을 목표로 해륙연락설비의 확장, 항내의 준설, 방파제 축조, 북빈부근 연안무역설비 등의 네 가지 목표를 갖고서 진행되었다. 이 공사를 통해 제1잔교는 3천 톤급 2척, 제2잔교는 7천 톤급 2척, 2만 톤급 2척이 각각 정박할 수 있는 대규모 시설을 갖추게 된다.[9] 이렇게 조성된 제1잔교와 제2잔교는

8] 김용욱, 위의 글, 263~265쪽. 부산진매축 2기 공사의 중요성은 1926년 11월 1일 기공식에 조선총독 齊藤이 참석한 데서도 알 수 있다. 원래 이 공사는 4개년 계획으로 착수하였다(釜山府,『釜山』, 1926, 94쪽). 부산진 일대의 매축을 기념하기 위해 일제는 부산진매축기념비를 1939년 4월 건립하였다. 이 비는 현재 부산 동구경찰서 앞마당에 세워져 있다.

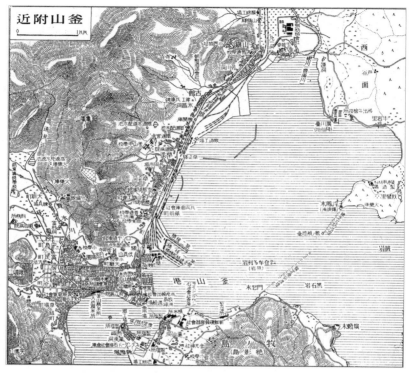

[그림 9] 1920년대 초 부산지도

해방이 될 때까지 일제의 대륙운송과 해상운송을 연결하는 중요시
설로서 사용되었다. 이들 부두시설은 한국전쟁 당시 미군군수물자
를 하역하는 시설로도 사용된다.

　이상에서 살펴본 북빈매축, 영선산착평, 부산진매축, 제1잔교, 제2
잔교 시설확충 이외 부산항은 영도지역의 공업용지 확보를 위한 영

9] 曺榮煥, 『近代の韓國釜山における市街地の變遷に關する硏究』, 工學院大學 博士
論文, 2005, 83쪽. 제1잔교와 제2잔교의 선박 톤수는 1912년 「釜山港全圖」로서
확인함. 참고로 현재 취항 중인 부관페리호의 경우 1만 6,700톤급 정도이다.

도 대풍포待風浦=薩摩掘매축(1916~1926)공사, 북빈의 외항무역에 대한 연안무역의 수송과 균형발전을 위한 남빈매축(1930~1938, 현재 자갈치를 포함한 남포동, 충무동, 남부민동 일대), 영도를 육지와 연결하는 절영도대교가설공사(1932~1934), 적기만매축(1934~1936), 부산항 제3기 및 축항공사(1936~1945) 등이 계속해서 진행되어 현재까지 이들 지역은 국내외 물자 수입출(북빈, 영선산착평, 부산진매축, 적기만매축) 기능과 연안무역과 수산관련업계통(남빈매축, 영도대풍포)의 기능을 담당하고 있다. 개항 이후 일제강점기 부산항의 매축과 항만시설 확장 현황을 보면 [표 1]과 같다.

[표 1] 개항기와 일제강점기 부산항 매축 관련 주요공사

구역	공사명	공사기간	시공자	매축규모	비고
북빈 방면	海關敷地 매축공사	1887~1888	釜山稅關		부산세관장 Hunt의 요청
	北濱 매축공사	1902~1908	釜山埋築會社	41,374평	시가지 조성
	稅關工事	1906~1912	舊韓國政府, 朝鮮總督府		
	釜山驛 설비공사	1908~1910	京釜鐵道株式會社		辰野金吾 설계
	營繕山 鑿平공사	1909.5~1913.3	舊韓國政府, 朝鮮總督府	44,780평	시가지조성 居留民團 위탁사업
	부산제1기 항만설비공사	1911.1~1918.12	朝鮮總督府	16,252평	해륙연결공사
	부산제2기 항만설비공사	1919.1~1928.12	朝鮮總督府	14,321평	
	北濱연안무역설비 공사	1928.11~1931.9	부산항		해륙연락설비조성
부산진 방면	釜山鎭 제1기 매축공사	1913.6~1917.12	조선기업주식회사	144,188평	시가지조성, 해륙연결설비
	釜山鎭 제2기 매축공사	1926.11~1932.12	부산진매축회사	162,050평	시가지조성, 해륙연락설비조성
남빈·영도 방면	영도 대풍포 매축공사	1916~1926.6	大澤商會	40,200평	시가지조성

	南濱매축공사	1930.2 ~1939.2	부산축항합자회사	145,240평	시가지조성
	影島橋架設 및 부속공사	1931.8 ~1935.3	부산항	31,380평	
적기·감만 방면	赤崎灣 매축공사	1934.4 ~1936.4	부산축항합자회사	150,000평	시가지조성, 해륙연락설비조성
	부산 제3기 및 제4기 만설비공사	1936.1 ~1945.8	조선총독부	215,000평	해륙연락설비조성

3. 인구변동

개항 직후 100여 명에 미치지 못했던 일본인은 1887년 2천여 명으로 늘어났고[10] 1895년 청일전쟁 이후 5천 명, 러일전쟁을 전후한 시기 1만 3천 명으로 증가하였다. 이처럼 일본인들은 1910년 이전에 이미 부산항에 대거 유입된 특징을 갖고 있었다. 일제강점기 부산항의 각 시기별 인구증가를 보면 [표 2][11]와 같다.

일제강점기 중 부산항의 인구증가율이 가장 높았던 해는 1925년이었다. 이 해는 처음으로 전면적인 국세조사가 실시된 탓에 전국적으로 통계수치상 큰 폭의 인구증가를 보이고 있었다. 부산항의 경우는 전년에 비해 21,129명이 늘어나 25.6%라는 큰 폭의 증가가 있었다. 부산항의 이 같은 인구 증가는 국세조사보다는 진주에서 부산항으로 도청이 이전해 온 것이 더 근본적인 요인으로 작용하고

10] 1889년 일본인전관거류지의 외곽에 해당하는 지역의 조선인 인구는 古館 750인, 신초량 500인, 부산진 2,000인, 우암포 75인 정도로 전체 3,325명이 거주하고 있었다(釜山府, 『釜山』, 1926, 73쪽).

11] 김대래·김호범·장지용·정이근, 「일제강점기 부산지역 인구통계의 정비와 분석」, 『한국민족문화』 26, 2005, 300~301쪽 ; 양미숙, 「1920·1930년대 부산항의 도시빈민층 실태와 그 문제」, 『지역과 역사』 19, 부경역사연구소, 2006, 232쪽.

[표 2] 1909~1945 부산항 인구와 호구수

연도	일본인		조선인		외국인		합계	
	호수(호)	인구(명)	호수(호)	인구(명)	호수(호)	인구(명)	호수(호)	인구(명)
1876		82,000						
1880		2,066						
1905		13,364						
1910	4,508	21,928	4,276	20,990			8,784	42,918
1920	7,689	33,085	9,551	40,532	54	238	17,294	73,885
1924	8,902	35,926	10,547	46,093	92	374	19,157	82,393
1925▲	9,364	39,756	13,772	63,204	118	562	23,254	103,522
1930	10,347	44,273	18,813	85,585	141	539	29,301	130,397
1935	13,142	56,512	20,475	123,313	104	446	38,355	180,271
1936▲	14,026	59,014	29,667	146,255			43,836	206,386
1940	12,464	54,266	37,850	185,576			50,366	240,033
1941	12,787	57,688	42,096	223,237			54,927	281,160
1942	14,064	61,436	53,677	272,610			67,798	334,318
1944		61,081		267,409			68,775	329,215
1945								281,160
1946							80,038	400,156

있었다. 당시 부산항으로의 인구의 이동은 도청 직원과 그 가족의 이주, 도청 이전에 따른 경기호전을 기대하고 부산항 인근과 일본에서 온 상인, 구직자의 유입 등에 의해서였다.[12] 1925년 이후 높은 인구 증가율을 보이는 해는 1936년과 1942년으로 동래군의 일부가 부산항으로 편입되어 행정구역이 확대되었기 때문이다. 그런데 일제강점기 부산항의 이러한 인구증가는 인구의 자연 증가에 의해서가 아니라 인구의 사회 증가에 의한 것이었다.[13]

일제강점기 동안 부산항의 전체 인구는 절대적으로 증가하였는

12] 홍순권, 앞의 글, 51쪽 ; 1925년 경남도청이전에 대해서는 손정목, 「경남도청 이전의 과정과 결과」, 『일제강점기 도시화과정연구』, 일지사, 1996 참조.

13] 양미숙, 앞의 글, 209쪽,

데 1910~1942년의 기간 동안 조선 전체의 인구는 1.98배, 경남의 인구는 1.71배 증가한 것과 비교했을 때 부산항은 인가증가가 7.78배에 달하고 있어 부산의 증가율은 전국에 비해 월등하게 높았고 도시화도 매우 빠른 속도로 진행되고 있었다. 물론 일제 말기인 1944년에는 부산항의 인구는 감소하고 있다. 이 시기 부산항의 인구는 조선인과 일본인 모두 감소하고 있는데, 특히 조선인의 감소가 더 심하게 나타나고 있다. 이는 일제에 의해 1944년 2월부터 대대적인 기업정비와 기업소개企業疏開에 의한 기업의 통폐합과 일자리 감소 등이 어느 정도 영향을 주었을 것으로 생각된다.[14] 그리고 해방이 되던 해 부산항의 인구는 1944년에 비해 더욱 줄어들었다. 이것은 주로 일본인의 철수에 의한 것이었다.

한편 일제강점기 재부일본인의 인구현황을 보면 1910년 21,928명이었던 일본인은 1944년 61,081명으로 34년 사이에 무렵 3배 정도의 증가를 보였다. 이 중에서 일본인의 인구증가율만 놓고 본다면 개항~1910년까지의 인구증가율이 가장 높았다. 이는 1910년 이전에 부산항이 이미 일본의 식민도시로서 상당한 매력을 갖고 있었으며 그 결과 일본인들이 1910년 이전에 빨리 부산항에 이주하였음을 뜻한다.[15] 그리하여 1910년 합병 당시 부산의 전체 인구 4만 3천여 명 중에서 일본인은 51%를 차지할 정도로 높은 비중을 차지하였다. 이후 일본인의 인구비중은 계속 낮아져 1935년에는 약 31%로까지 떨어졌고 전통도시 동래군의 일부지역이 편입되었던 1936년에 28%로,

---

14] 김인호, 『식민지 조선경제의 종말』, 신서원, 2000, 176~181쪽. 김인호에 의하면 부산의 경우 1944년 7월 부산부에서 1차 정비 대상 14업종에 이어 2차 기업정비 업종을 발표했는데, 전체 업체 중에서 60%를 정리하고자 하였다 한다. 그 규모는 全廢業者가 1만 명에 이르는 큰 규모였다.

15] 홍순권, 「일제시기 부산지역 일본인사회의 인구와 사회계층구조」, 『역사와 경계』 51, 경남사학회, 2004, 50~51쪽.

동래군의 편입이 더욱 확대되었던 1942년에는 18%로 떨어지고 있다. 재부일본인의 인구비율이 비록 감소는 하고 있었지만 일제강점기 동안 한국의 여타 주요도시와 비교했을 때 여전히 최상위를 차지하고 있었다.[16] 이것이 인구 측면에서 보았을 때 부산항이 지닌 식민도시로서 최대의 특징이라고 하겠다. 비록 재부일본인의 인구비율이 떨어지고는 있었지만 결코 그들의 영향력이 감소되는 것은 아니었다. 1940년과 1941년 말 현재 부산에서 5인 이상을 고용하는 공장 가운데에서 조선인이 소유하고 있었던 공장의 비율은 약 19% 정도에 불과할 정도로 전쟁이 끝날 때까지 일본인의 영향력은 절대적이었다.[17]

4. 산업구조의 변동

개항 이후 부산에 진출한 일본인들은 전관거류지내에 증가하는 일본인들을 상대로 생필품공장들을 1880년부터 설립하였다. 이때 일본인들이 설립한 제조업은 1910년대까지 큰 변화 없이 정미업과 식료품(술, 간장, 제과, 음료) 등이 주류를 이루었다. 이 가운데 양조업은 부산의 공업 중에서 가장 오래된 산업이었으며 정미업은 미곡수

16] 부산항의 전체 인구 중에서 일본인 인구가 차지하는 절대적 수치는 식민지 조선의 다른 도시들과 비교하더라도 월등히 높았다. 이는 1914~1930년 사이 전국 주요 도시 일본인 인구 구성비(%)에서 확인 가능하다(홍순권, 위의 글, 48쪽 참조).

연도＼도시	경성	부산	평양	대구	인천
1914년	23.79	51.28	19.68	22.76	38.12
1920년	26.22	44.80	22.72	26.71	30.92
1930년	27.50	33.92	13.26	29.32	17.65

17] 김대래·배석만, 「귀속사업체의 연속과 단절(1945~1960) : 부산지역을 중심으로」, 『경제사학』 제33호, 2002, 68~69쪽.

출과 관련하여 쌀값의 하락에 따라 영향을 받기는 했지만 부산을 대표하는 산업으로 성장하였다. 그리고 기계류에 해당하는 산업으로 선박수리를 위한 몇몇 조선업이 운영되었다. 그리하여 1909년 현재 부산의 공업은 식민지 조선 전체에서 공장수를 기준으로 했을 때 43.2%, 생산액을 기준으로 했을 때 47.2%를 차지하였다. 이 중에서 주류酒類와 장유醬油 생산이 전국 90%, 정미업이 50% 이상을 차지했다. 그리고 이들 공장들은 대개 전관거류지 안에 있었는데 산업의 이러한 경향은 1910년대에도 마찬가지였다.[18] 그런데 이들 산업구조에서 1910년을 전후한 시기 고용구조를 보면 조선인들이 많이 고용되어 있던 정미업은 부산의 산업비중 가운데 79.1%의 높은 생산액을 차지하고 있었다. 그러나 이런 생산액에도 불구하고 정작 고용은 13.3%에 불과하였다. 따라서 이 분야에 종사하는 조선인 노동자들이 장시간 노동에 의한 절대적 착취 상태에 있었음을 엿볼 수 있다. 이에 반해 일본인 노동자들이 많이 채용되어 있는 청주, 장유업의 경우 부산에서 공업생산량의 5.4%에 불과하였지만 종사자수는 11%로 종사자 개인당 노동시간이 매우 적었음을 보여준다.[19]

1920년대 부산의 공업은 여전히 정미업, 주조업, 식료품 공업이 중심이었지만 1927년 이후 기직업機織業, 제재업, 인쇄업 등의 경공업과 요업, 조선업, 철공업 등과 같은 새로운 신공업이 등장하였다. 자본금 규모에서도 조선업, 제빙업, 요업, 기직업 등은 대자본으로 운영되었다. 1920년대 공장수는 1920년 176개 → 1929년 408개로 증가하고 공장 종사자 또한 같은 기간 4,320명에서 8,325명으로 2배

18] 김경남,『일제하 조선에서의 도시 건설과 자본가집단망』, 부산대학교 박사논문, 2003, 36~39쪽 ; 개항 이후 1910년대 부산의 산업시설과 부산지역 토착자본가들의 성장에 대해서는 오미일,『한국근대자본가연구』, 한울, 2002, 3장 3절 참조.
19] 박영구,『근대부산의 제조업 1900~1944 : 통계와 발전』, 부산발전연구원, 2005, 212쪽.

가까이 증가했다. 1920년대 부산에서 가장 높은 성장률을 보였던 것은 방직공업이었는데 이는 값싼 노동력을 필요로 하는 노동집약적 경공업을 대표했다. 이밖에 1920년부터 주류업에서 조선인들의 진출이 두드러졌으며 1923년에는 조선인의 고무공업이 출현하여 1930년경에는 일본인 공장들과 경쟁하는 모습을 보이기도 했다. 그러나 이런 변화에도 불구하고 1929년 조선인 공장수는 일본인 공장수의 22.2%에 불과하였다.

1920년대의 이러한 한계에도 불구하고 1920년과 1929년 부산의 공업구조를 비교하면 중화학공업 중 기계기구공업이 급성장하여, 생산액에서 경공업과 중공업의 격차를 1920년 8배에서 1929년 4.7배로 줄이게 된다. 그 만큼 기계기구공업의 성장에 따라 중화학공업이 1920년대 성장하는 모습을 보였다.[20] 이후 부산의 공업은 세계대공황의 구조조정기를[21] 거치면서 1936년부터 기계철공업, 조선업, 화학공업, 전구제조업 등과 같은 중화학공업이 급성장하여 부산항 전체 공장수에서 이들 산업이 모두 1~6위의 범주 안에 들게 된다. 이런 변화는 일제말기까지 방직과 식료품 부문이 총생산액에서 우위를 차지하였지만, 중화학공업 또한 상당한 발전하였음을 의미한다.[22] 그리고 부산항에서 이러한 공업부문의 성장은 앞서 살펴보았던 부산항의 매축을 통한 새로운 부지의 확대와 맞물려 각 공장

20] 박영구, 위의 책, 250~261쪽.

21] 1929년 세계대공황의 결과 1930년대 부산에서는 100여개의 기업이 도산하게 된다. 그 결과 1930년대 전반 부산에서 노동운동 또한 자연히 왕성할 수밖에 없었다. 오미일, 「1920년대 말~1930년대 부산, 경남지역 당재건 및 혁명적 노동운동의 전개와 파업투쟁」, 『한국근대지역운동사』 I(영남편), 여강, 1993 참조.

22] 생산액 규모에서 1933년과 1939년을 비교하면 금속기계공업은 3.6%→8.6%, 화학공업은 5.1%→6.6%, 중화학공업은 12.2%→18.7%, 방직업은 28.2%→34% 각각 증가한 반면 식료품은 46.8%→34.3%로 감소하였다. 박영구, 앞의 책, 329쪽 〈표 1-68〉 참조.

들의 지역별 분포의 차이를 낳고 있었다. 방직업은 범일동, 금속, 기계기구, 요업, 제염업 등은 영도의 영선정, 화학공업은 좌천정, 식료품공업은 부평시장을 끼고 일본인들이 많이 살던 부평정 쪽에 밀집되는 경향을 보였다.[23] 한편 일제강점기 부산항의 산업구조 변화는 조선인과 일본인의 산업별 호구 구성에도 영향을 미쳤다. 각 시기별 호구 구성을 보면 [표 3][24]과 같다.

1910년 조선인의 호구비율은 1~3위의 순위가 농림목축업(33.5%), 상업(26.2%), 기타유업자(17.5%) 순으로 나타났다. 이에 반해 일본인은 1~4위의 순위는 상업(24.8%), 기타유업자(20.8%), 공무·자유업(18.6%), 공업(16.4%)의 순으로 파악된다. 여기서 일본인들의 상업과 공업을 합치면 재부일본인의 41% 정도가 상공업에 종사하였음을 알 수 있다. 그리고 1910년 직업구성에서 근육노동자, 일가日稼노동자층에 해당하는 인구는 조선인뿐만 아니라 일본인의 경우도 상당 정도였음을 보여준다. 이는 1916년까지만 하더라도 재부일본인 가운데 상당 정도가 안정되지 못한 직업구성을 가졌음을 의미한다.

1920년의 경우 조선인의 호구비율을 보면 기타유업자(41.8%), 상업(27.2%), 공업(10.1%)의 순으로 1910년과 비교하면 농림목축업이 대폭 감소한 반면 기타유업자와 공업 분야의 비중이 높아졌다. 일본인의 경우는 1920년대 들어 상업(48.8%), 공업(22.2%), 공무·자유업(16.7%) 순으로 상업호수의 급격한 증가와 기타유업자들의 급격히 감소를 보여준다. 이와 함께 1916년과 비교했을 때 조선인과 마찬가지로 일본인 또한 공업호수가 증가하였는데 이는 앞서 살펴보았던 1920년대 부산지역 공업화의 진전과 일정 정도 연관된 결과로

23] 장선화, 「1920~1930년대 부산의 공업발전과 도시구조의 변화」, 『지역과 역사』 제6호, 부산경남역사연구소, 2000, 172~174쪽.
24] 홍순권, 앞의 글, 58~63쪽 [표 6], [표 7], [표 8] 취합.

[표 3] 일제강점기 산업별 호구 구성

산업별	1916		1920	
	조선인	일본인	조선인	일본인
농림목축업	2,482(33.56)	189(2.66)	775(8.11)	192(2.50)
어업·제염업	346(4.68)	256(3.6)	422(4.42)	388 (5.05)
공업	229(3.10)	1,171(16.47)	966(10.11)	1,713(22.28)
광업		33(0.46)		
상업	1,943(26.27)	1,769(24.88)	2,602(27.24)	3,757(48.86)
교통업	57(0.77)	125(1.76)		
공무·자유업	215(2.91)	1,325(18.64)	536(5.61)	1,288(16.75)
기타유업자	1,297(17.54)	1,479(20.80)	4,000(41.88)	189(2.46)
무직	826(11.17)	763(10.7)	250(2.62)	162(2.11)
계	7,395(100)	7,110(100)	9,551(100)	7,689(100)

산업별	1930		1941	
	조선인	일본인	조선인	일본인
농림목축업	939(4.99)	255(2.46)	,294(5.45)	176(1.38)
어업·제염업	617(3.28)	461(4.46)	1,267(3.01)	324(2.53)
공업	1,928(10.25)	1,968(19.02)	8,451(20.08)	2,466(19.29)
광업			172(0.41)	80(0.63)
상업	4,641(24.67)	3,695(35.7)	8,299(19.71)	3,378(26.42)
교통업			3,323(7.89)	1,288(10.07)
공무·자유업	1,619(8.61)	2,822(27.27)	2,690(6.39)	3,470(27.41)
기타유업자	8,094(43.02)	707(6.83)	13,903(33.02)	712(5.57)
무직	975(5.18)	439(4.24)	1,697(4.04)	893(6.98)
계	18,813(100)	10,347(100)	42,096(100)	12,787(100)

여겨진다.

1930년의 경우 조선인은 1920년과 비교할 때 공업에서는 거의 변동이 없으며, 기타유업자의 경우 약간 증가, 상업에서는 약간 감소하는 경향을 보였다. 크게 보아 조선인의 경우 20년과 30년의 경우 호구구성에서 큰 변화가 없었음을 엿볼 수 있다. 그러나 일본인의 경우 1930년이 되면 공업과 상업에서 제법 감소한 반면에 공무·자유업에서 10%이상의 증가를 보였는데, 이는 1925년 경남도청의 이전으로 부산의 행정도시적 성격이 증가한 것과 연관이 있었다. 호구구성 변화에서 1940년을 보면 조선인의 경우 30년에 비해 공업인구가 10% 정도 증가한 반면 기타유업자는 10%, 상업은 5% 정도 각각 감소하였다. 이는 30년대 중반을 거치면서 부산지역 산업화의 결과로 여겨진다. 같은 기간 일본인들의 경우 호구구성에서 가장 큰 변화는 상업분야의 감소만큼 교통업이 증가하였다는 점이다. 이는 중일전쟁 이후 물자수송과 관련된 일본인들의 증가와 연관이 있는 듯하다. 전체적으로 보아 재부일본인들의 경우 상공업의 호구비중이 1920년 71%(조선인 37.35%), 1930년 54.7%(조선인 35.%), 1941년 45.7%(조선인 39.7%)로 계속 감소한 반면에 같은 기간 동안 재부일본인의 공무·자유업은 1920년 16.7%, 1930년 27.2%, 1941년 27.4%로 1920년대 후반을 거치면서 10%정도 증가한 이래 전쟁말기까지 공무·자유업은 큰 변동사항이 없었다. 따라서 재부일본인의 경우 1910년 당시보다 1941년이 되면 상공업 종사자는 감소하고, 전문직과 공무직에 해당하는 호구수는 20년대 중반 이후 증가하여 전쟁이 끝날 때까지 27% 수준을 유지하였다. 결국 재부일본인의 경우 1941년 공업, 상업, 공무·자유업의 종사자가 73.12%를 차지할 정도로 안정적이었던 반면 조선인은 1941년 공업비중 호구의 증가에도 불구하고 여전히 기타유업자가 33%를 차지할 정도로 불안정한 삶을 살았음을 알 수 있다.

5. 맺음말

개항 이후 근대도시로 성장한 부산항의 특징을 정리하면 다음과 같다.

첫째, 부산항은 다른 개항장과 달리 지리적으로 일본과 가까웠을 뿐만 아니라 조선시대 초량왜관이 설치되어 있었다. 이런 지리적·사회문화적 특성 때문에 부산항이 최초의 개항장이 될 수 있었다. 따라서 일제는 개항과 함께 과거 초량왜관을 자신들의 전관거류지로 확정한 탓에 빠르게 부산항을 자신들의 대륙진출을 위한 교두보로 확보하게 된다.

둘째, 이런 특성에도 불구하고 부산항은 지형조건이 해안선을 따라 산으로 둘러싸여 있어 육지의 넓은 배후지와 연결되어 있지 못했다. 이런 지형적 한계점을 극복하기 위해 일제는 1902년부터 일제강점기가 끝날 때까지 계속해서 해안선을 매립하였다. 특히 일제강점기 때 건설된 제1~4부두시설들은 한국전쟁 당시 미군물자를 하역하는 시설로서 그대로 사용되며 이후 1950~1960년대 수출항 부산의 기본적인 시설로 활용되었다.

셋째, 매축을 통한 도시공간의 확장과 함께 부산항의 전체 인구 또한 계속해서 증가하였다. 이 중에서 인구증가의 폭만을 놓고 본다면 개항기~1910년 사이 가장 많이 증가하고 있었다. 이는 앞서 지적했듯이 부산항의 경우 다른 지역과 달리 초량왜관을 근거지로 출발한 것과 밀접한 연관성을 갖기 때문이다. 이후 부산항의 전체 인구 증가에서 큰 폭으로 증가한 시기는 1925년 경남도청이 진주에서 부산으로 이전했을 때이다. 도청의 이전에 따른 공무직종의 인구들이 대거 부산으로 유입된 결과로 보인다. 그 뒤 부산항에서 또 한번의 인구증가는 1936년도에 일어난다. 이때의 인구증가는 1929년~1930년대 전반기까지 진행된 세계공황의 여파가 끝나고 부산의 공업시설이 확충되는 것과 일정한 관련이 있었다. 이처럼 일제강점기 줄곧 부산항의 인구가 증가하고 있었지만 일본인이 차지하는 비중은 1910년 당시 51%에서 1942년 18%로 감소했다. 물론 이런 현상은 일본인의 절대적 감소를 뜻하는 것은 아니었다. 1936년 부산부에서 동래군의 일부를 편입하고, 나아가 1942년 동래군을 완전히 편입한 데 따른 조선인 인구수의 절대적 증가에 따른 재부일본인의 상대적 감소였을 뿐이다.

넷째, 산업구조를 보면 개항기부터 1910년까지 부산항의 공업은 장유업, 청주, 정미업 등이 주종을 이루었다. 이 시기 부산항 전체의 산업규모는 조선 전체 생산액의 47.2%를 차지할 정도로 중요한 위치를 점하고 있었다. 이러한 산업구조는 1920년대를 거치면서 변화하여 생산액에서 경공업과 중공업의 격차를 1920년에 8배였던 것을 1929년 4.7배로 줄일 정도로 기계기구공업 중심의 중화학공업이 성장하고 있었다. 물론 전체적 생산액에서는 1930년대 후반 이후에도 여전히 방직과 식료품이 우위를 차지하였다. 그러나 이 와중에서도 중화학공업은 1936년 이후 전시경제체제 하에서 성장하는 추세를 보이고 있었음에 유의할 필요가 있다. 한편 1926년 이후 부산진 방면의 매축지 확대와 산업시설의 변화에 따라 공장시설 또한 각 지역별로 특색을 갖고 있었다.

다섯째, 일제강점기 산업별 호구 구성을 보면 조선인의 경우 전체적으로 시간이 지남에 따라 농림목축업은 감소하고 상업호구에 비하여 공업호구가 증가하는 경향을 보였다. 특히 조선인의 공업비중이 1930년 10.25% → 1941년 20%로 성장한 것은 전시경제 체제 하에 부산항에서 중화학공업부문이 발달한 결과로 판단된다. 이는 부산항이 1936년 이후 상업일변도의 도시성격에서 벗어나 중화학공업의 모습도 겸비한 도시로 성장하는 추세였음을 뜻한다. 이런 변화에도 불구하고 1941년 조선인의 경우 기타유업자들이 33%를 차지할 정도로 조선인은 고용구조에서 양극화되어 있었다. 한편 재부

일본인들의 경우 산업별 호구 비중을 보면 1920년 71% → 1941년 45.7%로 감소하고 있었다. 이런 감소에 반해 공무·자유업은 1920년 대를 거치면서 10% 정도 증가하여 1930년 이후 27%의 수준을 계속 유지하였다. 결국 1941년 당시 재부일본인들의 경우 상공업, 공무· 자유업의 종사를 합치면 73.1%를 차지할 정도로 안정적 구조를 보여주고 있었다.

목포의 식민지 근대성과 이중도시

박찬승*

1. 머리말

이른바 '식민지 근대성'이란 보편적인 의미의 근대성이 식민지라
는 공간에서 보여주는 특수한 양상을 뜻한다. 근대성은 한편으로
계몽주의, 자본주의, 민주주의, 민족주의 등과 연관되는 속성을 지
니지만, 다른 한편으로 국가에 의한 폭력과 규율, 제국주의적 수탈
등과 연관되는 속성을 지니고 있다. 식민지에서 나타나는 근대성은
특히 후자와 관련이 깊기 때문에 이를 흔히 '식민지 근대성'이라고
부르고 있다고 여겨진다.[1] '식민지 근대성'은 특히 식민지의 도시들,

---

* 한양대학교 사학과 교수. 본 논문은 다음과 같은 제목의 영문으로 발표했던 것임.
"Colonial Modernity and the Making of Mokpo as a Dual City", *Korea Journal* Vol.
48 No. 3, 2008.9.30.

1] 식민지근대성에 대해서는 다음의 책을 참조.
Gi-Wook Shin and Michael Robinson, *Colonial Modernity in Korea*, Harvard University
Press, 1999 ; 김경일, 『한국의 근대와 근대성』, 백산서당, 2003 ; 정태헌, 『한국의
식민지적 근대 성찰』, 선인, 2007.

특히 제국의 국민들이 이주한 이른바 '식민도시'에서 가장 잘 나타
난다. 한국에서의 '식민도시'는 19세기 후반 개항장 도시들로부터
시작된다. 이 글에서는 그 가운데 호남의 서남단 지역에 자리잡은
목포라는 개항장 도시를 중심으로 이 도시에 나타나는 '식민지 근대
성'을 구체적으로 살펴보고자 한다.

목포는 개항 이전에는 한산한 어촌에 불과하였다. 하지만 1897년
개항한 이래 무역항으로서 급속히 성장하였으며, 특히 식민지시기
목포는 호남지방의 쌀과 면화를 일본으로 실어가는 중요한 항구도
시가 되었다. 또 목포는 1910년대 이래 무역과 관련된 각종 공업도
발달하기 시작하여 호남 제일의 상공업 도시로 성장하였다. 그 결
과 1930년대 중반 목포는 인구로 볼 때 전국 6대 도시에 들어갈 만
큼 성장하기도 하였다.

또 개항 이후 목포에 들어온 일본인들은 유달산 남쪽에 조계지를
건설하면서 각종 근대적인 시설들을 들여왔다. 1910년 이후 일본인
들의 거주지는 동남쪽으로 확장되었고, 일본인들의 거주지는 목포의
중심 시가지가 되었다. 일본인촌의 도로는 반듯하게 구획되고 포장
되었으며, 가로등이 설치되었다. 일본인 촌에는 부청·경찰서·소방
서·상업회의소 등 각종 공공기관, 조선은행·동척·금융조합 등 각종
금융기관의 지점, 학교와 병원, 대규모 공장시설, 각종 번화한 상가,
각종 공연장과 오락시설 등이 들어섰다. 목포의 일본인 거리는 그들
이 가져온 '근대성'을 전시하는 곳과 같았다.

유달산 북쪽의 조선인촌에도 학교와 병원이 있었고, 교회와 청년
회관이 있었으며, 극장이 들어섰다. '근대성'은 조선인촌도 피해가지
않았던 것이다. 하지만 조선인촌의 도로·주택·상하수도 등의 시설
은 일본인촌과 비교할 때 크게 낙후된 모습을 띠고 있었으며, 이에
대한 조선인들의 불만은 대단히 컸다.[2]

목포라는 도시는 이처럼 '민족'을 기준으로 주거공간이 뚜렷이 구별되고, 도시기반 시설에서 커다란 차별을 보이는 이중도시dual city의 성격을 띠고 있었다. 이와 같은 이중도시는 제국주의자들이 식민지에 건설한 도시의 일반적인 모습이었는데, 목포는 바로 그와 같은 이중도시의 전형을 보여주고 있었던 것이다. 그리고 목포라는 도시가 보여주는 '식민지 근대성'의 구체적인 내용은 바로 이와 같은 '이중도시'였다고 할 것이다. 이 글은 식민지 시기 목포가 지니고 있던 '이중도시'가 어떠한 역사적 배경, 그리고 사회경제적 조건 위에서 형성되었는지를 살피는 데에 그 목적이 있다.

2. 식민도시 목포의 건설 : 일본인의 이주

1897년 목포는 고종의 칙령에 의해 개항되었다. 하지만 일본인들은 이미 1894년 청일전쟁 시기 조선정부에 목포의 개항을 강력히 요구하여 약속을 얻어낸 바 있었다. 대한제국 정부는 1897년 황제의 칙령을 빌려 목포를 개항한다고 선언하였다. 이는 일본의 압력에서 벗어나기 위한 것이었을 뿐만 아니라, 대한제국의 재정난 타개를 위해서는 관세수입을 늘릴 필요가 있었기 때문이다.

일본인들은 왜 목포를 개항하라고 요구하였을까. 그것은 물론 목포가 지닌 지리적인 장점에 있었다. 1930년에 나온 『전라남도사정지全羅南道事情誌』 '목포편'의 지리 부분은 목포의 지리적 조건에 대해 다음과 같이 서술하였다.

2] 목포의 거주공간이 보여주는 이중성에 대해서는 다음의 책에 자세하다. 고석규, 『근대도시 목포의 역사 공간 문화』, 서울대학교출판부, 2004.

　조선반도의 서남, 전라남도의 첨단 무안반도의 첨두尖頭, 노령산맥의
최말단에서 조선 6대강의 하나인 영산강 하구에 위치한 하항河港이다. 앞
으로는 1800여의 섬, 소위 조선 다도해에 둘러싸여 있고, 북으로는 군산,
동으로는 여수의 중앙 첨각에 위치하고 있다. 외양外洋과 통하고 중국 상
하이, 청도를 끼고 있어 중국무역의 책원지 또는 국제항공로의 요지가 될
수 있는 곳이다. 남으로는 제주도를 사이에 두고 북구주北九州와 지척지간
에 있다. 육지로는 배후에 폭 수십 리의 옥야沃野를 끼고 있으면서 2억9백
만 원圓의 물자를 삼키는 항구이다.[3]

　목포항은 안으로 영산강과 나주평야 등 전남지역의 여러 평야로
이어져 이들 평야에서 생산되는 쌀을 일본으로 실어 나를 수 있다
는 장점 때문에 호남에서 첫 번째 개항장으로 선택되었던 것이다.
물론 그밖에 일본의 자본주의 상품 시장으로서 조선의 서남부지역,
즉 전남지역을 개척하는 데에 목포항이 훌륭한 거점 역할을 할 수
있다는 장점도 중요했다. 개항장으로 선정된 목포항은 개항 이후
그러한 역할을 충실히 해냈다.
　하지만 개항 이전 목포는 80호 정도의 사람들이 살면서 농사를
짓고 있던 바닷가의 작은 마을에 불과하였다. 개항이 되면서 그들
이 농사짓고 살던 바닷가의 농토는 모두 개항장으로 변하였다. 문
자 그대로 상전벽해가 된 것이다. 그리고 대한제국은 이들 농토를
매립하여 구획정리한 뒤 일본인들에게 점유권을 나누어 주었다. 이
제 일본인들은 유달산 남쪽 기슭과 과거 논이었던 지역, 그리고 바
닷가 쪽으로 제방을 쌓아 새로 만든 땅으로 모여들기 시작하였다.
개항한 지 5년이 지난 1902년 목포에 들어온 일본인은 이미 900명

3] 染川覺太郎, 『全羅南道事情誌』, 목포, 1930, 332쪽.

선에 달했다. 목포의 개항 이후 조선인들도 개항장에 몰려들기 시작했다. 선박에 짐을 싣고 내리는 일을 하기 위한 노동자들이 각지에서 몰려든 것이다. 조선인들은 바닷가 쪽이 아닌 반대편의 유달산 북쪽 산기슭에 자리잡았다.

개항 이후 목포의 무역은 급격한 성장을 보였다. 자료에 의하면, 1897년부터 1910년 사이 목포항에서의 대외무역, 즉 수출과 수입은 1903년 급격히 증가하다가 1904년부터 1906년 사이 잠시 침체하는 모습을 보였다. 이는 러일전쟁의 여파 때문이었다. 그리고 1907년 다시 급증하였던 무역은 1908년 다시 침체했다가 1909년 다시 회복되는 모습을 보이는데, 이는 1908년 경 전남지방에 의병활동이 활발하게 전개되면서 목포항의 일본 상인들을 공격하겠다고 위협하였기 때문이다. 1909년 '남한대토벌작전'으로 의병활동이 다시 수그러들면서 목포항의 무역은 다시 활발해진다.[4]

그런 가운데 목포에 들어오는 일본인도 크게 늘어나고 있었다. 개항 이후 1910년까지 목포에 들어와 거주하게 된 일본인의 호구 통계를 보면, 1901년 이후 급격히 증가추세를 보여 1902년 1천 명을 돌파하였으며, 러일전쟁 직후인 1905년에는 2천 명, 1909년에는 3천 명을 돌파하였다. 그리하여 1910년에는 약 3,500명의 일본인이 목포에 들어와 있었다. 물론 이는 조선인 숫자보다는 작은 것이었지만, 개항 이후 불과 13년 만에 3,500명의 일본인이 목포항에 들어와 거주하게 된 것은 놀랄 만한 일이었다.[5]

이와 같이 목포로 이주한 일본인들의 수가 급증한 것은 목포항의 무역이 그만큼 급신장하고 있었던 것과 관련이 있었다. 개항 이후

4] 목포부, 『목포부사』, 목포, 1930, 572~573쪽.

5] 목포지편찬회, 『木浦誌』, 목포, 1911(김정섭 역, 향토문화사, 1991, 226쪽).

목포항의 무역 상황을 보면, 목포항의 가장 큰 수이출품은 쌀이었으며, 1898~1909년 사이 쌀 수출의 연평균 증가율은 8.9%에 달했다. 그런데 연평균 증가율이 가장 높은 것은 면화로서 55.5%에 달했다. 목포 앞의 고하도에서 육지면 시험재배에 성공한 일본은 목포 인근에 면화시험재배장을 만들고, 면화재배를 권장하면서 일본으로의 면화 수출을 본격화하였던 것이다. 1909년 이후에는 실면實綿만이 아니라 씨를 뺀 조면繰綿(씨를 뺀 면화) 수출도 급격히 증가하였다.[6]

1910년 이후의 무역은 어떠하였을까. 1910년 이후에도 목포항의 중요 수출품 가운데 쌀과 면화는 단연 압도적인 비중을 차지하였으며, 그 다음이 면실유, 해조, 비료, 소가죽 등이었다. 1924년 쌀과 면화가 전체 수출액 가운데 차지하는 비중은 각각 50.2%, 42.2%였고, 1928년에는 각각 70.9%, 23.4%였다. 쌀과 면화를 합하면, 1925년에는 92.4%, 1928년에는 94.3%에 달하였다. 따라서 목포항의 대외 수출품은 쌀과 면화가 거의 대부분을 차지했다고 해도 과언이 아니다.[7]

그러면 1910년 이후 목포항의 무역액은 어떠한 추세를 보였을까. 통계를 보면, 1910년대와 1920년대에 목포항은 1910년대 초반을 제외하고는 언제나 수출초과 현상을 보였다. 수출은 1910년대 초반에 잠시 주춤하는 모습을 보이다가, 1913년경부터 다시 회복세로 돌아서서 1929년에는 1910년에 비해 무려 16배의 무역액을 기록하고 있다.[8] 이 수치는 목포항의 대외무역이 이 시기 급신장한 것을 보여준다.

이와 같은 목포항의 무역 급신장은 목포 인구의 급증을 가져왔다.

6] 배종무, 『목포개항사연구』, 느티나무, 1994, 80쪽.

7] 『전라남도사정지』, 358쪽.

8] 목포부, 앞의 책, 573~574쪽.

[표 1] 1907~1936년 목포의 인구 변화

연도	일본인	조선인	외국인	계
1907	2,851	5,205	83	8,139
1912	5,323	7,645	160	13,128
1917	5,543	7,127	101	12,771
1922	5,685	12,096	164	17,945
1926	7,280	19,993	248	27,521
1930	7,809	25,056	379	33,244
1936	8,885	50,859	261	60,005

[표 1][9]은 1907년 이후 1930년까지의 목포 인구의 변화 추세이다. 표에 의하면, 일본인은 특히 1910년을 전후한 시기에 급증한 뒤, 1922년까지는 크게 늘지 않았다. 그러나 조선인은 1920년 전후 시기부터 계속 급증하였음을 알 수 있다. 그리하여 1917년에는 일본인과 조선인의 인구 비율이 1대 1.3 정도였던 것이 1930년에는 1대 3.2로, 1935년에는 1대 5.7로 크게 바뀌었다. 즉 조선인의 인구가 일본인에 비해 훨씬 크게 늘어난 것이었다. 목포의 인구는 특히 1930년대 전반에 가파른 신장세를 보였다. 그리하여 마침내 1936년에는 인구 6만 명을 돌파하였으며, 목포는 전국 6위의 인구를 가진 도시가 되었다.[10] 이는 1930년대 전반 우가키 가즈시케 총독의 '남면북양南綿北羊' 정책에 힘입어 조면공장, 방직공장 등 공장이 크게 늘어난 것에 힘입은 것이었으며, 또 이 시기 목포항의 수이출이 크게 늘어난 것과도 관련이 있었다. 1936년의 수이출액은 31,736,956원으로 1931년의 15,457,558원의 2배로 늘어났던 것이다.[11]

한편 1929년 당시 목포의 일본인과 조선인의 직업별 인구 분포는

9] 『조선총독부통계연보』 각 연도판
10] 「木浦府 人口 六萬一千名 前年보다 五千名 增加」, 『동아일보』, 1935년 10월 29일.
11] 『조선총독부통계연보』, 1936, 221쪽.

[표 2] 일본인과 조선인의 직업별 인구 구성(1929년)

구분	일본인(백분비)	조선인(백분비)
농어업	398(5.0)	629(2.9)
공업	1,471(18.5)	2,802(12.9)
상업 및 교통업	3,399(42.9)	12,609(58.1)
공무 및 자유업	1,602(20.2)	1,387(6.4)
기타 유업	578(7.3)	2,870(13.2)
무직 및 미상	483(6.1)	1,410(6.5)
총계	7,931(100.0)	21,707(100.0)

[표 2][12]와 같다. 표에서 보듯이 일본인들이나 조선인들 가운데 가장 큰 비중을 차지한 것은 모두 상업 및 교통업에 종사하는 이들로 각각 58.1%, 42.9%였다. 그런데 일본인들의 직업 구성 가운데 공무 및 자유업이 20.2%를 차지하였던 반면, 조선인들의 직업 구성 가운데 공무 및 자유업은 6.4%밖에 되지 않았다. 또 조선인의 직업 가운데 기타 유업이 13.2%로 큰 비중을 차지한 반면, 일본인들 가운데 기타 유업자有業者는 7.3%로 크게 적었다. 위의 직업 분류 가운데 공업과 교통업, 기타 유업자 가운데에는 노동자가 상당수 포함되어 있었을 것으로 보인다. 1930년 총독부의 국세조사에 의하면, 목포에는 조선인 노동자가 6,348명, 일본인 노동자가 1,742명이 있었던 것으로 파악되었다.[13] 이는 당시 전체 인구의 24.3%를 차지하는 것이었다. 또 조선인 인구의 25.3%, 일본인 인구의 22.3%를 각각 차지하는 것으로, 조선인과 일본인을 막론하고 노동자의 비중이 상당히 높음을 알 수 있다. 그러나 노동자의 절대 숫자는 조선인이 전체 노동자 8,090명의 78.5%를 차지할 만큼 압도적으로 많았다.

12] 목포부, 앞의 책, 828~829쪽.

13] 조선총독부, 『조선국세조사보고』, 1930 ; 김경일, 『일제하 노동운동사』, 창작과비평사, 1992, 48쪽 참조.

3. 일본인 중심의 경제구조

1) 목포의 무역업자와 농업회사·지주

식민지시기 목포의 경제는 기본적으로 일본으로의 쌀과 면화의 수출에 기반을 두고 있었다. 따라서 일본과의 무역에 종사하는 이들이 목포의 경제권을 장악하고 있었다고 해도 과언이 아니다. 1920년대 목포의 일본인 무역상 가운데 가장 큰 규모를 자랑하던 이들은 우치타니 반헤이內谷萬平, 이노우에 도메키치井上留吉, 모리타 다이키치森田泰吉, 다카츠 후쿠타로高津福太郞 등이었다.[14] 뒤에 보듯이 이들은 목포에서 가장 큰 정미소들을 운영하고 있었다. 이 가운데 가장 큰 규모의 무역상이었던 우치타니 반헤이는 1910년 조선에 건너와 목포에 자리잡은 뒤, 미곡과 면화의 무역을 통해 큰 부를 축적하였다. 그는 1930년 당시 목포곡물조합장, 목포수이출상조합장, 조선면화동업회 부회장 등을 맡고 있었으며, 목포상업회의소 특별평의원이기도 하였다.[15] 또 뒤에 보듯이 그는 전남 각지에 380정보의 토지를 소유하고 있던 대지주로서 사실상 목포의 가장 큰 부호였다.

또 목포에는 전남 일대에 대규모 토지를 소유하고 있던 일본인 농업회사와 일본인지주들이 모여 살고 있었다. 그것은 전남 각지에 소재하고 있는 자신들의 소유지에서 소작료를 거두어 목포로 운반하여 이를 무역상들에게 넘기기에 편리하였기 때문이다. 일본의 농업자본들이 목포에 본격적으로 진출한 것은 러일전쟁이 발발한 1904년 이후였다. 목포에 진출하기 시작한 일본의 농업회사들은

14]『전라남도사정지』, 408쪽.

15] 위의 책, 427쪽.

1912년 농업에 관한 정보를 교환한다는 취지로 목포농담회木浦農談會라는 것을 만들었다. 1920년 현재 목포농담회의 회원은 동양척식주식회사 목포지점, 조센지츠교朝鮮實業주식회사 목포지점, 가마다鎌田산업주식회사 목포지점, 조센코교朝鮮興業주식회사 목포관리소, 합명회사 구니타케國武농장, 후쿠다福田농사주식회사, 목포식산주식회사, 도쿠다德田양행 목포지점 등 8개 회사였다.

1930년 당시 전남지방에서 가장 많은 토지를 소유·경영하고 있던 회사는 역시 동양척식회사였으며, 다음이 조센지츠교주식회사, 조센코교주식회사, 도쿠다양행, 가마다산업주식회사 등의 순이었다. 그리고 이들 8개 회사가 소유한 토지는 모두 19,538정보에 달하는 방대한 것이었다.[16]

한편 1930년경 목포에 사무소를 두고 전남지방에 50정보 이상의 토지를 소유하고 있던 일본인 지주는 모두 14명이며, 이들이 소유한 토지의 총면적은 2,101정보에 달하였다. 이들 일본인 지주들이 전남에서 토지를 사들이기 시작한 것은 빠른 경우는 1903년까지 거슬러 올라가지만, 대체로 1910년대에 창업한 경우가 많았다. 전남지방에서 일본인 개인지주들의 지주경영이 본격화된 것은 1910년대였던 것이다. 일본인 지주 가운데 100정보를 넘게 소유한 지주는 나카미치 세이타로中道淸太郎, 우치타니 반헤이, 모리타 다이키치, 니키 세이키치二木正吉, 모리 사카이森酒井, 나카타 신조田中信藏, 모리타 센스케守田千助 등이었다.[17]

같은 시기 목포의 조선인 지주 가운데 50정보 이상의 토지를 소유한 지주는 9명이었다. 50정보 이상의 지주 가운데 가장 많은 토지

16] 농림성 경성미곡사무소 군산출장소, 「전라북도·전라남도 지주조」, 1930년 말.
17] 농림성 경성미곡사무소 군산출장소, 위의 글.

를 소유한 이는 문재철로서 그의 땅은 600정보가 넘었다. 그는 목포의 일본인·조선인 지주 가운데 가장 큰 지주였다. 김성규 또한 391정보를 소유한 대지주였다. 그 뒤를 김원회·서인섭·차남진·김상섭·홍세병·박종덕·최양상 등이 잇고 있었다. 이들 9명이 소유한 토지를 합하면 모두 1,721정보였다. 이는 50정보 이상 소유의 일본인 지주 14명이 소유한 2,101정보에 비해서는 적은 것이었다.[18]

전체적으로 볼 때 목포 주재 일본인과 조선인 지주·회사들이 전남지방에서 소유하고 있던 토지는 약 3만 정보에 달하였으며, 이는 전남 전체의 논과 밭 약 41만 정보의 7.5% 정도를 차지하는 것이었다. 이들 지주 가운데 200정보 이상의 대지주는 동양척식주식회사, 조센지츠교주식회사, 조센코교주식회사, 가마다산업주식회사, 합명회사 구니타게농장, 도쿠다양행, 나카미치 세이타로, 문재철, 후쿠다농사주식회사, 우치타니 반헤이, 상성합명회사祥星合名會社(김성규), 목포식산주식회사 등이었다.

2) 목포의 공업과 일본인·조선인 자본가

위와 같이 목포는 미곡과 면화의 수출항구로서 무역상과 지주들의 도시였다고 할 수 있다. 그런데 1910년대부터 목포는 공업도시로서의 면모도 갖추어 나가기 시작하여, 1930년대에는 호남 제일의 공업도시의 면모를 보였다.

목포에서의 공업 발전은 조면업에서 시작되었다. 조면이란 면화에서 씨를 빼는 것을 말한다. 목포에서 조면업은 1906년에 면화의 재배 및 면화와 조면 수출을 목적으로 하여 한국면업주식회사韓國棉

18] 농림성 경성미곡사무소 군산출장소, 위의 글.

業株式會社가 창립된 것을 그 효시로 한다. 이 회사는 당시 오사카에 본사를, 목포에 지점을 두고 있었다. 당시 이 회사의 조면기의 수는 30대였다. 이 회사는 1910년 이름을 조선면업으로 바꾸었다. 한국 면업이 설립된 이후 얼마 되지 않아서 천평면업天平棉業주식회사가 세워졌고, 1913년 1월에는 목포부의 면화 중매업자들이 만든 목포면업주식회사가 세워졌다. 이들 3회사는 당시 면화 매수를 독점하고 있었다. 그 뒤 조선면업은 오사카에 있던 일본면화주식회사에 포괄되어 그 목포지점으로 되었다. 1918년 7월 조선면업은 천평면업 및 목포면업을 합병하여 조선면화주식회사로 이름을 고쳤으며, 자본금을 2백만 원으로 증액하였다. 조선면화주식회사는 목포·영산포·남평·광주·여수·부산·마산 등 12개소에 공장을 두었으며, 조면기 380대에 달하였다. 그러나 각지에 분산된 조면공장은 오히려 불편을 가져와 조선면화는 다른 곳의 공장을 점차 폐쇄하고, 목포에 집중하여 목포부 해안통 공장에 조면기 200대를 갖춘 공장을 두고 운영하게 된다. 이어서 1919년 3월 자본금 1백만 원의 남북면업주식회사가 설립되었으며, 조면기는 50대를 갖추었다. 남북면업은 이후 점차적으로 공장을 확장하여 1930년에는 약 117대의 조면기를 갖추었다. 그밖에 1922년 이후 개인 경영의 조면공장이 속출하여 1928년 현재 약 30여 개소의 개인 소유 조면공장이 있었고, 이들이 갖춘 조면기는 302대에 달하였다.[19] 1920년대 말 조선인으로서 조면업에 종사한 이로는 서계행徐桂行과 권영례權寧禮가 있었다. 뒤에 보듯이 권영례는 1931년 이후 목포부회 의원으로 활동하였다.

한편 목포에서는 면화와 관련되는 면직공장과 면실유공장도 들어서게 된다. 조선면화주식회사는 1924년 3월 목포부내 해안통에 직포

19] 목포부, 앞의 책, 627~629쪽.

織布공장을 설립하였다. 원료가 되는 면사綿絲는 일본 오사카로부터 실어왔으며, 당시 직기織機는 128대였다. 팔괘표八掛標의 상표로 조포粗布를 조선 내 각 시장에 내놓았는데, 판매고가 점차 늘어 1927년에는 직기 30대를 증설하였다.[20] 한편 1933년에는 조선인 천철호千哲鎬·천길호千吉鎬·권영례·천독근千篤根 등도 자본금 20만 원을 출자하여 목포 직물주식회사를 용당리에 설립하였다.[21]

또 1918년 6월 자본금 50만 원으로 조선 내에서 유일한 면실유棉實油업체인 조선제유주식회사朝鮮製油株式會社가 목포에 설립되었다. 조선 내 조면업자가 일본에 수출하는 면실은 이후 이곳 조선제유의 공장에서 소화 정제되어 면실유食用 白絞油로 만들어져 일본 및 조선 내 각지의 주방에 공급되기에 이르렀다. 이 공장은 1926년 8월 일본 와카마츠若松에 본점을 둔 닛카제유회사日華製油會社에 합병되어 닛카제유 목포공장이 되었다.

미곡을 주로 수출하는 목포에서는 또 미곡과 관련된 도정업과 정미업이 크게 발전하였다. 1927년 당시 목포에 있는 도정·정미공장의 수는 모두 40개소로, 자본금은 445,000원, 종업원은 915명, 연산액은 40여 만 석, 1천여 만 원에 달하였다. 이 액수는 그 자본액에서는 제유·조면·직포업을 능가하는 것이었으며, 연산액에서도 타의 추종을 불허하는 목포 제1위의 산업이었다.

1927년 목포의 주요 정미 공장 현황을 보여주는 자료에 의하면, 우치타니 반헤이, 모리타 다이키치, 이노우에 도메키치의 정미소와 아사히朝日정미소, 다카츠 후쿠타로高津福太郎의 정미소가 큰 정미소들이었다.[22] 이들은 앞서본 것처럼 모두 목포의 가장 큰 미곡 무역상

20] 위의 책, 632쪽.
21] 『조선은행회사조합요록』, 1941, 144쪽.
22] 목포부, 앞의 책, 640쪽.

들이었다.

한편 소규모였지만 1929년경 조선인들 가운데 정미업에 종사한 이들로서는 문재철文在喆·김종기金鍾沂·김종태金鍾泰·우형규禹亨圭·김자율金子律·임종문任鍾文·송성식宋成植·김순도金順道·탁백규卓栢奎·신태학辛泰學·허은許恩·문두경文斗京·최춘오崔春五·김사규金士奎·주복동朱福童·김용준金容俊 등이 있었다.[23] 이후 조선인 정미소도 여럿의 합자에 의해 그 규모가 커졌다. 1931년에는 김문옥金文玉·이요초李瑤草·장덕준張德俊의 합자에 의해 합자회사 대성상회大成商會가 자본금 2만 원으로 세워졌다. 또 1938년에는 임종문任鍾文 등 임씨가에서 출자하여 자본금 1만 5천 원의 합명회사 호남정미소를 세웠다. 또 1939년에는 문재철과 일본인 엔도 야쿠츠키遠藤役次, 그리고 몇몇 조선인들의 출자에 의해 자본금 19만 8천 원의 남선정미주식회사南鮮精米株式會社가 세워졌다.[24]

다음으로 주목할 목포의 공업은 고무공업이었다. 당시 조선의 고무 제품은 주로 고무신, 타이어, 완구 등이었다. 목포에서의 고무공업은 일본인들에 의해 1924년 목포고무공업소와 금강고무공업소가 세워지면서 시작되었다. 1925년에는 조선인들이 동아고무공업주식회사를 세웠다. 동아고무는 주로 고무신을 생산하는 업체였는데, 주요 주주는 김상섭·김원희·조희경曹喜暻·최양상崔陽相·김상익金商翼·나카타 고노스케中田孝之介·박용현朴龍炫·문재철 등이었다. 사장은 김상섭이 맡았다. 자본금 30만 원의 동아고무는 이 시기 조선인들이 목포에 만든 회사로서는 목포창고금융주식회사와 함께 가장 큰 회사였다.[25] 동아고무는 1928년 이후 영국의 고무원료 수출제한 철폐에

23] 『전라남도사정지』, 423쪽.

24] 『조선은행회사조합요록』, 1941 참조.

25] 『조선은행회사요록』, 1925, 159~160쪽.

힘입어 호경기를 맞게 되고, 40마력의 증기기관을 갖추고 남자 40
명, 여자 150명의 종업원을 거느리면서 1년에 45만 켤레의 고무신을
생산하였다. 1930년에 이 공장은 약 80만 켤레의 생산능력을 갖추
고 있었다. 원료 고무는 오사카와 고베에서 수입해오고 있었다.[26]

그밖에도 목포에서 주목할 만한 공업으로는 전기電氣공업, 조선造
船공업, 양조釀造공업, 주물공업, 인쇄공업 등이 있었으며, 대부분 일
본인 자본가에 의해 경영되었다. 다만 양조업 가운데 조선주朝鮮酒의
경우, 대부분 조선인들이 이를 운영하고 있었다. 목포의 조선주 제
조업자는 1920년대 초만 해도 50여 호가 있었으나, 다수가 도태되고
1929년경에는 1개 회사, 5명의 개인업자로 정리되었다고 한다. 5명
의 개인업자는 조찬경趙贊卿·방약서아方約西亞·마에다 이쿠前田イク·강
영숙姜永淑·최준원崔俊元 등이었다. 회사로는 1929년 창립된 목포양조
주식회사가 있었는데, 사장은 김상섭金商燮, 전무취체역은 차남진이
었다. 자본금은 10만 원이었고, 1년간 생산액은 탁주가 4천 석, 약주
1백 석, 소주 3백 석이었다. 당시 목포부내의 탁주 소비량이 약
7,500석이었는데, 그 가운데 반 이상을 목포양조에서 공급하고 있었
던 것이다.[27]

이상에서 살핀 바와 같이 목포에서는 조면공업·면직공업·면실유
공업·정미업·고무공업·양조업 등이 발달하면서 공업을 통해 성장
하는 자본가들이 등장하기 시작하였다. 조면업·면직공업·면실유공
업은 일본 본토의 대자본이 직접 진출하여 공장을 세웠기 때문에
목포의 일본인 자본가들은 주로 정미업·전기공업·조선공업·양조업
등에 투자하는 경향을 보였다. 조선인 자본가들은 정미업·고무공

26] 『목포부사』, 659~660쪽.
27] 위의 책, 656쪽.

업·양조업 등에 주로 투자하였다. 조선인들 가운데 가장 대표적인 자본가는 김상섭으로, 그는 동아고무공업주식회사와 목포양조주식회사 사장을 맡고 있었다.

위에서 살핀 바와 같이 목포의 경제권은 사실상 일본인들에 의해 장악되어 있었다. 이는 목포에 있었던 각종 회사의 현황을 통해서도 잘 알 수 있다. 1930년 당시 목포의 회사 현황을 보면 모두 43개의 은행·회사 내지 지점이 목포에 있었다. 이 가운데 일본인이 설립한 은행·회사가 34개인데, 이 가운데 외지에 본점을 둔 11개의 은행·회사를 제외하면 일본인이 세운 회사는 모두 23개가 된다. 반면에 조선인이 설립한 회사는 9개였다. 조선인이 설립한 것은 호남은행(현준호), 목포창고금융주식회사(김상섭), 동아고무주식회사(김상섭), 남일운수주식회사(문재철), 해선운송주식회사(윤철하尹哲夏), 전남제면 全南製綿합자회사, 목포국자木浦麴子주식회사(이묵형李黙珩), 상성합명회사(김익진金益鎭) 정도에 지나지 않았던 것이다.[28]

4. 목포부회를 통해 본 목포사회의 지배엘리트

3·1운동 이후 일제는 조선 지배정책을 무단정치에서 이른바 '문화정치'로 바꾸었다. 이른바 '문화정치'의 핵심은 조선인들의 반발을 무마하기 위하여 약간의 언론자유와 집회·결사의 자유 등을 허락하는 대신, 조선인들 내부에 친일파를 양성한다는 것이었다. 후자와 관련하여 총독부는 1920년 지방제도를 개정하여 도道·부府·면面에 평의회 혹은 협의회라고 하는 자문기관을 설치하였다. 도평의회 의

28] 『목포부사』, 783~785쪽 ; 『전라남도사정지』, 396~406쪽.

원, 부협의회·면협의회 의원 가운데 조선인을 포함시키고, 그 가운데에서 친일파를 육성하고자 한 것이다. 부협의회는 1910년대부터 있어오던 것이었지만, 그 수를 늘리고 임명제에서 선거제로 바꾸었다. 따라서 부협의회원은 선거로 선출하게 되었는데, 선거권자는 부세府稅를 년 5원 이상 납부한 자로 한정하였다.

목포에서 1910년대 말~1920년대 초에 임명직 부협의회원 7명 가운데 조선인은 김상섭金商燮·김영학金永鶴 두 사람이었다. 1920년대 들어 제도가 바뀌면서 부협의회 의원수는 14명으로 늘어났다. 총독부는 1931년 다시 지방자치제를 개정하여 자문기관이었던 부협의회를 의결기관으로 만들어 부회府會로 이름을 바꾸고, 부윤이 맡고 있던 의장직 외에도 부의장제도를 신설하여 부회 의원가운데에서 선출케 하였으며, 부회 의원 임기도 3년에서 4년으로 연장하였다. 또 그 정수도 27명으로 크게 늘렸고, 1933년에는 다시 30명으로 늘렸다.

[표 3][29]에서 보듯이 1927년부터 1940년 사이의 목포부협의회와 목포부회 의원의 연 인원은 일본인이 103명, 조선인이 58명으로 각

[표 3] 1927~1940년 목포부협의회, 목포부회 의원의 숫자

연 도	일본인 의원	조선인 의원	비 고
1927년 3월 목포부협의회	9명	4명	총 인원 13명
1928년 3월 목포부협의회	8명	4명	총 인원 12명
1929년 3월 목포부협의회	7명	4명	총 인원 11명
1930년 3월 목포부협의회	8명	5명	총 인원 13명
1931년 11월 목포 부회	19명	8명	총 인원 27명
1935년 6월 목포 부회	21명	8명	총 인원 30명(1명 결원)
1936년 11월 목포 부회	18명	10명	총 인원 30명(1명 결원)
1940년 3월 목포 부회	13명	15명	총 인원 30명(2명 결원)
계	103명(64%)	58명(36%)	161명(100%)

29] 『목포부 관계서류』(국가기록원 소장)

각 64%와 36%를 차지하였다. 조선인의 숫자는 1927년 4명으로 시작하여 1940년 15명으로 점점 늘어왔으며, 1940년에 처음으로 일본인보다 많아진 것을 알 수 있다.

그러면 목포 부회에 의원으로 참여한 일본인들은 어떤 사람들이었을까. 1930년경을 중심으로 목포 부회 일본인 의원들을 살펴보면 다음과 같다. 우치타니 반헤이는 일본 효고현 출신으로 대표적인 곡물 수출상이었다. 마츠이 유지로松井邑次郎는 야마구치현 출신으로 역시 수출입 무역상이었으며, 목포전등, 소화전기주식회사 사장을 지냈으며, 전라남도평의원, 목포학교조합 의원 등을 지내기도 했다. 모리 사카이는 에히메현 출신으로 곡물 수출상이자 대지주였으며, 목포곡물상조합 부조합장, 목포신사 총대를 지냈다. 무라카미 나오스케村上直助는 야마구치현 출신으로 수출입 무역상이자 지주였으며, 전라남도평의원, 목포상업회의소 회두를 지냈다. 나라 지로奈良次郎는 목포무진木浦無盡주식회사 및 목포신탁주식회사 사장을 지냈으며, 목포학교조합 의원을 지냈다. 후지타 린페이藤田林平는 무진업자無盡業者였고, 이시모리 다케오石森武男는 제염업자였으며, 노구치 고지로野口小次郎는 문방구상이었고, 오카무라 유지로岡村又次郎는 주류판매업자이면서 목포상업회소 평의원이었다.[30] 목포 부회의 일본인 의원들 가운데에는 수출입 무역상, 상공업자, 지주 등이 많았음을 알 수 있다.

한편 조선인 부협의회, 부회 의원은 어떤 이들이었을까. 1927년부터 1935년까지 의원을 가장 오래 지낸 김상섭은 남교동 출신으로 동아고무주식회사 사장, 목포창고금융주식회사 사장, 목포양조주식회사 사장, 전남신탁주식회사 사장 등의 직함을 가진 목포의 대표적인 조선인 자본가였다. 그는 조선총독부 중추원참의, 목포부협의회

30] 『전라남도사정지』, 427~428쪽.

의원을 거쳐 전라남도 평의원으로 진출하였다. 역시 같은 기간 동
안 의원을 지낸 차남진은 무안군 삼향면 용포리 출신으로 일본 명
치대학을 졸업하였으며, 전남신탁주식회사 취체역, 목포양조주식회
사 취체역, 목포창고금융주식회사 감사역, 호남은행 감사역 등을 맡
았던 자본가였다.[31] 1930년부터 1935년 사이 의원을 지낸 정병조는
한말부터 토지문제와 관련한 브로커로서 악명을 날렸으며, 목포에
자리잡은 이후 동양물산 사주, 목포양조 및 목포제빙주식회사 취체
역 등을 지냈으며, 1936년 목포부회 의원으로 있으면서 목포 수도水
道 저수지 예정지를 미리 매입하여 일확천금을 꿈꾸다가 사기·배
임·사문서위조·횡령 등의 혐의로 구속되어 대구복심법원에서 징역
1년 6월에 집행유예 4년을 선고받았다.[32] 1930년에서 1934년 사이
의원을 지낸 김명진은 해남 북평 출신으로 변호사였다. 1931년부터
1940년 사이 의원을 지낸 권영례는 경북 안동 출신으로 목포에서
해초상 및 조면업에 종사하고 있었다.[33] 조선인 의원들도 대부분
상공업자와 지주들임을 알 수 있다.

이처럼 일본인이나 조선인을 막론하고 부협의회 의원 및 부회 의
원을 지낸 이들은 대체로 목포의 상공업자와 지주들이었다. 이들이
부협의회 및 부회 의원으로 선출된 것은 당시 유권자수가 극히 제
한되어 있었던 것과 관련이 있었다. 앞서 본 것처럼 부세府稅를 연
5원 이상 납부한 자만이 유권자가 될 수 있었는데, 1935년 목포부의
유권자수는 일본인이 883명, 조선인이 551인에 불과하였다.[34] 대체

31] 위의 책, 428쪽.
32] 「元木浦府議員 정병조의 사기사건, 고등법원에 상소」, 『조선중앙일보』 1936년 7
   월 9일.
33] 『전라남도사정지』, 428~431쪽.
34] 「목포부 유권자」, 『동아일보』, 1935년 4월 22일.

로 중산층 이상에 해당하는 이들 선거권자는 자신들의 이해관계를 대변하는 자산가들을 대표로 뽑았던 것이다. 또 부회 의원 입후보 자는 대개 사전에 조정이 되어 거의 경쟁이 없거나 혹은 정원보다 한두 명 입후보자가 많은 싱거운 선거였다.

목포사회의 지배엘리트로 또 하나 들 수 있는 집단은 목포상업회 의소 평의원들이다. 1930년 당시 목포상업회의소 평의원은 일본인 으로서 모리 세이이치森誠一, 이세 한호伊勢伴輔, 마츠마에 기조松前義三, 기노시타 지에지木下千重治, 히구치 요시타로樋口由太郎, 나가타 반헤이永 田萬平, 하시모토 헤이하치로橋本平八郎, 이토 간타로伊藤關太郎 등 8명, 조 선인으로서 송문옥宋文玉, 송창만宋昌萬, 권영례權寧禮 등 3명이 있었다. 모리 세이이치는 면화, 해산물, 소주 등을 거래하는 상인이었으며, 동시에 목영운수창고주식회사 취체역을 맡고 있었다. 이세 한호는 미곡 무역상이면서 잡화상이었으며, 아사히旭어시장 취체역, 목포수 이입상조합 평의원 등을 맡고 있었다. 마쓰마에 기조도 역시 무역 상이면서 잡화상이었으며, 목포금융조합장, 목포수이입상조합 부조 합장 등을 맡고 있었다. 기노시타 지에지는 미곡무역상 및 정미업 경영자로서 송도신사 총대를 맡고 있었다. 히구치 요시타로도 역시 무역상으로서, 수이입상조합 간사, 목포금융조합 감사 등을 맡고 있 었다. 나카타 반헤이는 조면기계상, 약종상 등을 하고 있었으며, 조 선신문 목포지사장을 맡고 있었다. 하시모토 헤이하치로는 고무신 판매상을 하고 있었다. 이토 간타로는 판유리상板硝子商, 약종상藥種商 등을 하고 있었으며, 아사히 쇼우시旭硝子주식회사 조선특약점을 경 영하고 있었다.[35] 조선인 평의원 송문옥은 미곡상을 하고 있었으며, 송창만은 봉재기계와 전기기구를 파는 상점을 하고 있었고, 권영례

35] 『전라남도사정지』, 430~431쪽.

는 해초상 및 제면업을 하고 있었다.[36] 권영례는 앞서 본 것처럼 1930년대에 목포 부회 의원을 지냈다.

목포상업회의소 평의원들은 이처럼 대부분 무역상, 미곡상, 면화상, 잡화상, 해산물거래상 등으로서 목포의 유력한 상인들이었다. 이들은 그러한 경제적 기반 위에서 금융조합, 각종 회사, 시장의 취체역, 감사 등을 맡거나, 신문 지사장, 신사 총대 등을 맡고 있었다.

위에서 살펴본 바와 같이 목포 사회의 지배엘리트 계층은 주로 일본인 상공업자, 지주들로 구성되어 있었으며, 여기에 조선인 상공업자, 지주가 일부 참여하는 양상을 보이고 있었다.

5. '이중도시' 목포 : 남촌과 북촌의 양극화

위에서 본 것처럼 목포는 정치·사회·경제적인 측면에서 모두 일본인이 주도하는 도시였다. 조선인의 인구는 점차 늘어 1930년대에는 일본인 인구의 5배를 넘었지만, 일본인의 주도권은 여전하였다. 일본인과 조선인의 뚜렷한 격차는 이들이 각각 거주하는 주거지역에서도 뚜렷이 나타나고 있었다.

앞서 말한 것처럼 일본인촌은 유달산 남쪽 자락과 남쪽, 동쪽의 바닷가에 자리잡은 반면, 조선인촌은 유달산 북쪽과 동쪽 기슭에 자리잡았다. 따라서 일본인촌은 '남촌'으로, 조선인촌은 '북촌'으로 흔히 불리었다. 남촌은 번듯하게 계획된 도로가 격자형으로 가로지르는 신도시였던 반면, 북촌은 무계획적으로 좁은 골목이 이리저리 뚫린 무질서한 동네였다. 남촌은 ○○정町으로, 북촌은 ○○동洞으로

36] 위의 책, 430~431쪽.

행정구역 명칭에도 차이가 있었다.

그리고 남촌에는 우선 각종 관공서와 학교, 병원, 신사神社, 사찰寺刹 등이 자리잡았다. 목포부청木浦府廳, 경찰서, 우편국, 세관稅關지서, 법원지청, 조선은행지점, 동양척식회사東洋拓殖會社 목포지점, 측후소, 송도신사, 상업회의소, 공회당, 목포부립병원, 철도병원, 목포심상 고등소학교, 목포공립고등여학교, 히가시 혼간지東本願寺, 신코지眞光寺, 도키와자常盤座(공연장) 등이 그것이었다. 그리고 이 지역에는 각종 회사 지점과 공장도 들어섰다. 조선면화주식회사朝鮮棉花株式會社 본점 과 공장, 닛카제유 공장, 남북면업南北綿業 공장, 아사히정미소, 조선 우선회사朝鮮郵船會社 지점, 상선회사 출장소, 조선수산회사 등이 그것 이었다. 이처럼 남촌에는 근대의 각종 상징적인 시설들, 즉 공장·학 교·병원·경찰서·우편국·상업회의소·공회당·공연장 등이 들어서 있었다. 물론 북촌에도 학교·병원·교회·군청·청년회의소·극장 등 근대적인 시설이 일부 들어왔다. 목포보통학교·정명여학교·영흥학 교·브란취병원·공설시장·천주교회·양동교회·청년회관·목포극장 등이 있었던 것이다. 하지만 관공서로는 무안군청과 금융조합이 있 을 뿐이었다.

그리고 남촌과 북촌간의 내용적인 차이는 너무나 컸다. 목포에 거주하던 작가 박화성은 1925년에 발표한 「추석전야」라는 소설에 서 남촌과 북촌의 모습을 이렇게 대비하여 묘사했다.

목포의 낮은 참 보기에 애처롭다. 남편南便으로는 즐비한 일인의 기와 집이오, 중앙으로는 초가에 부자들의 옛 기와집이 섞여 있고, 동북으로는 수림樹林 중에 서양인의 집과 남녀 학교와 예배당이 솟아 있 외에 몇 개의 집을 내놓고는 땅에 붙은 초가집이다. 다시 건너편 유달산 밑을 보자. 집 은 돌 틈에 구멍만 빤히 뚫어진 돼지막같은 초막들이 산을 덮어 완전한

빈민굴이다. 그러나 차별이 심한 이 도회를 안고 있는 자연의 풍경은 극
히 아름답다. (…중략…) 유달산 북편北便은 구멍만 뚫어진 돌 틈 초막이
요, 남편南便의 유달산은 푸른 밭뿐이므로 산밑은 산촌을 보는 감이 있다.
하루 네 번씩 나가고 들어오는 기차를 보내며 정거장을 중심으로 조선인
鮮人과 일본인日人의 상점이 즐비한 중앙은 조선의 몇째 안 가는 도회로
부끄럽지 않으며, 크고 작은 섬들이 둘러 있는 푸른 바다에 점잖은 기선
과 어여쁜 돛배, 방정스러운 발동선들이 들고 나는 항구의 특색은 남편南
便 해안에 있다.[37]

박화성은 남촌과 북촌의 모습을 일식 기와집과 돼지우리 같은 초
막집으로 대비시켜 말하고 있다. 북촌에서 볼 만한 것은 겨우 예배
당(양동교회)과 기독교계 학교, 서양인의 집, 그리고 대지주 김성규와
문재철의 집 정도밖에 없었던 것이다.[38]
박화성은 주택문제를 경관 차원에서 언급하였지만. 조선인들에게
주택문제는 사실은 경관의 문제가 아닌 고통스러운 실존의 문제였
다. 주택문제와 관련하여 1927년『중외일보』는 이렇게 보도하고 있
었다.

목포항은 전남의 관문으로 상공업의 발전은 축일逐日 번성되어 가는 반
면에 도리어 조선인의 생활상태는 만차滿次 참경慘境에 몰락되어 거주할
곳이 업서 심지어 유달산儒達山의 험악한 석간石間까지「움집」혹은 토굴土
窟을 파고 생활하야 잇는 목불인견의 현상임에도 오히려 근일에 와서는
한재旱災에 구축되어 나오는 농촌노동자의 집중하는 관계상 더욱이 주택

37] 박화성·서정자 편, 「추석전야」, 『박화성문학전집』 16, 푸른사상사, 2004, 32~33쪽.
38] 박화성의 소설 속에서의 목포 묘사에 대해서는 변화영, 「박화성 소설을 통해본
    목포의 식민지 근대성」, 『한국문학이론과 비평』 30집, 2006 참조.

의 곤란을 밧게 되어 심야조조深夜早朝로 도로道路에 방황하며 문전에 애소
哀訴하는 모양은 사회적으로 고려할 문제거리라더라.[39]

이농과 목포로의 인구집중은 목포의 주택난을 야기하여 유달산
의 돌 틈에 움집을 짓거나 토굴을 파고 사는 이들까지 등장하였던
것이다.

북촌과 남촌의 차이는 주택문제만이 아니었다. 도로상태·상하수
도·가로등·오물수거 등에서 남촌과 북촌 사이에는 차이가 아닌 '차
별'이 존재했다. 따라서 이는 북촌 조선인들의 상시적인 불만요소가
되었다. 1925년 3월 목포의 조인인 단체와 언론인들은 '시민대회 준
비회'를 결성하고 8개조를 목포부청에 요구하기로 하고, 만일 목포
부 당국자가 성의를 보이지 않을 때에는 3월 15일 시민대회를 개최
하기로 하였다.[40] 이때 그들이 목포부청에 요구하기로 한 8개조란
도로개선道路改善, 식료수도飮料水道, 하수구준설下水溝浚渫, 일본인화장장
日本人火葬場 이전, 도수장屠獸場 이전移轉, 가로등 증설, 진개물塵芥物 취
급取扱, 공설시장公設市場 개설 등이었다.[41] 당시 『조선일보』는 이러한
문제들에 대해 다음과 같이 보도하였다.

전라남도 목포부내에는 부청府廳의 경영인 모든 시설이 조선인 사는 곳
과 일본인 사는 곳을 갈라서 너무 편벽되이 한다 함은 이미 두 차례 보도
하였거니와 그 중 가장 심한 몇 가지 예를 들어보건대 조선인 사는 동리
의 길은 좁고 불편하여 조금만 비가 오면 다닐 수가 없게 되며, 음료수도
飮料水道로 말하더라도 조선인 마을에는 수통이 적어서 아침부터 저녁까

39] 「木浦港의 朝鮮人 住宅難」, 『중외일보』, 1927년 8월 17일.

40] 이에 대해서는 고석규, 앞의 책, 113~115쪽에 자세하다.

41] 「府政을 糾彈, 木浦市民의 憤起」, 『동아일보』, 1925년 3월 5일.

지 오십여 명의 사람이 물을 길으려고 둘러서게 되며, 또 일본인이 화장
터로 말하면 바로 조선인 마을 옆에 있고, 더욱이 보통학교 옆이라 날마
다 송장 타는 냄새가 코를 찌르게 되며 어린아이들의 눈앞으로 날마다 시
체를 실어가게 되니 이런 것에 대하여서도 벌써 여러 번 교섭하였으나 그
대로 두었으며, 다 같은 전등도 조선인 마을 길거리에는 설치 아니하였는
데, 이외에도 다 말하려고 하면 실로 한이 없다.[42]

하지만 이와 같은 요구는 제대로 받아들여지지 않은 것으로 보이
며, 시민대회도 유야무야되고 만 것으로 보인다. 위의 8가지 문제
가운데 가장 심각한 것은 식수난, 즉 상수도上水道 문제였다. 당시 목
포의 조선인들은 상수도가 제대로 보급되지 않아 물 한 지게에 1전
씩을 내고 사먹어야 하는 형편에 놓여 있었다. 때문에 가난한 이들
은 물을 사먹을 수 없었고, 결국 우물물이나 유달산의 바위틈에서
흘러나오는 물을 먹을 수밖에 없었다. 이로 인해 그들은 전염병에
취약할 수밖에 없었다.[43] 1936년 부회에서 이근창 의원은 "수도에
근본정책을 세워라. 죽교리에 수도를 설비하라. 공동우물이 2개소
있으나 부족하다. 1500호의 노동자들이 살고 있는 곳이다. 그 노동
자들이 건강하여야 상공업 도시인 목포가 발전할 것이다. 그러니
불결한 물을 먹지 않도록 해야 할 것이다"라고 주문하고 있다. 하지
만 목포부의 마츠자와 참여는 그곳까지는 수도가 올라가지 않는다
고 답할 뿐이었다.[44]
　다음에 도로개설과 관리 문제도 심각하였다. 남촌의 잘 짜인 가

42] 「木浦府의 差別施設. 조선인과 일본인 사는 곳을 갈라 차별시설 유지와 기자단이
　　시민대회발기, 삼월 중순 안으로 대회개최계획」, 『조선일보』, 1925년 3월 1일.
43] 「木浦水道問題 施設의 擴大 及 商業化 廢止가 急務」, 『동아일보』, 1932년 7월 20일.
44] 『호남평론』 제2권 제5호, 1936.5, 49쪽.

로구획, 포장된 도로와는 달리 북촌은 무질서한 골목길에 포장도 제대로 되지 않았다. 1936년 부회에서 김용진 의원은 공설시장에서 남교동으로 가는 길의 포장은 그만두더라도 유달산 사찰로 가는 길을 만들어달라고 요구하였다. 오태진 의원은 죽동 앞 목포극장 부근의 횡단도로를 신설해달라고 요구하였다. 또 권영례 의원은 남교동 도로포장과 함께 각 학교 학생들이 많이 다니는 동아고무공장에서 대성동으로 넘어가는 길을 수선해달라고 요구하였다. 오태진 의원도 각 공장의 직공과 노동자들이 밤낮으로 가장 많이 다니는 목포권번에서 부청 뒤로 이어지는 길을 수선해달라고 요구하였다. 이들이 요구는 주로 북촌의 도로 신설과 개수였던 것이다. 권영례 의원은 아예 내놓고 "북부 도로(조선부락 통로)에 대해 얼마나 생각하고 있는가"라고 목포부윤에게 질문하였다. 이에 대해 목포부윤은 "북부, 남부의 구별은 하지 않는다. 정신적으로나 물질적으로나 개선의 길을 찾는다"라고 답하였다.[45] 그러나 현실은 그렇지 않았다. 남부와 북부의 차이는 엄연하였고, 목포부 당국자들은 북부 조선인 마을의 현안에 대해 무관심하였다.

가로등街路燈 문제도 계속 거론되고 있었다. 1935년 목포부회에서 김용진金容鎭 의원은 이렇게 발언하고 있다.

街路燈에 대하여 朝鮮人 洞內와 內地人 洞內를 구별해 보면 朝鮮人 所有 土地坪는 八十萬餘坪 內地人 所有坪數는 四十萬坪이고 人口別로 보면 朝鮮人은 五萬人 內地人은 八千人 밖에 안 되니 이러한 統計上으로 본다면 조선인 二千九百名에 一燈, 內地人 五百八十名에 一燈이란 差別的 施設이오니 더욱 朝鮮洞內에 施設할 必要가 있지 아니한가.[46]

가로등이 조선인 거리에는 2900명에 1등꼴이었던 반면에 일본인 거리에는 580명에 1등꼴이었던 것이다. 이에 당시 목포부의 마츠자와松澤 내무內務과장은 "내지인 조선인의 차별적 시설은 아니다. 교통상 적당한 지대에 시설하는 것이다. 장래에 있어 잘 고려해 보겠다"고 답하였다. 일본인과 조선인을 차별하여 가로등을 개설한 것은 아니라는 변명이다. 가로등 문제는 1936년 목포부회에서도 문제가 되었다. 부회의 이근창 의원은 늦은 밤과 이른 아침에 조선인 노동자들이 많이 다니는 죽교리에 가로등을 설치하라고 요구하였다. 그러나 마츠자와는 목포역 부근에 설치할 것이라 답하였다. 오태준 의원도 대성동 국무농장 앞에서 형무소로 가는 길에 가로등을 신설하라고 요구하였으나, 마츠자와는 그 길에는 전주가 없기 때문에 신설이 곤란하다고 답하였다.[47]

또 하나 중대한 차별은 병원 문제였다. 당시 목포에는 목포공립병원과 부란취병원, 목포철도병원, 그리고 개인병원 9개(일본인 5, 조선인 4)가 있었다. 목포공립병원은 남촌의 일본인 거리에 소재해 있었고, 원장과 부원장 등 의사는 대부분 일본인이었다. 또 간호부도 역시 대부분 일본인이었다. 1935년 목포부회에서 권영례 의원은 조선어를 아는 의사와 간호부를 채용하라고 요구하였다. 하지만 부립병원 원장은 "간호부로서 조선인을 고려하고 있으나 사용使用이 될지 의문"이라고 답하였다. 이에 권영례는 "의사나 간호부가 조선어를 몰라서 조선인 환자가 입원이나 치료를 받을 때에 퍽 곤란한 점을 느끼고 있다"고 비판하였다.[48] 1936년 부회에서도 권영례는 부립병

46] 「木浦府立病院 施設 質問中 論戰, 機會를 見한 議長이 閉會 宣言, 街燈의 公平도 主張」, 『매일신보』, 1935년 3월 27일.

47] 『호남평론』 제2권 제5호, 1936.5, 47쪽.

48] 「木浦府立病院 施設 質問中 論戰, 機會를 見한 議長이 閉會 宣言, 街燈의 公平도

원이 수지에서 결손을 내고 있는데, 이는 이용자가 적기 때문이며, 특히 조선인이 적기 때문이라면서, "목포부의 인구 비례로 보아 조선인 입원자나 보통환자가 더 많아야 할 것임에도 불구하고 도리어 반수도 되지 않는다. 그 원인은 조선인 환자는 언어불통으로 자기의 병을 이야기 할 수 없기 때문이다"라고 비판하였다. 이에 대해 마츠자와는 "병원에서의 수입 관계는 대개의 계획이 서 있다"는 식의 답변만 하였을 뿐이다. 즉 조선인 환자 문제에 대한 관심은 없고 수익 문제에만 관심이 있었던 것이다. 여기서 주목해야 할 것은 일본인들이 조선인들의 거주지 문제, 의료 문제 등에 대해 매우 무관심하다는 점이다. 그들은 왜 그와 같이 조선인 거주지의 문제에 대해서는 시종일관 무관심하였을까. 그들이 시종일관 무관심을 표명하였다면, 거기에는 일정한 의도가 개재되어 있었다고 여겨진다. 즉 목포에 와 있던 일본인들은 자신들이 거주하는 지역의 근대성을 과시함으로써 조선인들로 하여금 그러한 근대성을 가지고 들어온 일본인들에 대한 저항의식을 꺾어 놓고자 했던 것으로 보인다. 이러한 이유로 목포 시가지의 남북촌의 차이는 자연스럽게 만들어진 것이라기보다는 의도적으로 만들어진 차별이라고 해석할 수 있을 것이다.

이상에서 식민지시기 목포의 도시 모습을 살펴보았다. 목포의 도시 모습은 일본인 거주의 남촌과 조선인 거주의 북촌이 여러 측면에서 뚜렷하게 구분되어 있는 '이중도시'의 모습을 보여주고 있었다. 이와 같은 이중도시의 모습은 당시 목포만이 아니라 부산, 인천, 마산, 군산 등 과거 개항장이 있었던 곳에서는 모두 찾아볼 수 있었다. 또 경성이나 대구, 평양과 같은 전통도시에서도 개항장만큼 뚜렷하지는 않았지만 이중도시의 모습은 여실하게 나타나고 있었다.

主張」, 『매일신보』, 1935년 3월 27일.

일본인들이 이와 같은 이중도시를 건설한 이유는 무엇일까. 서구의 많은 학자들은 식민지 도시의 가장 두드러진 공간적 특성으로서 전통도시와 근대도시가 공존하는 현상, 즉 '이중도시'적 성격을 지니고 있다는 점에 주목해왔다. 식민지 도시는 토착집단에 대한 외래집단의 지배의 공간이었고, 양자의 문화적 이질성은 사회적·공간적 '격리segregation'로 나타났다. 정도의 차이는 있었지만, 대체로 토착민들의 자생적 주거지는 전통적·전근대적 성격을 띠었고, 식민권력에 의해 개발된 새로운 주거지는 근대적·서구적 성격을 띠는 것이 일반적이었다고 한다.[49] 식민지 권력은 외래 식민집단의 주거지를 토착민들의 열악한 주거공간과 분리시켜, 근대적이고 서구적인 주거지로 만들어 식민권력의 압도적인 힘을 과시하고, '문명'에 의한 지배의 정당성을 선전하고자 했다. 식민지 조선에서 이중도시는 일제 식민권력의 의도적인 정치적 기획의 산물로서 만들어진 것이었다. 개항장 목포의 남촌과 북촌이라는 이중도시도 앞서 본 것처럼 의도적으로 만들어진 것이었다. 이러한 점에서 목포는 식민지 조선에서 식민도시의 전형적인 모습을 보여주고 있었다고 말할 수 있다.

6. 맺음말

식민지시기 목포의 '식민지 근대성'은 '이중도시'라는 모습으로 구체화되었다고 할 수 있다. '이중도시'적 성격은 거주구역의 구분이라는 공간적 측면에서 우선 나타났다. 목포의 일본인 거주지와 조선인 거주지는 유달산을 경계로 남촌과 북촌으로 구분되어 있었다. 북촌

49] 김백영, 「일제하 서울에서의 식민권력의 지배전략과 도시공간의 정치학」, 서울대 박사논문, 2005, 58쪽.

과 남촌은 도로·주택·상하수도·가로등·오물수거·병원 등의 제반 도
시여건에서도 커다란 차이가 있었다. 목포 부회의 조선인 의원들은
이를 시정해줄 것을 목포부 당국에 요구하였으나 번번이 묵살되었
다. 목포부의 일본인들은 조선인 거주지역의 열악한 상태에 대해 무
관심하였으며, 이는 상당 부분 의도적인 것이었다. 식민지 조선에
와 있던 일본인들은 일본인들이 다수 거주하는 목포와 같은 도시에
서 일본인 거주지와 조선인 거주지의 제반 여건에 큰 차이를 둠으로
써 일본인들이 가지고 온 근대성을 과시하고자 하였던 것이다. 제국
주의 국가들은 이와 같은 이유로 그들의 식민지에 '이중도시'들을 건
설하였는데, 목포는 전형적인 이중도시의 모습을 띠고 있었다.

   거주구역에서 나타나는 이중도시의 모습은 사실은 정치·경제·사
회적인 측면에서의 '이중도시'적 성격을 공간에 반영한 것이라고 할
수 있다. 우선 경제적 측면에서 목포의 경제권은 일본인 지주와 상
인들에게 집중되어 있었다. 일부 조선인 지주와 상인들도 있었지만,
경제권은 일본인들에게 거의 장악되어 있었다. 이를 상징적으로 보
여주는 것은 목포상업회의소의 평의원의 구성이다. 당시 평의원은
대부분 일본인들이 맡고 있었으며, 이들은 대부분 일본과 미곡, 면
화의 무역을 통해 성장한 상인들이었다. 일본인들은 또한 목포부협
의회(뒤에 목포부회)도 장악하고 있었다. 일본인 의원의 숫자는 전체
의원의 3분의 2 수준이었다. 이들 의원들은 대부분 이름있는 상공
업자나 지주들이었다. 사회적 측면에서도 이들은 신문사 사장, 신사
神社 총대總代, 학교조합 평의원 등을 맡으면서 유지로서 활동하고 있
었다. 이처럼 목포사회는 정치·경제·사회적으로도 일본인들에 의
해 사실상 지배되고 있었다. 물론 일부 조선인들이 상업회의소, 부
협의회, 학교비평의회 등에 참여하고 있었지만, 그들의 영향력은 제
한적이었다.

　이상에서 살펴본 바와 같이 식민도시 목포에서의 식민지 근대성은 정치·경제·사회, 그리고 일상생활의 공간에서 '이중도시'로 표현되고 있었다고 말할 수 있다.

막다른 골목으로부터의 탈출

: 적극적 개국을 향한 전환

1854년(안세이安政 원년)에 이뤄진 3개의 개항조약[1]은, 미국 사절 페리M. C. Perry의 압력을 계기로, 일본이 서양 강국과의 전쟁을 회피하기 위해 체결한 것이었다. 따라서 그 내용은 과거에 대외관계를 표현하기 위해 사용되었던 '통신通信'이나 '통상通商'[2]이라는 개념으로 보면, 어느 쪽과도 꼭 들어맞지 않는다. 서양인을 위해 2, 3개의 항구가 열렸지만, 국교나 무역은 시작되지 않았다. 매우 제한된 관계에 3국[3]을 가둬두고 그 이상의 국내 개방을 회피하는 것이야말로 도쿠가와 막부의 기본 정책이었다. 일미日米조약 교섭 당시, 미국은 일본이 무역에 대해 품고 있는 의구심을 풀기 위해 조약에 기한을

---

* 三谷博. 도쿄대학 총합문화연구과 지역학전공 교수. 이 글은 三谷博의 저서 『ペリー来航』(吉川弘文館, 2003) 중 제10장 「袋小路からの脱出−積極的開国策への転換」을 저자와 요시카와코분칸의 동의를 얻어 번역, 수록한 것이다.

1] (역주) 일미, 일영, 일로조약.

2] (역주) 通商은 시장을 열어 상대국과의 상거래를 허용하는 것, 通信은 외교관 주재 등 본격적인 외교 관계를 맺는 것.

3] (역주) 미국, 영국, 러시아.

붙이는 방안도 모색했지만, 일본은 '통상'류類의 행위를 최소한도로 묶어둔 후, 기한을 설정하지 않은 채 조약을 타결지었다. 일영日英협 약의 경우는 통상을 주된 내용으로 삼게 될 일란日蘭조약을 균점均 霑4]하지 않도록 규정하고, 또 이 협약을 변경하지 않는다는 조문까 지 달아두었다. 일본은 또 조약문에 명기되어 있는 영사領事의 주재 에 관해서도, 여전히 이를 저지할 가능성을 탐색하고 있었다. 쇄국 정책을 기축으로 삼은 채, 가급적 한정적인 개국에 머물도록 하려는 것이 일본정부의 공식 태도였다.

그러나 일단 서양과의 분란을 막기 위해 취해진 긴급 조치의 이 면에서는, 교섭 당사자와 그 주변 인물들 간에 개방의 불가피성에 대한 인식이 생겨나고 있었다. 일본이 대외 정책의 기본방향을 전 환하여 서양과의 교제에서 활로를 찾아야 한다는 것이다. 아래에서 는 이러한 발상 전환을 통해 막다른 골목에서 탈출할 수 있게 된 과 정, 곧 서양과의 전면 충돌을 피할 수 있게 했던 궤도수정의 과정을 간단히 살펴보겠다.

1. 통상 인정과 점진적 개방으로의 전환

1) 도쿠가와 막부의 태도 전환

러시아 응접계應接係5]인 스츠이 마사노리筒井政憲와 가와지 도시아 키라川路聖謨는 러시아와 1차 교섭에 들어가기 전부터 점진적인 통상

4] (역주) 대외조약 체결 시 한 나라에 부여한 혜택을 조약을 체결한 다른 나라에도 동일하게 적용해야 한다는 원칙.

5] (역주) 일러조약 협상 당시 일본측 협상단.

허용이 필요하다고 주장했다. 그 결과 러시아측에 보낸 로쥬老中[6]의 회신에도 통상이 세계의 추세라는 문장이 기재되었다. 그들은 러시아와 교섭에 임하면서, 도쿠가와 막부가 취해 왔던 대외정책의 동요나 내부 대립을 감추었다. 현재 일본의 상황을 쇄국에서 개국을 향해 나아가는 점진적 과정의 초기 단계라고 설명하면서, 러시아가 일본의 점진책을 인정하고 현 국면에서는 통상을 단념해줄 것을 요구하기 위해서였다. 그렇다고 그들이 통상을 진심으로 원했던 것은 아니다. 가와지 도시아키라는 시모다下田에서 시작된 '결핍품 공급'[7]의 실상을 둘러보고, 깊이 탄식하고 있다.[8] 그러나 그는 깊은 혐오감을 품으면서도 통상과 통신이 불가피하다고 판단했다.

한편 도쿠가와의 관리들 사이에서는 이전부터 적극적인 개국론을 취한 경우도 있었다. 우라가浦賀 부교奉行[9]인 아키노 나가야스淺野長祥는 페리가 내항하기 4년 전, 러시아 및 영국과 통상을 개시해야 한다는 상서를 올린 바 있다. 또 다른 도쿠가와 가신家臣들도 페리 내항 후의 대외정책을 자문할 때 적극적 개국론을 표명했다. 우라가 부교 도다 우지히데戶田氏榮는 세상의 비난을 각오한 채, 일본이 통신에까지 발을 들여놓아야 한다고 주장했다. 해방海防 책임자로서 간조김미야쿠勘定吟味役[10]에 새롭게 발탁된 에가와 히데타츠江川英龍도 대러 교

6] (역주) 쇼군 직속으로 정무를 담당하던 최고 책임자.

7] (역주) 통상이 금지되어 있던 개항 초기, 개항장의 외국인들이 석탄, 식료품 등 필수 물품이 부족할 경우 돈을 주고 살 수 있도록 한 규정. 무엇을 '결핍품'으로 규정할 것인가는 쌍방의 협상에 따라 결정하게 되어 있어서 통상금지라는 규정을 빠져나갈 수 있는 구멍 역할을 했다.

8] 『山路日記』, 195쪽.

9] (역주) 에도시대의 관직명. 우라가 지역의 부교는 에도만에 들어오는 선박 감시, 화물 검사, 民政 재판 등을 담당했다.

10] (역주) 勘定所는 에도시대에 幕府나 藩, 旗本 등 제반 행정구역에서 재정이나 민정을 담당했던 관청. 칸조쇼의 官長을 勘定奉行, 칸죠쇼 전반의 勘査를 담당했던

역 및 해상 방어 강화를 제창했다. 주칸儒官**11]**인 고가 긴이치로古賀謹一
郎는 도안侗庵**12]**의 아들답게, 일본이 러시아에 관리를 파견하고 교역
에 나아가야 한다는 상서를 올렸다.**13]** 관직에 오르지 않은 지키산直
参**14]** 중에서도 적극적 개국론자들이 있었다. 지키산 중 소수파이자
난학자蘭學者**15]**였던 고부신구미小普請組**16]** 가츠 가이슈勝海舟는 통상으
로 이익을 취하고 해상 방어를 강화해야 한다고 상서했다. 특히 주
목을 받은 것은 고부신구미 무코야마 겐다유向山源太夫의 상서였다.**17]**
그는 덴보개혁天保改革**18]** 때 막부 재정 책임자인 간죠쿠 구미가시라勘
定組頭**19]**로 활약했던 경험을 살려, 나가사키 무역의 실상에 기초를 두
고 통상 이익을 올리는 구체적 방법을 상술했다. 그의 상서는 양이
론자인 도쿠가와 나리아키德川斉昭에게도 높은 평가를 받았다. 이 때
문에 무코야마 겐다유는 하코다테箱館 부교의 구미가시라組頭로 재기
용되어 개항 관련 실무에 착수했지만, 유감스럽게도 에가와 히데타
츠처럼 그도 얼마 지나지 않아 사망하고 말았다.

　물론 당초에는 이러한 적극적 개국론이 소수 의견에 불과했다.

　　직위를 勘定吟味役라고 한다.
11] (역주) 벼슬에 올라 유학을 가르치던 사람.
12] (역주) 古賀侗庵 : 에도시대의 유학자. 『海防臆測』(1839경)에서 일본이 해상 방비
　　를 강화하여 러시아에 대비할 필요성과 그 방책을 논했다.
13] 『外國』 3~606호.
14] (역주) 에도 막부에 직속된, 소출 1만 石 이하의 武士. 將軍을 직접 알현할 자격
　　이 있는 旗本와 그보다 아래인 御家人으로 구분된다.
15] (역주) 蘭學, 곧 네덜란드의 학문을 연구하는 자.
16] (역주) 旗本 중 녹봉이 3천 석 이하이며 관직에 오르지 않은 자들로 이뤄진 조직.
17] 『外國』 1~223, 336, 338호.
18] (역주) 막부의 재정 파탄을 극복하기 위해 무사의 사치 등을 금한 텐보 연간의
　　경제 개혁.
19] (역주) 칸죠쇼 소속 관리들을 총괄 지휘하는 역할을 맡은 관직.

도쿠가와 시대의 정책은 가이보산요海防参与에 등용된 도쿠가와 나리
아키의 의향에 따라, 한정적 개항을 유지한다는 타협책을 고수하고
있었다. 그러나 그 이면에서는 상황이 서서히 바뀌어갔다. 상황 변
화를 촉진한 것은 네덜란드가 제창하고 실현했던 나가사키에서의
해군 전습傳習이었다. 러시아와의 전쟁에 승리한 영국이 일본과 맺
은 기존의 개항조약에 불만을 품고 곧 통상 사절을 파견하리라는
소식 역시 변화에 압력을 가했다.

2) 네덜란드의 조력, 해군 전습과 최초의 통상조약

일본이 미국·영국·러시아와 조약을 교섭 중일 때, 네덜란드는 장
외에 놓여 있었다. 네덜란드는 페리 내항에 앞서 일본과의 통상조약
을 제안했지만, 통상 저지에 전력을 기울이고 있던 일본은 그 제안
을 받아들이지 않았고, 네덜란드 역시 사태의 추이를 지켜본다는 방
침이었다. 네덜란드가 나가사키 무역에서 지니고 있던 기득권은 종
래대로 유지되었고, 타국이 그 이상의 권익을 얻는 것은 제한되어
있었다. 그렇기에 네덜란드는 오히려 타국의 질시를 사지 않도록 주
의하면서, 위기에 직면한 일본을 향해 가능한 호의적인 태도를 취함
으로써 자국의 지위를 확보하려고 했다. 네덜란드 상관장商館長[20] 돈
켈 크루티우스Jan Hendrik Donker Curtius는 1853년(가에嘉永 6년), 일본이 서
양식 해군 건설에 대해 타진하자 이를 조속히 본국에 전달했다. 다
음 해 7월, 네덜란드 왕국은 소형 증기함 스무빙 호를 나가사키에
파견하여 단기간 동안 해군 기술을 전수하게 했다.[21] 그 후 돈켈은

20] (역주) 에도시대 개항장에 설치된 외국인 영업소인 商館의 총책임자.

21] Donker Curtius, フォス美弥子 編譯, 『幕末出島未公開文書』, 新人物往來社, 1992,
　56 ·66·88쪽 ; 藤井哲博, 『長崎海軍傳習所』(中公新書), 中央公論社, 1991 참조.

일로·일영 교섭을 신중하게 중개한 후, 1855년(안세이 2년) 6월 재도
항再渡航한 스무빙 호를 네덜란드 국왕의 진상물로 헌상했다. 또 이
배에 함께 타고 온 교관단에 의해 본격적인 해군 전습을 개시하겠다
는 의향을 표명하는 한편, 7월 26일 통상조약 체결을 제의했다.[22]
조약 성립이 해군 전습 개시의 조건이었기에 일본은 네덜란드와의
통상 교섭을 받아들이기로 했다. 일영협약 비준서 교환을 위해 스타
링호가 도래했을 때, 일본은 조약 내용 확대를 원하는 영국 측에 완
강히 저항하여, 일란 조약의 내용을 다른 국가들과의 통상 규정에
균점하지 못하도록 못박아 두었다. (이런 안전장치를 바탕으로) 일본은
9월 30일 네덜란드와의 통상 협정을 잠정 체결했고, 사소한 몇 가지
수정을 거친 후 12월 23일 이를 정식 조인했다.[23] 이는 일본 최초의
통상조약이었지만, 무역에 관해서는 종래 혼카타本方와 와키니脇荷[24]
로 이뤄진 가이쇼会所[25] 무역을 그대로 따른 것일 뿐이고, 주안점은
나가사키에서 네덜란드인의 처우를 개선하는 데 놓여 있었다. 네덜
란드 상관원商館員들은 그때까지 데지마出島[26]라는 극히 협소한 공간
에 발이 묶여 있어서, 마을町에 상륙하는 것도, 만灣 내부로 항해하는
것도 엄격히 제한되어 있었다. 기독교 신앙도 공식적으로는 인정되
지 않았다. 이런 식의 '포로와 같은 취급'[27]을 폐지하고, 상관원뿐 아

22] Donker Curtius, 위의 책, 154~164쪽.

23] 『外國』 13~27호, 115호 ; Donker Curtius, 앞의 책, 184·191쪽.

24] (역주) 데지마에서 일본이 수출한 품물의 두 종류. 혼카타는 네덜란드 동아시아
회사가 직접 시행하는 공식적 무역품이고, 와키니는 상관장 이하 상관 직원들이
네덜란드 선원들과 개인적으로 거래했던 무역품을 일컫는다.

25] (역주) 원래는 상인들이 조직한 조합 사무소로 중개, 취인, 전매 등의 다양한 역
할을 수행했다. 1868년 설시된 나가사키 카이쇼에서는 청, 네덜란드 등과의 무
역을 주관했다.

26] (역주) 1634년 에도 막부가 쇄국정책의 일환으로 나가사키에 축조한 인공섬.
1641년부터 1859년까지 이 섬에서 네덜란드와 제한적 무역을 행함.

니라 네덜란드 일반 국민도 나가사키에 내항來航할 수 있도록 하며, 일미조약이 시모다와 하코다테에서 미국인들에게 허용했던 활보의 자유를 나가사키의 네덜란드인에게도 부여한다는 것이 조약의 주된 내용이었다. 교섭 과정에서 크루티우스는 네덜란드인의 종교 자유와 데지마의 토지 및 건물 구입권도 주장했지만, 일본의 강력한 저항으로 조약에는 어느 것도 포함시킬 수 없었다. 반면에 종래의 상관장을 영사로 승격하여 주재시키는 것과 일로조약과는 다른 편무적片務的 영사재판권,[28] 개항지 증가에 한정한 최혜국대우最惠國大愚가 규정되어 있다. 조약문의 대부분은 종래의 가이쇼 무역을 성문화한 것이었지만, 나가사키에서 자유로운 내항을 허용하고 행동 제한을 완화하며, 일미·일로조약과 균점을 이루도록 한 사항을 새롭게 부가했다.

해군 전습과 통상조약 체결에 즈음하여, 나가사키의 일본 측 대표 사이에서 대외적 태도에 주목할 만한 변화가 나타나고 있다. 잠정 협정이 체결된 9월 30일, 재근在勤 다이쇼데츠케大小目付[29]로 해군 전습 감독 임무를 수행하고 있던 나가이 나오무네永井尙志는, 크루티우스를 방문해 장래의 조약 확대 가능성을 시사하면서, 해군 건설뿐 아니라 통상과 경제 개발 전반에 관해서도 조언을 구했다.[30] 질문 항목은 다음과 같았다.

1. 일본 해군 창설에 긴급하게 필요한 조선造船 자재資材와 선구船具

27] 『外國』 13~19호.
28] (역주) 일본 거주 네덜란드인을 네덜란드 영사가 재판할 수 있는 권리로 일종의 치외법권.
29] (역주) 에도시대에 旗本나 御家人을 감찰하는 역할을 맡은 관직명.
30] Donker Curtius, 앞의 책, 185쪽.

2. 와키니모노脇荷物 거래에서 양국의 영리를 도모하기 위해 필요하다고
   생각되는 개혁

3. 네덜란드가 국고 수익 증강을 목적으로 국가간 무역과 민간 상업 활동
   을 촉진하기 위해 채택한 경제 정책의 기본방침

4. 외국무역의 네덜란드 진출과 외국 상인의 네덜란드 정주에 대한 네덜
   란드 정부의 기본방침

5. 통상에 관한 네덜란드 민법 중에 일본에게도 중요하다고 여겨지는 법
   규에 대한 정보

6. 네덜란드 세제稅制의 개요. 나아가 그와 관련하여 유럽 제국이 얼마나
   고가의 군대나 함대를 상비하고 있는가에 대한 정보

7. 일본 광업을 개선하기 위한 대책

8. 일본이 어떤 공업 분야에 어떤 기계를 조달할 것인가에 대한 조언

나가이 나오무네는 개인적인 발언이라는 단서를 달고 있지만, 막
부 각료들을 설득할 수 있도록 서면으로 답변해주길 요구하고 있다
는 점에서, 그의 발언이 나가사키 당직자들의 의향을 대표한 것이었
다고 볼 수 있다. 도쿠가와 막부의 중추에 서있던 인물들이 쇄국정
책으로부터 완전히 탈각하여, 서양과의 교제를 일본의 진로로 설정
하고 이를 위한 구체적 방침을 진지하고도 급박하게 검토하기 시작
한 순간이었다.

3) 통상 인정으로의 전환과 해리스의 부임

1856년(안세이 3) 8월, 막부 수뇌는 쇄국정책의 대전환을 고려하기
시작했다. 네덜란드 정부가 본격적인 통상조약 체결을 결의하고 군
함 메듀사호를 나가사키에 보낸 것이 그 계기였다. 메듀사호는 크

루티우스에게 외교 전권全權의 임무를 부여한다는 명령을 전달했고,
나아가 영국이 가까운 시일 내에 통상 사절을 파견할 것이라고 통
고했다. 일본은 일영협약을 통해 영국을 통상을 제외한 관계에 묶
어 두었지만, 이에 불만을 품은 영국 정부가 협약 책임자인 스타링
을 경질하고 홍콩 총독 바우링John Bowring을 2개월 후 나가사키에 파
송하는 결정을 내렸다는 것이다. 나가사키 부교 가와무라 나가타카
川村修就는 다이쇼데츠케인 나가이 나오무네, 오카베 나가츠네岡部長常
와 협의한 끝에, 이 정보를 에도에 전달하는 한편, 네덜란드의 권고
에 따라 통상의 적극적인 의미를 인정해야 한다는 의견을 보고했다.
그 결과 아베 마사히로阿部正弘는 8월 4일, "교역 호시互市의 이익으로
써 부국강병의 기본으로 삼아 현금의 시세에 협력함이 마땅하도다"
라는 통찰을 보이고, 여러 관리들에게 구체적인 교역방법을 검토하
여 의견을 아뢰도록 지시했다.³¹ 이에 대해 나가이 나오무네와 오
카베 나가츠네는 한 걸음 더 나아가, 통상을 인정할 뿐 아니라 외교
에 관한 사고방식도 전환해야 한다는 상서를 올렸다. 무역 방식의
조사는 우선 막부 각료가 무역 개시 의향을 공포公布한 후에 시작하
는 것이 적절하며, 대외 관계의 변혁은 종래와 같이 절박한 위기의
식으로만 이뤄져서는 안 되고, 충분히 준비한 후 일본이 자발적으로
제의해야 한다는 주장이었다. 막부 각료는 이 제안을 다시 평의評議
에 붙였고, 그 결과 로쥬 경험자인 홋타 마사요시堀田正睦를 재임시켜
수장으로 삼고 그에게 가츠테가카리勝手掛³²)의 임무도 맡겼다. 10월
중순에는 홋타 마사요시에게 대외 사무의 전권을 부여했으며, 나아
가 보에키토리시라베가카리貿易取調掛라는 관직을 만들어 관료 중의

31] 이하는 三谷博, 『明治維新とナショナリズム : 幕末の外交と政治變動』, 山川出版
社, 1997.
32] (역주) 에도시대에 조세의 출납이나 재정을 담당하던 관직.

유력자를 임명했다. 아베 마사히로는 정권에 오른 10여 년 간 줄곧 쇄국 유지를 기본정책으로 주장해왔고 페리 내항 이후 양이론자인 도쿠가와 나리아키와 공공연한 동맹관계를 맺은 책임자였기에, 이러한 정책 전환은 그에게 깊은 좌절감을 주었음에 틀림없다. 그러한 그가 가까스로 통상을 받아들일 수 있었던 것은 그의 또 다른 일면인 현실주의 때문일 것이다. 그는 기본 정책의 대전환을 위해서, 나리아키와 맹우 관계를 맺어온 자신보다는 '란베끼蘭癖'라고 불릴 정도의 적극적 개국론자인 홋타 마사요시에게 책임을 맡기는 쪽이 원활한 정책 수행이 가능하리라고 판단했던 듯하다.

한편, 이 해 7월 21일 미국 총영사 타운젠트 해리스Townsend Harris 가 시모다에 도착했다. 이후 나가사키에서의 통상조약 교섭과 해리스의 에도 출부出府[33] 문제가 서로 영향을 주면서 전개되어 갔다. 통설에는 이시이 다카시石井孝처럼, 막부의 통상 인정이나 세계 참여의 결단을 해리스와의 관계로 설명하는 경우가 많지만, 이는 적절하지 않다. 일본에 건너왔을 당시, 해리스는 영사의 자격으로 시모다에 머무는 것을 인정받을 수 있는가의 문제에 부딪혀 있었다. 막부는 일미조약의 한문판이 지닌 문제성을 인식하고 있으면서도, 오히려 영사 주재를 거부하려고 했던 것이다.[34] 일본은 결국 해리스의 부임을 인정하는 쪽으로 한 발 양보했다. 그러나 일본에게 있어 미국 영사인 해리스나 이보다 다소 늦게 나가사키에 도착한 영국 제독 시모아는 현행 조약 범위 안에서 최소한도의 권리에 머물도록 해야 할 상대에 불과했다. 해리스는 본국으로부터 영사 임무 이외에 조약 체결권을 부여받고, 필생의 대사업인 통상조약 체결을 위해 도일

33] (역주) 막부가 있는 에도로 가는 일을 일컬음.
34] 坂田 精一 譯, 『ハリス日本滯在記』 中, 岩波書店, 1953~1954, 26~54쪽.

渡日했다. 그럼에도 부임 초기에는 통상 요구를 명확히 밝히지 않은 채, 로쥬에게 직접 "중대 사건"을 알리기 위해 출부하고 싶다고만 설명했다. 그렇기에 시모다에서 해리스와 대담했던 다이쇼데츠케大小目付 이와세 다다나리岩瀬忠震와 시모다 부교奉行는 해리스가 통상 문제에 대해 영국의 동향에 따라 행동하려 한다고 추측했다. 어쨌든 이 시기 해리스가 표명한 당면 관심은 에도에 나가 쇼군을 알현하고 대통령의 국서를 봉정奉呈하는 것에 집중되어 있었다. 그는 시모다 부교과의 교섭이 난항에 빠지자, 9월 말 로쥬에게 직접, 에도에 출부하여 '중대사건'을 고하게 해달라고 요구하는 서한을 보냈다. 이에 대해 이와세 다다나리를 포함한 가이보가카리海防掛의 다이쇼데츠케는 즉시 찬성을 표하고, 미국을 시초로 모든 조약체결국의 주재 관리에게 출부를 허가하도록 주장했다. 그러나 로쥬는 이를 거부하고 해리스가 시모다 부교에게 보고를 행하도록 지시했고 이후에도 이 방침을 유지했다. 해리스의 끈질긴 출부 요구와 에도에 재부在府[35] 중이던 나가사키 부교와 하코다테 부교, 가이보가카리 다이쇼데츠케의 지지 아래, 로쥬는 다음 해인 1857년 정월 출부 수속 절차를 내조內調하도록 명하기도 했지만, 가이보가카리의 간죠부교, 간조김미야쿠, 효죠쇼이치자評定所一座[36]의 강한 반대에 부딪혀 그 실행이 보류되었다. (이러한 상황으로 인해) 일본의 통상문제에 해리스가 영향을 미칠 수 있는 여지는 거의 없었다. 일본의 통상 정책으로의 전환은 나가사키 일본 관리들의 문제제기와 네덜란드 해군 전습 중의 조사, 영국 관리 바우링의 내도來渡에 대한 정보로 촉발되고 전개

35] (역주) 에도시대에, 다이묘나 그 家臣이 에도에 나와서 근무하던 일.

36] (역주) 評定所란 에도 막부의 최고 審理裁判 기관으로, 쇼군과 로쥬의 자문기관 역할도 겸했다. 評定所의 주체는 寺社奉行, 町奉行, 勘定奉行의 세 奉行로, 이들을 통칭하여 評定所一座라고 한다.

된 것이다.

그런데 이즈음, 무역 취조를 시작한 에도 관리들은 적극론과 소극론으로 나뉘어 첨예한 의견 대립을 보였다. 이 경우에도 대립은 주로 가이보가카리의 다이쇼데츠케 대對 간죠부교 및 간조김미야쿠 사이에서 일어났다. 찬성파인 다이쇼데츠케 측은 이와세 다다나리와 오쿠보 다다히로大久保忠寬로 대표되었다. 이들은 나가사키 주재 관리들과 마찬가지로 적극적인 관점으로 통상을 통해 부국을 이뤄야 한다고 주장했다. 뿐만 아니라, 나가사키 주재 관리들이 생각하고 있던 와키니脇荷 무역의 확대를 넘어, 자유무역이나 출교역出交易의 방식까지 생각하는 사람도 있었다.[37] 반면 마츠다이라 지카나오松平近直, 가와지 도시아키라川路聖謨, 미즈노 다다노리水野忠德로 대표되는 간죠카타勘定方 쪽에서는, 통상이 주는 이익이 아니라 정치체제에 초래할 부작용에 착안하여 통상에 반대했다. 도쿠가와 초기와 같은 카리스마적 지도자가 없는 현재, 건물의 대들보를 교체하는 것과 같은 대개혁은 체제 붕괴를 앞당길 뿐이기에, 신하된 입장으로 체제 붕괴를 조금이라도 지연하는 정책을 취할 수밖에 없다는 것이다.[38] 또한 로쥬의 중요한 고려 대상이 되었던 것은 아니지만, 효죠쇼이치자처럼 서양의 대등 처우와 통상 용인 모두에 반대하는 집단도 존재했다. 로쥬인 홋타 마사요시는 다이쇼데츠케들과 의견을 같이 했지만, 평의評議가 분열되어 있었기 때문에 결정을 주저할 수밖에 없었다.

37] 石井孝, 『日本開國史』, 吉川弘文館, 1972, 178~182쪽.

38] 佐藤誠三郎, 『「死の跳躍」を超えて』, 都市出版社, 1997, 제4장.

4) 통상 결단과 해리스 출부出付의 병행

그러나 외적 환경의 변화가 이런 교착 상태를 해결해주었다. 1857
년(안세이 4년) 2월, 제2차 아편전쟁 발발에 대한 정보가 입수되면서,
교역 공인에 반대해왔던 가이보가카리 간죠부교와 간조김미야쿠의
입장이 소극적이나마 허용론으로 전환하게 되었다. 광둥에서 발발
한 영국과 청나라의 충돌에, 도일을 예고하고 있던 바우링과 지난
여름 일본을 방문했던 시모아가 관여하고 있다는 정보가 전해지면
서 위기감은 더욱 커졌다. 가츠테카타勝手方[39]는 2월 24일 홋타 마사
요시가 외국인 취급법 개정에 대해 자문을 구하자, 과거 외압이 절
박했을 때에 그러했듯 양보 쪽으로 기울면서 통상 반대파와 결별했
다. 이런 상황에서, 홋타 마사요시는 정부를 개국 통상으로 이끌기
위해 적극적으로 행동하겠다는 결의를 굳혔다. 그는 3월 말 통상 문
제에 연루된 관료들에게 다음과 같은 자문을 구하고 있다.[40]

1. 외국을 상대하는 기본 취지는 인국隣國과 교섭하는 도道로써 하는 것이
   가한가, 오랑캐를 처우하는 도로써 하는 것이 가한가. 이 큰 근본에 대
   해 관련된 사람들의 전망이 한결같지 않아서는, 취조取調에 임하매 제
   諸 사행事行이 어그러질 수 있으니, 토론하여 결정해 둘 일
1. 무역을 개방하는 의례는 영국의 동정動靜과 상관없이 우리나라에서 먼저
   발표하고 국내에도 입장을 밝혀 분부하는 것이 마땅한가 아닌가의 문제
1. 만약 위의 발상대로 이루어지면, 제국諸國이 반드시 바라는 바를 내놓
   을 터이니, 그 바람에 응하여 각각 분부를 내리는 편이 바람직한가. 또

39] (역주) 에도시대에 재정, 민정을 주관했던 職役의 범칭.
40] 『外國』 13~256호.

는 이쪽 편에서 먼저 포고하여 말해야 하는가의 문제.

1. 무역을 개방한 이상, 나라가 이익을 얻음은 물론이요 제후諸侯들도 마찬가지로 이익을 얻어, 여러 해 간의 피폐를 보전하도록 할 방도. 또 무역의 이권이 상인들의 수중에 떨어지지 않도록 할 방법에 관한 문제.
1. 무역 물품은 자연과 인조人造에 따라 그 가격의 많고 적음을 어떻게 정할 것인지와 제조, 취집 방법 등에 관한 문제.
1. 세 항구에 외국 상관商館을 세우는 것의 가불가 문제
1. 선초船鈔와 화세貨稅 등의 문제
1. 네덜란드와 통신을 체결하는 문제
1. 네덜란드 상관장商館長과 미국 관리의 출부出府를 허용할 것인가의 문제
1. 미국 관리가 보낸 3월 3일부 서한 중의 매 건件에 대한 답신 문제
1. 시모다항을 다른 항으로 교체하는 것의 가불가 문제
1. 러시아·영국·미국·네덜란드 4개국의 취급에 있어 경중을 어떻게 둘 것인가의 문제

　훗타 마사요시는 영국의 동정動靜과 무관하게 자주적으로 통상을 결정하고 그 방침을 사전에 국내에 포고하는 것은 어떠할지를 물으며, 네덜란드와의 통신 체결이나 러·영·미·란의 취급에 어떠한 경중을 둘 것인가에 대해서도 자문을 구하고 있다. 이에 대해, 가이보가카리 다이쇼데츠케는 즉석에서 찬성했지만, 가이보가카리의 간죠부교나 간조김미야쿠는 나가사키항 한 군데에서만 제한적인 무역을 실시하자는 신중론을 펼쳤다. 결국 훗타 마사요시는 타협책으로 4월 15일 간죠부교에서 미즈노 다다노리, 다이쇼데츠케에서 이와세 다다나리를 각각 선발하여 나가사키에 파견하고, 무역 방식을 조사하도록 시켰다. 실제로 일본과 무역을 해온 경험도 있으며 일본에 계속해서 우호적 태도를 보여왔던 네덜란드와 협의하여 실행 가능

한 통상 제도를 입안하고, 이를 모형으로 삼아 모든 통상 요구국과 조약을 체결하자는 시나리오였다. 한편 홋타 마사요시는 긴급사태에 대한 대비도 게을리하지 않고, 영국 사절과 협상할 때 부득이한 경우에는 조약을 체결해도 좋다는 권한까지 부여했다.

　다른 한편 홋타 마사요시는 해리스의 출부에 관해서는 소극적인 태도를 고수했다. 네덜란드와 미국 영사의 출부를 고려하지 않은 것은 아니나, 해리스가 시모다 부교에 대해 오만한 태도를 보였기 때문이었다. 그는 해리스의 거듭되는 요구와 다이쇼데츠케의 허용론에도 불구하고, 출부를 회피하면서 해리스에게 국서國書 교부와 '중대사건' 진술은 어디까지나 시모다 부교에게 행하도록 요구했다. 그 대신 그는 해리스가 도일 이래 요구해왔던 다른 사항들을 추가 조약으로 받아들였다. 5월 26일 의정議定의 일미협약이 바로 그것이다. 그 가운데는, 통화通貨의 동종동량同種同量 교환과 같이, 당초부터 문제점을 지적받았지만 해리스의 출부 요구를 완화시키기 위해 무리하여 허용한 조항도 있었다. 이 제도는 국내외의 화폐를 금화는 금화, 은화는 은화로, 같은 중량끼리 교환한다는 것이었다. 그러나 이는 화폐의 품위品位[41]뿐 아니라, 국내 금은의 가치 비율과 세계시장에서의 비율이 서로 다르다는 점을 무시한 것이어서, 실행될 경우 금의 대량 유실을 초래할 우려가 있었다. 이 문제를 숙지하고 있던 재정 당국자는 대책 마련에 부심했지만 실행하지 못했다.[42] 그러나 일본의 이러한 양보에도 불구하고, 해리스는 시모다 부교에 대한 국서 교부를 거부했다. 나아가 쇼군將軍에게 직접 봉정하는 것이 대통령의 명령이라는 주장을 새롭게 제기하며 출부를 요구하기 시작했

41] (역주) 금화, 은화에 포함된 금은의 비율.

42] 三上隆三, 『円の誕生』, 東洋經濟新報社, 1975 ; 山本有造, 『兩から円へ : 幕末治前期貨幣問題研究』, 1994.

다. 이에 대해 막부는 해리스의 출부를 가능한 지연시키면서, 나가사키에서의 조사가 완료되기를 기다린다는 방침이었다. 7월 초순 막부는 태도를 완화하여, 해리스가 '중대사건'의 내용을 미리 밝힌다면 출부를 인정하고 그 내용이 만약 통상 요구일 경우 18개월 이상의 기한을 두고 조약에 응하겠다고 회답했다. 그럼에도 해리스는 중대사건의 진술은 어디까지나 쇼군에 대한 국서 친정親呈이 인가된 후가 아니면 안 된다고 하면서, 한 발 양보하여 쇼군 대신 로쥬에게 국서를 봉정捧呈할 경우 중대사건 진술은 시모다에 돌아온 뒤로 미루겠다고 협박했다. 일본 측이 이를 받아들이지 않자, 해리스는 담판을 결렬시키겠다는 의향까지 내비쳤다. 그러나 바로 그 때 미국 군함이 1년 만에 시모다에 들어왔다. 이로써 해리스가 직접 에도에 갈 수 있는 수단을 얻게 되자, 막부는 결국 7월 23일, 해리스의 조건을 전면 수용하고 출부 일시도 확정했다. 해리스의 출부 결정 과정이 보여주는 것처럼, 홋타 마사요시는 어디까지나 스스로의 계획에 따라 통상을 개시하려고 의도했지만, 해리스의 완강한 요구와 절묘한 타이밍에 도래한 미군함 때문에 어쩔 수 없이 계획된 일정을 단념할 수밖에 없었다. 다만 개국 급진론을 취했던 다이쇼데츠케로서는 이 결정이 자신들이 견지해온 주장의 승리에 다름 아니었다. 6월 9일 아베 마사히로가 병사한 이후 마츠다이라 지카나오松平近直를 대표로 한 간죠카타는 세력을 잃었고, 도쿠가와 막부는 급진파인 다이쇼데츠케에 의해 개국통상 단행으로 돌진해 가게 되었다.

이와 같이 급진전된 정세는 나가사키의 무역 조사에도 영향을 미쳤다. 미즈노 다다노리와 이와세 다다나리는 네덜란드 상관장에게 의견을 타진한 결과, 일부 관리가 제안한 자유무역제도가 아니라 종래의 와키니脇荷 상법商法을 확장하는 점진책을 취하여 일단 나가사키와 하코다테에서 통상을 개시하는 것이 좋겠다는 견해를 얻었다. 그

런데 시모다 부교 이노우에 기요나오井上淸直가 그들의 무역 조사가
끝나기를 기다려 미국과의 조약 교섭에 들어가겠다고 전해왔기에,
미즈노 다다노리 등은 급히 네덜란드 상관장과 조약안 제작에 착수
했다. 그리하여 7월 10일, 기존의 화친조약에 통상 관련 항목을 추가
한 형태의 조약 완성안을 에도에 보내 로쥬의 승인을 청했다. 또 만
일 막부의 재가裁可가 이뤄지기 전에 영국 사절이 도착하여 에도로
가서 막부의 직재直裁를 청할 태세를 보인다면, 곧바로 네덜란드와
조약에 조인한 후 영국과도 같은 조약을 체결하겠다는 희망을 피력
했다. 그러나 이때 마침, 러시아의 푸챠친Путятин, Евфимий Васильевич,
Jevfimij Vasil'jevich Putjatin이 일본에 나타났다. 중국과의 교섭을 위해 극
동에 파견된 그는, 교섭이 순조롭지 않자 나가사키를 방문해본 참이
었다. 그런데 일본이 통상을 개시할 때는 러시아에게도 최초로 통상
권리를 부여한다는 약속이 있었기에, 미즈노 다다노리 등은 앞서 언
급한 계획에 따라, 8월 29일에 네덜란드, 9월 7일에 러시아와 각기
통상을 규정하는 추가 조약에 조인했다. 미즈노 다다노리 등의 통상
조약안에 대한 로쥬의 지령指令이 도착한 것은 그 뒤였지만, 그 지령
은 에도의 관료들이 (통상 반대파인) 효죠쇼이치자를 물리치고 미즈노
다다노리와 이와세 다다나리의 제안을 받아들였으며 해리스와의 조
약도 이에 준거하겠다는 것이었다.

2. 통신·통상 조약을 향한 비약

1) 해리스와의 조약 교섭

막부의 당초 의도에 따르면, 해리스의 출부는 서양 여러 나라와

의 '통신' 관계가 성립했음을 공시公示하기 위한 의식이었다. '통상'에
관해서는 해리스의 출부와는 별도로, 일란·일로 추가 조약 체결을
공표하면서 교역 개시를 포고할 방침이었다. 해리스와의 통상조약
교섭은 그가 시모다에 돌아온 후 개시할 예정이었다. 그러나 10월
중순에 해리스가 출부하여 쇼군 알현과 국서 봉정을 무사히 마치자,
막부의 방침에 변화가 생겼다. 해리스가 에도에서 로쥬인 홋타 마
사요시에게 '중대사건'을 진술하도록 허가하고, 그를 계속 막부에
머물게 하여 12월 초순 즉시 조약 체결 교섭에 들어가기로 한 것이
다. 그 때 막부가 예정하고 있던 바는, 일란·일로조약과 같은 방식
으로 통상 규정을 정하고, 시모다 대신에 요코하마를 개항한 후 해
리스의 희망을 받아들여 새롭게 공사公使의 주차駐箚[43]를 인정하자는
것이었다. 통상뿐 아니라 통신 개시까지 범위가 확대된 것이다. 이
에 대해 해리스는 외교관의 상호 교환과 수도 주재, 오사카·교토·
에도를 포함한 6개 항구 및 도시의 개방, 국내 여행권, 자유무역 등
을 내용으로 한 조약 및 무역 장정章程 초안을 제출했다. 해리스의
초안은 일본 쪽의 안과 방향은 같았지만, 국내 개방의 범위가 훨씬
넓었다. 협상 초기에 일본의 두 전권대사인 이노우에 기요나오와
이와세 다다나리는 미국의 제안이 국내 인심에 부합하지 않음을 강
조하면서 점진주의의 필요성을 호소했지만, 해리스는 그의 초안을
수용하는 것만이 서양 제국과의 전쟁을 피하고 일본의 부강을 약속
하는 길이라며 받아들이지 않았다. 이렇듯 해리스가 일란·일로 조
약안에 따르는 것을 거부하면서, 담판은 그의 요구와 일본 측의 저
항이라는 형태로 진행되어 갔다. 우선 공사의 에도 주재가 결정되
고 다음으로 에도의 개시開市와 자유무역이 승인되었으며, 나아가

43] (역주) 관리가 외교 대표로 외국에 직무상 駐在하는 것.

오사카·요코하마 및 기타 4개 소소(所)의 개항이 결정되었다. 그 사이에 해리스가 양보한 것은 교토의 개시(開市) 및 공사와 총영사를 제외한 일반 미국인의 국내 자유여행권뿐이었다. 반면 일본 측 제안 중 살아남은 것은 비준서를 워싱턴에서 교환한다는 조항밖에 없었다. 이는 교섭 초기 일본이 예상하지 못했던 전개였다. 한편으로는 이와세 다다나리 등 개국급진론자들의 포부가 많은 점에서 해리스의 주장과 합치하고 있었기에 이러한 의외의 결과가 생긴 것은 아닐까고 생각된다. 그러나 의문은 여전히 남는다. 일본측 전권(全權)은 교토와 그 주변의 개방이 막부 내외에서 금기시되고 있음을 잘 알고 있었다. 이와세 다다나리 자신도 11월에 제작한 의견서에서, 교토는 물론 그 외항(外港)에 해당하는 오사카의 개시도 허용하면 안 된다고 쓰고 있다. 교토는 옛날부터 외부의 침공에 약하기에, 오사카를 개항하면 만일의 경우 조정(朝廷)을 화살이 쏟아지는 전장에 세우는 것과 같아 그 대의로 보아 적절치 않다는 것이다. 그랬던 그들이 저항 끝에 어쩔 수 없었다고는 해도, 오사카와 요코하마의 개시와 개항을 허용한 것은 쉽게 해석되지 않는 점이 있다.

에도에서 해리스와의 교섭에 돌입하기 전후로, 막부는 다이묘(大名)에게 대외 제도의 대변혁 방침을 공표하고 그에 대한 자문을 구했지만, 다이묘 사이에서는 교토 근방을 개방하면 안 된다는 입장이 적지 않았다. 그래서 주지하는 바와 같이, 조정은 이 '가조약(假條約)'에 대한 칙허(勅許)를 요청받았을 때 삼가(三家)[44] 이하 여러 다이묘의 의견을 헤아릴 수밖에 없다는 식으로 거절의 의향을 표시했다. 완곡한 거부는 나중에 노골적인 거절과 저항으로 변했지만, 그래도 타협의 여지는 남아 있었다. 그 때 타협에 장애가 된 것이 이 교토 근방의

44] (역주) 도쿠가와 씨족 중에서 도쿠가와 將軍家 다음의 지위를 지닌 3개의 가문으로 尾張德川家, 紀州德川家, 水戸德川家를 통칭함.

개항·개시였다. 그렇다면 홋타 마사요시 등은 왜 해리스에게 이와
같은 양보를 하면서까지 사상 유례가 없는 칙허를 주청했던 것일까.
설령 기내畿內와 근국近國[45]을 개방하려 해도, 천황의 의향을 묻지 않
는 한 조정은 이를 마지못해 받아들이게 될 터이다. 확고한 거부 의
사를 갖고 있던 고메이孝明 천황이라고 해도, 종래의 틀 내에서는 유
효한 저항 수단이 없었다. 이제 와서 생각해 보아야 별 수 없지만,
막부가 어째서 이러한 모순적 결정을 하게 되었는지는 의아하지 않
을 수 없다. 지금에 와서는 이와세 다다나리와 이노우에 기요나오
그리고 그 배후에 있던 홋타 마사요시의 생각을 알 도리가 없다. 다
만 그들이 남긴 사료를 통해 그들 자신이 역사의 획기적인 시기에
결정적 전환을 담당하고 있다는 패기와 포부, 열정만은 확실히 전달
된다.

2) 일미수호통상조약

1857년(안세이 4년) 말에 타결된 일미 '가假조약'은 천황의 반대를
무릅쓰고, 1858년 6월 19일 조인되었다. 본문과 무역장정으로 이뤄
졌으며, 그 주된 내용은 다음과 같았다.[46]

제1조
향후, 일본 다이쿤大君[47]과 아메리카합중국은 세세世世토록 친목해야
한다.
일본 정부는 워싱톤에 거류하며 정치를 맡을 관리를 임명하고, 또 합

45] (역주) 畿內는 수도인 에도 부근, 近國은 교토 부근을 뜻함.
46] 『外國』20~194호.
47] (역주) 에도시대에 외국에 대하여 쓰던 將軍의 별칭.

중국 각 항구 안에 거류하는 제諸 취체取締 관리 및 무역을 처리하는 관리를 임명해야 한다. 정치를 위임받은 관리 및 취체 관리의 우두머리는 합중국에 도착한 날부터 부내部內를 여행할 수 있다.

합중국 대통령은 에도에 거류할 외교관diplomatic agent[48]을 임명하고, 또 차 약정서에 기재한, 미국 인민을 위해 열릴 일본 각 항구 내에 거류할 영사consular 또는 영사대리인consular agent 등을 임명해야 한다. 일본에 거류할 외교관과 총영사는 직무를 행할 때부터 일본국 부내를 여행할 수 있다.

제2조

만약 일본 정부와 유럽의 어떤 나라 간에 문제가 생기면, 합중국 대통령은 일본 정부의 촉탁에 응하여 화친의 중재자가 되어야 한다.

합중국의 군함은 대양에서 마주친 일본 배에 공평한 우호 친목의 배려가 있어야 한다. 또 미국 영사가 거류하는 항구에 일본배가 들어오는 일이 있다면, 그 각국의 규정에 따라 우호 친목의 배려가 있어야 한다.

제3조

시모다, 하코다테 이외에 다음의 장소를 다음과 같은 기한까지 개항해야 한다.

가나가와神奈川　3월부터 15개월 후, 서양 기원紀元 1858년 7월 4일
나가사키長崎　위와 같음
니가타新潟　3월부터 20개월 후, 1860년 1월 1일
요코하마兵庫　3월부터 56개월 후, 1863년 1월 1일

만약 니가타 항을 열기 어려울 경우에는, 그 대신 니가타 주변의 1개

48] (역주) 미국의 관직명은 원문에서 영어 발음을 가타카나로 기재했지만, 가독성을 위해 적절한 번역어로 옮기고 영어 원문을 병기했다.

항구를 별도로 선택한다.

가나가와 항을 연 후 6개월이 지나면 시모다항을 폐쇄한다. 이 조약 안에 기재된 각 지역에서 미국인에게 거류를 허가한다. 거류자는 토지 한 군데를 값을 치르고 빌리고, 또 이곳에 건물이 있다면 이를 살 수 있으며, 또 주택 창고를 세우는 것도 허가되지만, 이를 빙자해 요해要害의 장소를 취하여 건물을 짓는 것은 결코 행해서는 안된다. (…후략…)

미국인이 건물을 임대할 수 있는 1개 장소 및 매 항구의 정칙定則은 각 항 관리와 미국 영사가 의논하여 정한다. (…중략…) 그 거류지 주위에 담장을 설치하지 않고 출입이 자유로워야 한다.

에도   3월부터 44개월 후 1862년 1월 1일
오사카   3월부터 56개월 후 1863년 1월 1일

이상 2개 소所는 미국인이 오직 상매商買를 위해서만 머물 수 있다. 이 양소兩所에서 미국인이 값을 치르고 건물을 빌릴 장소 및 산보散步의 허용에 대한 규정은, 추후 일본 관리와 미국 외교관이 담판談判한다.

양국 국인國人이 물품을 매매하는 데는 어떠한 장애도 없어야 하며, 그 지불 방식 등에 대해서는 일본 관리가 이에 입회하지 않아야 한다. 또 일본인이 미국인과 물품을 매매하거나 또 미국인에게 구매한 물품을 소지하는 데 어떤 방해도 없어야 한다.

제반 군용軍用 물품은 일본 관청 이외의 곳에서 살 수 없다. 특히 외국인 상호간의 취인取引은 서로 상관해서는 안된다. 이 조문은 조약 본서本書의 교환이 끝난 후 일본 국내에 널리 포고한다.

일본에 주재하는 미국인 및 미국 배의 선원, 선객에게 필요한 식료食料를 위해 쌀과 보리를 마련해주되, 이를 배에 선적하여 수출하는 것은 허용되지 않는다.

일본산産 구리銅는 여분이 있을 시 일본 관청에서 때때로 행하는 공식 입찰을 통해 구매한다.

일본에 거류하는 미국인은 일본 천민賤民을 고용하고 또 제반 용무에 충당할 수 있다.

제4조

일본 땅에서의 전체 수입 및 수출 품목은 별책別冊을 통해 밝히고 일본 관청에 세금을 납부해야 한다.

(…중략…)

아편의 수입은 엄금한다. 만약 미국 상선商船이 3근 이상의 아편을 갖고 오면, 그 이상에 해당하는 물품은 일본 관리가 취取하도록 한다.

제5조

외국의 제반 화폐는 일본 화폐와 같은 종류, 같은 양으로써 통용해야 한다.

쌍방의 국인國人이 서로 물건 가격을 보상할 때 일본과 외국의 화폐를 자유롭게 사용할 수 있다.

일본인이 외국 화폐에 익숙하지 않으면, 개항 후 1년 간 각 항구의 관청에서 일본 화폐로 거래하고, 미국인은 그 대금을 인체引替[49]해가야 한다. 향후 화폐의 주체鑄替를 위해 (금은) 비율을 내기에 미흡한 일본의 제반 화폐는(동전銅錢을 제외) 수출할 수 있다. 아울러 외국의 금은은 화폐로 주조한 것이나 주조하지 않은 것이나 모두 수출할 수 있다.

49] (역주) 물건 대금으로 받은 일본 화폐를 미국 화폐로 환전하는 것.

제6조

일본인에 대해 범법을 행한 미국인은, 미국 영사재판소에서 심리한 후 미국 법도에 따라 처벌해야 한다. 미국인에 대해 범법을 행한 일본인은 일본 관리가 규명한 후 일본 법도에 따라 처벌한다. 일본 부교쇼奉行所와 미국 영사재판소는 쌍방의 상인이 지불을 이행하지 않을 때에는 이를 공적으로 취급해야 한다.

양국의 관리는 쌍방의 상민이 거래하는 일에 대해 상관하지 말아야 한다.

제7조

(개항장에서의 산보 범위, 거류권 상실에 관한 규정)

제8조

일본에 있는 미국인이 자기 나라의 종교를 믿고 거류장 내에 예배당을 설치하는 것을 막아서는 안 되며, 아울러 그 건물을 파괴하거나 미국인 스스로 종교를 믿는 것을 방해함이 없어야 한다. 미국인은 일본인의 당궁堂宮을 훼상毁傷하지 말아야 하며, 또 결코 일본 신불神佛 예배를 방해하거나 신상神像을 훼손하는 일이 없어야 한다.

또 쌍방의 인민은 서로 종지宗旨에 대해 논쟁하지 말아야 한다. 일본 나가사키 관청에서 실행되던 답회踏絵[50]는 이미 폐지했다.

제9조

(미국의 도망자, 범죄자의 체포, 유치에 관한 일본 측의 협력 규정)

50] (역주) 에도시대에 기독교 탄압의 일환으로 신자들로 하여금 예수의 초상을 밟고 지나가게 강제한 일.

제10조

일본 정부는 합중국에서 군함, 증기선, 상선, 포경선, 대포, 군용기軍用器 및 병기兵器, 기타 필요한 제반 물품을 구매 및 제작 주문하거나, 혹은 그 나라의 학자, 해륙군법 전문가, 제반 과학의 직인職人, 선원 등을 뜻대로 고용할 수 있어야 한다.

합중국에서는 일본 정부가 주문하는 제반 물품이나 고용 미국인을 차질 없이 수송해야 한다. 만일 합중국의 친우국과 일본 사이에 전쟁이 있을 때는 군에서 금지하는 물품을 합중국에서 (일본의 전쟁 상대국에) 수출해서는 안 된다. 또 군사軍事를 취급하는 사람들을 (일본의 전쟁 상대국에) 파견해서는 안된다.

제11조

이 조약에 첨가할 상법商法의 별책別冊은 본서와 마찬가지로 쌍방의 신민이 서로 존수尊守해야 한다.

제12조

(화친조약 중 모순조항의 정지, 전년도 추가 조약의 폐지)

제13조

(171개월 후, 즉 1872년 7월 4일 이후 조약 개정 가능)

제14조

(내년 6월 5일, 즉 1859년 7월 4일부터 효력 발생. 워싱턴에서 비준서 교환)

(비준서 교환, 사용언어를 일본어, 영어, 네덜란드어로 규정)

이노우에 시나노井上信濃 수守
이와세 히고岩瀬肥後 수守

이 조약의 말미에 일본 측은 '다이쿤'과 '고관高官'의 서명으로 압인하고, 미국 측은 대통령과 국무장관의 서명으로 압인함으로써 비준, 교환하도록 규정되어 있다. 나아가 조약을 3개 국어로 제작하고 네덜란드어판을 증거로 삼도록 규정했다. 이렇듯 통상조약은 화친조약 당시의 불균형과 애매함을 시정하고 형식을 정돈했다. 특히 다이쿤의 서명은 서양 국가와의 관계에서 새롭게 시도된 예법으로서, 양국이 완전히 대등 관계의 형식을 취했음을 보여준다. 이는 서양을 조선과 동일하게 대우하기 시작한 것으로 해석되지만, 그와 동시에 일본이 서양 국제법 세계에 본격적인 참가를 결의한 것이라고 해석할 수 있다.

내용면에서는 무엇보다 이 조약이 통상뿐 아니라 통신, 즉 국교國交까지 결정했다는 점이 중요하다. 세계에는 국교 없이 통상 관계만을 가진 경우도 적지 않았는데, 근세 일본이 대청大淸과 맺은 관계는 그 좋은 사례. 이에 비해 1858년 일본 정부는 국교 없는 통상 관계를 명확히 부정하고, 서양 제국과 항상적인 외교 및 통상 관계에 들어갈 것을 결의했던 것이다. 외교 대표를 서로 상대국 수도에 주재시키고, 이에 앞서 일본 측이 미국에 건너가 비준서 교환을 행하겠다는 결정이 이를 잘 보여준다. 이러한 결정은 해외 정세를 직접 시찰하겠다는 당면 목표에 따른 것인데, 정부 관리로 한정되었다고는 해도 일본인의 해외 도항이 처음으로 공인되었다는 점에서 주목할 만하다. 통상에 관해서는 일란·일로 추가조약이 나가사키 가이쇼 무역 중 와키니脇荷 무역을 확대한 것인 데 비해, 이번에는 자유무역을 결정했다. 다만 상인들끼리의 상대相對 무역이 기본이라고는 해도, 실제로는 통화 교환이나 과세의 필요에 따라 정부가 개입하여 확실한 규제를 가하고 있었다. 통상 면에서 또 하나 중요한 점은 일본인의 출교역出交易에 충분한 배려를 하지 않았다는 점이다. 가이보가카리海防掛 다이쇼데츠케는 통상 인정으로 정책을 전환하는 과정에서 일본인이 해외에 건너가 통상하는 출교역도 고려했지만, 조약문에서는 이를 충분히 반영하지 못했다. 제 2조에서 해외 도항渡航 중인 일본 배를 미국이 원조하도록 규정하고 있지만, 미국인과 일본인의 분쟁에 대해서는 일본 영토에서의 영사재판에 대해서만 규정하고 있을 뿐이었다. 일로 화친조약에서와 같이, 상대국 영토인 미국령에서의 일본 영사재판권은 규정하고 있지 않은 것이다. 이런 점들로 미루어 보아, 당시 일본 측 전권全權은 관선官船의 해외 도항은 고려했지만 일반인의 해외 도항은 거의 상정하고 있지 않았던 것으로 보인다.

3) 5개국 조약

일미조약은 다른 서양 제국과의 조약에 전범으로 사용되었다.[51] 해리스의 조약 교섭이 타결된 후 에도에 들어온 네덜란드의 크루티우스는 교섭 초기 별도의 조약문을 염두에 두고 있었지만, 결국은 보다 개방적인 일미조약을 기초로 삼게 되었다. 이 새로운 일란조약은 크루티우스 은퇴 이후인 7월 10일에 조인되었고, 전년도의 추가조약은 폐기되었다. 다른 한편, 일본이 통상 허용 방침으로 전환했다는 정보는 서양 주요국들을 에도로 끌어들였다. 그 첫 주자는 다시 러시아의 푸차친이었다. 그는 에도에 들어와 로쥬를 대면한

51] 이하는 石井孝, 앞의 책 참고.

후 7월 11일에 신조약을 체결했다. 화친조약 중 신조약과 모순이 없는 부분은 유지되었지만, 추가조약은 폐지되었다. 다음으로는 영국 사절 엘긴8th Earl of Elgin(본명은 James Bruce)이었다. 그는 푸차친보다 먼저 에도에 도착했지만, 로쥬와의 회견이나 교섭은 뒤로 미뤄 7월 18일에 조약을 체결했다. 엘긴은 영국 국왕의 증정물로 증기 관광선 엠페라 호(나중에 반류우蟠竜로 개명)를 선사했지만, 이에 대한 일본 측의 대응이 꼭 호의적인 것은 아니었던 듯하다. 엘긴은 원래 전월前月 말에 체결된 영청英淸 간의 텐진天津조약에 준거하여 일영조약을 체결하려는 의향이었다. 그러나 먼저 해리스와 상담한 결과, 일미조약과 거의 동일한 내용으로 조약 체결을 마치게 되었다. 이 해에 가장 마지막으로 방문한 것은, 크림전쟁에서 영국과 동맹국이었던 프랑스 전권대사 그로 남작Baron Gros이었다. 그는 일영조약과 거의 흡사한 내용의 조약을 9월 3일 조인했다.

이들 이른바 안세이 5개국 조약에는 미묘한 차이점들이 있다. 그 중에서 주목해야 할 점을 두 가지 지적해 두고자 한다. 첫 번째는 관세율이다. 일미조약은 특정 품목을 빼고는 일본의 수입에 대해서 20%, 수출에 대해서 5%로 관세를 정했다. 이는 해리스가 전적으로 일본시장에서 상품을 구입해가는 것만 중시하고, 일본에 미국 생산품을 사들이는 것은 소홀히 하고 있었다는 점을 보여준다. 이에 비해, 일영조약은 일본에서 영국의 면제품과 양모제품을 수입할 때의 세율을 20%에서 5%로 끌어내렸다. 영국은 일본의 영국산 섬유 제품 매입을 중시했지만, 미국은 일본을 공업제품 수출시장으로 보고 있지 않았던 것이다. 종래의 연구에서는 일본을 향한 '개국' 요구가 산업혁명 후의 수출 시장 확보를 위해서였다고 누차 해석되어 왔지만, 이러한 해석은 영국 이외의 경우에는 타당하지 않다. 산업혁명과의 관계를 고려한다면 오히려 증기선이나 철도의 발달, 이를 매개로 한 세계적 통상망의 발전 그리고 군대의 원거리 투입력 상승에 주목해야 할 것이다.

두 번째로는, 오로지 일미조약에서만 일본과 유럽과의 분쟁시 미국이 중재한다라든가(제2조), 군함·무기·구입이나 인재人材의 고용을 인정(제10조)하는 규정이 있다는 점이다. 후자는 원래 조약에서 정할 것은 아니고, 자유무역체제 아래에서는 상대국이 적이 아닌 이상 당연히 가능한 것이다. 또 중재에 관해서도 군사동맹과는 신중하게 구별되는 것으로서, 해리스 자신이 술회하고 있듯, 일본 측이 국제 관행에 무지하기에 붙여 놓은 무의미한 규정이라고 말할 수 있을지도 모른다.[52] 그러나 여기에는 문면文面 상의 의무와 권리를 넘어선 의미가 있다. 당시 일본은 혼자서 서양 여러 나라의 압력에 대처해가야 했다. 근린 제국과는 극히 소원하고, 조선통신사는 1811년(분카文化 8) 이래 중단되었으며, 대청과는 국교를 맺지 않았다. 이웃에 제휴나 동맹을 맺을 나라가 없는 이상, 서양 여러 나라에 대항하기 위해서는 '적으로써 적을 억누르는以夷制夷' 수밖에 없었다. 사실 그 후의 외교를 보면, 영국과 프랑스를 가상 적국으로 삼고 미국·네덜란드·러시아를 우방으로 삼으려고 한 흔적이 보인다. 영국과 프랑스는 크림전쟁에서 동맹국으로서 러시아와 싸웠고, 때마침 진행 중이던 제2차 아편전쟁에서도 동맹을 맺어 대청을 침공하고 있었다. 일본에 도래한 사절의 태도도 러시아와는 달리 고압적이었다. 이 때문에 일본 정부는 새로이 미국공사로 승격되어 주재 중이던 해리스를 후대하여 영국공사와 차별대우하는 한편, 근세기 내내 우호국이었던 네덜란드와의 관계도 한층 두텁게 하고자 도모했다. 프란츠 폰 지볼트 Philipp Franz von Siebold의 추방령을 풀어주고 자식과 함께 외교고문 자

52] 石井孝, 앞의 책, 352쪽.

격으로 초빙한 것도 그러한 모색의 일환이었다.[53] 강국을 분열시켜 제어하는 정책은 약소국이 흔히 취할 수 있는 방식으로, '개국'을 향해 도약하고 있던 당시의 일본도 예외는 아니었다. 다만 영국을 적대시하는 정책이 오래 지속되지는 않았다. 러시아 함대의 대마도 점령사건으로 러시아에 대한 신뢰가 일거에 소멸되었고, 해리스의 은퇴와 남북전쟁으로 미국에 의존하는 것도 불가능해졌기 때문이다. 더구나 사쿠라다몬가이의 변桜田門外の変[54] 이후, 국내의 조약 반대론을 피하기 위해 양항兩港과 양도兩都의 개항 및 개시를 연기할 필요가 생겨 영국과의 절충이 불가피해졌다. 영국 초대 공사 알콕Sir Rutherford Alcock은 중국을 제외한 세계 곳곳에서와는 달리 일본에서 영국 외교단의 지도력이 잘 통하지 않는 것을 고민하던 차였기에 제2차 아편전쟁에 대한 전략 물자 공급을 대가로 조약 축소 제안을 받아들였고, 이를 통해 일본에서 외교상 우위를 획득하고자 했다.

譯 : 윤영실(인하대 한국학연구소 연구교수)

53] Donker Curtius, 앞의 책, 172쪽 ; A. シーボルト, 斎藤信 譯, 『シーボルト最後の日本旅行』, 平凡社, 1981.

54] (역주) 1860년 3월 24일 江戶城 桜田門 밖에서 水戶藩의 떠돌이 무사들이 大老 井伊直弼의 행렬을 습격하여 암살한 사건.

동아시아에서 자유무역 원칙의 침투

가고타니 나오토

1. 19세기 유럽 '100년의 평화'와 자유무역원칙의 동점

지금껏 동아시아의 19세기에 대해 논의되어 온 것은 유럽의 근대적 제국주의에 의한 '자유무역'원칙의 강제와 그에 대한 대응이라는 측면이었다. 그 중에서도 정치사적으로는 인도 대반란(1857), 아편전쟁(1840~1842, 1856~1860), 일본의 개국(1859) 그리고 메이지유신明治維新(1868) 등등, 충돌과 단절의 측면이 강조되어 왔다. 같은 시기 유럽 19세기는 "전쟁 없이 지낸 건 겨우 18개월"[1]이라고 할 정도였다. 본 논문에서는 정치적인 '동東의 충돌'과 '서西의 평화'의 차이를 염두에 두면서, 자유무역원칙의 동점東漸이 아시아에 투척한 19세기의 글로벌 거버넌스global governance를 논의해 보고 싶다.

유럽에서의 충돌이 '국지화局地化'된 배경에는 '기업정신 넘치는 은

---

* 籠谷直人. 교토대학 인문과학연구소 교수.

1] C. ポランニー, 『大転換―市場經濟の形成と崩壊』, 東洋經濟新聞社, 1975, 제1장.

행가들에 의해 입헌제가 폭군에게 떠맡겨졌다'는 사실이 있다. 금융가의 동기는 '이익'이었고 열강들 사이의 충돌이 그들의 '화폐적 기초를 손상시키면 자신들의 비즈니스가 손해를 보게' 되므로, 그런 손실을 사전에 피하는 것이 19세기의 광역문제가 되었다. 그리고 '평화를 유지하기 위한 조건'이 각국에 의한 '입헌제·금본위제金本位制·자유무역체제'의 채용이었다. 결론을 미리 말하자면, 19세기 아시아의 정치적 단절과 혼란은 유럽의 주권국가 간 시스템이 만들어낸 '입헌제 금본위제 자유무역'이라는 국제표준을 아시아에 제시하면서 벌어진 마찰이었다.

입헌제는 정부의 행동을 재정예산에 반영하게 만들었다. 그리고 통화의 대외가치는 그 나라의 예산평가와 깊은 관계가 있었기 때문에 많은 주권국가는 자유통화에 환율시세를 주의 깊게 지켜보며 재정예산의 건전성을 중시했다. 따라서 주도적인 주권국가가 금본위제를 채용하면 그 예산의 신중함과 통화가치의 안전이 '강력한 행동준칙'이 되었다. 그리고 금본위제로의 이행은 '국가질서에의 충성을 상징하는' 행위였고 '많은 소국들은 City of London[2]의 목소리를 전하는 매체'였다. 더욱이 국제금융의 중심인 런던은 거기서의 무역결제를 늘리는 '재화는 방해와 특혜 없이 나라에서 나라로 자유롭게 이동해야 마땅한 것', 즉 '자유무역'을 세계지역에 행동규범으로 요구했다. 입헌제 금본위제 자유무역제도는 19세기 유럽이 고안해낸 '평화'구축의 표준화였고, 일국의 자세에 있어서는 '예산과 군비, 외국무역과 원료공급, 국가적 독립과 주권'이 통화신용을 유지하는 기준이 되었던 것이다.[3]

2] (역주) 런던 금융가.
3] C. ポランニー, 앞의 책, 제1장.

　그러나 주권국가간 시스템이 없었던 18세기 이후의 동아시아에 있어서 급격하게 '예산과 군비, 외국무역과 원료제공, 국가적 독립과 주권'이라는 세 가지 시스템이 적용되기는 곤란했다. 오히려 '외국무역과 원료제공'은 관세자주권의 박탈과 제1차 산물 제공국화提供國化 같은 주권침해의 문제로 이어졌고, '국가적 독립과 주권'은 영사재판권의 철폐와 관세자주권의 회복이라는 문제를 안고 있었다. 그리고 '예산'에 있어서도 공채와 외채의 발행에는 신중했다.

　그러나 근대일본은 1890년대를 넘기지 않고 이 세 가지 시스템의 수용을 마쳤다. 1890년 입헌제에 기초한 의회를 개최했고 1897년 금본위제로 이행했다. 그리고 토지개혁을 통한 지세에서 재정수입을 획득하고, 관세를 올리지 않는 자유무역원칙을 받아들였다. 또 구미가 원하는 석탄, 동, 생사 같은 제1차 산물을 수출했다. 영국령 인도에서도 식민지라는 환경 하에서 재정예산화 금본위제 자유무역 원칙은 강제성을 띠고 수용되었다.

　일본과 인도와는 대조적으로 중국은 입헌제를 통해 공권력을 상대화하는 일이 드물었고, 또 1935년까지 은화銀貨권역에 머물고 있었다. 주요 항구도시에 조계租界가 오랜 기간 존속한 것도 조계 내 자유가 한정되어 있었음을 의미했다. 중국이 19세기의 세계표준화에 대응하는 자세를 명확하게 보이지 않았던 이유는, 주권국가간 경쟁의 연장에 있는 제국주의와는 전혀 달리 스스로가 '중심'임을 강하게 의식해온 제국이었기 때문이다. 정치적 권위의 중심이 명확한 구舊제국은 도전을 시도하는 경쟁자가 대두해도 '주변분쟁'으로 간주했다. 아편전쟁은 그 전형이었다. 홍콩이 할양된 것도 주변분쟁의 결말이고, 중심의 권위를 상대화하는 것은 아니라고 인식되었다. 의회와 재판소 등 재정裁定의 외부화는 그 중심성을 위협하는 일이 되므로 정치적 경로로서 선택되는 일은 없었다.

2. 청나라 제국의 경제

1) 정치적 중심을 가지는 제국과 중상주의의 부재

근대자본주의의 형성에는 주권국가간 시스템이 제공한 제도와 기관에 의해 시장의 안전성이 도입될 필요가 있었다. 유럽에서는 공권력간의 경쟁 속에 군사력과 그것을 지탱하는 재원을 찾아 징세와 채권발행을 시도하고 공권력은 상인들이라는 경제주체에 대해 과세와 차입 등의 부담을 끼쳤다. 그리고 경제주체들도 이 공권력으로부터 도피하지 않고 그 '횡포'를 제어하는 자세를 갖췄다. 공권력이 과중한 세금과 빚떼어먹기 등으로 사람들에게 견디기 어려운 부담을 주면 시장질서가 크게 후퇴하므로 왕권을 상대화하여 재산권을 보장하는 일이 중요해졌다. 권력에 대치하는 입장에 있던 상인은 의회 등을 통해 소유권의 보호, 불법행위와 손해배상, 계약이행의 룰을 만듦으로써 시장질서를 유지하려 했다. 그리고 권력도 그것들을 준수할 것을 배웠다. 시장을 완전한 상태에 근접시키려는 재판소, 거래소 그리고 이데올로기 등이 재정裁定의 외부화와 더불어 쌍방에 있어서도 범하기 어려운 '공공재'가 되어 시장 인프라를 형성한 것이다. 시장을 완전에 근접시키려 하는 행동규범이 공권력과 상인 쌍방으로부터 만들어져 시장 인프라를 형성되었고, 그럼으로써 경제주체에 있어서 이익예측의 '계산가능성'[4]을 높여 장기의 산업투자와 공업화가 실현된 것이다.

그러나 근세 아시아에서는 이런 시장질서를 제공하는 '공공재'가 공권력과 상인과의 사이에서 창출되지 않았다. 오히려 상인은 공권

4] M. ウェーバー, 『支配の社会学』I, 創文社, 1960, 78쪽.

력의 '횡포'에 대해 도피적이었다. 그러나 아시아의 농업제국은 정치의 중심을 가진 반면, 주권국가간 경쟁이 전제된 "중상주의와는 본질적으로 분위기를 달리 하고"[5] 있었다는 점에 유의하고 싶다. 주권국가간 시스템은 강국의 등장을 허용해도 시스템으로서의 중심성이 약했기 때문에 다양한 경쟁원리를 정치적으로 표현하고, 확장할 수 있는 영토의 획정을 우선했다. 한편, 농업제국은 그 중심으로부터 시도하는 '의례, 직분, 징세'를 통해 자원을 조달하고 재분배하면서 광역질서를 형성했다. 그 경제는 종래 상정되어온 것 이상으로 개방성을 가지고 있었는데, 그 중에서도 18세기의 청조는 조공이 기동할 때 생기는 의례비용을 절감하려는 '유연한' 시스템을 보유하고 있었다. 사람의 이동, 교역, 집단형성 등에서 제도적인 규제를 별로 가하지 않는 유연성을 가지고 있었다는 뜻이다. 요컨대 농업제국은 그 영향권을 넓히려는 의도를 가지면서도 유럽해양제국의 중상주의와는 무연했고, 오히려 다양한 상업집단의 참여를 허용하는 개방성을 갖추고 있었던 것이다.

2) 조공朝貢의 의례비용

청조가 취한 '광둥廣東시스템(1757~1842)'은 대對서유럽무역을 광저우廣州 한 곳으로 일원화시킨 것이었다. 이는 '국방'상의 과제로 "불량한 무리들이 국정을 누설하고 외부 오랑캐를 유도하는 것을 우려"[6]했기에 실시되었다고 설명되어왔다. 육지의 정권이 해상의 안전보장을 중시하는 것이었다. 그러나 근년의 청조사淸朝史연구는 이

5] M. ウェーバー, 앞의 책, 245쪽.
6] 成田節男, 『增補 華僑史』, 螢雪書院, 1942, 125~126쪽.

시스템을 전통적인 '조공'이 아니라 오히려 '호시互市'로 재검토하고
있다. 1790년대 말 영국 대사 매카트니의 대청對淸(건륭제乾隆帝)교섭은
그가 중국의 조공의례에 휘둘린 에피소드로 유명했다. 그러나 청조
의 대외정책은 조공 같은 구심력 강한, 그리고 의례비용이 드는 것
이 아니라 오히려 원심력을 높이는 통상을 확대하려는 '호시시스템'
으로 이행하고 있었음이 밝혀지고 있다. 조공에 발생하는 의례적인
정치비용을 크게 절감하고 교역기회를 높이는 것을 18세기 청조는
지향했던 것이다. 조공시스템의 잔존이라는 구미 측의 역사인식은
청조의 대외관계의 후진성을 강조하고 다가올 아편전쟁을 정당화하
는 정치적 과제와 깊은 관련이 있었다. '광둥시스템'은 조공으로 기
동하는 의례비용의 부담을 피한 "조공체제와 거의 모든 점에서 반
대의 방향성을 가지는 호시 제도"[7]였다는 해석이 설득력을 가진다.

3) 결제 중심의 애매함과 상거래 습관의 잔존

청조라는 농업제국은 상이한 가치체계의 여러 지역에 걸친 상인
의 활동에 대해, 그들이 왕권에 강한 저항 자세를 보이지 않는 한
관용적이었다. 제국 내에서는 북부, 북서부, 양자강 상류, 양자강 중
류, 양자강 하류, 동남해안, 윈구이云貴(윈난雲南·구이저우貴州·링난嶺南)
등 많은 지역시장이 발달해 있었다. 스키너Skinner가 'Macro Region'
이라고 부른 시장권이다. 그러나 거기서는 은銀의 이용을 억제하는
거래가 생겨나 있었다. 18세기 전반부터 일본에서 은의 제공이 강
력하게 제한되었기 때문이다. 농업의 상업화와 프로토 공업화[8]의

7] 岩井茂樹, 夫馬進 編, 「淸代の互市と"沈黙外交"」, 『中国東アジア外交交流史の研究』,
　 2007, 381쪽.

8] (역주) proto industrialization : 공업화에 앞서 16~18세기 유럽 각지에서 전개된

진전이 현저했으나,[9] "은을 사용하는 수고를 줄이는"[10] '화물교환의 법'이 전개되고 있었다. 각각의 시장권 내에서는 동전이 사용되었으나 원격 간 거래에서 은의 이용은 억제되었다. 그리고 각각의 지역 시장권에서는 징세도 청부하는 '아행牙行' 특허상인이 도량형의 통일과 가격재정 등의 거래 룰을 정하고 거래의 안전을 확보했다. 그러나 각 시장권에 독자의 상습관이 남아 제국경제 전체를 묶어내는 거래결제표준화가 억제된 유럽의 주권국가 간 시스템에서는 암스테르담과 런던 같은 다양한 원격지 간 거래를 연결하는 결제의 중심이 만들어졌으나, 주권자 간의 경쟁을 인정하지 않는 제국에서는 정치의 중심은 명확해도 거래결재의 중심은 형성되지 못했다. 청조의 농업제국은 공권력의 중심은 명확했으나 거래 표준화는 진전되지 못하고 결재의 중심도 애매했다.

3. 런던의 다각적 무역결제망과 '자유'의 주장

1) 아편의 개발

중국의 찻잎을 찾아 동진한 영국은 City of London을 중심으로 한 다각적 무역 결제망에 중국이라는 농업제국을 포섭하려 했다. 시장의 발달이 두드러진 제국경제를, 은을 사용하지 않는 다각적 결제망에 끌어들이면 런던은 한층 발전을 기대할 수 있었기 때문이다. 그

각종 직물수공업생산.

9] R. Bin Wong, *China Transformed : Historical Change and the Limits of European Experience*, Cornell University Press, 1997, chapter 6.

10] 大橋新太郎 編, 『支那漫遊実記』, 博文館, 1892, 60쪽.

러나 결제중심의 애매성과 거래의 비표준화라는 구상거래 습관의 잔존에 직면했다. 영국이, 상거래 습관을 숙지한 '공행公行'[11]의 폐지를 요구한 것은 거래표준화의 낙후와 높은 거래비용에 대한 대응이라는 의미가 있었다. 이런 중국제국경제의 특징이 영국으로 하여금 '자유'를 주장하게 했던 배경이었다. 영국은 중국내의 "통상상通商上의 장애를 제거하고 아울러 화폐제도와 도량형의 통일을 도모케 하는"[12] 자유를 주장했던 것이다. 영국은 중국이라는 농업제국경제를 향해 자유무역을 주장하면서 구체적으로는 두 가지 대응에 나섰다. 하나는 중국이 원하는 인도산 아편을 개발해서 제국경제의 구석으로부터 침투시키는 것이었고, 또 하나는 제국경제 자체에 침투하는 것이 아니라 제국경제 자체를 끌어당기는 자유무역항의 건설 등 공공재를 제공하는 것이었다. 중국인이 원하는 새로운 재화였던 아편은 새로운 시장을 창조하며 제국경제에 참여했다.

[그림 1][13]은 런던을 중심으로 한 다각적 무역결제망의 사례이다. 런던을 중심으로 하는 다각적 무역 결제망의 "거점은 중국, 미국 및 인도"이고 이 결제망의 신장이 동인도회사의 독점도 해소시킬(1833) 준비를 했다.[14] 이 새로운 결제망에서는 우선 미국상인이 영국을 향한 미국 면화수출의 채권을 근거로 런던 앞 수표(이른바 '미국수표')를 발행한다. 산업혁명 후 영국의 미국면화수요의 증가가 그 배경에 있었는데, 런던 앞으로 보내진 수표는 런던이 세계적인 다각적 무역결

11] 특허상인의 조합.

12] 佐藤顯理, 『貿易事情』, 博文館, 1903, 68쪽.

13] 上田信, 『海と帝国』(中国の歷史 第九卷), 講談社, 2005, 제8장 참조.

14] 以上 德永正二郎, 『為替と信用』, 新評論, 1976, 286쪽 ; 濱下武志, 『近代中国の国際的契機 : 朝貢貿易システムと近代アジア』, 東京大学出版会, 1990, 146~147쪽 ; 井上裕正 外, 『中華帝国の危機(世界の歷史一九)』, 中央公論社, 1997, 49쪽 ; 上田信, 위의 책, 436쪽.

제의 중심으로 성장함에 따라 그
신용이 높아졌다. 그로 인해 미국
상인은 그 수표를 직접 런던에 보
내 결제하는 것이 아니라 중국의
광저우에 들고 와서 찻잎을 구입
하는 데 썼다. 그리고 광저우의
영국인 지방무역상은 아편판매로
얻은 은으로 그 미국수표를 구입
하고 인도에서 아편을 구입하는
데 활용했다. 그리고 맨 나중에
수표는 영국으로부터 인도를 향
해 확대되는 수출에 맞춰 런던에
서 결제되었다. 19세기의 "영국
앞 수표는 여기저기서 수요가 많

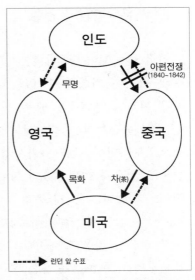

[그림 1] 19세기 전반의 다각적 무역결제

은"[15] 국제적인 공공재가 되어 있었던 반면, 청조 측의 아편수입 금
지는 이런 런던의 국제결제중심을 위협하는 것이었기에 영·중英中관
계에 긴장이 발생했다. 아편전쟁의 발발의 배경에는 아편거래를 중
요한 고리마디로 하는 무역 결제망의 중심, 즉 런던의 금융이해관계
가 있었다. "지나에 대한 아편의 수입금지는 (…중략…) 구입자의 자유
에 대한 침해"[16]라고까지 평가된 것은, 이런 런던의 금융이해관계와
깊은 연관이 있었던 것이다.

15] 土子金四郎, 『外国為替詳解』, 有斐閣, 1899, 151쪽.

16] J. S. ミル, 『自由論』, 岩波文庫, 1971, 192쪽.

2) 자유무역항의 건설

영국은 아시아제국경제를 불러모을 수 있는 공공재로서의 증기선과 그것이 기항할 수 있는 자유무역항을 건설했다. 대형범선의 시대 원격지 항해에는 해류, 풍향 같은 자연조건을 '정보'로 확보하는 것이 중요했지만, 증기선의 시대에는 강력한 엔진이 그런 자연조건으로부터의 구속을 약화시켜, 대형선이 기항할 수 있는, 수심을 갖추고 있으며 석탄연료의 보급이 가능한 '양항良港'의 발견과 건설이 요구되었다. 원격지 무역의 기항 거점이 뭄바이,[17] 홍콩(廣州), 싱가포르(말라카), 요코하마橫濱(시모다下田), 고베神戸(오사카大阪) 등으로 이동한 것은 그것을 말해준다. 그리고 유럽과 동양을 연결하는 수에즈운하의 개통(1869)은 유럽과 아시아의 시간적 거리를 일거에 단축시켜줌으로써 이런 새로운 양항의 중계기능과 가치를 높여주었다.

그래서 자유무역항은 안전한 증기선의 항행을 통해 결제중심이 애매한 제국경제와 다양한 상업루트가 뒤얽힌 동남아시아경제도 그것에 수렴시키는 역할을 했다. "상업관계자로 하여금 당분간 지나로의 직접무역에 대한 생각을 다 버리게 하고 그들로 하여금 그 세력을 싱가포르를 지지하는 데 집중시키면 그들에겐 10배의 이득"이어서, "지나인 스스로가 싱가포르에 와서 구입"하려 하게 만들었다.[18] 그리고 "왕년, 반도 유수의 상업항구를 자랑하던 말라카는 싱가포르의 출현에 의해 화교에게 버림을 받았다"[19]고 평가되었다. 다양한 거래가 홍콩과 싱가포르로 수렴되어가는 것은 다각적 무역의 결제중심인 런던의 성장을 촉진하는 것이기도 했다.

17] 본래는 Goa. 以下 동일.
18] 信夫清三郎, 『ラッフルズ伝』, 平凡社, 1968, 349쪽.
19] 成田節男, 앞의 책, 274쪽.

4. 동남아시아에서 자유무역과 화교네트워크

1) 커피·설탕이냐, 주석·고무냐

영국은 결제 중심이 애매한 중국 제국에 침투할 것을 기도하는 동시에, 중계항을 만든 동남아시아에는 주석과 고무 같은 제1차 산물의 생산개발에 경제적인 관심을 보였다. 이미 동남아시아에서는 네덜란드가 커피와 설탕 등의 제1차 산물의 생산과 거래로 세력을 가지고 있었으나, 이런 산물은 아메리카 신대륙에서도 생산되는 것이어서 유럽시장에는 공급과잉이 되기 쉬웠으므로 늘 생산수량과 가격조정의 문제에 직면했다. 다른 한편, 영국은 동남아시아 고유의 주석, 고무 등 제1차 산물을 구미에 제공했다.

네덜란드는 대만臺灣 등에서 설탕생산의 기술을 배운 푸젠福建계통의 화교를 쟈바에서의 설탕생산에 활용했다. 17~18세기 나가사키長崎와 마찬가지로 동남아시아에서도 "네덜란드가 다스리는 곳에 한인漢人이 모여든다"[20]고 평했듯이, 네덜란드는 푸젠성 출신의 화교네트워크에 의존하고 있었다. 그러나 네덜란드 세력은 1740년에 이 푸젠계 노동자를 '학살'[21]하는데, 그것은 설탕생산사업에서 궁극적인 수량조절방책으로서의 노동력의 '삭감'이라는 의미가 있었다.

[그림 2][22]는 동남아시아 도시의 화교 거주분포를 개관한 것으로, 영국령에는 화교집중도가 높은 도시가 보이나 네덜란드령에서는 분산적이다. 그런 차이는 유럽본국이 관여한 제1차 산물의 종류와 깊은 관계가 있는 한편, 화교에게는 거주의 안전성을 시사하고 있다.

20] 新井白石, 『西洋記聞』, 岩波文庫, 1935, 50~51쪽.

21] 1749년, 紅河사건.

22] 臺灣總督府監時情報部, 『南洋華僑分布図』, 1938년 11월.

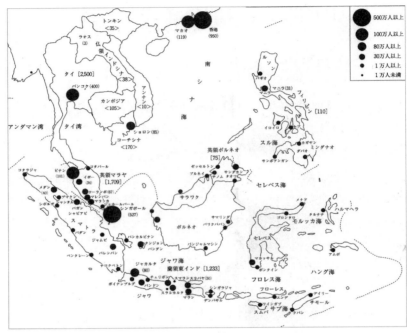

[그림 2] 동남아시아의 주요도시에 있어서 화교 거주의 분포

2) 토지개혁인가, 아편흡연 징세인가

영국은 동남아시아에서 중계항의 건설을 비롯한 식민지 경영에서 세입문제에 직면했다. 징세비용을 절감하는 수법으로 고안된 것이 아편흡연에 대한 징세청부제微稅請負制(훗날의 전매제)였다. 싱가포르를 자유무역항으로 하는 이상, 관세로부터의 세입은 바랄 수 없었고 또 지세수입을 목적으로 하는 토지개혁도 토지의 "처분권을 촌락이 가지고"[23] 있는 동남아시아에서는 곤란했다. 또 영국은 홍콩

23] 浅香末起, 『大南方経済論』(毎日新聞社 編, 大南方研究講座), 太平洋書館, 1944, 60쪽.

의 영유에 있어서도 "마카오에 이익이 될 것을 우려"하고 있었고
"일체 관세의 부과징세를 면제하면" "황푸黃埔, 마카오의 번영을 뺏
길 수"[24] 있다고 판단했다.

주권국가와 식민지정부에서도 아시아의 새로운 정치주체에 있어
서도, '관세, 지세, 소비세'는 주요 재정수입목록이었으나, 자유무역
을 강제당해 토지개혁에 착수할 수 없는 식민지정부에게 아편거래에
서 나오는 세금은 중요한 재원이었다.[25] 홍콩도 징세청부제도가 "어
느 정도 싱가포르의 제도를 참작"[26]해서 도입되었다. 홍콩에서는 전
매제로 이행하고 나서도 "아편의 전매세수稅收는 (…중략…) 홍콩의
수입 가운데 최대"[27]였다.

3) 광둥계廣東系 화교와의 협동

영국은 해협식민지의 세입을 화교로 대표되는 이민노동자의 아
편흡연에서 걷은 세금에 의존했다.[28] 그 때문에 추가적으로 공급된
화교노동자의 아편흡연이 식민지정부의 세입 면에서 중요했다. 특
히 19세기부터 푸젠계 화교만이 아니라 영국령의 동남아시아에 진
출한 화교노동자의 대다수가 의흥회義興會(광둥성 후이저우惠州), 해산회
海山會(광둥성 광저우廣州), 같은 광둥계의 비밀결사를 통해 공급되었듯
이, 많은 수가 광둥성 어느 공통방언의 동향성에 뒷받침되어 있었

24] 伊藤武男稿, 『香港通過商業調查報告書』, 東京高等商業学校 1909, 179쪽, 184~185쪽.

25] Carl A. Trocki, *Opium and Empire*: *Chinese Society in Colonial Singapore, 1800~1910*, Cornell University Press, Ithaca, 1990, pp. 96~97.

26] 外務省通商局, 『香港事情』, 啓成社, 1917, 68쪽.

27] 伊藤武男稿, 앞의 책, 16~17쪽.

28] 白石隆, 『海の帝国—アジアをどう考えるか』, 中公新書, 2000, 제3장.

다. 광둥계 노동력의 이동은 1842년 홍콩이 할양된 이후에도 확대
되었다. 영국의 동남아시아 식민지가 광둥계 화교노동자에 대한 엄
격한 이입제한을 하지 않은 것은 그것이 동남아시아 인구증가로 이
어졌고 동시에 거대한 소비시장을 실현시켰기 때문이다.

영국은 아편흡연 징세대상을 광둥계 화교이민노동자에서 찾았다.
즉 이민노동자(사람)가 증가하면 그에 맞춰 구미로 가는 제1차 산물
의 생산이 늘고, 더불어 아편흡연을 통한 재정수입(돈)도 증가하는
연관이 생겨났던 것이다. 아편을 포함한 소비재(상품)의 공급도 소
비습관을 숙지한 어느 특정 동향의 화교상인이 맡게 되고 그것으로
그 화교네트워크는 성장하게 된다. 그리고 화교노동자가 동남아시
아에서 얻은 노동수입을 향리에 송금(돈)하면서 '이민은 유익하다'는
정보를 덧붙여 놓으면 이민노동자(사람)의 송출은 한층 고무되는 것
이다.

더욱이 이런 화교송금은 아시아에 금본위제가 침투하면서 원활
해졌다. 금본위제의 침투에 의해 은화가 폐지되고 은화권역인 중국
의 통화가치를 끌어내렸다. 한편 동남아시아의 식민지 통화는 기축
통화(파운드)에 대해 상대적으로 높은 기준으로 설정되고, 또 안정되
는 추세에 있었다.[29] 식민지의 통화를 강화하는 것은 식민지의 대對
유럽본국수입을 촉진하는 측면을 가졌으나 아울러 과거의 투자로부
터 기대되는 이자, 배당, 연금 등 매년 식민지로부터 오는 송금을
원활하게 하는 데 그 목적이 있었다.[30] 그 때문에, 유럽의 정책담당
자의 의도와 무관하게 이런 식민지의 강력한 통화는 통화가치가 떨
어진 동아시아에서 화교의 본국송금을 촉진했고, 더불어 이동을 자

29] 杉原薫, 『アジア間貿易の形成と構造』, ミネルヴァ書房, 1996, 제4장.

30] P. J. Cain and A. G. Hopkins, *British Imperialism 1688~2000*(second edition), Longman, London, 2001, Chapter 21.

극했다.

자유무역원칙을 행사하면서 동점한 영국 제국주의는 광둥에 있는 동향의 화교 이민망(사람), 통신망(물건), 송금망(돈) 그리고 통신망(정보)의 중복적 네트워크의 확장을 유발했다.[31] 광둥계 화교네트워크가 늘어나서 소비재로서의 영국제품과 인도산 아편을 선호하게 되면, 영국은 관세를 인상하지 않고도 실제 상태를 자유무역체제에 끌어들일 수 있었다. 영국 제국주의가 강제한 자유무역원칙은 사람, 물건, 돈 그리고 정보가 겹치는 광둥계 화교네트워크에 의존하면서 아시아에 침투했던 것이다.

4) 근대일본의 개항

자유무역체제는 영국의 근대적 제국주의와 화교네트워크의 상호의존관계에 의해 성립되었다. 동남아시아에 도달한 화교네트워크는 특히 광둥계의 신장이 두드러졌다. 예를 들어 메이지 초기의 나가사키에서는 "광둥인은 (막부幕府가 공인한) 당관唐館 및 그 인접지에 근거지를 가지지 못했기 때문에 새로 생긴 외국인 거류지에 자리잡고 (…중략…) 구미인의 선박을 타고 나가사키에 들어왔다."[32] 그리고 전통적인 푸젠계 상인의 당관이 '부속附屬 외국인'으로 불린 광둥계의 등장을 우려해서 막부의 무역규제책에 대신하는 거래규제책을 메이지 정부에 요구하는 움직임도 나타났다. "광둥상인─지나상인 중에서도 광둥인은 외국무역에 있어서 세력이 있고 광둥은 마침 우리 나가사키 같은 곳으로 일찍이 외국인과 무역을 시작한 항구로 (…중

31] 籠谷直人,『アジア国際通商秩序と近代日本』, 名古屋大学出版会, 2000, 서론.

32] 蒲地典子,「明治初期の長崎華僑」,『お茶の水史学』20, お茶の水女子大学史学科, 1975, 8쪽.

략…) -은 특히 서구화되어 있어 상거래가 활발한 서양인을 넘어서고"[33] 있다고 평했다.

그리고 고베神戶에서도 홍콩과 연계된 광둥계 상인이 우세했다. 이허하오怡和号, 위정샹裕貞祥, 샹룽祥隆, 진허샹晋和祥, 퉁모우타이同茂泰, 리싱청利興成 등이 대표적이었다. "고베거류 지나상은 각 지나상인을 위해 수출화물환換어음을 대거나 혹은 자기네 명칭으로 서양은행에 외환을 맡겨두고, 그들은 이 수출화물환어음을 받지 않으면 절대로 재화의 대가를 우리(일본인 판매상)에게 지불하지 않는 습관"[34]이 있었다. 고베의 광둥계와 푸젠계 상인 가운데에도 거래지역마다 거주지역이 나뉘어져 있었는데, 고베의 푸젠계는 타이베이臺北(일본령), 상하이上海, 샤먼, 마닐라(미국)를 거래지역으로 하고 있었다. 이들은 일본과 마닐라에 도착하는 은을 찾아 이동한, 민남어閩南語를 공통어로 하는 푸젠계 화교의 분포와 조응하는 것이다. 한편 고베의 광둥계 화교의 거래는 홍콩(영국령)을 비롯해서 싱가포르(영), 쟈바(네덜란드), 랭구운(영) 등 동남아시아에 거래관계를 전개했다. 푸젠계가 중국연안과 일본제국권에 강력하게 연계되어 있었던 데 대해, 광둥계는 영국을 비롯한 유럽제국주의권내에서 통상 네트워크를 두루 형성하는 역량을 가지고 있었다. 그야말로 광둥계 화교는 영국제국지배를 배경으로 이민네트워크, 통신네트워크, 송금네트워크, 통신네트워크를 중복시킴으로써 관계적 네트워크를 형성하여 근대일본을 포섭했던 것이다.

譯 : 임명신(서울대 기초교육원 전임강사)

33] 仁禮敬之, 『淸國商話』, 經濟雜誌社, 1895, 77쪽.
34] 仁禮敬之, 위의 책, 78쪽.

개항 이전 동아시아의 교류 – 무역 네트워크

: 호이 안의 경우

응우옌 반 낌

1. 연구의 인식과 관점

동북아시아와 동남아시아 두 세계로 구성되는 동아시아 관념으로 두 지역의 역사를 바라본다면, 이미 일찍부터 문화 교류와 무역 관계가 존재했음을 알 수 있다. 일부의 연구자들은 보통 문화 간의 교섭 결과나 성과를 강조하는 경향이 있고, 그러한 현상을 각 민족 관계의 일관된 요소이자 기본적인 목표로 여기기도 한다. 이러한 의미에서, 여러 문화 간의 접촉과 교류가 개별 문화와 전 지역의 발전을 추동推動하고 풍부하게 한다는 점은 매우 중요한 의의를 가지고 있다. 이러한 지적은 타당하며, 필자도 그러한 관념을 갖고 있다.

그런데 문화 교류에 대한 여러 측면의 동력과 결과를 심도 있게 전체적으로 검토할 때, 상호작용과 결합이라는 여러 요소에 주의를 기울이지 않을 수 없는 것도 사실이다. 그러한 요소들은 심지어 문화적 요인 밖에서 찾을 수 있는 경우도 있다. 그래서 적지 않은 경

---

* Nguyen Van Kim. 베트남국립하노이대학 사학과 교수.

우에, 어떤 문화에 있는 이질적인 문화적 산물의 존재는 그 교섭의 과정을 표시해 주기도 하고, 실제 정치적·군사적 동인動因과 경제 활동의 결과이기도 하다. 그러한 의미에서, 사람들은 무의식적으로 자신이 속해 있는 민족이나 지역의 문화적 가치를 타민족으로 전달하여, 문화 전달이라는 의식적인 행위 영역을 넘어 존재하는 문화적·사회적 결과물을 후속 세대에게 남겨 놓았던 것이다.

그러면 역사와 문화를 연구하는 사람들의 태도는 어떠해야 할까? 어떤 경우이든지, 이전 세대가 남겨 놓은 모든 유산을 소중히 여길 필요가 있다. 그러나 다른 한편, 학술 방면에서는 '문화 교섭'의 루트와 현상에 대해 신중하게 연구하여 철저하게 이해해야만 한다. 모든 국가가 정치적·경제적 거점을 형성하고 확립해나가는 과정에서 발전을 위한 확장된 공간space이나 환경environment을 늘 필요로 한다는 것은 주지의 사실이다. 유목과 마찬가지로 농업경제 혹은 보다 광범위하게 말하여 농업정체agricultural polities, 그리고 농업 문명 발전의 본질은 그러한 특성을 명백히 보여주었다. 그 외에, 동아시아의 중국, 남아시아의 인도, 서아시아의 메소포타미아나 아프리카의 이집트 등과 같은 방대한 영토를 보유하고 있던 국가들(특히, 제국들)도 충분하고 풍부한 자원(그 중에서 인력, 노예는 가치 있는 자원으로 생각할 수 있다)을 보유하고 있었던 것 같지만, 실제 어떤 제국이 계속 발전하기 위해서는 희소하거나 결여된 자원을 외부로부터 끊임없이 보충할 수 있어야 했다. 그러한 자원을 획득할 수 있는 루트는 다양했는데, 강국들과 제국들은 보통 전쟁을 통해 약탈하거나, 외교를 통해 정복하여 조공을 받거나, 교류─무역giao thương 관계를 확립하여 생산물을 교환하거나 구매하는 등의 방법을 선택했다. 제국들은 일반적으로 강자의 정책을 채용했는데, 말하자면 이상의 세 가지 방법 중에서 상대적으로 쉽게 시행할 수 있는 어느 한 가지 방법이나 혹은 세 가지 방법을 동시에 모두 사용하게 되었다. 그러나 중소 국가들은 일반적으로 우호적인 방교邦交 정책을 실현하면서 '위대한 제국들의 어두운 그림자' 옆에서 생존과 발전을 위한 방법을 모색하게 되었던 것이다.

그런데 개별적으로 보게 되면 모든 지역에서, 심지어는 하위지역에서도, 항상 일국 혹은 몇몇 국가들의 역할이 대두하게 되었음을 보게 된다. 그것을 일러 '하위지역 제국sub-regional empire'이라고 한다. 이 나라들은 해당 지역의 정치·군사·방교 활동에서 항상 지배적인 역할을 유지했다. 환원하면, 어떤 지역에서 세력을 갖고 있는 국가들은 제국들이 사용하는 방법이나 수단을 모방하여 자신이 하위지역의 '주재자主宰者'가 되어 해당 지역의 활동을 장악하는 방법을 모색하고자 했던 것이다. 그러한 의미에서, 무역 루트를 장악하거나 점탈하는 행위는 중요한 목표 중의 하나였다. 하위지역 제국들은 자신의 위력을 행동으로 실현하기 위해서뿐만 아니라 존속과 발전을 위해서, 보통 이웃 국가들에 대해 압력을 행사하거나 심지어는 강제로 제후국 혹은 속국의 지위로 만들어 조공 제도를 시행하기도 했다. 그래서 정치적·경제적 간섭의 대상이었던 소국들은 항상 적어도 두 가지 지배 관계를 감수해야 했는데, 하나는 하위지역 제국의 직접적인 위협과 압력이었고, 다른 하나는 보다 확장된 범위에서의 지역 제국과의 관계였다. 동아시아에서는 적지 않은 국가들이 이러한 지배적인 역할을 경험한 바 있었다. 동남아 대륙부의 푸난Funan, 참파Champa, 다이 비엣Đại Việt, 앙코르Angkor, 아유타야Ayutthaya, 파간Pagan 등이나 동남아 도서부의 스리비자야Srivijaya, 마자파히트Majapahit 등은 일대一代의 강성한 국가들이었다. 이상에서 소개한 관념과 다양한 접근 방법에서 출발한 본고는 무역항 호이 안Hội An의 경영과 발전에 기여한 당 쫑Đàng Trong(Cochinchina) 정권의 역할을 분

석하는 것에 초점을 맞추면서, 개항기 이전 16~17세기 호이 안의 위
상을 동아시아 교류—무역 체제 내에서의 전통과 활동을 통해 검토
하고자 한다.

2. 지역 관계에서 지역 연합으로

현재에도, 구체적이면서도 획기적인 시기를 선택하여 동아시아
각국의 관계를 규정한다는 것은 대단히 어려운 일이다. 지역 공동
체 의식이 출현하기 이전에 고대 민족들과 주변 국가들의 관계는
기원전 수세기부터 형성되었기 때문이다. 신석기 후기와 청동기·철
기 시대에 들어오면서 지역 관계는 중요한 많은 전변轉變을 연출했
다. 농업 중심지와 상품경제의 형성과 발전 그리고 이후의 초기 국
가early states의 출현은 각 민족의 교류를 추동하게 되었다.[1]

그런데 한대漢代(B.C. 206~A.D. 220)에 이르러, 중국은 이전 왕조들이
남겨 놓은 많은 문화 전통과 경제적 잠재력을 계승하면서 자신의
영향력을 외부로 확대하기 시작했다. 이미 언급한 바와 같이, 한나
라의 경우에도, 그 문화가 확산되고 전파되는 루트는 다양한 방법으
로 실현되었다. 그것은 여전히 '관방官方, quan phương(공식적인 방법)'과
'비관방非官方, phi quan phương(비공식적인 방법)'이라고 불리고 있다. 그것
은 각 정권 사이에 공식적인 관계나 교류가 존재하는 것과 마찬가
지로, 각 지방과 상인들, 그리고 변경邊境, 영해領海 지역 등을 따라

1] Cater J. Eckert, Ki-baik Lee, Young Ick Lew, Michael Robinson, Edward W.
  Wagner, *Korea Old and New : A History*, Inchokak Publishers, Harvard University,
  1990, p. 3 ; Keiji Imamura, *Prehistoric Japan : New Perspectives on Insular East Asia*,
  University of Tokyo, 1996, p. 224.

사는 민중들도 서로 연계되어 있었다는 의미를 갖고 있다. '비관방'은 원래 변화하면서도 능동적인 '유연한 변경soft border' 혹은 '수계水界, water frontier'로 불릴 수 있었다. 지역과 세계의 경제·문화 중심지로서 한대의 업적을 계승한 당唐(618~907)은 육상실크로드continental silk road와 해상실크로드maritime silk road란 두 개의 루트를 구축했다. 개방적인 사상과 고도의 창조력을 갖고 있던 당 왕조의 수많은 문화적 가치와 경제적 성과는 전파력을 갖고 있었을 뿐만 아니라 세계의 다양한 경제·문화 중심지에 대해서 강한 흡인력을 만들어 낼 수 있었다.

당 왕조는 지역적인 구도에서 한반도 및 일본과 긴밀한 전통적인 관계를 공고하게 구축하면서 각국과의 교통망을 건설했는데, 그 중에는 동남아 지역과의 해상네트워크도 포함되어 있었다. 당나라는 동남아의 각 교역항을 통해 동남아시아, 남아시아, 서아시아 지역 등이나 기타 멀리 떨어진 경제 중심지들과 다양한 관계를 개척할 수 있었던 것이다. 그래서 송대宋代(960~1279)에 형성된 "동양 행 루트"와 "서양 행 루트"란 두 무역 네트워크는 지역과의 경제 교류를 촉진시키고 협력하는 과정에서 전통적인 대외관계를 계승한 동시에 보다 발전시켰다고 평가할 수 있다. 실제, 이러한 두 해상 교통망의 정기적이면서도 활발한 활동은 중국의 경제 발전에 기여를 했고, 중국 역사상 위대한 왕조인 송의 영향력을 확대시키는 결과를 가져오기도 했다. 그래서 송유宋儒의 형성 이외에도, 송대에 출현한 '농업혁명agricultural revolution'과 '산업혁명commercial revolution'을 통해, 중국의 영향력은 동아시아로 확대되었다. 이러한 측면에서, 동아시아 지역의 각 국은 송조宋朝의 영향을 많이 받았던 것이다. 여기에 그치지 않고, 송나라는 중국 시장이 필요로 했던 각종 기이한 산물이 있던 광대한 남아시아와 서아시아 지역으로 향하기도 했다.

어떤 연구자들은 대략 B.C. 2세기부터 중국 남부 지역이 인도 및 서아시아와 교류를 하고 있었다고 생각했다. 이러한 가설이 최근에 실제 증명된 바도 있었다.[2] 아시아 사이의 관계를 입증하는 자료는 학문적으로 가치가 있음을 인정해야 하지만, 멀리 떨어져 있는 문화적·경제적 중심지에서 유입된 유물의 존재 여부가 각 지역 간의 직접적인 교류의 산물이라고 판단하기에는 신중할 필요가 있다. 통상적으로, 당시에 어떤 경제적 혹은 문화적 상품을 획득했다면, 그 과정에 존재했을 여러 나라의 상인들의 중개 역할을 고려해야 하기 때문이다. 이처럼, 중국인이 실제 남해南海 지역으로 뻗어나가기 이전 수 세기 동안, 인도와 동남아의 상인들은 이미 동아시아와 서아시아 사이에서와 마찬가지로 인도와 중국이란 두 문명 간의 경제적·기술적·문화적 성과를 전달하는 데 주도적인 역할을 했다. 5~6세기경에 이르러서도, 중국으로 대표되는 동북아 지역과 동남아 지역과의 교류는 푸난·참파·스리비자야 등과 같은 해상 왕국들의 역할을 통해 지역과 세계를 결속시키는 교류—무역 네트워크를 통해 확립되었던 것이다.[3]

이러한 네트워크 속에서, 중국 남부의 경제 구역과 근접하여 동북아와 동남아 두 지역의 구름판 역할을 하고 있던 자오 쩌우Giao

---

2] Shigeru Ikuta, "Role of Port Cities in Maritime Southeast Asia from the Second Century BC to the Early Nineteenth Century", *Ancient Town of Hoi An, The Gioi Publishers*, Hanoi, 2006, p. 232 ; Wang Gungwu, *The Nanhai Trade : The Early History of Chinese Trade in the South China Sea*, Times Accademic Press, 1998 참조. 최근에 고고학자들이 廣州에 있는 남 비엣 제2대 황제인 文帝의 능묘 발굴을 했을 때, 서아시아산 유물을 발견하기도 했다.

3] Kenneth R. Hall, *Maritime Trade and Development in Early Sotheast Asia*, University of Hawaii Press, Honolulu, 1985 ; Sakurai Yumio, "Thử phác dựng cấu trúc lịch sử Đông Nam Á thông qua mối liên hệ giữa biển và lục địa", *Tạp chí Nghiên cứu Đông Nam Á*, số 4, 1999, pp. 37~55 참조.

Châu는 동남아에서 일찍부터 지리적·경제적·전략적 가치가 있는 가장 중요한 세 개의 만灣 중의 하나로 꼽혀 왔다. 당시의 해상 루트 상황 하에서, 자오 쩌우와 같은 해안 지역(즉 북부만北部灣)과 나루 및 연안 항구는 외국 상선들이 부단히 왕래하는 거점이 되었다. 이러한 기초 위에, 동북 해안 항구의 중요성을 간파한 다이 비엣Đại Việt은 리Lý 왕조(1010~1225) 12세기에 이르러 번 돈Vân Đồn 나루를 설치함으로써(1149), 각국의 무역선들을 맞아들여 상업 활동에 의한 방교 관계를 구축할 수 있었다.[4]

수 세기 동안 동아시아의 양대 경제 중심지를 연결하는 위치에 있던 자오 쩌우는 각국의 경제적 흐름과 문화적·정치적 교류의 사조를 동시에 수용하는 곳이었다. 5세기경부터, 경제적·문화적 동기에 자극을 받은 동남아의 많은 국가들이 중국을 방문하여 능동적으로 방교 관계를 수립하고자 했다. 그래서 중국 남부의 교역항들, 특히 광저우廣州는 각국의 많은 사절단과 상인들이 정기적으로 왕래하는 장소가 되었다. 또한, 동남아 각국의 형성과 발전의 여명기부터 서방 문명, 즉 유일한 외생의 요소exogenous factor인 인도 문명의 어떤 영향만을 받았다는 것도 단편적인 생각일 뿐이다. 사실, 동남아는 일찍부터 지중해 문명과 관계를 가지면서 서아시아와 페르시아의 회교 문명의 영향도 많이 받았다는 점도 고려해야 하기 때문이다.

남북을 축으로 하는 동아시아 교류—무역 네트워크를 보면, 자오 쩌우 만을 지나 남쪽으로 내려가게 되면 고대 참파 왕국의 지역이 등장한다. 이 왕국은 길쭉하면서 협소한 영토 공간에 기초하여 형성되고 발전했다. 서쪽은 열대 생태계general eco-system로 풍부한 토산품土産品이 있는 산림 지역이었고, 서남쪽은 진랍眞臘(캄보디아)과 근접

4] Ngô Sỹ Liên và các sử thần nhà Lê, *Đại Việt sử ký toàn thư*, tập I, Nhà Xuất Bản(이하 Nxb.로 약함) Khoa học Xã hội, Hà Nội, 1993, p. 317.

해 있었고, 동쪽은 광대한 태평양이었다. 참파 왕국은 건조하고 뜨거운 기후와 비교적 협소한 공간으로 인해 농업경제 발전을 위한 유리한 조건을 많이 구비하고 있지 못했다.[5] 그래서 이 왕국의 경제력은 자연 자원의 개발, 해양 무역의 발전, 노예무역 등에 의존하고 있었고, 심지어 다른 해안 지역을 약탈하는 경우도 있었다. 참파는 북쪽과 남쪽의 각 세력과 함께 존속하고, 발전하며, 충분한 대항 능력을 보유하기 위해서, 최선을 다해 대양으로 진출했다. 참파를 해양정체marine polity라고 할 수 있는 것도 문화적 특성, 경제 활동, 정치 체제가 모두 해양적 색체를 농후하게 띠고 있었기 때문이다. 이 왕국은 해양과 육지를 연결하여 고도의 잠재능력을 이끌어 개발했던 것이다.[6] 그래서 참파는 전성기에 푸난, 스리비자야 등과 함께 무역 강국으로 등장할 수 있었다.

이러한 경제적 기반과 외생의 문화 요소(인도로부터 전파된 종교, 정치 제도, 문화, 예술, 건축 등)를 결합하는 현지의 문화적 전통을 갖고 있던 참파 왕국은 찬란한 문화적 성과를 이루어내는 동시에 심오한 고유의 독특한 색채를 만들어 내었다. 많은 연구자들이 베트남 중부의 참파 고탑古塔, 캄보디아의 앙코르 와트Angkor Wat와 앙코르 톰 Angkor Thom, 혹은 인도네시아의 보로부두르Borobudur와 태국과 미얀마의 종교 건축물 등은 인도 문화 영향권과 전파력을 보여주는 좋은

5] Momoki Shiro, "Champa chỉ là một thể chế biển?(Những ghi chép về nông nghiệp và ngành nghề trong các tư liệu Trung Quốc)", *Tạp chí Nghiên cứu Đông Nam Á*, số 4, 1999, pp. 43~48. 프랑스 연구자 G. Maspéro는 참파의 유명한 수출 상품이 었던 沈香에 대해 묘사한 바 있다. 그에 따르면, "사람들은 香木을 쌓아올려 썩힌다. 몇 년이 지나게 되면 그 중심부만 남게 되는데, 그것을 물에 담그면 금방 가라앉게 된다. 그래서 沈香이라고 부른다". G. Maspéro, *Le Royaume du Champa*, Bruxelles, 1928, p. 34.

6] Trần Quốc Vượng, "Mấy nét khái quát lịch sử cổ xưa về cái nhìn về biển của Việt Nam", *Biển với người Việt cổ*, Nxb. Khoa học Xã hội, Hà Nội, 1991, p. 20.

사례로 여기고 있다. 그런데 동시에 이러한 종교 건축물들은 역시
동남아 문화의 고도의 창조 능력과 적응 능력을 실현한 것으로 보
아야 하는 것도 사실이다. 동남아의 근원적 특성은 본질적으로 항
상 능동적이고, 적응력이 뛰어나고, 혼종의, 그리고 창조적인 세계
였다는 점에서 찾을 수 있기 때문이다.

　분명한 것은 이러한 웅장한 종교 건축물들은 내실 있는 경제력에
바탕을 두고 건설되었다는 사실이다. 참파 고탑, 건축물, 조각 등은
모두 상업경제의 발달이 만들어낸 결과물들이었다. 참파는 내지와
외지와의 관계, 만달라mandala와 동아시아 지역 및 기타 지역 나라들
과의 관계를 형성시키면서 교류 네트워크 효과를 창출해 나갔다.
호이 안의 전신인 찌엠Chiêm 항의 발달은 참파 경제정책과 대외정책
의 대표적인 산물이었다. 서에서 동으로 흘러내려가는 투 본Thu Bồn
강의 분지를 따라가면, 고지대(상류)에 미 썬Mỹ Sơn 성지城地가 있고,
중간에는 수도 짜 끼에우Trà Kiệu, Simhapura(정치)가 있고, 하류(항구)에
는 다이 찌엠Đại Chiêm 해구海口가 있다. 이 세 구역은 참파 왕국에게
국력과 함께 정신세계를 제공해주는 하나의 단일체로서 구실했던
것이다. 그 결과, 경제와 정치는 종교 발전을 위한 견고한 기초를
확립할 수 있었고, 마찬가지로 종교는 초월적인 권능을 군왕君王들
에게 제공함으로써 교류—무역 관계를 추동하고 확장할 수 있었다.

　그런데 당시 북부에 있던 베트남의 공격으로 참파의 정치, 종교,
경제의 중심은 점차 남쪽으로 옮겨가는 경향을 띠게 되었다. 이것
은 982년 참파인들이 가장 중요한 경제 중심지인 어떤 요추부要樞部
(인드라푸라Indrapura, 다 낭Đà Nẵng)를 상실한 것을 의미한다. 10~15세기
에 이르러, 투 본 강 하구와 그 외항外港 꾸 라오 짬Cù Lao Chàm에 가까
운 찌엠 항의 역할을 대신하여, 꼰Côn 강 하구의 티 나이Thi Nai 항의
역할이 새롭게 떠올랐다. 이 강은 새로운 경제, 문화의 중심지인 수

도 비자Vijaya(빈 딘Bình Định)를 키워냈던 것이다. 참파의 '국항國港'으로
발전한 티 나이는 실제 각국의 무역 선단船團을 맞이하는 국제적인
무역항이었다.[7] 그러나 티 나이는 1471년 이후부터 다이 비엣의 관
리로 귀속되었다. 남진南進을 감행한 베트남인들은 충적 평원을 개
발하고 자연 자원을 물려받으면서, 참파 왕국의 무역 발전 전통을
계승했던 것이다.[8] 그래서 대륙부 동남아의 동남 지역, 즉 당 쫑 지
역의 문화적 기반은 참파-베트남-중국 문화의 개입으로 10세기부
터 19세기 중후반까지 베트남적 요소가 참파적 요소와, 또는 참파적
요소가 베트남적 요소와, 혹은 외부의 주요한 중국적 요소가 현지와
상호작용을 이루며 발전해 갔음을 잘 보여준다. 특히, "국제 항구
도시 호이 안은 참파-베트남-중국 문화와 또 다른 외생적 요소가
결합하고 융합한 결과물이었다. 호이 안은 무궁무진하게 다양한 문
화, 사람들, 그리고 물이 만나서 이루어진 것이었다."[9]

이처럼, 참파, 베트남, 중국의 문화적 전통은 동아시아 지역의 교
류와 방교를 통해 새로운 통일 국가에서 조화로운 형태로 나타났으
며, 그러한 과정에서 북부의 자오 쩌우(번 돈) 만, 중부의 찌엠 항(호
이 안), 남부의 옥 에도Óc Eo(푸난) 등의 역할은 두드러졌다. 수 세기
동안, 호이 안은 그러한 네트워크의 중심에 놓이게 되었다.

7] Đỗ Trường Giang, "Sự chuyển hóa từ thương cảng Chăm sang cảng Việt(trường
hợp Thi Nại-Nước Mặn)", *Tạp chí Nghiên cứu Đông Nam Á*, số 8, 2008.

8] Nguyễn Văn Kim-Nguyễn Mạnh Dũng, "Về truyền thống và hoạt động thương mại
của người Việt : Thực tế lịch sử và nhận thức", *Tạp chí Nghiên cứu Lịch sử*, số 8
(376), 2007, pp. 21~37.

9] Trần Quốc Vượng, "Vị thế địa-lịch sử và bản sắc địa-văn hóa của Hội An", *Đô
thị cổ Hội An*, Nxb. Thế Giới, Hà Nội, 1991, pp. 59~61.

3. 동아시아 해상네트워크에서 호이 안의 위상

중부 지역에서 베트남인들의 출현은 상당히 일찍부터 시작되었지만, 참파 왕 자야 시마바르만 3세Jaya Simhavarman III가 후옌 쩐Huyền Trân 공주와 혼인하는 대가로 상황上皇 쩐 년 똥Trần Nhân Tông(1278~1293)에게 오ô와 리Lý 두 주州를 바친 후인 14세기 초반(1306)에 이르러, 투언 호아Thuận Hóa 지역은 다이 비엣의 영토로 합병되었다. 그런데 응우옌 호앙Nguyễn Hoàng(1524~1613)이 남쪽으로 진출하여(1558) 개발할 것을 결심하게 되자, 당 쫑의 발전 사업은 새로운 국면을 맞이하게 되었다. 당시, 갓 30세를 넘긴 나이임에도 불구하고, 이미 북부에서의 정치 활동을 통해 다양한 오르막과 내리막을 경험하면서 레─찐 Lê-Trịnh 정치 체제의 장점과 한계를 속속들이 이해하고 있던 응우옌 호앙은, 독립적인 관할 구역을 만들어 미래를 도모하기 위해 고향 타인Thanh과 권력 중심지 탕 롱Thăng Long을 버리고 남쪽으로 가기로 결심했다. 신천지에서 다양한 정치적, 사회적 도전에 직면하게 된 그는 당 쫑이 원래 위대한 문화 중심지들을 형성시킨 곳이며, 휘황 찬란한 과거를 갖고 있음도 잘 이해하고 있었다.[10] 응우옌 호앙은 인심을 얻기 위해 노력했는데, "군민軍民을 무위撫慰하고, 호걸豪傑을 수용收用하고, 세금과 부역을 경감하니, 당시 사람들은 그를 쭈어Chúa 띠엔Tiên, 仙이라고 불렀다. 제업帝業의 기초가 여기에서 마련된 것이었다."[11]

응우옌 호앙과 응우옌 푹 응우옌Nguyễn Phúc Nguyên(1563~1635)의 할

10] Tạ Chí Đại Trường, *Thần, Người và Đất Việt*, Nxb. Văn Nghệ, 1988, p. 219.

11] (역자) Quốc sử quán triều Nguyễn, *Đại Nam thực lục tiền biên*, Nxb. Giáo Dục, Hà Nội, 2002, p. 28. 레 왕조의 황제는 'vua'라고 불리면서 다이 비엣의 유일한 합법적 지배자로 인정받았지만, 그 지위는 어디까지나 의례적이었다. 실권은 'chúa'라고 불리는 북쪽의 찐씨와 남쪽의 응우옌씨가 잡고 있었다.

거割據 상황을 지켜보던 찐 뚱Trịnh Tùng(1570~1623)은 1620년 당 쫑을 위협하기 위해 5,000명의 군사를 녓 레Nhật Lệ로 파견했다. 7년 후, 45년을 끌게 된 찐−응우옌 전쟁(1627~1672)이 발발하여, 참전한 양 측 모두에게 큰 손실을 불러일으켰다.¹²¹ 그래서 찐−응우옌 전쟁이 계속되어 떠이 썬Tây Sơn 군대가 박 하Bắc Hà로 진군하여 1789년 탕 롱을 해방시킬 때까지, 베트남 역사는 214년 동안 수많은 도전과 전 변을 겪었다. 그 시기 동안, 승패를 가릴 수 없었으므로, 남북에 당 응오아이Đàng Ngoài, Tonkin와 당 쫑이라는 두 세계가 형성되었던 것이 다. 각각의 영토를 보유하고 있던 두 지역은 개별적이고 독자적인 정권, 경제 기반, 법률, 제도를 가지고 있었다. 두 지역은 많은 정치 적 도전과 변동을 받아들여야 했지만, 경제−사회 방면에 있어서는 모두 중세 베트남 역사상 상당히 주목할 만한 급진적인 발전을 이 루어냈다.

　응우옌 호앙은 당 응오아이 레−찐Lê-Trịnh 정권의 강력한 세력에 대항하기 위한 저항 능력을 보유할 목적으로 황무지 개간을 장려하 고, 인재를 중용하고(다오 주이 뜨Đào Duy Từ가 대표적인 사례, 군사적 역량(그 중에서도 특히, 수군水軍)의 기반을 다지면서 서구의 신식 무기 로 무장하는 등과 같은 대규모의 적극적인 정책들을 반포하고 시행 함으로써, 새로운 정권의 세력 기반과 힘을 공고히 구축하고자 했

12] 1627~1672년 동안 찐의 군대는 6차(1627, 1633, 1643, 1648, 1661, 1672)에 걸쳐 남부를 공격했다. 1655년 Nguyễn chúa의 군대는 Đàng Ngoài를 공격하여 Lam 강 의 Nam 河岸까지 점령했다가, 5년 후야 철군을 선언했다. 실제, 몇몇의 응우옌 쭈어도 당 응오아이를 침공하려는 생각을 가지고 있었다. 1716년, Nguyễn Phúc Chu는 신임하고 있던 화교 몇 명을 선발하여 탕 롱을 정탐하게 했으나, "中朝가 強盛하여, (북벌을) 圖謀할 것을 그만두었다"고 한다. Lê Quý Đôn, *Phủ biên tạp lục*, Nxb. Khoa học Xã hội, Hà Nội, 1977, p. 65 ; Nguyễn Văn Kim, "Xứ Đàng Trong trong các mối quan hệ và tương tác quyền lực khu vực", *Tạp chí Nghiên cứu Lịch sử*, số6 (362), 2006, pp. 19~35 참조.

다. 복서C. R. Boxer에 따르면, 응우옌 정권의 지도자들은 아시아의 최
상품 동銅으로 제작된 대포를 사들이기 위해 무척이나 애를 썼다고
한다.[13]

　강국이 되기 위해 대외관계에서 주도력을 행사해야 한다는 입장
을 갖고 있던 당 쫑 정권은 개방 정책을 시행하면서도 특히, 호이
안과 같은 무역항을 포함하는 대외경제 시스템의 안전을 담보하기
위해 항상 주의를 기울여야 했다. 응우옌 쭈어chúa Nguyễn들은 꾸 라
오 짬Chiêm bát lao에 방위, 경계 시스템을 만든 이후에 투 본 강 우안
인 끄어 다이Cửa Đại('다이 찌엠Đại Chiêm 해구海口'라고도 함)에 강력한 수
군 기지를 건설했다.[14] 주변에 있는 타인 찌엠Thanh Chiêm 진영鎭營의
위치도 무역항의 통상적인 활동을 보호하고, 조절하고, 처리하기 위
해서 고려된 것이었다. 그래서 당 응오아이의 저명한 학자인 레 꾸
이 돈Lê Quý Đôn(1726~1784)은 경제와 사회를 관리하고, 군대를 창설하
고, 대외무역을 발전시킨 '쭈어 띠엔' 응우옌 호앙의 위명威名, 재덕才
德, 공적功績을 높게 평가했던 것이다.[15]

　응우옌 호앙이 실시했던 시의적절한 정책들은 그로 하여금 권력
을 집중시켜 강한 왕권을 구축하도록 만들었으며, 사회를 안정화시

13] 몇몇 연구자들은 응우옌 쭈어가 강력한 군대, 특히 水軍을 양성하여 당 응오아이
　　의 찐 쭈어에 대항하고자 했다고 생각하고 있다. 그러나 확실한 것은 응우옌 쭈
　　어가 수군 양성을 통해 영해 주권, 특히 호이 안, Thanh Hà(후에 지역), Nước Mặn
　　(빈 딘 지역) 등과 같은 대외 무역항이나 꾸 라오 짬이나 Côn Đảo 등과 같은 섬들
　　을 보호하고자 했다는 사실이다. C. R. Boxer, *Portuguese Conquest and Commerce in
　　Southern Asia, 1500~1750*, Variorum Reprints, London, 1985, p. 167 참조.
14] 1997~1999년 사이에 진행된 베트남 하노이 국립대학과 일본 昭和大學 사학과 소
　　속 지질 전문가, 지형학 전문가, 고고학 전문가 등의 현지답사에 의하면, Thanh
　　Chiêm 지역에는 여전히 넓고 수심이 깊은 灣의 흔적이 분명히 남아 있다고 한
　　다. 기타 문헌 자료에 나타난 기록을 보충하여 생각해 본다면, 이곳이 바로 응우
　　옌 쭈어의 수군 기지였을 가능성이 높다.
15] Lê Quý Đôn, *Phủ biên tạp lục*, p. 50.

켜 상품경제를 발전시킨 배경으로 작용하게 되었다. 그것은 바로 내적인 동인動因들endogenous factors이 대규모의 항구와 도시로 출현하게 된 것인데, 대표적인 사례가 바로 호이 안의 경우였다. 200여년을 지나면서 호이 안은 당 쫑 지역의 가장 중요한 대외경제 중심지 entrepôts가 되었으며 동아시아 교류─무역 네트워크 내에서의 중요한 국제 항구 중의 하나로 거듭났다.[16] "국내 정치 상황과 결부되어 발전한 대외무역은 베트남인들이 새롭게 멀리 이주해 간 해안 지역에서 교역항이 발전할 수 있는 동력을 제공했으며, 동시에 미처 본격적인 발전을 경험하지 못했던 남부 변경 지역에 왕국이 건설되어 안정화될 수 있는 여건을 제공하기도 했던 것이다."[17]

또 한 가지 주목해야 할 점은 응우옌 호앙, 응우옌 푹 응우옌 등이 정권을 잡고 있을 때, 동아시아 무역 시스템도 발전하게 되었다는 것이다.[18] 이 시기는 동아시아 지역 국가들의 황금시대golden age였다. 그래서 응우옌 호앙은 국내의 경제를 공고히 하면서 대담하게 정권의 흥망을 걸고 대외 무역에 뛰어들 결심을 하게 된 것이었다. 그것을 응우옌 쭈어들의 생존을 위한 선택이었다고 볼 수 있다.[19] 당 쫑은 상업경제의 발달로 당 응오아이와는 구별되는 독특

16] Andre Gunder Frank, *ReOrient : Global Economy in the Asian Age*, University of California Press, 1998, p. 98 ; John K. Whitmore, "Vietnam and the Monetary Flow of Eastern Asia, Thirteenth to Eighteenth Centuries", *Precious Metals in the Late Medieval and Early Modern Worlds*, edited by Richards J. F. and N. C. Durham, Carolina Academic Press, 1983, pp. 380~388.

17] Charles Wheeler, "One Region, Two Histories-Cham Precedents in the History of the Hô An Region", Nhung Tuyet Tran and Anthony J. S. Reid, *Việt Nam Borderless Histories*, The University of Wisconsin Press, 2006, p. 169.

18] Anthony Reid, *Southeast Asia in the Age of Commerce 1450~1680*, Yale University, New Haven and London, 1988 ; Li Tana, Anthony Reid, *Southern Vietnam under the Nguyen-Documents on the Economic History of Cochinchina(Đàng Trong) 1602~1777*, Australia National University, Institute of Sotheast Asian Studies, Singapore, 1993 참조.

한 발전을 모색하게 되었는데, 이와 같은 당시 일반적인 발전 모형으로의 신속한 편입은 거의 모든 동남아 국가들의 공통적인 특성이기도 했다. 그러므로 공업과 상업의 경제를 바탕으로 한 응우옌 쭈어들의 정책은 이전 찌엠 항의 지위를 회복시켰다. '파이포Faifo'(Hải phố-Hội An)라는 이름은 동아시아 지역뿐만 아니라 더 먼 지역의 다국적 상인들에게도 친숙한 장소가 되었다. 그러나 호이 안 이외에도, 참파 시대부터 전통을 갖고 있던 중부 지역의 항구 시스템은 새로운 사회 환경 속에서 다시 부활했다. 그 중에서 타인 하Thanh Hà(Huế), 느억 만Nước Mặn(Bình Định) 등은 독립적으로 발전한 교역항이었으며, 호이 안과 상보관계를 형성하고 있기도 했다. 실제, 생산과 개발의 중심지들과 함께 협력 체제를 구축하고 있던 중부의 교역항들은 국제 무역항 호이 안을 조절하는 역할을 하면서 연결 고리를 만들어 내었던 것이다.

덧붙여서 말해야 할 것은, 명明 성조成祖의 명령을 받은 정화鄭和(1371~1433)가 1405~1433년에 해당하는 15세기 초반의 28년 동안 함대를 지휘하여 서방으로 갔던 일이다. 7차례의 여행에서 정화는 난징에서부터 함대를 출발하여 푸젠福建을 거쳐 찌엠 타인Chiêm Thành(占城) 항구에 도달했었는데, 이 항구는 바로 티 나이로 보는 것이 타당하다. 정화는 이 항구 도시에서 함대를 동남아, 서남아, 아프리카 등의 각국으로 파견했다.[20] 이처럼, 선박 제조기술과 항해 지식이 당

19] Li Tana, *Xứ Đàng Trong-Lịch sử kinh tế-xã hội Việt Nam thế kỷ XVII và XVIII*, Nxb. Trẻ, Thành phố Hồ Chí Minh, 1987 ; Phan Khoang, *Việc sử xứ Đàng Trong*, Nxb. Văn học, 2001 참조.

20] Geoff Wade, "The Zheng He Voyages : A Reassessment", Asia Research Institute, *Working Paper Series*, No. 31, October, 2004 ; Dương Văn Huy, "Những đợt thám hiểm của Trịnh Hòa đến Đông Nam Á", *Tạp chí Nghiên cứu Đông Nam Á*, số 2 (77), 2006.

대부터 흥기하여 송대에 들어 와서 발전하다가 명대明代(1368~1644)에 이르러서 더욱 진보함에 따라, 아시아 각국의 많은 대규모 선단들은 반드시 종래의 전통적인 해상 루트를 따르지 않아도 될 수 있는 상황에 이르렀다. 무역선단들은 중국 남부나 일본에서 곧바로 동남아 각 항구에 다다를 수 있었다. 그래서 중부의 항구 중에서도 호이 안은 타 지역의 대규모 경제 중심지와 직접 연결되는 교류-무역의 요추부가 되었던 것이다.

16세기 후반부터 17세기 초반에 중상주의적 주장을 견지하던 당 쫑이 해양체제海洋體制로 전환되면서, 철저하게 해양 개척 전통을 발휘하여 해양의 무역과 문화 교류를 발전시켰다.²¹ 무역에 기초한 경제만이 살아남아서 발전할 수 있다고 생각하여 수공업 생산지의 기반을 굳건히 하고 자원 개발에 관심을 기울였던 응우옌 쭈어는 교역항들을 보호하고 활동 영역을 확장시킬 수 있는 다양한 수단을 갖고 있었다. 찐-응우옌의 충돌이 끝난 1672년 이후, 응우옌 쭈어는 남부 지역 개발에 착수했다. 동 나이Đồng Nai 강과 메콩Mekong 강 지역까지 영향력을 확대하여 농업경제의 잠재력을 개발하고자 했던 푸 쑤언Phú Xuân 정권은 중남부와 남부에 있는 항구들의 발전 가능성에 큰 기대를 걸고 있었다. 실제로 이후의 역사는 18세기에 이르러, 타인 하, 호이 안, 느억 만과 함께, 동 나이, 사이공Sài Gòn, 하 띠엔Hà Tiên 등지의 각 항구는 모두 중요한 교역항이 되어, 당 쫑 정권의 세력 강화에 기여했음을 보여준다. 1618~1622년 시기 당 쫑에 살았던 선교사 보리Cristophoro Borri의 평가에 따르면, 해양 무역에 힘입어 "쭈어는 자신이 마련한 상품에 대한 세금, 항구세 등을 통해 많은 이윤을 얻었고, 나라 전체도 말할 수 없는 커다란 중간 이익을 획득했다"

21] Trần Quốc Vượng, "Mấy nét khái quát lịch sử cổ xưa về cái nhìn về biển của Việt Nam", *Biển với người Việt cổ*, Nxb. Khoa học Xã hội, Hà Nội, 1991, p. 20.

고 한다.[22]

당 쫑의 다양한 관계를 형성해나가고 있을 때, 가장 먼저 코친차이나 지역에 도착한 이들은 포르투갈의 상인과 선교사이다. 포르투갈 상선은 1515년부터 파이포를 방문하기 시작하여 1540년에 이르러서부터는 이 항구를 정기적으로 찾아오게 되었다.[23] 17세기 전반이 되어, 아시아의 상인들뿐만 아니라, 포르투갈·스페인·네덜란드·영국 등 거의 모든 유럽의 무역 강국들이 호이 안을 찾아 왔다.[24] 아시아 각국들과 함께, 중국과 일본의 상인 집단은 당 쫑 정권과 거래를 하는 과정에서 많은 우대를 받았다. 베트남 역사상 16~17세기만큼 대외 경제가 폭넓고 다양한 관계를 형성하면서 발전, 흥성할 수 있었던 시기는 없었다고 할 수 있다. 당시의 거의 모든 경제 강국들이 당 쫑과 경제 관계를 형성했던 것이었다.

유리한 지리적 위치와 개방적인 정책 이외에도, 호이 안은 상당

22] Cristophoro Borri, *Xứ Đàng Trong*, Nxb. Trẻ, Thành phố Hồ Chí Minh, 2003, p. 90.

23] Pierre-Yves Manguin에 의하면, 포르투갈은 1516년 배를 보내 참파 항에 이르게 했고, 1623년에는 정식으로 적당한 선박을 골라 참파 항을 방문하게 했으나, A. Lamb에 따르면, 이러한 관계는 모두 지속적이지 못했다. 포르투갈인은 1540년부터 정기적으로 파이포를 찾아 왔으며, 심지어 몇몇 포르투갈인들은 이 항구에 오랫동안 체류하기도 했다. Pierre-Yves Manguin, *Les Portuguese sur les côtes du Vietnam et du Campa*, Ecole Fraicaise d'Extrême-Orient, Paris, 1972, p. 3 ; Alastair Lamb : *The Mandarin Road to Old Hue*, Clarke, Irwin & Co. Ltd, Toronto, 1970, p. 19.

24] 1613년부터 당 쫑과 교섭을 한 바 있는 영국 상인들은 꼰 다오에 상점을 건설하는 것에 주력했다. 네덜란드 선박은 1613년과 1617년에 당 쫑을 방문했으며, 1633년에는 비단을 사서 일본으로 재수출하려는 생각으로 호이 안에 상관을 설립했으나 일본 상인과 격렬한 경쟁에 직면해야 했다. 게다가 그들은 당 응오아이와 연계되어 있다는 응우옌 쭈어의 의심을 사기까지 했다. 1654년에 이르러 네덜란드인은 당 응오아이에 집중하기 위해 호이 안에서 철수하여 63년간 (1637~1700)의 활동을 이어나갔다. 서구 상인들 중에서도 포르투갈 상인들은 응우옌 쭈어의 각별한 우대를 누렸다. 1650~1651년 시기에 매년 4~5척의 배가 마카오에서 당 쫑을 방문했으며, 이 선박들은 100,000 tael에 해당하는 300톤의 화물을 운송할 수 있었다.

히 많은 양의 후추·계피·침향·실크·사탕 등과 각종의 귀중한 광물
자원을 공급할 수 있는 잠재력이 풍부한 곳이었기 때문에, 국제 상
인 그룹에 대한 막강한 흡인력을 발휘할 수 있었다. 찌엠 항이 쇠퇴
하면서부터, 호이 안은 급속히 부흥하여 동남아 무역의 거대한 중심
지가 되었다. 지역을 연결하는 센터로서의[25] 호이 안은 고아Goa(인
도), 아유타야Ayutthaya(태국), 말라카Malacca(말레이시아), 바타비아Batavia
(인도네시아), 루손Luzon(필리핀) 등과 함께 대만, 마카오Macao, 샤먼廈門
(중국), 데지마出島(일본), 부산(한국)과 관계를 형성하여 비교적 상당히
굳건한 무역 시스템을 만들어 내었다.

　아시아의 상인들과 함께 참파 시기부터 이미 중부의 교역항들과
긴밀한 관계를 맺고 있던 중국, 일본, 태국, 진랍眞臘, Chân Lạp, 파타니
Pattani, 자바Java, 마닐라Manila 등의 상인들은 16~17세기에 이르러 호
이 안과 중부의 다른 항구들을 정기적으로 방문하여 교역하게 되었
다. 램A. Lamb이 인용하고 있는 보이어Thomas Bowyear의 관찰에 의하면,
1695년 무렵 매년 10~12척의 중국 상선이 호이 안을 찾아왔다고 한
다.[26] 그러나 에도Edo 정권(1600~1868)이 중국 상선의 일본 내왕을 제
한하자, 1740~1750년 시기에 당 쫑에 이르는 화상華商의 선박 수는
매년 대략 80척씩 증가해 나갔다. Oost-Indische Compagine en
Quinam(꽝 남Quảng Nam 동인도회사)에서 네덜란드 상인 W. J. M. Buch
또한 "이처럼 많은 중국 상인들이 꽝 남을 방문하는 이유는 그곳에
서는 각국 및 인근 지역과 교역할 수 있는 중심지를 발견할 수 있기
때문이다. 후추는 팔렘방Palembang, 파항Pahang 그리고 기타 지역으로

25] Sakurai Yumio, "Thử phác dựng cấu trúc lịch sử Đông Nam Á thông qua mối
liên hệ giữa biển và lục địa", *Tạp chí Nghiên cứu Đông Nam Á*, số 4, 1999, pp.
37~55.

26] Allastair Lamb, *The Madarin Road to Old Hue*, p. 52.

부터 들여올 수 있다. 보르네오산 장뇌樟腦, 소방목蘇方木, 상아, 조자기粗瓷器 등도 예로 들 수 있다. 남는 물건이 무엇이라도 있으면, 그들은 꽝 남의 후추, 상아, 조미료, 백두구白荳蔻 등을 더 살 수 있다. 그렇게 해서 그들의 배는 물건을 가득 실은 채 중국으로 돌아간다"라고 생각했다.[27]

조직적인 중국인들의 생산 기술, 교역 활동, 그리고 다양한 정보 획득 능력을 잘 파악한 응우옌 쭈어는 내부의 힘을 증강시키기 위해 화상, 일본, 아시아 기타 지역 상인들의 세력을 이용했고, 이렇게 외부의 힘을 내부의 힘으로 전환시켜 국제관계 속에서의 아시아—유럽, 동—서의 평형추를 만들어 내고자 했다. 게다가, 교역 경험과 관련 지식이 있는 화상들이 당 쭝에 가져온 물건들은 항상 현지의 소비구매력에 부합했던 것이다. 그래서 화교 상인은 세관 업무나 교역 관련 장소 및 범위에 있어서 늘 응우옌 쭈어의 우대를 받았다. 그러한 응우옌 쭈어의 정책은 이후 응우옌Nguyễn 왕조(1802~1945) 시기에도 일반적으로 계승되었다.[28]

부언하면, 16~18세기에, 특히 명조明朝가 붕괴된 1644년 이후, 무엇보다 동남부의 각 성에 살고 있던 중국인들은 동아시아 인근의 각국으로 대대적인 이주를 단행했다. 이러한 이주의 과정을 통해 화교 공동체가 각 도시와 교역항에 집중적으로 형성될 수 있었다. 화상 단체 또한 각 지역의 활동 영역에서 갈수록 중요한 역할을 담당하게 되었다. 그러는 사이, 동아시아 교류—무역 네트워크 내에서

27] M. J. Buch, *Oost-Indische Compagnie en Quinam*, Amsterdam, H. J. Paris, 1929.

28] Choi Byung Wook, "The Nguyen Dynasty's Policy toward Chinese on the Water Frontier in the First Half of the Nineteenth Century", Nola Cooke and Li Tana Ed., *Water Frontier-Commercial and the Chinese in the Lower Mekong Region*, *1750~1880*, Rowman & Littlefield Publishers, INC, Singapore University Press, 2004, pp. 85~100.

의 인도인들의 위치는 점점 희미해져 갔다. 그러나 곧 그들을 대신
하여 점차로 등장하게 된 무역 집단이 바로 유럽의 동인도회사였다.
강력한 해상 세력, 신식 무기, 풍부한 물자 등으로 기반을 둔 유럽의
상인들은 역사가 보여주는 바와 같이 동아시아 지역 시장에 깊숙이
뛰어들어 현지의 상인 그룹과 이권 쟁탈전에 참여하게 되면서, 지역
구도라는 측면과 경제적 측면, 특히 잠재력이 풍부한 전략적 위치를
갖고 있는 경제 부분을 통해 각 상인 집단 사이의 대결confrontation과
협력cooperation이라는 국면을 형성해 내었다.

일본은 초반에 베트남 연안 정탐과 '오해'로 인한 군사 충돌[29]을
겪기도 했지만, 17세기 초반에 이르러 에도 정권이 권력을 잡게 되
자 정식으로 당 쫑과의 관계를 수립했다. 그때부터 쇄국정책을 실시
할 때까지(1639~1853), 일본의 주인선朱印船들은 '꽝 남 국'의 중요한 고
객이 되었다.[30] 이처럼, 중국 상인과 함께, 17세기 초반 동아시아 교
류—무역 시스템에는 새로운 상인 집단이 출현하게 되어, 여러 지역
시장에서 경제적 잠재력은 더욱 커지고 적극적인 활동이 조장되는
효과가 나타났다.[31] 1619년 쭈어 응우옌 푹 응우옌은 일본과의 관계

29] 일본 연구자 岩生成一에 의하면, 1578년 倭寇가 당 쫑 영해에 이르러 銅, 鐵, 陶器
를 꽝 남으로 운반하고 있던 중국 상인 陳ศ松의 상선을 노략질했다고 한다. 岩生
成一, 『朱印船と日本町』, 至文堂, 1962, 15쪽. 베트남 사료인 『Đại Nam thực lục
tiền biên』도 1585년의 사건을 기록하고 있는데, Shirahama Kenichi는 대선단을
지휘하여 Cửa Việt에서 해적 행위를 하다가 2척의 배가 응우옌 푹 응우옌 지휘하
는 10척의 베트남 수군에게 격퇴당했다. 당 쫑 수군의 격렬한 공격에 직면한
"Kenichi는 두려워서 도망쳤고 (…중략…) 그때부터 해적의 노략질은 다소 잠잠해
졌다". Đại Nam thực lục tiền biên, p. 32.

30] Kawamoto Kuniye, "The International Outlook of the Quang Nam(Nguyen) Regime
as Revealed in Gaiban Tsuusho", *Ancient Town of Hoi An*, pp. 159~170.

31] Kato Eiichi, "Shuinsen Licence Trade and the Dutch in Southeast Asia", *Ancient Town
of Hoi An*, pp. 209~217. 朱印船 시기(1592~1635)의 일본은 이미 동남아에 있는 18개
의 국가나 지역과 관계를 형성하고 있었다. 1604~1635년 시기의 통계에 따르면,
총 365척의 朱印船이 동남아와 대만을 방문했다. 그중 87척이 당 쫑에 왔고, 37척

를 친밀히 하기 위해 여식을 아라키 소타로Araki Sotaro라는 일본 상인에게 시집보내고, 화상뿐만 아니라 일본인들에게도 회관會館을 설립하고 일교日僑 거리를 조성하도록 하여 화교華僑와 마찬가지로 오랫동안 교역에 종사할 수 있도록 도와주었다. 그 외에도 응우옌 쭈어는 그들의 자주적인 경영권, 대표자 선거권을 보장해주면서, 일본의 문화 전통, 풍속, 법률에 의거하여 교역 활동을 처리하고 교민 사회를 관리할 수 있도록 했다. 그것에 따라, 1633~1672년 동안 6명의 일본인들이 교대로 그러한 중책을 맡게 되었다. 그들은 일본인 공동체의 세력자로서 응우옌 쭈어의 신뢰를 얻었던 것이다.[32]

응우옌 쭈어가 경제—사회 제도, 정치적 독립 등과 같은 당 쫑에서의 자기 권력을 공고히 하면서 주권을 굳건히 보호하고, 인근 지역의 국가들과 함께 해적의 위험을 제거하여 국제 교류—무역의 안정적인 환경을 조성하는 데 기여하자, 일본 정권과 기타 지역의 상인 집단은 당 쫑의 주권에 대해 보다 명확한 인식을 가지게 되었으며 지역 구도에서의 강력한 정권으로 인정하게 되었다.

그런데 한동안 활발한 무역 활동을 전개하다가 1635~1639년에 이르러 여러 가지 원인 때문에 쇄국정책을 실시하게 된 도쿠가와 정권은 주인선朱印船이 외국으로 가는 것을 불허했다. 그러자 직후에는

이 당 응오아이에 왔다. 이처럼, 베트남에 내왕한 주인선의 수는 朱印船 숫자의 1/3에 육박한다. 그것은 일본에게 있어서 베트남 시장과 지역 교류—무역 관계의 중요성을 보여준다. 실제, 15세기부터 류큐왕국은 동남아의 태국 및 기타 국가들과 관계를 형성했다. 베트남과의 관계를 언급한 최초의 기록인 『歷代寶案』은 1509년을 그 기점으로 잡고 있다. 일본의 상인들은 동남아와 관계를 맺게 되는 16세기 후반에 이르러 중국과 류큐 상인들의 방대한 지식과 경험을 계승했던 것이다. *Nguyễn Văn Kim, Chính sách đóng cửa của Nhật Bản thời kỳ Tokugawa-Nguyên nhân và hệ quả*, Nxb. Thế Giới, Hà Nội, 2000 참조.

32] Nguyễn Văn Kim, *Quan hệ của Nhật Bản với Đông Nam Á thế kỷ XV~XVII*, Nxb. Đại học Quốc gia Hà Nội, Hà Nội, 2003, pp. 143~144.

화상 그룹이 동아시아 시장을 점령해 버렸다. 당 쫑 시장에서 막대한 중간이득을 취할 수 있었던 광저우, 푸젠福建, 하이난海南 출신의 많은 화상은 부유한 대경영가가 되었다. 쇄국정책의 영향 속에서도, 화상 집단은 네덜란드 상인(그리고 어느 정도의 동남아 상인)과 함께 일본과 베트남 및 동남아 시장의 무역 관계를 계속 유지시키는 데 중요한 역할을 했던 것이다.[33]

응우옌 쭈어는 각 무역 집단들과 서양 세력을 상대하여 국제 관계에 얽힌 복잡한 문제들을 처리하는 과정에서도 항상 주도적으로 응분의 권리를 획득할 수 있었다. 풍부한 정보를 갖고 있던 푸 쑤언은 늘 동인도회사 상인 집단의 역량과 당 쫑에 대한 그들의 야망, 그리고 상인 세력과 국가 세력의 의견 불일치 상황 등을 잘 파악하고 있었다. 그래서 응우옌 쭈어는 경제 능력을 개발하거나 이권 쟁탈을 위한 각축, 충돌의 장이 될 수도 있는 당 쫑 지역의 정치적 불안 요인을 제어하기 위해 서양 강국 간의 세력 균형을 유지시킬 수 있는 방법을 찾곤 했다. 따라서 응우옌 쭈어는 네덜란드 동인도회사VOC가 당 응오아이와 긴밀한 관계에 있다는 것을 알고 있어도 일정 기간 동안은 네덜란드 선박의 호이 안 내왕을 유지시켰다. 게다가, 응우옌 쭈어는 무기를 구입하고 중국산 재화를 얻기 위해 포르투갈과 비교적 친밀한 관계를 맺고 있었지만, 이 나라의 상인들이 무역에 있어서의 독점권을 행사하지 못하도록 했다. 실제, 세력균형 정책이나 중립화 전략이 채택될 수 있었다. 보리에 따르면, 응우옌

33] John Cleinen, "Về những người bạn cũ và những kẻ thù giả mạo : Quan hệ của Hà Lan với Đàng Trong thế kỷ XVII", *Sư tử và Rồng-Bốn thế kỷ quan hệ Hà Lan-Việt Nam*, Nxb. Thế Giới, Hà Nội, 2008, pp. 17~36 ; Nguyễn Văn Kim, "Vị trí của Phố Hiến và Domea trong hệ thống thương mại Đàng Ngoài thế kỷ XVI~XVII", *Sư tử và Rồng-Bốn thế kỷ quan hệ Hà Lan-Việt Nam*, Nxb. Thế Giới, Hà Nội, 2008, pp. 79~94.

쭈어는 서양 각국 상인들을 위해 많은 주의를 기울이며 해안의 정박지와 투 본 강 하구 지역을 준비했다고 한다. 1621년에 쓴 『코친차이나Xứ Đàng Trong』에서, 보리는 "당 쫑의 쭈어는 어떤 국가에 대해서도 문을 닫지 않고 자유롭게 외국 상인들에게 개방하니, 네덜란드 상인도 다른 나라의 상인들과 마찬가지로 배에 막대한 물자를 싣고 찾아왔다"라고 논평했다. 그는 또한 "당 쫑 사람들의 방침은 세계 어떤 나라에 대해서도 두려움을 표시하지 않는 것이다. 실로 중국 황제의 경우와는 완전히 정반대이다. 이 분은 모든 것을 두려워하여, 문을 닫아걸고 외국이 들어오지 못하게 하고 장사도 못하게 한다"라는 사실도 덧붙여 알려주었다.[34]

적지 않은 상인과 선교사에 대한 불평과 같은 모순이 없었던 것은 아니었지만, 무역으로 인한 이익과 서양의 과학·기술·문명에 대한 요구 때문에, 응우옌 쭈어는 유럽인들이 계속해서 당 쫑에 올 수 있는 조건을 형성해 주었던 것이다. 적지 않은 경우 그들의 재능은 중용되었다.[35]

이상에서 언급한 방법들과 병행하여, 당 쫑 정권은 주권을 옹호하고 경제 이익을 보호할 목적으로 선무사船務司, Ty tàu vụ를 세워 외국 선박과 상선을 주시하고 수출입 세를 받았다. 『무변잡록Phủ biên tạp lục』에서 레 꾸이 돈은 각국 상선에게 적용하는 세율에 대한 구체적인 정보를 알려 주고 있다. 선무사는 선박의 배수량과 수출입 화물의 양 및 종류에 따라 세금을 부과했다. 그런데 또한 응우옌 쭈어는 세관 제도를 통해 몇몇 나라의 상인들에게 호의를 보이기도 했다.[36] 중요한 것은 모든 외국 상인들과 선주船主들이 응우옌 쭈어의

34] Christophoro Borri, *Xứ Đàng Trong*, pp. 92~93.

35] Alexandre de Rhodes, *Hành trình và truyền giáo*, Tù sách đại kết, Tp Hồ Chí Minh, 1994.

무역 관리 방법인 세관 제도를 준수하면서 계속해서 당 쫑에 선박을 보내고 싶어 했다는 점이다. 200여 년 동안, 호이 안은 국내, 동아시아, 서구의 많은 상인들이 내왕하는 곳이었지만, 여기에서 어떤 심각한 충돌이나 '경제 전쟁'과 같은 국면은 발생하지 않았다. 그 점에서, 우리는 푸 쑤언 정권과 꽝 남 영진營鎭이 항구 도시 호이 안을 관리하는 영향력과 능력에 대해 추론할 수 있다. 다자적 관계를 표방하는 개방적인 정책과 엄중한 세관 제도의 실시는 응우옌 쭈어에게 실질적인 힘을 가져다주었던 것이다. 당 쫑 정권은 다방면의 정치적 압력과 외국 상인들의 밀수, 탈세 등에 대항해야 했지만, 강인한 민족의식으로 권력을 행사하여 완전한 경제·정치 주권을 확보할 수 있었다.

4. 결론

역사적으로 동아시아 각국 간의 교류−무역 시스템은 매우 일찍부터 확립될 수 있었다. 한대부터 시작하여, 당대에는 '세계를 연결하는' 시스템이 되었고, 송대·명대·청대淸代(1644~1910)에는 다양한 방법과 수준으로 발전, 흥기하여, 동아시아의 거의 모든 국가가 이 지역의 교류−유통 시스템 안으로 편입되었다. 결과적으로, 그러한 다양한, 다방면의 관계는 경제 성장력을 촉진시켜 각국의 견문 범위를 넓혔을 뿐만 아니라 지역 전체의 고른 발전에도 크게 기여했다. 그것은 또한, 서구 상선단의 출현으로 동서의 교류−무역 시스템이 확립

36] Lê Quý Đôn, *Phủ biên tạp lục*, p. 65. 응우옌 쭈어 시기의 세관 제도에 대한 분석에 대해서는 Vũ Minh Giang, "The Japanese Presence in Hoi An", *Ancient Town of Hoi An*, pp. 199~208.

되기 이전에, 원래 특유의 수단과 원칙에 의거하는 교류─무역 네트워크, 문화 교류, 방교 등의 전통이 존재했음을 증명한다. 이러한 교류의 유산은 이후의 여러 단계를 거치면서 여러 나라의 발전에 대해 의미를 가지게 되었다.

중국과 같은 전통적인 경제 센터의 역할과 인도, 서아시아 경제의 동아시아 지역 발전에 대한 적지 않은 영향력을 고려할 때, 각국 안의 내재적 관계와 각 지역 간의 국가를 연결하는 관계가 항상 중요한 의미를 갖고 있었다는 사실을 잊어서는 안 된다. 실제, 그러한 관계들은 내생적인 힘과 대응 능력을 창출하여, 외부의 경제적·사회적 동인을 받아들여 전화轉化시켰다. 그러한 규율을 갖고 있는 운동 원칙은 개항기 이전의 거의 모든 동아시아 경제에서 체현體現되었다. 결과적으로, 호이 안이나 당 쫑에서뿐만 아니라, 다른 동아시아 지역에서도 새로운 많은 교역항이 출현했다. 전통적으로 형성된 각종의 정치·군사 도시와 함께, 항구 도시city-ports라고 부를 수 있는 새로운 유형의 혹은 모형의 도시도 형성되었다. 16~18세기에 적지 않은 항구 도시가 비교적 독립적인 발전에 도달하여, 자율적인 매커니즘을 작동시킬 수 있었다. 많은 항구 도시가 외부와 교류하기 위한 중심적인 통로 역할을 했으며 국가 경제의 혈맥血脈이었다. 그래서 16~18세기 동아시아 여러 나라들의 경제에는, 상업경제, 그 중에서도 무역은 주목할 만한 비중을 차지하고 있어서, 주도적인 경제 부문이었다고 말할 수 있을 정도였다. 따라서 우리들은 아시아 여러 민족의 본질을 인식론적으로나 경제─사회적으로나 순수한 농업사회 혹은 농업정체라고 부를 수 없는 것이다. 그것은 또한 자본주의 경제의 맹아와 상품경제의 운동이 그 사회에서 용납되어, 이후의 상품경제와 새로운 공업 생산의 진전을 위한 일정 조건들을 준비하고 있었다는 의미를 갖고 있다.

당 쫑을 통해 발달된 응우옌 정권의 무역 경제는 새롭게 면모를 일신하며 실질적인 역량을 축적할 수 있었다. 게다가, 주요한 경제적 기반으로서의 상업경제에 대한 선택은 당 쫑 지역에 새로운 발전 모형을 만들어 내었다. 실제, 상업 경제의 잠재력에 의지하여 변화해 가는 시대의 발걸음을 인식할 수 있었던 응우옌 쭈어는 대담하게 당 쫑을 세계경제의 시스템으로 끌어들였다. 그 덕택으로, 비교적 짧은 시간에, 당 쫑은 강성한 체제, 즉 동남아 지역의 커다란 무역 센터가 되었던 것이다. 아울러, 응우옌 쭈어들은 교류—무역 관계를 통해 많은 국가들과 우의友誼, 방교 관계도 확립할 수 있었다. 말하자면, 16~18세기 호이 안의 발전은 다음과 같은 네 가지 요소가 모여 만들어 낸 결과물이다.

① 유리한 지리적 위치
② 풍부한 경제적 잠재능력
③ 시의적절하고 적극적인 지침과 정책
④ 유리한 지역적, 국제적 환경

네 가지 요소 중에서 하나라도 부족했다면, 호이 안은 발전은커녕 급속히 쇠퇴했을 것이다. 그 외에도, 당 응오아이와 정치적으로 대립하고 주변국들의 다양한 압력을 감수하면서 국제 정치, 경제 상황의 변화에 직면해 있던 당 쫑은 병력 증강에 뛰어들어 강국 건설에 매진했음을 보아야 한다. 당 쫑에 응결된 문화적 흔적들과 함께 발전된 교류—무역 관계는 바로 그러한 경제, 정치, 다방면의 동인들이 빚어낸 결과였다. 적지 않은 국가들과의 관계 속에서, 경제는 앞으로 한걸음을 내디디면서 방교 관계의 길을 열었다.

경제적·사회적 방면에서, 무역 경제의 힘은 광범위한 국제 교류

와 그로 인해 급속하게 부유해진 새로운 계층들을 출현시켰다. 주
목할 만한 것은 상인 그룹뿐만 아니라 군주 체제 하에서 일하는 관
리들도 대외 경제 활동으로부터 많은 권리를 향유할 수 있었다는
사실이다. 그러한 현상은 다른 동아시아 각국과 서로 비교해 볼 때,
전통 베트남 경제의 '아시아적 특성'을 명확히 보여주는 요소이다.
실제, 관료 계층의 존재는 경제 활동을 조장하기도 했고, 무역 경제
의 적극적인 요소들을 쇠퇴시키거나 심지어는 무효화시키기도 했
다. 게다가, 시국이 변화함에 따라, 16~17세기의 사회에도 새로운
관념, 가치, 사상 그리고 종교가 출현하기 시작했다. 경제 활동에는
일종의 경영 개념이 도입되어, 신상품은 수요자와 외국 상인들의 요
구에 부응하게 되었다. 중요한 것은, 많은 생산품이 원래는 내지의
요구로부터 비롯된 것이었는데, 이제는 '국제화'를 통해 무역 시장
에서 높은 가격으로 팔려나갔다는 점이다. 일국 내의 소비 상품이
수출 상품으로 바뀌는 현상은 많은 경제 부문에 새로운 활력을 불
어넣는 급격한 성장의 동인動因을 만들어 내었다. 아울러, 18세기 후
반과 19세기에 이르러서도 전통적인 관계에 의존하면서 무역상의
이익을 노리던 베트남 상인들은 여전히 많은 동아시아 시장에서 대
단히 적극적으로 활동하고 있었다.[37] 이따금씩 각국 간에 심각한
긴장이 발생하는 정치적 관계와는 달리, 교류—무역 관계는 일상의
필요한 요구와 마찬가지로 유지되어, 각각의 경제 주체들을 연결시
켰다. 베트남·태국·자바·중국·인도 등지의 상인들은 서구 상인층
과 함께 항구에서 계속해서 교역을 진행했다. 그들은 여전히 교역

37] Puangthong Rungswasdisab, "Siam and the Contest for Control of the Trans-Mekong Trading Networks from the Late Eighteenth to the Mid-Nighteenth Centuries", Nola Cooke and Li Tana Ed., *Water Frontier-Commercial and the Chinese in the Lower Mekong Region, 1750~1880*, pp. 102~110.

을 위해 물건을 도시와 고산 지대로 가져와서 상아, 후추, 물소 뿔, 사슴 가죽, 귀한 목재, 각종 임산 자원, 쌀, 소금, 은, 동 그리고 주석 등으로 교환해 갔던 것이다.

이처럼, 서양 국가들이 대포와 전함을 사용하여 강제로 동아시아 각국을 개항시키기 전에도 코친차이나 지역의 호이 안에는 개항의 시대가 실재實在했다고 말할 수 있다. 주목할 만한 것은 바로 주동적이고, 자발적인 개항이었다는 점이다. 그러한 개항의 과정은 프랑스가 1858년 무력으로 다 낭을 침공했을 때의 강제적인 개항과는 근본적으로 다른 내용과 성격을 가지고 있었다. 다 낭은 응우옌Nguyễn 왕조의 교역항인 동시에 중요한 군항이었지만, 멀리 떨어지지 않은 찌엠 항, 즉 위대한 항구 호이 안은 이미 수세기 동안 참파 왕국과 응우옌 쭈어들에게 잠재능력이 최고로 풍부했던 '국항國港'이었던 것이다.

譯 : 윤대영(인하대 한국학연구소 HK 연구교수)

2부 기억의 정치

상하이는
어떻게 중국 근대문화의 중심이 될 수 있었는가

위앤 진

18세기에 상하이上海가 앞으로 중국문화의 중심이 될 것이라 예언한 사람이 있었다면 그는 바보 취급을 당했을 것이다. 이때 상하이는 행정구역상에서 쑹장부松江府에 속하는 하나의 자그마한 도시에 불과했다. 상하이의 문화는 종래로 전국적으로 중요한 위치를 차지한 적이 없었을 뿐만 아니라 강남문화권江南文化圈에서도 그다지 주목받지 못하는 존재였다. 그러나 백 년이 지난 후, 상하이 개항으로부터 계산하면 50여 년이 지난 후 상하이는 중국의 문화 중심으로 성장했다. 이는 무엇 때문인가? 왜 다른 도시가 아니고 상하이가 문화 중심으로 될 수 있었는가? 이는 연구의 가치가 있는 문제이다.

우선 지리적 원인을 찾아볼 수 있다. 중국 지도를 펼쳐보면 근대 중국에서 가장 풍요로운 지역이 동남연해와 중부의 창장 유역임을 알 수 있다. 상하이는 이 두 지역의 교차점에 놓여 있다. 상하이는 훌륭한 항구를 갖고 있을 뿐만 아니라 중국 최대의 강인 창장長江이

袁進. 상하이 푸단(復旦)대학 중문과 교수.

바다로 흘러드는 입구에 놓여 있어 내지와도 뱃길로 연결된다. 명 청明淸시기 장수江蘇·저장浙江 두 성은 이미 중국에서 경제가 가장 발 달한 지역의 하나였으며 학술과 사상이 활발히 꽃피는 곳이었다. 이곳의 사상가, 학자, 작가는 전국적으로도 유명하여 중국의 사상, 학술, 문화를 이끌었다. 이처럼 경제와 문화가 발달한 지역이었기에 앞으로 거대한 문화시장을 형성할 수 있었다. 훗날 상하이가 급속 히 발전한 것은 배후에 있는 장쑤·저장 두 성의 경제·문화적 지지 와 갈라놓을 수 없다.

다음 역사적 원인을 찾아볼 수 있다. 아편전쟁阿片戰爭 이전, 상하 이는 중국에서 가장 쉽게 서방의 영향을 받을 수 있는 곳이었다. 명 나라 때에 이미 상하이에는 대량의 천주교도가 있었다. 통계에 의 하면 당시 강남에는 5만 명의 천주교도가 있었는데 이중 4만 명이 상하이에 있었다. 이때로부터 상하이는 줄곧 천주교의 중요한 선교 기지가 되었다. 외국의 천주교 선교사들은 상하이를 그들의 튼실한 후방으로 여겼다. 옹정雍正이 선교를 금지한 후, 선교사 난화이런南懷 仁('페르비스트'의 중국 이름)은 상하이 푸둥浦東에 숨어 선교를 계속하였 다. 1787년 병으로 죽을 때까지 난화이런은 이런 선교활동을 이어 갔다. 상하이는 이처럼 일찍 서방의 영향을 받았으며 이 영향은 18 세기 하반기까지 이어졌다. 이는 상하이가 개항이후 서방문화를 쉽 게 접수하는 데 중요한 영향을 미쳤다.

상하이 자신이 갖고 있는 문화적 특징도 하나의 원인이다. 상하이 는 개항 전부터 중요한 항구였다. 개항 전 상하이의 문화적 지위는 쑤저우蘇州, 양저우揚州보다 낮았다. 가경嘉慶 시기로부터 상하이의 문 화에는 새로운 변화가 나타나기 시작했다. 새로운 변화는 소설 「허 디엔何典」과 궁 즈전龔自珍의 출현에서 엿볼 수 있다. 「허디엔」은 당시 에 풍미했던 고상한 문화에 대한 반역이었다. 궁 즈전의 「을병지제

쇄의乙丙之際瑣議」와 「임규지제태관壬葵之際胎觀」은 그의 전집에서 가장 반역성이 두드러진 문장이다. 이 작품들은 근대의식을 띄고 있다. 「허디엔」이 출판 정지를 당하고 왕 치쑨王芑孫이 궁 즈쩐을 질책하는 데로부터 우리는 이런 새로운 변화가 아직은 그 힘이 미약함을 알 수 있다. 그러나 쑤저우, 창저우常熟, 자싱嘉興, 항저우 등 주변의 도시 들에서는 이런 변화가 나타나지 않았다. 왕 타오王韜는 "상하이는 서 양인이 들어오기 전부터 문화가 바뀌기 시작했다"고 말했다. 상하이 의 전통적 문화는 개항 전부터 해체되기 시작하였으며 그 가운데서 근대의식이 싹트고 있었다. 이런 새로운 변화가 나타날 수 있었던 것은 상하이가 무역발전에 의한 상업적 특성을 띠었기에 전통문화의 기초가 박약하고 봉건전제제도의 압력이 상대적으로 느슨했기 때문 이다. 이는 서양문화를 수입하는 데 유리하였다.

그러면 이와 같은 조건들은 어떻게 유기적으로 결합되어 근대 상 하이의 독특한 문화 환경을 만들었는가? '중국인과 서양인이 잡거' 하는 조계지의 형성과 이 조계지가 갖고 있는 '치외법권治外法權'에 특 별히 주목해볼 필요가 있다.

상하이가 근대화된 국제대도시로 성장한 것은 여러 가지 원인이 있겠지만 '중국인과 서양인이 잡거'하는 조계지의 존재는 빼놓을 수 없는 조건이다. 개항 이후, 대량의 외국인이 상하이에 들어와 토지를 구매하여 건물을 짓고 무역을 하였다. 때문에 초대 상하이 주재 영국 영사는 상하이 당국에 외국인 전용 거주구역을 제공해 줄 것을 요구 하였다. 청 정부는 봉건적 통치를 수호하기 위하여서는 '중국인과 외 국인을 따로 거주시킴'으로써 중국인과 외국인의 접촉을 최소화하는 것이 좋다고 생각하여 영국의 이 요구를 수락하였다. 1845년 11월 29일 '상하이토지장정上海土地章程'이 공포됨으로서 식민주의자들의 상 하이에서의 거주지 '조계'가 건립되었다. 이듬해 상하이 다오타이道

臺[1]와 영국 영사는 협약을 체결하여 영국인의 거주지를 800무畝로 규정하였다. 이후 영국조계는 부단히 확대되어 1848년에는 2,820무에 이르렀다. 프랑스도 영국을 따라 1,000무에 이르는 조계지를 얻었다. 이 정도 크기의 조계지여야 새로운 근대적 도시를 건설할 수 있었다. 청 정부가 조계를 내준 목적은 중국인과 외국인을 분리시키려는 것이었다. 그러나 상하이 소도회小刀會의 봉기는 청 정부의 이런 계획을 수포로 돌아가게 하였다. 봉기를 일으킨 소도회가 상하이 현성을 점령하자 돈 있는 피난민들이 조계지로 들어가 외국인들에게 보호를 요청함으로써 중국인과 외국인이 잡거하게 되었으며 조계는 규모가 더욱 확대되었다. 중국인과 외국인의 잡거는 조계지에 있는 외국인들에게 돈벌이 기회를 제공하였다. 경제적 이익은 조계지의 외국인들로 하여금 중국인이 조계에 거주하는 것을 환영하게 하였으며 부패한 청 정부는 이런 흐름을 막을 힘이 없었다. 중국인과 외국인의 잡거를 승인하는 수밖에 없었다. 이런 과정에서 상하이 조계는 중서문화中西文化가 결합된 독특한 문화양식을 탄생시켰다. 중국인과 외국인이 잡거함으로써 조계지는 염가의 노동력을 확보하여 대공업을 발전시킬 수 있었으며 상품 소비자를 확보할 수 있었다. 상하이에 앞서 마카오澳門, 광저우에 건립된 외국인 거주지에서는 중국정부가 주권을 행사했다. 중국인과 외국인이 잡거하면서 외국인이 '치외법권'을 가진 곳으로는 상하이 조계가 처음이다. 이것만으로도 상하이 조계는 중요한 의의를 지닌다.

'중영난징조약中英南京條約'에서 규정한 5개의 통상항구 중에서 상하이는 제일 마지막에 있다. 그러나 상하이는 중국인과 외국인이 잡

1] 다오타이는 재정과 양식을 관리하는 部政使와 형사사건을 관리하는 按察使로 나뉜다. 오늘날의 副省長에 해당한다. 중국의 부성장은 한국의 부도지사와 비슷하다.

거한 첫 번째 조계이다. 본래 중국과 서방 사이의 무역은 광저우를 중심으로 진행되었다. 건륭乾隆 18(1753)년 상하이의 관세수입은 광저우의 7분의 1밖에 되지 않았다. 아편전쟁 이후, 영국도 초기에는 광저우를 중국 내지로 들어가는 교두보로 삼으려 하였다. 영국은 여러 차례나 '중영난징조약'에 근거하여 광저우에 진입하고자 하였으며 광저우 즈푸知府2] 류 쉰劉潯도 이에 동의하였다. 그러나 광저우의 민심이 이를 허용하지 않았다. 광저우의 민심은 상하이와 달랐다. 류 쉰이 영국인이 광저우에 들어오는 것에 동의하였다는 말을 전해들은 수천명의 군중들은 류 쉰이 있는 관아를 포위하였다. 류 쉰이 황급히 도망가자 분노한 군중들은 류 쉰의 관복을 찾아 불살라버렸다. 광저우 인민들의 반항은 량광총독兩廣總督 치 잉耆英도 놀라게 하였다. 통치의 필요 때문에 그는 영국인들에게 광저우에 들어오는 것을 한동안 미루어 달라고 하였다. 1847년 4월 영국 공사 데이비스Davis는 무력을 앞세워 광저우에 진입하고자 하였으나 당지 백성들의 완강한 저항에 직면하였다. 그는 량광총독 치 잉으로부터 2년 후에 광저우에 들어오는 데 동의한다는 밀약을 받고 행동을 멈췄다. 치 잉은 조정에 올리는 상주문에서 "광저우는 민심이 사납다", "광저우 백성과 외국인은 도저히 함께 살 수 없다", "외국인이 광저우 성안에 들어간다는 말을 들으면 분노하지 않는 백성이 없으며 그 기세가 사람을 잡아먹을 듯하다. 아무리 잘 구슬려도 전혀 변화의 기미가 보이지 않는다"는 등의 말로 자신의 고충을 털어놓았다. 때문에 아편전쟁 이후에도 무역은 지난 한 세기와 마찬가지로 영국인과 광저우인들 사이에 적대감이 사라지지 않은 조건에서 이루어졌다. 광저우에 거주하는 외국인의 수는 세 배로 늘어났지만 그들

2] 부지사. 명·청시대 부의 장관을 말함.

의 거주지는 21에이커acre에 지나지 않았다. 그중 17에이커에는 이미 건물을 건축한 상태였다. 이외 더 얻은 이익이라면 세 개의 무역회사를 새로 건설한 것이었다. 광저우와 서방 사이의 무역이 이렇게 별다른 진전을 보이지 못하자 그 지위와 중요성이 이내 상하이에 뒤지게 되었다. 10여 년 뒤인 제2차 아편전쟁이 끝날 때에야 영국은 광저우에서 조계지를 얻을 수 있었다. 그러나 면적이 44에이커에 지나지 않았으며 외국인 전용 거주구역으로서 중국인과 잡거할 수 없었다. 조계의 규모가 작고 중국인과 외국인이 잡거할 수 없었기에 번화한 상업거리를 세울 수 없었으며 자본주의 공업도 발달할 수 없었다. 따라서 문화의 발전도 상하이의 조계와 비교할 수 없었다. 광저우의 조계는 상업과 공업이 충분히 발달하여 근대적 도시로 변신할 수 없었으며 이곳에서는 중서문화가 융합되어 새로운 문화형식이 나타날 수도 없었다.

'중영난징조약'에서 규정한 5개의 통상항구에서 상하이는 맨 나중에 위치해 있다. 5개 통상항구에는 광저우 외에도 푸저우福州, 샤먼厦門, 닝뽀寧波가 있다. 푸저우는 좋은 항구였으나 푸젠성福建省의 상품 집산지에 불과했기에 무역액도 크게 증가가 없었다. 개항 4년간의 수입물품 총계가 765톤에 지나지 않았는데 이것도 대부분은 두 번째 해에 집중되었다. 푸저우 사람들도 침략자를 극도로 증오하였다. 영국인들은 푸저우에 들어가고자 하였으나 줄곧 기회를 찾지 못했다. 어렵게 영사관이 푸저우에 건립되었으나 당지 백성들의 공격을 받아 영사관 직원들이 집밖에 나다니지 못했다. 이렇게 무역을 하기도 어려웠으니 조계를 건립하고 중국인과 함께 잡거한다는 것은 생각도 할 수 없었다. 샤먼은 개항 이후 무역이 일정 정도 발전하기는 하였으나 상하이와 같은 규모에는 이르지 못했다. 외국인 거주지도 부두와 너무 멀리 떨어져 있어 무역활동을 하는 데 어려움이 있었

다. 그리고 샤먼도 푸젠성의 한 상품집산지에 불과하였기에 외국인
들은 샤먼에 심혈을 기울이지 않았다. 닝뽀는 저장 지역의 주요 상
품집산지가 아니었다. 저장의 명주실絲을 상하이에 운송하여 무역을
하였으며 찻잎이 많이 생산되었으나 이는 주로 국내에서 소비하지
대외무역으로는 쓰이지 않았다. 때문에 상하이는 처음으로 개항한
5개의 통상항구에서 발전이 가장 빠른 곳이 되었다.

　상하이는 중국에서 물산이 제일 풍부한 창장삼각주長江三角洲의 주
요 상품집산지이다. 철도나 도로와 같은 근대적 교통수단이 건립되
기 전에 이곳에는 사통팔달한 수로가 있었다. 광활한 해상 수로가
있었을 뿐만 아니라 넓은 창장 수로가 있었으며 강남수향江南水鄕을
이어주는 크고 작은 내륙하천에 의해 생성된 수로가 있었다. 영국
침략자들은 이곳에서 자유롭게 활동했다. 상하이 사람들은 외국인
이 현성에 들어와 거주하는 데 거부감이 적었으며 상하이는 또 광
저우처럼 무역활동에 종종의 제약이 따르지도 않았다. 외국인들은
하루에도 몇 개의 마을을 돌아다니며 무역을 할 수 있었다. 일찍 아
편전쟁에서 이름을 떨친 영국 상인 댄디는 중영 두 나라가 협약을
체결하기도 전에 이미 황푸강黃浦江 옆의 13.8무의 땅을 ‘영구 임대’
하였다. 1무당 15,000원의 보증금을 냈으며 해마다 1,500원의 임대
료를 냈다. 당시 1,500원은 은 한 냥에 해당했다. 영국 영사는 상하
이 다오타이와 조계협정을 체결할 때 보상금 액수 기준을 이 사례事
例에 따라 정하였다. 이 염가廉價의 규정은 훗날 광저우를 비롯한 기
타 지역의 조계협정에도 그대로 적용되었다.

　광저우와 비교할 때 상하이는 외국인에 대한 배척의식이 약했다.
상하이는 작은 어촌으로부터 비교적 큰 규모의 항구도시로 발전해
왔다. 외지인이 상하이로 이주해 와 당지의 토착민들과 어울려 살
면서 도시가 확장되었기에 상하이는 다른 도시보다 개방적이었으며

배타적이지 않았다. 상하이의 사대부들은 명 말기 청에 반대하여 투쟁하는 가운데서 이미 민족정신을 절반 이상 소모하였으며 청 건립 이후 중앙정부의 의식적인 탄압을 받아 청 말기에 이르러서는 영웅기개英雄氣槪를 찾아보기 힘든 온순한 '양민良民'으로 변해 있었다. 상하이의 사대부는 이미 민중을 인도하여 적과 투쟁할 용기와 능력을 상실했었다. 그러나 광저우는 달랐다. 광저우는 백성들이 사나워 자발적으로 침략자에 저항할 용기가 있었다. 중국 역사상에서 광둥지역은 배외의식이 비교적 강한 곳이다. 외지 사람들이 이주해 와 몇 백 년을 살아도 '객가인客家人'으로 불리며 당지의 토착민들과 하나로 융합될 수 없었다. 광둥의 사대부들은 또 민중을 이끌어 외적의 침략을 반대하는 투쟁에 나설 용기가 있었다. 아편전쟁 시기 삼원리三元里 103향鄕 백성들이 자발적으로 '평영단平英團'을 조직하여 영국군과 싸운 것은 그 일례이다. 광저우 인민들은 당지 사대부의 인도 아래 '사학社學'란 반침략 조직을 결성하였다. 이들은 대량이 자금과 인원을 모아 영국침략자들과 대항함으로써 서방식민주의자들의 광저우 진입 시간을 늦추었다. 이는 동시에 광저우의 중서문화 교류를 지연시키기도 하였다.

마르크스는 아편전쟁 이후 서방식민주의자들의 침략을 받는 중국을 보고 "인구가 세계 인구의 삼분의 일을 차지하며 광활한 영토를 갖고 있는 제국이 시세를 따르지 못하고 현상에 안주하여 있다. 세계와 고립되어 홀로 있으면서 세계 제일이라는 꿈을 꾸고 있다. 이런 제국이기에 죽음을 맞이할 수밖에 없다. 이번 전투에서 부패한 세계의 대표는 도덕에 기초한 원칙을 준수하며 가장 모던한 세계의 대표는 싸게 사서 비싸게 파는 특권을 위하여 싸운다. 이는 비극이 아닐 수 없다. 시인의 환상에서도 이처럼 비극적인 소재가 나타날 수 없다"라는 말을 한 적이 있다. 침략과 반침략의 투쟁 속에

서, 자본주의 신문명과 봉건전제주의 구문명의 싸움 속에서 광저우
의 인민들은 용감하였다. 그러나 광저우 인민들의 용감함은 결과적
으로 광저우에서 봉건전제제도를 지속시켰다. 상하이 인민들은 비
겁하였으나 그 후과는 서방자본주의 신문명이 들어와 봉건전제제도
가 해체되는 것으로 나타났다. 역사의 발전은 도덕이라는 기준으로
평가할 수 없음이 여기에서 입증된다.

조계지는 중국에 무엇을 제공하였는가? 우선 안전이다. 상하이
현성 사람들은 소도회 봉기 때 조계지에 대량으로 몰려들었다. 그
들이 세든 집이 가격에 비하면 아주 초라한 것이었으나 안전을 위
하여서는 조계지에 머물러 있었다. 저장·장쑤의 상인들도 안전을
위하여 돈을 조계지의 서양기업에 투자하려 하였다. 중국관헌의 착
취를 피하기 위하여 일부 중국기업들은 서양인을 대리인으로 내세
웠다. 고향을 떠난 농민들은 취업기회가 많은 조계로 몰려들었다.
유신혁명을 부르짖다 청 정부에 쫓기는 사람들도 '치외법권' 때문에
조계로 숨어들어왔다. 민국이 건립된 후 청나라에서 관리를 하던
사람들도 조계에 들어왔다. 조계는 민국의 통치를 받지 않았기에
민국관헌의 탄압을 피할 수 있었던 것이다.

다음, 조계는 자유롭게 활동하고 발전할 수 있는 환경을 제공하
였다. 조계는 공업, 상업, 금융업 등 근대적 경제활동의 발전에 유리
하였다. 조계지의 중국인들은 이주와 활동의 자유가 있었다. 공상
업의 발전에 유리한 이런 '자유'는 중국의 다른 곳에는 없었다. 조계
내의 세금도 적은 것이 아니었으나 이곳에서는 액수가 명확히 정해
져 있었으며 수금도 공개적이었다. 일정한 한도의 세금을 납부하면
조계 당국은 자본주의 상업규칙에 따라 정상적인 상업 활동을 보장
했다. 중국에서 흔히 보는 관헌의 행정적 관여라든가 가렴잡세가
없었다. 이는 돈 있는 중국인들이 조계지에 투자하는 주요한 원인

이었다.

이외 조계의 서방문화도 중국인들을 유혹했다. 개항 초기, 도시의 중심은 옛 현성에 있었다. 조계지는 황량한 논밭이었다. 그러나 십여 년이라는 짧은 시간에 새로운 근대적 도시가 조계지에 건립되었다. 넓은 도로, 밝은 가로등, 청결한 거리, 상하수도의 공급, 우아한 서양식 건물, 각종 오락시설 등은 옛 현성에 없던 것이었다. 조계의 선진문명은 많은 중국인을 조계로 끌어들였을 뿐만 아니라 주변의 중국인 거주 구역에도 영향을 미쳤다.

조계가 비약적으로 발전할 수 있은 것은 중국의 봉건제도가 자본주의 발전을 저해했기 때문이다. 조계를 제외한 중국의 다른 곳은 조계 내부보다 더욱 어둡고 부패하여 자본주의가 발전할 수 없었다. 중국인들이 조계 당국에 세금을 바치면서도 그 세금이 어디에 쓰이는지 몰랐지만, 세금을 중국 관헌에 바쳤을 때에도 모르기는 마찬가지였다. 중국의 백성들은 종래로 왕공귀족王公貴族들과 같은 차에 타 본 적이 없었으며 같은 곳에서 생활해 본 경험이 없었다. 그러나 조계에서는 이것이 가능했다. 중국인들이 조계의 불평등과 민족적 기시를 참을 수 있은 것은 당시의 중국은 어디에 가도 불평등과 계급적 기시가 있었기 때문이다. 루 쉰魯迅이 말한 바와 같이 역사를 돌이켜 보면 중국의 백성들에게는 노예가 되는 것과 노예가 되고자 하였으나 그마저 될 수 없는 두 가지 길밖에 없었다. 노예가 될 수 없는 백성들에게 조계는 노예가 될 수 있는 환경을 마련해 주었다. 중국인의 노예가 되든 외국인의 노예가 되든 노예가 된다는 그 자체는 같은 것 아닌가?

치외법권은 상하이로 하여금 전형적인 반식민지사회가 되게 하였으며 상하이에서 외국자본의 권익을 보호하여 이들의 발전에 양호한 환경을 마련해주었다. 중국의 다른 도시들보다 우월한 투자환

경이 마련되었기에 항일전쟁 전까지 동북삼성을 제외하면 외국자
본이 중국과 진행한 수출입무역과 상업의 81.2%, 금융투자의
76.2%, 공업투자의 67.1%, 부동산의 76.8%가 상하이에 집중되었다.
상하이 조계는 면적이 컸기에 외국상인들이 조계 내부에 공장을 건
설하여 새로운 근대적 공업기술을 들여올 수 있었으며 이런 근대적
대기계제 생산은 주변의 중국인 거주지에도 영향을 미쳐 전반 상하
이의 공업이 신속히 발전하도록 하였다. 1933년 상하이의 공업총생
산액은 11억 원에 이르러 전국 공업총생산액의 절반에 달하였다.
20세기 초엽에 상하이는 이미 세계 10대 도시의 하나가 되었으며
중국의 경제중심으로 성장하였다.

　치외법권이 있었기에 상하이는 '중국 속의 외국'으로 변하였다.
상하이에는 중국의 봉건적 가치기준이 있었을 뿐만 아니라 서방식
민주의 가치기준도 있었다. 이 중에서 후자가 결정적 작용을 하였
다. 서방식민주의는 자본주의 단계를 거쳤기에 중국의 봉건전제통
치에 불만을 품었으며 중국에서 싹트는 자본주의적 사상에 대해 지
지를 표했다. 중국에서 자본주의를 발전시키기 위하여 봉건전제제
도에 반대하는 유신지사維新志士들을 보호하기도 하였다. 1919년 이
전 상하이 조계에는 '신문출판법'이 없었으며 청이나 민국의 신문법
도 인정하지 않았다. 중국의 다른 도시 같으면 해당 법률이 없을 지
라도 정부를 반대하는 신문이 나오면 엄벌할 것이나 '법치法治'를 중
시하는 상하이 조계에서는 '신문출판법'이 없으니 언론활동이 더욱
자유로웠다. 청 말기, 상하이 조계는 중국에서 정부를 욕하고도 탄
압을 피면할 수 있는 몇 안 되는 곳의 하나였다. 무술변법戊戌變法 이
후 자희태후慈禧太后가 캉 여우웨이康有爲를 잡아들이라고 엄포를 내리
자 캉 여우웨이는 상하이로 도망하였으며 상하이 주재 영국 영사는
캉 여우웨이를 숨겨주었다. 상하이 다오타이가 백방으로 수색해 보

앗으나 캉 여우웨이를 찾을 수 없었다. 얼마 후 영국은 아예 캉 여우웨이를 배에 실어 홍콩에 보냄으로써 청 정부의 추적에서 벗어나도록 하였다. 이와 동시에 청 정부의 수배범인 황 쭌셴黃遵憲도 조계의 보호를 받고 있었다. 상하이 다오타이는 군대를 보내 황 쭌셴이 거주하는 집을 포위하였으나 감히 들어가 잡지는 못했다. 상하이 주재 영국 영사는 청 정부와의 교섭을 통하여 황 쭌셴에 대한 수배를 풀고 그를 고향인 광둥으로 보냈다. 자립군기의自立軍起義 주요 지도자의 한 사람인 궁 차오龔超는 봉기가 실패하자 상하이 조계에 들어와 숨었다. 청 정부는 조계에 들어가 체포할 수 없으니 사람을 시켜 궁 차오를 조계 밖으로 유인해내어 체포하였다. 궁 차오 친구의 구원 요청을 받은 조계 당국은 청 정부의 행위가 조계의 주권과 거주민의 안전을 위협했다고 항의하였으며 궁 차오를 조계에 다시 불러들여 재판한 뒤 무죄 석방시켰다.

상하이 조계는 중국의 봉건전제통치를 반대하는 중요한 기지가 되었다. 차이 위안페이蔡元培는 "황 쭌셴 사건 이후 사람들은 상하이는 베이징 정부의 힘이 미치지 못하는 곳이라 생각하여 분분히 이곳에서 연설회를 갖고『혁명군革命軍』과 같은 반정부적 서적을 출판하였다"고 말한 적이 있다. 탄 스퉁譚嗣同이 죽은 후 바오 톈샤오包天笑가 금서禁書인 탄 스퉁의『인학仁學』을 출판하고자 상무인서관商務印書館의 책임자 샤 루이팡夏瑞芳을 찾아가자 샤 루이팡은 당장에서 상무인서관은 조계에 있으니 청 정부의 금령이 두렵지 않다면서 대량으로 인쇄해주었다. 량 치차오梁啓超 등이 일본으로 도피하여 창간한『신민총보新民叢報』,『청의보淸議報』,『신소설新小說』등 간행물도 일본에서 상하이 조계로 운송하여 다시 전국으로 배포하였다.『신소설』는 이듬해부터 아예 상하이에서 꾸렸다. 량 치차오는 수배의 위험을 무릅쓰고 상하이에 다녀간 적도 있었다. 무술변법이 실패한 후, 탕 차이

창唐才常이 '정기회正氣會'를 세우고 '자립군自立軍'을 설립하거나 차이 위안페이, 장 타이옌章太炎 등이 '중국교육회中國教育會', '애국학사愛國學社'를 조직하고 '광복회光復會'를 건립하거나 탄 런펑譚人鳳, 쑹 자오런宋教仁이 '동맹회중부총회同盟會中部總會'를 성립하는 등 활동을 진행한 곳은 모두 상하이 조계이다. 당시의 지사들은 모두 조계에 대해 모순되는 생각을 갖고 있었다. 외국이 중국에서 영사재판권을 행사하는 것은 국가의 체면을 깎는 일이었으나 조계가 있음으로 하여 언론과 출판의 자유를 얻을 수 있었다. 조계는 자유와 굴욕을 동시에 가져다주었다. 물론 조계의 자유는 완전한 자본주의국가의 자유가 아니었다. 조계의 자유에는 두 가지 기준이 있었다. 청 정부의 태도가 강경할 때면 조계 당국도 적당히 양보를 하였다. 『소보蘇報』 사건이 그 일례이다. 그러나 이때에도 서방의 표준은 일정 정도 작용하였다. 장 타이옌은 청 정부의 법률에 근거하면 사형에 처할 것이었으나 조계 당국은 한동안 감옥에 가두었다 석방하였다.

이런 도시 환경 속에서 민주공화를 선전하는 소설, 인민들로 하여금 봉건전제통치를 반대하게 하는 소설, 청 정부의 부패상을 폭로하는 소설, 탐관오리를 처단하여 정의를 실현하는 소설, 제국주의 기업이 중국인 노동자를 학대하는 소설, 팔국연합군에 의해 백성들이 조난당하는 소설 등 다양한 소재를 다루는 소설들이 등장하였다. 이런 소재를 다루면서도 작가들이 생명의 위협을 느끼지 않았으며 출판사도 책임을 추궁당할 걱정을 하지 않았다. 중국의 근대문학작품은 대부분이 당시의 정치현실과 밀접히 연관된다. 봉건전제를 반대하거나 암흑한 현실을 폭로하는 것이다. 이런 작품은 상하이에서 출판되어야 작가가 안심할 수 있었다. 중국의 봉건전제통치는 자신에 반항하는 작품이 대량으로 산출되는 것을 방치하지 않았다. 정부는 모든 수단을 동원하여 자신의 통치에 위협을 주는 문학작품을 없애려하였다. 상하이의 자유로운 창작환경은 타지에서 싹트기 시작한 진보적 문학의 발전에 유리한 환경을 제공하였다. 청 시기에 현실을 풍자하는 소설『유림외사儒林外史』가 씌어졌으나 누구도 감히 이를 모방하여 풍자소설을 쓰지 못했다. 당시의 사회 환경이 풍자소설의 출현을 허락하지 않았던 것이다. 『유림외사』도 작가가 죽은 후에 출판되었다. 그러나 이런 풍자형식은 20세기 초엽의 상하이 조계에서 자신의 발전에 유리한 환경을 만나게 된다. 소설가들은 너도나도 풍자형식을 이용하여 현실을 비판하였는데 그 강도가『유림외사』보다 더욱 힘찼다. 『유림외사』는 청 이전의 조대朝代에 빗대어 현실을 풍자하였지 직접 청을 비판하지는 못하였다. 그러나 '견책소설譴責小說'은 직접 청 정부를 비판하였다. 청 말기에 광저우, 홍콩, 한커우漢口 등 다른 도시에서 출판된 소설들도 상하이 소설을 따라 배워 현실을 풍자, 비판하는 것이 있었는데 이것도 대부분이 조계가 있거나 청의 통치가 극히 박약한 곳에서 출판된 것이었다. 당시 베이징에서 출판된 소설은 그 풍격이 상하이에서 출판된 소설과 많이 달랐다. 특히 투쟁성과 반항성은 훨씬 약했다. 이는 도시의 문화환경이 작품에 영향을 준 결과이다.

상하이가 중국 근대문화의 중심이 될 수 있은 것은 그 지리적 위치와도 관계된다. 상하이는 중국에서 문화가 가장 발달한 장쑤·저장 두 성의 교차점에 위치해 있다. 청나라의 과거시험 관련 규정에 의하면 전국에서 즈리直隷, 장쑤·저장의 과거시험을 감독하는 관원은 쉬애정學政이라 불렀으며 이외 다른 지역의 과거시험을 감독하는 관원은 쉬애다오學道라 불렀다. 쉬애정은 쉬애다오 보다 한 급 높았다. 즈리는 수도首都의 소재지이며 장쑤와 저장은 문화가 발달하여 수험생이 많았던 것이다. 장쑤와 저장은 문화적 기초가 탄탄하였기에 상하이의 문화가 상품화되자 이들은 곧 거대한 소비시장이 되었으며 이는 또 역으로 상하이의 문화발전을 촉진하였다.

경제 발전에 따라 저장·장쑤와 광둥을 중심으로 하여 대량의 외지인이 상하이에 들어왔다. 이 중에는 상당한 문화수준을 갖고 있는 사람들도 적지 않았다. 이들이 들어오면서 상하이에는 거대한 문화시장이 형성되었다. 1890년대 해관海關의 통계에 의하면 당시 장쑤에서 문맹을 벗어난 남자는 전체 수의 60%를 차지하였으며 문인, 학자는 5~10%를 차지했다. 문자해독능력을 갖춘 부녀는 10~30%였으며 이중에서 시를 지을 수 있는 사람이 1~2%였다. 보다 구체적인 통계자료가 없어 이민자移民者들의 문화수준을 정확히 가늠할 수는 없지만 신문업의 발달로부터 이들이 상하이에 준 영향을 추정해볼 수 있다.

상업성 신문은 근대의 중요한 전파매체이며 외부에서 들어온 신생사물이다. 상하이의 신문업도 다른 도시와 마찬가지로 세 개의 발전단계를 거쳤다. 처음에는 외국인이 꾸린 외국어 신문이 나타났다. 독자도 외국인이었다. 그 다음은 외국인이 꾸린 중국어 신문으로서 독자는 중국인이었다. 마지막으로 중국인이 중국어로 신문을 꾸려 중국인에게 보였다. 신문은 상업성을 기초로 하였으며 거대한 소비시장을 요구하였다. 상하이 최초의 신문은 『북화첩보北華捷報』라는 외국인이 꾸린 외국어 주간週刊이었다. 얼마 후에는 『자림서보字林西報』라는 외국어 신문이 나타났다. 그 다음에는 『육합총담六合叢談』이라는 교회에서 꾸리는 중국어 잡지가 나왔으나 일 년 만에 정간되었다. 구독자가 너무 적어 교회에서 돈을 대야하는 것이 정간 원인으로 추정된다. 아니면 경제적으로 손실을 보지 않으면서도 교회의 주장을 선전할 수 있기에 교회로서도 정간하려 하지 않았을 것이다. 1860년대 이후, 이주민의 대량 유입은 상하이의 문화인구 총수總數를 증가시켰으며 다년간의 개항은 상하이 사람들에게 정보의 중요성을 인식시켰다. 이때로부터 상하이의 신문은 자체 운영이 가

능해졌다. 외국인이 꾸린 중국어신문『상하이신보上海新報』(1861),『교
회신보教會新報』(1868, 주간) 등 신문이 자체 운영으로 꾸려졌다. 1872
년 영국인 메이차가『신보申報』를 꾸린 동기는『상하이신보』가 돈을
버는 것을 보았기 때문이었다.『신보』는 초기에 600부밖에 팔지 못
하였으나 3년 사이에 발행량이 6,000부로 늘어나 이윤을 창출하였
다. 이는 상하이에 이미 신문 소비시장이 형성되었음을 보여준다.
이때로부터 중국인, 외국인을 막론하고 분분히 상하이에서 중국어
신문을 꾸렸으며 상하이는 전국에서 가장 영향력이 있는 신문 발행
기지가 되었다. 신문의 종류, 질, 수량에서 상하이는 모두 전국의 다
른 도시들을 멀찌감치 따돌렸다. 선교사들이 닝뽀에서『중외신보中
外新報』란 신문을 꾸린 적이 있으나 영향력이 아주 작았다. 훗날 이
들은 영향력 있는 신문을 만들려면 그래도 상하이에서 꾸려야 한다
고 했다. 선교사들이 서방 문화를 전파하는 동시에 교회 세력을 확
장하고자 베이징에서『중서문견록中西聞見錄』이란 월간지를 창간한
적이 있었다. 이 월간지는 창간과 동시에 사대부들의 강력한 저항
에 직면하여 얼마 견지하지 못하고 상하이로 발행처를 옮겼다. 철
도로 우편물을 나르기 전까지 신문의 전파 범위는 넓지 못했다. 그
러나 당시에도 대도시에는 사설 우체국이 있었다. 전국에 모두 있
는 것은 아니었으나 장쑤·저장·안후이安徽 등 상업이 번성하고 경제
가 발달했으며 수륙水陸 교통이 편리한 곳에는 우체국이 비교적 많
았다. 중소도시에도 우체국 분점이 있었다. 상하이의 신문은 중소
도시에서도 주문해 볼 수 있었다. 1880년대 쑤저우蘇州 주민들 중에
는 상하이의『신보』를 주문해 보는 사람이 있었다. 상하이의 신문
은 중국에서 문화가 가장 발달한 장쑤·저장을 소비시장으로 갖고
있었기에 얼마든지 판매가 가능했다.

민국초년, 야오 궁허姚公鶴는 아래와 같이 말한 적이 있다. "전국적

으로 볼 때 신문은 상하이에서 제일 먼저 발전하였으며 지금도 상하이의 신문은 선두를 달리고 있다", "상하이의 신문에 실리지 않은 소식은 믿을 수가 없다. 이것은 상하이의 신문이 자부할 수 있는 것이다. 그럼 이런 자격은 상하이 신문 자체의 노력에 의하여 이루어진 것인가? 아니면 외부에서 주어진 것인가? 나는 이렇게 생각한다. 첫째, 역사적으로 볼 때 상하이의 신문은 전국적으로도 제일 먼저 발전하였다. 둘째, 교통상에서 볼 때 상하이는 수륙교통이 발전함으로써 소식의 전파에 유리하다. 셋째, 상하이는 거대한 상업 항구로서 전국의 시선이 집중되어 있다. 이상의 원인으로 하여 상하이의 신문은 세상의 중시를 받았다. 상하이의 초기 신문은 모두 외국인에 의하여 꾸려졌으며 중국인은 외국인이 꾸리는 것을 보고 따라하였다. 때문에 상하이에서 신문이 발달하게 된 가장 큰 공신은 외국인이며 가장 중요한 원인은 국내 정치의 영향에서 벗어난 조계가 존재하였기 때문이라 할 수 있다."

　야오 궁허의 주장은 아주 적절한 것이다. 그러나 한 가지 문제점도 있다. 마카오澳門, 홍콩, 광저우의 중국어 신문은 상하이보다 빨리 출현하였다. 마카오와 광저우에는 아편전쟁 전에 이미 외국인이 꾸린 중국어 신문이 있었다. 그러나 이곳의 신문 종류와 발행량은 증가 속도가 느렸다. 마카오와 홍콩은 상하이보다도 더욱 큰 치외법권을 갖고 있었으며 이곳도 중국인과 외국인이 잡거하고 공상업이 발전하였으나 신문 발전은 상하이에 뒤졌다. 그것은 마카오, 홍콩, 광저우가 중국의 문화발달 지역과 멀리 떨어진 문화적 빈곤지역이었기 때문이다. 마카오나 홍콩에 이주해 간 사람들의 문화수준도 상하이보다 낮았기에 큰 규모의 문화시장이 형성되지 못했다. 때문에 아무리 꾸려보아도 몇 개의 신문에 지나지 않았다. 상하이가 갖고 있는 우월한 지리적 위치는 이로써 분명해진다. 상하이는 저장·

장쑤 문화권과 인접해 있었기에 대량의 문화인이 유입해 들어왔다. 그리고 편리한 수륙 교통은 상하이와 저장·장쑤의 각 지역을 연결해 놓았다. 때문에 상하이 일대에는 빠른 시간 내에 거대한 문화소비시장이 형성될 수 있었다.

신문의 발전은 기계 인쇄와 밀접히 연관된다. 상하이의 상공업 발전은 근대적 인쇄공업의 발전에 양호한 환경을 제공하였다. 거대한 문화소비시장은 신문, 서적 출판의 번영을 촉진하였으며 인쇄공업도 이에 따라 발전하였다. 통계에 의하면 1894년 상하이의 외자공업 중에서 인쇄업은 9.6%를 차지했으며 자본금은 93.6만 원에 달하여 의약, 연초, 음식업의 총합보다도 많았다. 이는 역으로 상하이의 막강한 문화실력을 보여준다. 이런 문화실력을 갖고 있었기에 상하이는 근대에 경성 베이징을 대체하여 전국의 문화중심이 될 수 있었다.

청의 지식인들은 과거시험을 통하여 관리가 되는 외에 두 가지 길을 걸을 수 있었다. 하나는 정부 관원의 막료幕僚가 되는 것이었으며 다른 하나는 사숙私塾에서 글을 가르치는 것이었다. 동광同光 시기에 이르러 또 하나의 생계를 유지하는 길이 나타났다. 상하이의 수많은 신문사와 서국書局이 지식인들에게 새로운 직업을 제공한 것이다. 이 새로운 직업은 막료로 있거나 사숙에서 글을 가르치는 것보다 더욱 많은 보수를 주었다. 장쑤·저장 일대의 과거에 낙방한 지식인들이 대거 상하이의 신문사나 서국에 모여들었다. 근대의 직업 소개는 많은 경우 동향인同鄕人을 통해 이루어진다. 신문사나 서국에 가 일하는 사람들도 자신의 동향을 불러들였다. 하여 줘 중탕左宗棠은 "장쑤·저장 일대의 문인 찌꺼기들은 다 신문사에 모여들었다"고 욕하였다. 근대 최초의 소설 전문지 『해상기서海上奇書』를 발행한 적이 있는 한방칭韓邦慶은 여러 차례나 과거에 낙방하였으며 또 막료로는 들어가기가 싫어 상하이로 와 『신보』의 편집을 맡았다. 리 보위앤李伯元이 상하이에서 저널리스트로 있을 때에 이르면 저널리스트의 지위는 크게 향상되었다. 때문에 리 보위앤은 정부에서 '경제특과經濟特科'에 응시하라는 요구도 거절하였다. 저널리스트 우 젠런吳趼人에게는 광고상인이 거액을 주면서 광고를 해달라고 한 적도 있었다. 이처럼 상하이 저널리스트의 지위는 크게 향상되어 있었다. 그러나 이때에도 내지의 생원生員들은 신문에 대해 부정적인 태도를 취했으며 신문사에서 일하는 것을 얕잡아보았다. 청 정부도 여론감독 역할을 하고 있는 신문기자들을 증오하였으며 이들을 '타락한 문화인(斯文敗類)'이라 불렀다.

새로운 문화환경은 일단 형성되니 정부의 권위와 내지 봉건세력의 배척에도 불구하고 자신의 정해진 궤도를 따라 발전해 나갔다. 당시 내지에서는 신문이란 무엇인지 몰랐으며 생원들도 신문에 실린 소식은 믿을 것이 못된다고만 생각했다. 그러나 상하이의 지식인들은 신문과 서양서적에 의거하여 자신의 지식구조를 변화시키고 대량의 새로운 정보를 획득하였으며 '과학'과 '민주'를 초보적으로 접수하였다. 하여 문화가 발달하였다는 장쑤·저장 지역도 차츰 문화상에서 상하이에 뒤지게 되었다. 『진링에서 책을 팔다金陵賣書記』에는 난징의 향시鄕試에 참가한 생원들이 책을 살 때 발생한 우스운 이야기들이 기록되어 있다. 예를 들면 『리 홍장李鴻章』이란 책 제목에 '傳'이라는 글자가 없다 하여 머리를 갸웃거리며 이 책은 아마도 서양 서적일 것이라 했다든가 생리生理 책을 보고 음탕한 도서라 생각하여 낮에는 부끄러워 못 사고 저녁에 나와 샀는데 그것도 입으로 달라고 말을 못하고 책을 손가락질 하였다는 이야기가 있다. 이런 것은 상하이에서는 이미 상식에 속하였다. 그러면 내지의 생원들은 왜 이렇게 폐쇄적이었을까? 개항 이전에는 쑤저우, 쑹장松江의 문화가 상하이의 문화에 영향을 미쳤으나 개항 이후에는 상하이의 문화가 반대로 쑹장, 쑤저우, 항저우, 창저우 등 고성古城의 문화에 영향을 주었다. 상하이는 중국 근대 문화계몽의 중심지로서 그 영향력이 저장·장쑤를 비롯하여 전국으로 퍼져나갔다. 중국을 부강으로 이끄는 길을 찾으려는 사람들은 모두 상하이에 몰려들었다. 상하이에서 이들은 근대문화에 의하여 계몽되었으며 진리를 찾고자 하였다. 캉 여우웨이는 홍콩에서 처음 서방의 문화를 접하였다. 그러나 그의 사상적 전변은 1882년 상하이 유람을 마치고 난 후였다. 상하이에서 캉 여우웨이는 강남제조국江南製造局 번역관에서 출판한 서양서적을 3천여 권이나 구입하였다. 이 서적을 통하여 캉 여우웨이는 서학에 눈을 뜨고 시야를 넓혀 변법유신變法維新의 길을 걸었다. 탄 스퉁, 장 타이옌도 캉 여우웨이와 비슷한 경험이 있다. 펑 궈이펀馮桂芬, 왕 타오王韜, 정 관잉鄭觀應 등도 상하이에서 사상에 중대한 변화가 발생하여 유신개량을 주장하게 되었다. 19세기의 중국 계몽학자들은 대부분이 상하이의 신문이나 서양서적과 직간접적으로 연관이 있다. 무술변법시기 상하이의 계몽사상은 이미 전국으로 전파되었으나 전란과 봉건사대부의 배척으로 말미암아 유신지사들은 여전히 상하이를 주요 기지로 삼아야 했다. 서방에서 유학한 경험이 있는 옌 푸嚴復는 '경자사변庚子事變' 당시 혼란을 피하여 상하이에 거주한 적이 있다. 이때 옌 푸는 『원복原福』 『군학사언群學肄言』, 『군이권계론群已權界論』, 『사회통전社會通诠』, 『법의法意』, 『명학천설明學淺說』 등 책을 번역 출판하였다. 무술변법이 실패한 후 차이 위안페이는 교육으로 백성을 계몽하겠다는 생각에 사오싱紹興 중서학당中西學堂에 교장으로 근무하였다. 그러나 이곳에서도 봉건세력의 배척을 받은 차이 위안페이는 부득이 교장을 사직하고 상하이로 들어갔다. 상하이에서도 그는 '교육구국'을 주장하였다. 전국 각지에서 모여든 청년들이 상하이에서 구국의 길을 찾았으며 외국 유학을 마치고 귀국한 사람들도 상하이에서 취직하고자 하였다. 상하이에는 대량의 지식인들이 모였다. 불완전한 통계에 의하면 1895년부터 1898년까지 유신파維新派는 전국 각지에서 40종의 신문을 발간했는데 그중의 27종이 상하이에서 발간되었다. '경자사변庚子事變', 민국 건립 이후에는 대량의 청 정부 관리와 사대부들이 신변 안전을 찾아 상하이에 들어왔다. 이렇게 여러 경로를 통하여 상하이에 모여든 지식인들은 상하이의 문화시장을 확대시켰다. 이들은 상하이의 문화를 변화시키는 동시에 자신들도 이 과정에서 변했다.

상하이가 중국 근대문화의 중심으로 성장할 수 있었던 것은 지리, 역사, 문화, 경제, 정치 등 여러 요소가 종합적으로 작용한 결과이다. 상하이는 중국에서 최초로 중국인과 외국인이 잡거하는 조계지를 세웠고 그 조계지의 특점을 최대한 활용하여 낙후한 봉건제도하의 중국에 자본주의로 통하는 창구를 내왔다. 이는 우연으로 보이기도 하지만 그 속에는 필연성이 내재해 있다.

譯 : 추이 허숭(중앙민족대학 조선언어문학학과 조교수)

해파문학의 전통

천 쓰허

'해파海派'라는 말은 원래 문화적 성격을 지닌 개념이다. 상하이上海 토박이들은 행동거지가 호방하거나 씀씀이가 크거나 혹은 큰소리치는 허풍이 센 성격을 묘사할 때 자주 "바다와 같은 위세(海威)"라는 표현을 썼는데, 생각건대 이 표현은 상하이 말의 '해만海灣'의 발음이 변하여 나온 것 같다. "해만"은 거대한 파도가 해안을 덮치듯 물결의 기세가 큰 것을 말한다. 이 표현을 때로 거물급 인물을 묘사하는 데 쓰기도 하였는데, 예컨대 "그 어른은 그야말로 바다와 같은 위세(海威)이다"라는 식으로 말하였다. 오늘날 '해위海威'라는 말은 이제 거의 쓰지 않고 그 의미로 '해파'라는 말을 대신 쓰는데, 연배가 좀 높은 계층에서는 어떤 사람의 성격이 호탕하거나 대범하거나 큰소리치는 면이 있는 것을 가리켜 "이 사람은 일 처리하는 풍모가 아주 '바다와 같은 격(海派格)'이다"라고 말하기도 한다. 이러한 표현을 문

---

* 陳思和. 상하이 푸단(復旦)대학 인문학원 부원장, 중문과 교수. 이 글은 陳思和의 「論海派文學的傳統」(『杭州師範學院學報』, 2002年 第1期)을 저자의 동의를 얻어 번역, 수록한 것이다.

학예술 분야에 쓴 것은 처음에는 회화 영역에서였고, 이어서는 희곡 영역에서였다. 문학 영역에서 이 표현이 정착된 것은 비교적 늦어 대략 20세기 30년대에 이르러서야 비로소 '해파' 문학을 말하기 시작하였다. 그러나 상하이라는 도시가 그러하듯, 그 역사적 풍모와 문화적 형상을 문학 창작에서 예술적으로 재현하고자 한 시도가 30년대에 들어서야 비로소 있었던 것은 아니다. 그것은 개항 이후 상하이 조계지의 생활 면모가 문학 창작에 영향을 미쳐 장기간에 걸쳐 점차적으로 이루어진 결과이다. 문학에서 이 표현이 가리키는 구체적인 함의는 상하이 사람들이 일반적으로 말하는 '해파'의 의미와 비교적 큰 차이가 있다.

1.

근대 상하이가 개항한 이후, 중서 문화의 충돌이 끊임없이 계속되면서 서방의 식민지 담론이 주도하는 이른바 '현대성'의 문화적 특징이 점차적으로 형성되었다. 전통문화적 관념에서 중국 문인들은 그러한 현대성의 역사에 대해 매우 복잡한 심경을 지니고 있었다. 오늘날 상하이 사람들이 항상 자랑으로 삼아 말하는 예전의 번영을 담고 있는 '가산家産' 역시 국권을 상실한 조계의 그늘 아래서 형성된 것이라는 점은 바로 그러한 일면을 보여준다.

반식민지半植民地의 통치자들이 진정으로 서방 문명의 기준에 근거하여 상하이를 새로 건조할 리는 없었다. 그들에게 필요한 것은, 하나는 식민지에서 종주국의 존엄한 형상을 유지하는 것이었고, 또 하나는 식민지를 그야말로 정욕의 낙원으로 변모시키는 것이었다. 전자는 그들로 하여금 식민지에 서방과 연결된 많은 문명적 설비를

세워 식민지를 문명과 발전의 표지가 되도록 하였고, 후자는 문명적
설비에 기형적인 원시적 욕망을 기탁하게 하였다. 마치 엄준한 대
가족의 규율 속에서 법도대로만 산 남자가 밖에 나가면 오히려 더
심하게 제멋대로 나쁜 행동을 다하게 되는 것과 같이, 법률이나 종
교적 규율의 금지 하에 있었던 일체의 정욕적인 요소는 식민지 영
토에서 본토보다 오히려 더 심하게 팽창될 수 있다.[1] 그러므로 상
하이가 서방의 모험가들에게 '동방의 마법의 도시'로 불릴 때 상하
이는 이미 자연스럽게 서방 문명의 정욕의 배설구로서의 기능을 담
당하게 되었고 서방의 모험 정신은 바로 이러한 갖가지 범죄적 욕
망의 자극 아래서 더욱 활기를 띠며 다채롭게 전개되었다.

　또 다른 한편에서 보자면, 식민지의 고유의 문화에도 여러 가지
약점이 있는데, 서방의 문명이 들어왔다고 해서 이들이 자연스럽게
소멸되지는 않는다. 약세에 놓여 있는 본토 문화의 입장에서 말하
자면 문화적 충돌에서 우선적으로 사라지는 것은 종종 그중에서도
정수가 되는 부분이나 혹은 전통의 핵심이 되는 부분이었고, 문화에
서 찌꺼기나 거품과 같은 부분은 도태되지 않을 뿐 아니라 오히려
순조롭게 강세를 지닌 문화의 정욕 체계에 녹아들어 그 또한 하나
의 이국적인 정취로 간주되면서 다른 방식으로 지지를 얻고 있었다.
이것이 바로 아시아 지역에서 미성년 성매매, 첩실, 마약, 도박, 미

1] Betty Peh-T'I Wei가 『上海 : 現代中國的熔爐』에서 지적한 바와 같이, 이러한 외래
　의 이질적인 요소는 그 원래의 문화 전통, 즉 기독교를 중심으로 한 정통적 가치
　체계에서도 이단이라고 할 수 있는데 예컨대 끝없는 세속적 욕망의 추구와 상업
　주의 같은 것이다. Betty Peh-T'I Wei, *Shanghai : Crucible of Modern China*, Oxford
　University Press, 1987, p. 1 참고. 실제적으로 중국과 서방의 교류의 역사에서
　그러한 사례가 존재한다. 하나의 사상이 그 본토에서 회의적으로 받아들여지거나
　배척당하게 되면 외부에서 그 발전의 길을 모색하게 되는 법이다. 당대 서방은
　자신의 환경을 보호하고 자원을 절약하고자 하는 사상의 주도 하에 외부의 자원
　을 탐색 하고 외부에서 자원을 탈취하게 되는데, 이는 다른 나라에서는 자원의
　남용과 환경의 파괴로 나타난다.

신 등 아주 국보급이라 할 만한 문화적 현상이 경제가 발달한 이후에도 여전히 뿌리 뽑히지 않는 원인 가운데 하나이다. 욕망은 경제적인 모험과 번영을 부추겼고 또한 온갖 정욕이 아무런 제어 없이 기형적으로 팽창하여 전형적인 동방 식민지문화의 기이한 경관을 이루었다. 이러한 문화가 상하이라는 동방의 도시에서 더욱 발전할 수 있었던 것은 상하이라는 곳이 지리적으로 동쪽 해안의 한 구석에 자리잡고 있어 원래부터 국가 권력의 통제가 엄준하게 행해지는 곳이 아니었고, 또 그 자체의 전통문화적 토대도 그리 깊지 못하였을 뿐 아니라, 경제적 개발로 인한 인구의 유동으로 사방의 온갖 지방 민간문화가 모두 약세문화의 신분으로 새로운 문화 형성에 참여하였기 때문이다. 그러므로 서방의 강세문화가 유입될 때 본토의 엘리트 문화로부터 어떠한 방해도 받은 적이 없었던 것은 이러한 이유에서이다.

이 문화적 특징이 문학예술 창작에 반영되어 '해파' 문학의 가장 큰 특색을 이루었는데, 그것은 바로 번영과 부패가 하나가 된 문화적 유형이다. 강세문화는 거침없고 호전적인 기세로 충만하여 나약하고 부패한 약세문화를 침범하였는데, 그 파괴의 과정 속에서도 새로운 생명이 다시 싹터서 문명의 찬란함과 죄악이 서로 끊을 수 없는 악연으로 얽혀들게 되었다. 해파문학의 연원을 논할 때 우리는 이러한 두 측면의 문화가 한 몸을 이루는 현상을 벗어나서는 말하기 어려운데, 이는 또한 '악의 꽃' 현상이라고 말할 수 있다. 그러나 상하이는 보들레르가 그렸던 파리와 다르다. 파리는 원래부터 세계 문명의 발산지로서 그 죄악과 찬란함의 꽃이 그 자체 내에서 자라났으므로 그 안에는 자본주의 문화가 태생적으로 지니는 강세적인 특성이 있다. 즉 주동적이면서 단일한 경향은 타자에 대해 침범을 감행하는 성격을 구성한다. 그러나 상하이라는 이 동방의 땅에서

싹튼 악의 꽃은 본토와 외래의 이질적인 문화가 뒤섞여 있는 토대
에서 자라난 것이다. 번영과 부패가 하나가 된 문화적 틀에서 수용
과 영합, 굴욕과 희열, 찬란함과 부패가 동시에 생겨났다. 본토 문화
는 전통의 억압을 뚫고 폭발하여 생의 욕망을 향수하고자 하였고,
외래문화 또한 마찬가지로 이질적인 환경의 강렬한 자극으로 폭발
하여 자신의 욕망을 마음껏 분출하고자 하는데, 이른바 해파 도시
문학은 바로 이 두 욕망이 결합되어 만들어진 독특한 문화적인 개
성을 지닌다.

2.

문학이 이러한 복잡한 문화적 현상을 대면할 때 문학이 드러내는
형상은 언제나 의미가 모호하고 색채가 애매하다. 근·현대 중국의
현대화 과정에서 서방 문명은 줄곧 지식인들이 추구하고 바라마지
않는 목표였는데, 이는 지식인들이 계몽을 추진하는 데 있어 요원하
면서 아련한, 그리고 아름다운 참조 대상이었다. 그러나 해파문학에
서 현대화의 이미지는 훨씬 복잡하고 모호하다. 19세기 말기의 해파
소설 『상하이의 꽃 열전海上花列傳』(한 방칭韓邦慶)으로부터 20세기 중기
시정소설市井小說 『팅즈젠의 형수亭子間嫂嫂』(저우 톈라이周天籟)에 이르기
까지 이들은 상하이의 갖가지 기녀를 주제로 한 고사로 하나의 계열
을 형성하고 있는데, 이들 소설에서 가장 매력적인 부분은 작가가
쓰고 있는 언어가 모두 부드럽고 애교 넘치는 것으로 유명한 쑤저우
蘇州 방언(吳 방언)이라는 점이다. 이는 일종의 퇴폐의 소리로서 상하
이의 색정의 장소는 일찍이 이 쑤저우 방언으로 넘쳐났는데, 감성적
이고 성적인, 그리고 단지 물질적 욕망으로 충만한 '현대성'으로서의

인성人性을 구성하는 한 요소가 되었다. 이러한 방언으로 쓴 소설과 북방 표준어를 주요 문체로 한 정치 소설 사이에는 자연히 뚜렷한 구분이 생길 수밖에 없다. 『팅즈젠의 형수』가 1940년대의 문학사에서 거의 이름조차 언급되지 않았던 것과 마찬가지로 『상하이의 꽃 열전』 역시 전통 만청晚淸 문학사에서 높은 지위를 차지하지 못하였는데, 그것은 아마도 바로 이러한 이단성 때문일 것이다. 이들로부터 형성된 해파문학 창작 전통은 5·4 신문화 전통에서도 그야말로 멸시와 경멸의 대상이었다. 천 두슈陳獨秀, 저우 쮀런周作人, 위 다푸郁達夫 등 신문학을 주도하였던 작가들의 붓끝에서 상하이의 문화와 풍조는 줄곧 그다지 영예롭지 못한 형상으로 묘사되었다.[2]

만약 『상하이의 꽃 열전』이 대표하는 미학적 풍격을 해파소설의 유일한 전통으로 본다면 이는 당연히 전면적인 관점이라 할 수 없다. 왜냐하면 당시 상하이에는 각종 현상을 비판하는 통속 혁명 소설이 마찬가지로 활발하게 창작되어 상하이 문화의 다원적이고 개방적인 특성을 드러내고 있기 때문이다. 그러므로 이러한 이단적 색채의 작품들을 모두 아울러 해파문학이라고 하는 편이 더 타당할 것이다. 그러나 『상하이의 꽃 열전』은 '악의 꽃'의 문화적 특징을 나타낸다는 점에서 충분히 상하이 해파문학의 초기 대표작으로 손꼽힐

2] 陳獨秀는 『上海社會』에서 "상하이 사회를 분석해 보면 가장 큰 비중을 차지하고 있는 것은 노동을 팔아 고단하게 살아가는 무지한 노동자들이다. 그 외에 직접적 혹은 간접적으로 외국 자본 세력 아래서 생활하는 간교한 상인들이 있고, 또 위조한 서양 약품으로 돈벌이를 하는 사람들, 매춘부, 갖은 악행을 일삼는 건달, 조계 경찰의 끄나풀 노릇을 하는 염탐꾼들, 부녀자를 유혹하여 재물을 뜯어내는 사기꾼들, 혹은 선남선녀의 소설을 쓰거나 보감·비결을 쓰거나 신 잡지의 명목을 도용하여 돈을 뜯어내거나 사생활을 폭로하는 등의 문인이나 출판업자, 정치 불량배 등이 있고, 또 극소수의 뜻 있는 청년·학생들이 있다. 이러한 환경에서는 다만 스스로를 보호할 힘만 있을 뿐 환경을 정복할 수 있는 힘은 아직 없다."(이 글은 『獨秀文存』, 上海亞東圖書館, 1922 초판에 보임) 周作人과 郁達夫 또한 이와 비슷한 논의를 하였는데, 여기서는 일일이 열거하지 않겠다.

만하다. 상하이의 색정의 고사는 자연히 더욱 농후한 번영과 부패의
도시문화적 특색을 지니고 있는데『상하이의 꽃 열전』이 다른 지역
에서 창작된 화류계 소설보다 분명 한 단계 앞서간다 할 수 있는 것
은 바로 그의 '악의 꽃'에는 현대성의 꽃봉오리를 내포하고 있기 때
문이다. 여기에서 보여주는 기방을 드나드는 남자와 기녀와의 이야
기는 전통적인 재자가인才子佳人의 성분이 감소되었으며, 색정의 장소
를 주도하는 무리는 근대 상인들로서 그들에게 색정은 단지 개인적
인 감정 세계를 충족시키는 차원으로서의 의미를 지닌 것만이 아니
라 상업 활동에 없어서는 안 되는 부분이라는 의미가 더 컸는데, 이
러한 인식은 현대 경제의 운행과 도덕적 부패가 구체적으로 결합하
도록 하는 결과를 낳았다. 소설에서는 시기심이 강한 첩실 야오姚씨
를 묘사하였는데, 그녀는 기방에서 한바탕 소란을 피우다 오히려 창
피만 당하였을 뿐 결국 남편의 기방 출입을 막지 못한다. 왜냐하면
남편이 "장사를 하려면 사회적 유명 인사들과 그런 데서 왕래하는
것이 불가피하다"는 것을 그녀도 알기 때문이다. 오늘날 사업을 하
는 상인들이 사업상 불가피하게 '타락'하는 것과 마찬가지의 논리이
다. 다음으로 기녀의 형상을 그리는 데 있어 한 방칭은 전통적 재자
가인의 소설에서와 같은 지나치게 낭만적인 상상을 깨고 '담담하면
서 자연스러운' 사실적 수법을 회복하였다. 이는 또한 현대 사회의
복잡한 성격이 작가의 예술적 표현을 결정한 것이라 할 수 있다. 원
래 만청에서 성행하였던 화류계 소설은 기존의 애정 소설의 복사판
에 지나지 않는다.『홍루몽紅樓夢』이후 가정을 중심으로 한 애정에
관한 것은 이미 거의 다 써졌고, 그렇다고 윤리적 속박을 과감하게
깨고 쓸 수도 없고 하여, 색정의 장소를 가정으로부터 남녀가 함께
뒤섞일 수 있는 기방으로 옮기는 방식을 취할 수밖에 없었다. 그러
나 줄거리는 여전히 애상과 환상의 분위기에서 벗어나지 못하고 있

었으므로 기방을 드나드는 남자와 기녀의 이야기는 재자가인의 낭만적인 환상에 머물러 있었다 할 수 있다. 그러나 『상하이의 꽃 열전』은 담담하고 사실적인 필치로 그 환상의 경계를 허물고, 있는 그대로의 기방의 모습, 기방에서의 속임과 불행을 담아내었는데, 소설 속의 기녀는 근대 상하이의 상업 환경 아래 있는 진실한 하나의 형상으로서, 그녀들은 보통 사람과 같은 욕망과 바람과 동경을 지니고 있기도 하고 또한 근대 상업 사회에 물들어 오직 금전만을 탐하여 남자들을 속여 금전을 갈취하는 일들을 감행기도 한다. 그녀들에게 남자의 사랑은 이미 금전에 자리를 내어 주었다. 작가의 묘사는 비록 '권계'의 의미를 담기도 하지만, 그 의의는 일반적 권계의 의미를 넘어 근대 상하이 도시문화적인 특징에 한 걸음 더 다가서는 것이라 할 수 있다.

『상하이의 꽃 열전』은 전무후무한 문학 걸작이다. 이는 상하이의 경제 번영의 현상 가운데 '현대성'의 꽃봉오리를 드러내었을 뿐만 아니라 동시에 현대 도시의 경제적 번영과 상하이 도시문화 고유의 부패를 긴밀하게 연결하여 이 둘을 하나로 융합하였다. 『상하이의 꽃 열전』이전에는 애상적인 사랑을 말하는 공허한 낭만 소설류가 넘쳐났고 그 이후에는 사생활의 내막을 폭로하는 일로로 발전한 상하이 화류계 소설이 주도하였다. 그 이전의 소설들은 전통 사회의 속박 안에 있는 말류 문인들이 감정적인 여파에서 쓴 것일 뿐이고, 그 이후 소설들은 현대 도시문화에서 현대성과 부패성이 분리된 결과이다. 당시의 해파소설에 속하는 또 다른 작품으로 『상하이의 화려한 꿈海上繁華夢』(순 위성孫玉聲)이 있는데 바로 이러한 기초에서 부패의 요소를 표현하는 데 치중한 것으로 전적으로 화류계의 내막을 노골적으로 드러낸 통속물이다. 기이한 것은, 상하이의 비교적 발달한 상업적·경제적 자극 아래 당시의 대중문화 소비시장은 오히려 『상하이의 화려한 꿈』과 같은 폭로성 작품을 받아들여 해파소설이 시작부터 그러한 길로 발전하도록 하였다는 점이다.[3] 오랜 기간 해파소설은 신문학 진영에게 배척당하여 대중문화 시장을 가득 채우고 있었던 통속물의 대오에 놓여 있었는데 이는 바로 이러한 시장의 선택과 직접적인 관계가 있다.

3.

5·4신문학운동 이후 해파소설의 전통은 한차례 타격을 입게 되었다. 신문학 진영은 상하이 작가들에게 남김 없는 조소와 비판을 가하였다. 예를 들어 궈 모뤄郭沫若 등의 창조사創造社가 상하이에서 활발한 활동을 하자 류 반농劉半農 교수는 그를 "상하이 물가의 시인上海灘的詩人"이라며 조롱하였다.[4] 루 쉰魯迅에 이르러서는 상하이 문인들을 포괄하여 "재자才子에 건달을 더한 것"이라는 한 마디로 간단명료하게 정의해 버렸다.[5] 사실 베이징의 문인들 가운데 류 반농과 루

3] 陳伯海·袁進이 펴낸 『上海近代文學史』에서는 다음과 같이 적고 있다. "화류계 소설 가운데 당시에는 『海上花列傳』만이 인생을 말하는 길을 걸었다. 『海上花列傳』과 거의 동시에 창작된 『海上繁華夢』이 향한 길은 단순히 기녀들의 교활함을 폭로하는, 기녀들이 남자들을 속이는 수단을 드러내는 원색적인 비난이 난무하는 길이었다. 그런데 상하이 소설은 이후 오히려 『海上繁華夢』과 같이 지나치게 노골적인 비난으로 가득 찬 대중의 구미에 부응하는 통속 소설이 점점 대세가 되고, 『海上花列傳』과 같이 예술적으로 삶을 재현하는 쓰기 방식은 세를 얻지 못하였다. 그러다가 '소설계 혁명'이 일어나면서 곧 맥이 끊어지게 되었다."(上海人民出版社, 1993, 240쪽) 당시 『海上花列傳』의 판매량은 그다지 많지 않았다. 顚公의 『懶窩随笔』의 기재에 따르면, 이 책이 『海上奇書』에 연재될 때 "안타깝게도 당시에는 소설이 아직 유행할 때가 아니어서 구독자가 적었을 뿐 아니라 또 출판도 여러 차례 연기되어 독자들이 탐탁지 않게 여겼는데, 판매에서 별 성과를 거두지 못한 것은 이러한 이유"라고 하였다.

4] 郭沫若, 「創造十年」, 『郭沫若全集』 第12卷, 北京 : 人民文學出版社, 1982, 78쪽.

쉰은 모두 남방 출신으로 오히려 '해파'적이라 할 수 있다. 궈 모뤄는 한편으로는 다른 사람들에게 '해파'라는 비난을 받았는데, 또 한편으로는 해파를 무시하는 사람들과 마찬가지로 그도 「상하이 인상上海印象」이라는 시에서 상하이 사람들을 누구보다도 심하게 비판하였다.

한가한 시신
음탕한 육체
남자의 긴 옷자락
여자의 짧은 소매 자락
보이는 것은 온통 해골이요
거리를 가득 채운 것은 모두 영구들이다
이리저리 뛰어들고
이리저리 달린다

遊閑的尸　　　淫嚚的肉
長的男袍　　　短的女袖
滿目都是骷髏　滿街都是靈柩
亂闖　　　　　亂走[6]

해파에 대한 계속되는 성토 가운데 일종의 새로운 해파소설이 나왔는데, 그것이 바로 창조사의 주도 작가인 위 다푸의 소설이다. 위 다푸는 일본 유학 시기에 창작을 시작하였는데, 그의 우울과 고독, 그리고 자살은 모두 세기말적인 국제적 징후에 물든 것으로 본토

5] 魯迅, 「上海文學之一瞥」, 『魯迅全集』 第4卷, 北京 : 人民文學出版社, 1981, 292쪽.
6] 郭沫若, 「女神」, 『郭沫若全集』 第1卷, 北京 : 人民文學出版社, 1982, 162쪽.

문화와는 직접적인 영향이 없다. 위 다푸는 상하이에 대해 그다지 좋은 감정을 가지고 있지 않았다. 그는 상하이 문화에 대해 기본적으로 비판적인 태도를 취하고 있었는데, 그러한 비판 정신은 상하이와 밀접한 관련이 있는 소설 「봄바람에 취한 저녁春風沈醉的晚上」을 낳게 하였다. 이 작품은 여전히 전통적인 재자가인의 틀을 벗어나지 않고 있으나 그 신분에 변화가 있는 것을 볼 수 있는데, 남자는 유랑형의 현대 지식인이고 여자는 상하이 담배 공장의 여공으로 농촌에서 도시로 일자리를 찾아 온 것으로 보인다. 상하이의 경제적 번영은 무수한 외부의 육체노동자들을 끌어들였는데 이들은 더 이상 『상하이의 꽃 열전』에서의 자오 푸자이趙朴齋 남매와 같이 주색과 같은 물질적 향락에 빠진 소비자들이 아니었다. 그들은 노동력을 팔아 생활의 자원을 취득하였고 고생을 감내하는 근면한 정신과 소박한 생활방식으로 그 도시의 경제 건설에 직접 참여하여 그 도시의 새로운 세대, 즉 가장 원시적인 노동자 계급을 형성하였다. 현대 도시문화의 구성에서는 노동자의 자리가 없어서는 안 되는데 이들 새로운 세대가 문학 작품에 출현하자 도시문화의 성격은 변화하게 되었다. 위 다푸의 붓끝에서 그려진 인물들이 새로운 세대의 소질을 지니고 있음을 위 다푸 자신도 미처 의식하지 못하였을 수도 있으나, 그는 처음으로 평등과 존중의 시선과 아름다운 마음가짐으로 여성을 묘사하였고, 같은 어려운 처지에서 미력하나마 서로를 도와주는 지식인과 여공 간의 우의를 그려내었다.

위 다푸가 그리고 있는 낭만적 지식인은 아직 자각적인 혁명의식을 지니고 있지 못하다. 그와 여공이 사회에 대해 지닌 원한은 모두 소박한 정의감과 반항의 입장에서이다. 그러나 1920년대 대혁명의 바람이 거세게 몰아치자 혁명 의식은 점점 도시민이 관심을 갖는 주제가 되었다. 많은 급진적 지식인은 이 혁명의 물결에 휩싸여 들어갔을 뿐 아니라 민중 의식 가운데 영웅으로 부각되었다. 특히 상하이와 같은 방대한 수의 노동자가 있는 도시에서 혁명의 물결이 일어나는 것은 피할 수 없는 일이었다. 신문학이 혁명문학으로 발전하는 과정에서 상하이의 작가들은 위 다푸의 낭만 서정의 길을 따라 많은 작품을 쏟아 놓았는데, 주인공은 하나같이 모두 혁명 지식인으로서 그들은 이 도시의 낭만적 성격을 지니고 있었다. 혁명 지식인은 끊임없이 모던한 열정을 지닌 도시 신여성을 매혹시켜 '혁명과 사랑'의 살아 있는 연극을 연출해 내었다. 여전히 뒤엉킨 다각도의 애정 관계이고 여전히 현대판 재자가인의 정욕의 외침이지만 딩 링丁玲, 장 광즈蔣光慈, 바 진巴金, 판 한녠潘漢年, 예 링평葉靈風 등과 같은 시대 풍조를 선두하는 작가들은 상하이를 제재로 삼지 않는 경우가 없었고 새로운 혁명적 해파문학을 창조하였다. 새로운 해파문학 역시 상하이의 현대성을 민감하게 반영하고 있는 점이 분명하게 나타나는데 그들 소설 속의 남녀 주인공들은 현대 물질생활의 향수자인 동시에 소비자이며 또한 그러한 현대성의 반항자이자 심판자였다. 이전 해파작가들과는 달리 그들은 이 도시의 번영과 부패의 '악의 꽃'을 더 이상 감상하거나 흠모하는 눈으로 바라보지 않았다. 그들은 인도적인 관점에서 계급의 한계를 대하고자 노력하였는데, 그들이 노력하였던 것은 다음의 한 가지에 있었던 듯하다. 즉 그들은 이 도시의 현대성의 발전을 긍정하는 동시에 이 도시의 부패와 죄악의 요소를 뿌리 뽑고자 희망하였다.

상하이는 하나의 개방형 도시로서 조계가 있었기 때문에 지적에 난징南京정부가 있었어도 국가 권력의 그늘 아래 상하이를 완전하게 통제할 수가 없었다. 상하이는 또한 중서 문화가 밀집되고 교류하는 곳으로 대외 개방의 문이 전 방위로 열려 있었기 때문에 세계에서 일어난 각종 정치적·문화적 소식들이 곧바로 상하이로 전해질

수 있었다. 그러므로 사상계는 약진하며 완전하게 세계와 궤도를
함께 할 수 있었고, 형형색색의 문학 사조와 새로운 어휘와 새로운
의식이 모두 차례로 끊임없이 쏟아져 나오며 맑스주의와 무정부주
의 등 좌익문화사조가 상하이 문학의 유행 담론을 좌우하였다. 이
와 같은 상하이의 상황과 군벌 세력의 강력한 통제 아래 놓여 있었
던 베이징의 활기라고는 없는 가라앉은 분위기에서의 문인 의식을
비교해 보면, 상하이는 더욱 생기 넘치고 힘찬 모습으로 두드러진
다. 이른바 경파京派와 해파의 논쟁은 예술성과 상업성의 논쟁이라
기보다는 5·4신문학운동 이후 서로 다른 이데올로기 간의 논쟁이라
고 하는 편이 더 낫다.

4.

이제 우리는 해파문학 전통을 논의할 수 있다. 『상하이의 꽃 열전
』 이후 해파문학에는 두 전통이 형성되게 된다. 하나는 번영과 부패
가 공존하는 문화적 틀로써 극히 복잡한 도시문화의 현대성 영상을
묘사한 것인데, 이를 현대성이 두드러진 전통이라고 말할 수 있을
것이다. 다른 하나는 좌익문화의 입장에서 현대 도시문화의 계급적
제한 및 인도주의적 비판을 드러낸 것인데, 이를 비판성이 두드러진
전통이라고 말할 수 있을 것이다. 30년대의 문학사는 이 두 해파문
학 전통이 동시에 충분히 발전하게 된 시기이다. 전자의 대표작품
은 류 나어우劉吶鷗, 무 스잉穆時英, 스 저춘施蟄存 등의 '신감각파' 작가
의 작품이다. 후자의 대표 작품은 마오 둔矛盾의 『자야子夜』이다. 그
러나 여기서 강조해야 할 것은 이 두 전통이 비록 해파문학의 서로
다른 경향을 반영하지만 많은 부분에서 이들이 확연히 둘로 구분되

는 것은 아니라는 점이다. 예를 들어 현대성의 묘사는 또한『자야』
의 예술적 특색의 하나인데, 현대성은 이 소설을 활력으로 충만하게
하였다. 봉건의 강시僵尸와 같은 우吳 영감이 상하이에 이르자마자
'현대성'에 의한 가격으로 죽은 것은 그 자체로 극히 상징적 의미를
지닌 대목이다. 마찬가지로 신감각파의 작품에서도 계급의식은 때
로 상하이 도시문화의 '악의 꽃'과 결합되었는데, 예를 들면 무 스잉
의『상하이의 폭스 트롯트上海的狐步舞』,『나이트클럽의 다섯 사람夜總
會裏的五個人』등 많은 소설 속에서 빈부의 대조에 대한 세부 묘사는
바로 그 분명한 예이다.

　　과거 학술계는 해파문학에 대해 다소 경시하는 경향이 있어 의도
적으로 해파문학에서의 좌익문학의 위치를 외면하였는데, 즉 좌익
문학은 바로 해파문학 전통의 하나임을 무시하였다. 그 급진적 도
시문화적 입장이나 현대성에 대해 영합하면서도 비판하는 이중적
태도, 그리고 심지어 현대판 재자가인의 구조 등은 모두 전통 해파
문학과 밀접하게 연관된 것이다.『자야』에서의 상하이의 민족자본
가와 외국 재단 이익과의 투쟁의 대목 및 그 장소의 묘사는(예컨대
장례나 무도, 사교계의 꽃들의 첩보전, 부인 객실에서의 사생활, 거래소에서의
전쟁, 영빈관의 호화 객실, 갖가지 색정의 묘사) 바로 번영과 부패가 하나
인 전형적인 구조를 보여준다. 마오 둔은 독일에 유학한 자본가로
낭만 지식인을 대신하고, 부호들을 응대하는 사교계의 꽃으로 구식
기녀를 대신하였는데, 이들을 통해 전개하고 있는 색정의 내용은 심
리적 측면에서부터 장면에 이르기까지 일반 해파소설과 격이 다르
다. 다만 작가는 좌익의 비판적 입장을 두드러지게 하기 위해 자신
이 노동자의 생활에 대해 잘 알지 못함에도 불구하고 특별히 노동
자의 파업 투쟁과 공산당 내부의 두 노선 투쟁의 대목을 설정하였
는데, 그러나 이 부분에서의 묘사는 그리 성공적이지 못하다. 그러

므로 본질적으로 말해서 『자야』는 좌익의 입장에서 현대 도시문화를 파헤친 해파소설일 뿐이다.

비교적 괴이한 것은 신감각파 류 나어우의 작품이다. 일제시기 타이난臺南의 명문가 출신인 이 젊은 작가는 어려서부터 일본식 교육을 받아 중국 문화에 대해서는 심지어 언어조차도 기초적인 소양을 갖추지 못하였고, 특히 현대 중국어의 운용은 말할 것도 없었다. 그러나 그는 서양·일본으로부터 '신감각'의 현대주의적 예술 기교를 직접적으로 끌어와 이로써 현대 도시 상하이에 대한 자신만의 특수한 예민한 감각을 담아내었다. 그의 소설의 서양식 어투와 생경한 구절을 읽을 때 우리는 부드러운 쑤저우 방언으로 된 통속소설과 5·4 신문예 어투의 백화소설과 확연히 다른 맛을 느끼게 되는데, 그의 소설은 또 한 사람의 작가, 중국 전통문화에 대한 소양이 매우 얕고 마찬가지로 서양 현대파 문학예술을 직접적으로 모방하였던 무 스잉의 창작과 결합되어 식민지 상하이의 외래 이식利殖 문화의 또 하나의 그림을 구성하게 된다.[7] 해파문학은 통속소설로부터 5·4 소설로, 다시 완전히 서구화된 소설로의 길을 걸어가게 되는데 사실이는 또한 상하이 도시문화 발전의 몇 단계를 암시적으로 드러낸다. 류 나어우의 해파소설에서 드러나는 도시문화의 영상은 자연히 번영과 부패가 하나인 문화적 틀을 토대로 하고 있지만 그가 결코 그러한 틀을 의식적으로 유념하였던 것은 아니다. 그가 더욱 유념한

7] 穆時英(1912~1940)은 浙江 慈溪 사람이다. 1930년대 상하이 신감각파의 주요 작가이다. 그가 상하이 光華大學 중문과에서 공부할 때, 중문학 교수는 錢基博였는데, 그는 매학기 성적이 모두 낙제였다고 한다. 그의 친구는 회상하며 말하기를 그의 고전문학과 문언 지식 수준은 어떨 때는 중학생보다 못할 정도였다고 한다. 이후 1932년에 이르러서도 그는 작품에서 '先考'를 '先妣'로 썼는데, 이를 보면 '考'와 '妣'도 구분하지 못하였음을 알 수 있다. 施蟄存, 『我們經營過的三個書店』에 보임. 『新文學史料』, 1985년 제1기.

것은 도시의 압박 아래에서 인성이 마비되고 고통의 쓴 맛을 보아
야 하는 측면이었다. 또한 개구쟁이 어린 아이와 같은 천진함으로
자유롭게 물결치는 심령을 불러내고자 하였는데, 남녀 간의 사통이
나 향락, 심지어는 정사조차도 그의 붓끝에서는 자유로운 천성임을
느낄 수 있는데, 그는 이로써 사회의 억압에 대항하고자 하였다. 그
는 부패로부터 걸어나와 육체적 욕망에 집착하고 추구하는 것을 통
하여 보다 높은 심리적 경지를 은유하였다. 당시 상하이의 독자들
은 이들의 괴상한 어투와 상식을 벗어난 서술 내용을 읽으면서 『상
하이의 꽃 열전』이나 마오 둔이나 위 다푸의 소설을 대할 때와 같이
반기지 못하였을 뿐 아니라 심히 거북스럽고 불편함을 느꼈는데 이
는 류 나어우가 도시문화의 본질을 극도로 부각하여 현대 인성의
소외를 나타내는 정도에까지 이르도록 썼기 때문이다.

　류 나어우가 『도시 풍경선都市風景線』을 썼을 때 현대문학 대가 선
총원沈從文은 그의 소설을 두고 "그릇되다邪辟"고 비난하였다. 이는 또
한 고아한 전통적 예술적 취향을 가진 지식인이 이단적인 예술적
별종에 대해 한 차례 선전포고를 가한 것이다. 그러나 진정한 식견
을 가진 사람은 이들의 논쟁에 대해 공평한 평가를 내렸는데 상하
이 장 궈안張國安 교수는 이에 대해 "생활에 대한 관조적 태도로 말하
면 류 나어우와 선 총원은 같은 지평선상에 있다고 해야 할 것이다.
선악·미추·시비 등의 가치관은 그들의 단순하면서 전일한 관조 태
도에 있어서는 순전히 필요 없는 여분일 뿐이다. 그러나 류 나어우
의 단순함과 전일함은 도시화된 것이고, 선 총원은 진흙의 향기를
뿜어낸다. 류 나어우와 선 총원 모두 완전하지는 않지만 이들에게
서 가장 매력적인 부분은 단순함과 전일함이다. (…중략…) 선 총원
의 단순함과 전일함은 자연스러움이고, 류 나어우의 경우는 부자연
스러움, 즉 인위적이라는 점에서 단순하고 전일하다. 샹시湘西의 산

과 물과 인물이 모두 원래 자연스럽게 자연과 일체되는 것처럼, 도
시의 풍경은 온전하게 인위적이다"고 하였다.[8] 류 나어우의 생활에
대한 관조적 태도를 단순함과 전일함으로 귀결시키고, 또 이러한 단
순하고 전일한 풍격과 현대 도시의 인위적 문화를 연결하여 반식민
지 상하이의 독특한 풍경선을 이룬다고 한 것은 류 나어우를 대표
로 하는 해파문학에 대한 가장 핍진한 서술이라고 할 수 있다.

5.

만약 20세기 1930년대가 신감각파와 좌익문화가 해파문학의 두
개 전통을 절정에 도달하도록 한 시대라 한다면 1940년대의 해파소
설은 치욕을 참으며 책임감을 지닌 가운데 성숙되고 완미한 경지에
도달하였다. 만약 류 나어우와 마오 둔이 각각 서방으로부터 온 입
장에서 출발하여 상하이 도시문화의 식민지 소질을 강화하였다면
1940년대의 상하이 작가들은 오히려 다시 『상하이의 꽃 열전』의 기
점으로 돌아가 민간 도시의 공간을 환원해 내었다. 이어서 토론하고
자 하는 두 작가는 저우 톈라이周天籟와 장 아이링張愛玲이다.

해파문학의 변천 과정을 서술할 때 해파문학의 초기의 특징을 생
략하였는데, 그것은 바로 민간성이다. 만청 해파소설이 『상하이의
꽃 열전』으로부터 『상하이의 화려한 꿈』의 통속문학의 길로 미끄러
져 갈 때 나는 차라리 부뚜막을 다시 쌓듯 5·4 세대의 작가가 창작
한 신 해파소설이 어떻게 외래 혁명 사조를 이식하였는지에 대해
새로 논술하면서 장기간 가려져 있던 민간 통속문학의 그 자체의

8] 張國安, 「劉吶鷗小說全編導言」, 劉吶鷗, 『劉吶鷗小說全編』, 上海 : 學林出版社, 1997,
5쪽.

발전에 대해서는 방치하고 거론하지 않았다. 나는 의도적으로 이러한 서술 방식을 써서 5·4 신문학 전통과의 일치성을 유지하고자 하였다. 1940년대 상하이의 점령 시기에 이르러 지식인의 역량이 심각한 타격을 입게 되자 도시 민간문화가 비로소 의식적으로 표면으로 부각되게 되었다. 사실 이러한 쑤저우 방언으로 쓰여 진 통속 소설은 40년대의 상하이에까지 이어졌는데 비교적 뛰어난 작품으로 저우 텐라이의 『팅즈젠의 형수』가 있다. 이 소설은 스쿠먼石庫門 팅즈젠亭子間에 사는 한 사창을 제재로 한 장편 연재소설이다. 작가의 예술적 처리 방식이 매우 독특한데 소설 속의 남자와 기녀의 색정 내용은 모두 무대 뒤에 놓이고 작품 전체에 걸쳐 서술하고 있는 것은 한 방관자의 관찰과 독백이다. 이러한 인물 구조 관계는 위 다푸의 낭만적 지식인과 여공과의 단일 구조와 비슷한 면이 있다. 서술자는 비록 확실한 직업이 있는 지식인이나, 서술자의 주체적 요소가 강렬하지 않아 기본적으로 단일한 줄거리의 느낌이 들지 않는다. 그가 서술하고 있는 것은 모두 광범위한 사회적 내용을 지니고 있는데 사창과 사회의 각양각색의 사람들의 만남을 통하여 위선 군자적인 학자나 명사로부터 강호의 건달들에 이르기까지 한 무대 가득 도시 민중의 생생한 형상을 전시하고 있다.

여기서 『팅즈젠의 형수』를 해파문학의 연구 범위 안에 놓은 것은 그 가운데 새로운 표현 공간을 내포하고 있기 때문이다. 상하이는 중서 문화가 끊임없이 충돌하는 개방형 도시이고 또한 5·4 이래로 신문학은 기본적으로 서구화 전통을 가지기 때문에 해파소설의 주인공은 주로 '서방'과 밀접한 관계가 있는 자산계급과 지식인과 그 소비권의 사람이다. 보통 시민은 해파소설에서 다만 소극적인 거간꾼의 형상으로 나타난다. 『팅즈젠의 형수』와 같은 통속 작품은 그와 반대로 상하이 보통 시민의 형상이 시종 중요한 지위를 차지하는데, 그들이 더욱 본질적으로 상하이의 대다수 독자들의 구미에 맞았던 듯하다. 이 두 가지 다른 심미적 취향은 40년대를 풍미한 장 아이링의 소설에서 통일되게 된다. 장 아이링은 5·4 신문학의 영향을 깊이 받은 여성 작가이나 그녀는 처음부터 의식적으로 신문학의 서구적 분위기를 벗어나고자 하였고 자각적으로 전통 민간문학에서 자신의 발전 가능성을 찾고자 하였다. 그녀의 초기 소설인『침향 가루·첫 번째 향로』와 같은 경우는 여주인공이 현대 물질적 유혹 아래 어떻게 한 겹 한 겹 순결의 외투를 벗어 던지는가 하는 병태 심리를 묘사하고 있는데 여전히 해파소설의 번영과 부패가 공존하는 유형을 벗어나지 않지만 그녀는 얼마 지나지 않아 일반 해파문학의 전통을 벗어나 예술적으로 시민계급의 심리를 파악하고 도시민간이라는 새로운 공간을 개척하였다.

나는 다른 글에서 도시민간의 성질과 의의를 논한 바 있는데, 여기서 간단하게 말하자면, 상하이와 같은 이민의 도시, 이 도시의 많은 문화적 현상은 모두 이민 문화를 따라 점차적으로 형성된 것으로 그 자체에서 이미 만들어진 문화적 전통이 없었으므로 각종 파편적인 본토의 민간문화를 종합할 수밖에 없었다. 농촌의 민간문화와 비교하면 온전한 형태로 드러나는 것이 아니라 다만 각 도시 거주민의 기억에 깊이 감추어져 가상의 문화 기억을 이루고 있다. 그러므로 도시민간은 필시 개인적이고 산산이 흩어질 수밖에 없다. 장 아이링은 처음으로 이러한 산산이 부서진 개인 가족의 기억의 파편들을 보아 「황금족쇄金鎖記」, 「경성지련傾城之戀」과 같은 해파 풍격의 소설을 써 내었다. 장 아이링은 현대성의 도래에 대해 줄곧 어렴풋한 공포감을 가지고 있었기 때문에 현재의 쾌락을 추구하는 세기말적 정서와 전통적 가족이 쇠락하는 은유가 그녀 개인의 전체 기억을 관통한다. 한편으로는 물질적 욕망을 미친 듯 추구하다가 또 한편으로는 즐거움이 한순간에 사라지는 것에 대해 공포를 느끼기도 하는데 바로 점령지 도시 거주민이 빠져 있던 "좋은 시절은 오래 가지 않는다好花不常開"는 폐부의 고통은 장 아이링을 통해 정신적 단계로 제고되어 심도 깊게 표현되었다. 장 아이링은 도시의 현대성의 부패성에 대해 심취하지도 비판하지도 않았다. 그녀는 시민정신으로 두 해파 전통을 초월하는 동시에 이들을 녹여 내어 도시 민간문화를 주제로 하는 해파소설 미학을 창조하였다.

만약 한 방칭의 기방을 드나드는 남자와 기녀의 전기가 시류에 영합하는 것을 면하기 어렵고, 위 다푸의 낭만적 문인과 여공의 이야기가 천박함을 면하기 어렵고, 마오 둔의 자본가와 사교계의 꽃과의 갈등이 정치적 이데올로기의 제약을 면하기 어렵고, 류 나어우나 무 스잉의 색정 남녀의 갖가지 행태가 지나치게 별종인 것을 면하기 어렵고, 저우 텐라이의 타블로이드 신문 기자와 창기의 사사로운 비밀이 통속문학의 한계를 면하기 어렵다고 한다면, 이상과 같은 거의 반세기 동안의 전기의 고사들은 마침내 장 아이링의 예술 세계에서 새로운 승화를 얻었으며, 해파소설의 각 전통 또한 마침내 도시민간의 공간에서 종합되어 비교적 안정된 심미적 범주를 형성하게 되었다. 그러므로 우리가 오늘날 옛 일을 다시 거론하듯 해파문학을 논할 때, 해파문학이 여전히 그 전통의 그늘에서 성장하고 있다는 점에 주의를 기울이지 않을 수 없다.

譯 : 안소현(광운대 강사)

더화 칭다오 특별고등전문학당의 설립 과정

칭다오青島 고등교육 발전사에 있어, 1907년에 설립된 더화 칭다오 특별고등전문학당德華青島特別高等專門學堂은 매우 중요한 위치를 차지한다. 이에 대해서는 중국과 외국 학자들이 일찍부터 주목하여 왔고 관련 연구 또한 적지 않다.[1] 그러나 이전 연구에서는 적지 않은 학자들이 의식적 혹은 무의식적으로 독일 주도라는 측면을 강조하여, 중국의 활동에 대해 언급한 것은 거의 볼 수 없을 뿐 아니라 중국과 독일의 '합작'이라는 성격도 받아들이지 않거나 부정하였다. 이러한 논의 방식은 기본적으로 말해서 여전히 '서방중심론'의 역사 편찬 방식에서 벗어나지 못한 것이라 할 수 있다. 그러므로 본고는 '문화상호작용론'[2]의 학술적 이념에 근거하여 더화 칭다오 특별고등

---

* 孫立新. 베이징사범대학 역사학원 및 중국해양대학 독일연구센터 교수.

1] 李厚基, 「试谈华德青岛特别高等专门学堂的建立及其作用和影响」, 『中德关系史文丛』, 中国建设出版社, 1987 ; 周东明, 「德占青岛时期的教育策略及其实施」, 『中德关系史文丛』, 青岛出版社, 1991 ; Roswitha Reinbothe, Kulturexport und Wirtschaftsmacht, *Deutsche Schulen in China vor dem Ersten Weltkrieg*, Frankfurt/M., 1992 참고.

2] Mechthild Leutner, "Hegemonie und Gleichrangigkeit in Darstellungen zu den

전문학당의 설립과 운영의 과정을 재검토해 보고자 한다. 미진한 부분에 대해서는 제 학자들의 질정을 바란다.

1. 독일의 새로운 제안

칭다오에 고등교육기관을 설립하자는 제안은 독일 정부가 제기한 것인데 이는 독일 식민정책의 조정과 밀접한 관계가 있다.

주지하다시피 도이치제국이 중국에 대해 식민통치를 확장해가는 초기에는 무력 정복과 무력으로 '시장개방'을 감행하려는 의도가 지배적이었다. 1897년 11월 14일 독일 정부는 쥐예자오안巨野教案을 구실로 갑자기 극동 함대를 파견하여 자오저우만膠州灣을 강점하고 중국 정부에 강제적으로 '자오아오 조계 조약膠澳租界條約'에 서명하도록 하였다. 이 조약으로 독일은 칭다오를 식민지로 삼고 산둥성山東省을 그 세력범위 안에 들게 하였다. 바로 이어 독일 정부는 이저우沂州에 군대를 보내 기독교 선교에 대한 반대투쟁을 야만적으로 진압하였고, 가오미高密에 군대를 보내 자오지膠濟 철로 건설에 대한 반대투쟁을 잔혹하게 진압하였으며, 아울러 8국 연합군에 참가하여 제국주의 침략에 반대하는 의화단의 봉기를 더욱 무자비하게 진압하였다. 이러한 일련의 군사행동은 도이치제국이 무력으로 중국을 정복하고자 한 야심을 충분히 반영해준다.

---

deutsch-chinesischen Beziehungen", in : dies (Hrsg.), *Politik, Wirtschaft, Kultur : Studien zu den deutsch-chinesischen Beziehungen*, Muenster, 1996, S. 447~460 ; Mechthild Leutner/Klaus Muehlhahn, "Interkulturelle Handlungsmuster : Deutsche Wirtschaft und Mission in China in der Spaetphase des Imperialismus", in : dies (Hrsg.), *Deutsch-chinesische Beziehungen im 19. Jahrhundert. Mission und Wirtschaft in interkultureller Perspektive*, Muenster : Lit, 2001, S. 9~42 참고.

그러나 군사 행동과 무력 진압도 유구한 역사와 문화적 전통을 지니고 있는 중화민족을 완전히 굴복시킬 수는 없었다. 오히려 그와 반대로 거듭되는 군사적 패배를 겪으면서 중국 인민의 '국가보호保國', '종교보호保敎', '종족보호保種'의 민족주의의 격정은 날로 강해져 제국주의 침략에 반대하는 투쟁이 여기저기서 끊임없이 일어났다. 물론 이미 '구미의 풍우風雨' 세례를 받은 중국 인민은 더 이상 이전과 같이 무지하거나 유아독존 식으로 맹목적으로 외세를 배척하거나 하지 않았다. 이제는 심지어 종교적 미신의 외형을 띠었던 예전과 같은 무력 항쟁을 대신하여 국제간의 게임 규정에 맞는, 비폭력 경제 투쟁을 진행하게 되었다. 많은 신지식인과 유학생들은 '종족'과 '민족'을 국가와 사회의 연합을 촉진하는 중요한 수단이라 여기기 시작했고, 전 '중국인'의 공동 이익을 강조하며 전 국민이 하나로 단결하여 한마음으로 힘을 모아 중화민족을 위기로부터 구해낼 것을 요구하였다. 지방의 정치 엘리트, 상인, 기업가, 지방의 개화된 재산가나 권력가들 또한 국가 이익을 지상가치로 삼는 '민족자본주의' 강령을 제시하며 실업 발전과 '상업 전쟁' 방식을 통하여 서방 자본주의의 경제 수탈을 저지하고자 하였다. 많은 근로자와 일반 민중은 파업이나 파시罷市, 그리고 외국 제품을 저지하는 등의 행동으로 외국 자본가의 압박과 수탈에 대항하였다. 만청晩淸 정부조차도 안팎으로의 압력 하에 자신도 모르게 무술유신戊戌維新 지사志士의 유언의 집행자가 되어 위로부터 아래로의 개혁 운동을 추진하였다. 정부는 과거科擧제도를 폐지하고 신식 학당을 열어 신학新學과 실학實學을 창도하였고, 자영 기업을 육성하여 경제 발전과 대외 무역을 촉진하였으며, 군사제도를 개혁하여 무과武科의 과거를 폐지하고 신식 군대를 설치하였으며, 지방 엘리트를 섭렵 이용하여 국가 권력을 확대하고 중앙의 지방에 대한 통제력을 강화하였다. 그 주요 목적은 물론 위태롭게 흔들리는 왕조 통치를 유지하기 위한 것이었으나 부국강병과 제국주의 열강의 침략을 저지하고자 한 의도 또한 배제할 수 없다. 이러한 모든 저항의 행동은 중국 사회의 주체의식과 능동성을 충분히 나타내는데, 특히 비폭력적인 경제적 수단으로 저항을 벌인 것은 중국 사회의 혁신적 능력을 두드러지게 보여준다.

중국 사회의 저항은 독일 침략자로 하여금 중국을 나누어 가지는 일은 '절대 실현 불가능'할 뿐만 아니라 '조금의 이득도 없는' 것임을 인정하지 않을 수 없게 하였다. "중국의 앞길에는 아직 무한한 희망이 있었고," 중국 민중은 "분명 아직 무한한 생기를 품고 있었다."[3] 중국에서 경제적·정치적 세력을 공고히 하고 확대하기 위해서는 무력을 계속 유지한다는 전제에 더하여 반드시 문화 수출도 함께 하여 중국에서 학교를 설립하는 것과 같은 문화적 조치를 통해 중국 인민을 '도의적으로 정복'하여야 했다. 도이치제국의 자본계급 자유주의 정치가의 말에 따르면 바로 "제국 문화의 영향력을 확산하는 것은 제국의 경제 발전의 선봉에서 길을 열어주는 역할을 하는 것이므로 현대화된 대외정책방안"이었다.[4] 이러한 전략적인 수정은 제국주의 정책이란 시종일관 혹은 오로지 직선적으로 계속 강화되며 뻗어나가는 것이 아님을 말해준다. 그와 정반대로 그것은 처해진 상황에 따라 시대의 변화에 따라 변하는 것이다.

사실 문화 수출을 통하여 중국 인민을 '도의적으로 정복'하고자 한 방식은 근대 이래 중국에 온 많은 종교 단체들을 보면 이미 특별히 새로운 것도 아니다. 특히 영미에서 온 선교사들은 처음부터 문화교육사업을 선교의 중요한 부분으로 보아 일찍부터 중국에 소학교, 중

3] 牟世安, 『義和团抵抗列强瓜分史』, 经济管理出版社, 1997, 487쪽 참고.

4] 李工真, 「德国对华文化政策的开端」, 刘善章·周荃 主编, 『中德关系史文丛』, 青岛出版, 1991, 216쪽.

학교, 사범학원과 신학원神學院 및 대학교 등의 학교들을 세웠다. 초기 대학만 보아도 미국 성공회가 1879년에 상하이에 세인트 존스 서원聖約翰書院(1905년에 聖約翰大學으로 이름을 바꿈)을 세웠고, 미국 감리 감독교회美以美會, The Methodist Episcopal Church가 1890년에 베이징에 후이원대학滙文大學을 세웠고, 감리회가 1901년 쑤저우蘇州에 둥우대학東吳大學을, 그리고 영국·미국· 캐나다 등의 신교 포교회가 1902년 산둥山東의 웨이셴濰縣·지난濟南·칭저우靑州에 산둥신교대학山東新敎大學(1909년에 산둥기독교대학으로 개명. 1917년에 흩어져 있던 학교를 모두 지난으로 옮기고 통합하여 치루대학齊魯大學이라 함)을, 로마 천주교회가 1903년 상하이에 전단대학震旦大學을, 미국 예일Yale 국외 포교회가 1904년 창사長沙에 야리대학雅禮大學을, 기독교 화베이 교육연합회華北敎育聯合會와 미국 기독교 공리회 여성 선교사 브릿지먼Elijan C. Bridgeman 부인이 1905년 베이징에 화베이 셰허여자대학華北協和女子大學을, 영국 런던회와 미국 공리회, 미국 장로회가 1906년 베이징에 베이징 셰허의학원北京協和醫學院 등을 세웠다. 이들 대학은 모두 문화적 침투라는 사명을 안고 있었다. 독일 정부는 이들 학교를 보며 한편으로는 경쟁 심리에서 일종의 압박감을 느꼈는데 왜냐하면 식민 확장 활동 가운데 문화정책 부분에서 독일은 '지각생'이었기 때문이다. 또 한편으로 독일은 영미Anglo-American식 교육의 '천박함'과 그들의 자유주의와 개인주의를 매우 멸시하며 도이치의 철저함, 내실과 질서의 교육학을 강조하여 그들과 겨루어 보고자 하였다.[5] 그 밖에 독일 정부는 의도적으로 독립적이고 세속적인 국가문화정책을 시행함으로써 선교사들이 주로 중국 농촌에서 행하였던 종교적 동기가 분명한 교육 활동과 구별하려 하였다. 왜냐하면 독일 정부가 보기에 그러한 문화정책이라야 미래

5] Roswitha Reinbothe, Kulturexport und Wirtschaftsmacht, *Deutsche Schulen in China vor dem Ersten Weltkrieg*, Frankfurt/M., 1992, S. 10.

사회의 핵심 직위를 차지할 중국 청년에 영향을 미쳐 친독 의식을 배양할 수 있다고 여겼기 때문이다.[6] 이러한 강렬한 경쟁의식은 후기 제국주의의 전형적인 심리 상태를 드러내어 주는데, 이는 독일 정부가 칭다오 특별고등전문학당을 설립하고 운영하는 데에 중요한 영향을 미쳤다.

적어도 1902년부터 베이징 주재 독일 공사 알폰스Alfons von Mumm는 자국 정부에 '문화적 사명'을 이행하여 문화정책을 실시할 것을 호소하였다.[7] 얼마 지나지 않아 한학자 알프레드Alfred Forke와 칭다오 해관 관장 올머E. Ohlmer와 더야은행德亞銀行 중국 총 대표 코르데스 등 또한 서둘러 독일 제국의 수상과 외교부와 해군에 중국에서 독일 학교를 설립하는 데 힘써야 함을 진언하였다.[8] 문화 조치는 독일이 자오아오膠澳에서 행한 식민통치의 기본 구성 부분으로서 점점 더 중요해졌고, 자오아오 조차지의 발전 목표도 점점 중국에서 '독일 문화중심'을 세우는 쪽으로 말해졌다.

이와 맥을 같이하여, 칭다오에 고등교육기관을 설립하자는 계획도 표면화되었다. 가장 적극적인 주도자는 우선 중국 주재 독일 공사 렉스Rex이다. 그는 1907년에서 1908년 사이에 여러 차례 독일 정부에 칭다오에 하루 속히 고등교육기관을 설립하여 칭다오를 중국인에게 '독일화' 교육을 실시하는 기지로 만들자고 제의하였다. 그는 중국인이 독일에는 '아주 좋은 사병과 군수 공장'이 있다는 것만을 알 뿐이므로 반드시 대학을 세워 중국인이 독일의 언어와 과학을 접하여 독일에 대한 편견을 바꾸어야 한다고 하였다. 그리고 식

6] Klaus Muehlhahn, "Herrschaft und Widerstand in der 'Musterkolonie' Kiautschou", *Interaktionen zwischen China und Deutschland, 1897~1914*, Muenchen 2000, S. 240.

7] Klaus Muehlhahn, *Ibid.*, S. 238, Anm. 184.

8] Roswitha Reinbothe, op. cit., S. 193~194.

민 주인인 독일이 칭다오에서는 '수위를 점하고 있고', 칭다오에는 독일과 대적할 만한 영미 경쟁자도 없으니 기필코 이러한 우월한 조건을 충분히 이용하여 '현대 교육의 최고의 대 스승'의 신분을 중국인 앞에 보여서 독일 문화가 전 중국으로 확대될 수 있도록 해야 할 것이라고 하였다. 또 칭다오에 대학을 설립하는 것은 독일 제국이 무력으로 중국 영토를 강점한 것에 대한 중국인의 원한을 풀어줄 수 있으므로, 먼 안목에서 보면 대학을 설립하는 것은 결국에는 '적은 밑천으로 큰 이득을 보는' 좋은 거래로서, 독일 정신의 세례를 받은 중국인은 자연히 독일의 공업 및 생산품에 애정을 갖게 될 것이니 독일의 공업과 상업은 필시 이로 인해 무한한 이익을 얻을 수 있을 것이라고 주장하였다.[9]

렉스의 건의와 그에 대한 논증은 자오아오 조차지 사무를 주관하였던 제국 해군 국무 비서 알프레드 폰 티르피츠Alfred Von Tirpitz의 적극적인 지지를 얻었는데 1907년 10월 4일 그가 외교부에 보낸 편지에는 다음과 같이 적고 있다. "공사의 건의는 본인이 최근 몇 년간 줄곧 생각해왔던 계획과 다르지 않습니다. 실제 본인은 즉각 공사가 말씀하신 정치적 바람을 실행에 옮기기를 희망하며, 아울러 중국에서 독일의 영향력을 확장하기 위해 본인이 갖고 있는 조차지 행정관리의 모든 권한을 동원하여 대형 교육기관을 건설하기를 희망합니다."[10] 그러나 티르피츠는 오직 중국정부의 찬성과 중국정부와 협의하여 의견 일치를 얻어야만 그러한 학교를 설립할 수 있고 그를 통해 자신들이 희망하는 정치적 효과를 발휘할 수 있다고 강조하여 말

9] Roswitha Reinbothe, *Ibid.*, S. 194~196.

10] Mechthild Leutner(Hrsg.), "'Musterkolonie Kiautschou': Die Expansion des Deutschen Reiches in China", *Deutsch-chinesische Beziehungen 1897 bis 1914*. Eine Quellensammlung, Berlin, 1997, S. 453~455, hier 453~454 역문 참고.
http://news.qdu.edu.cn/xiaoqing/index.asp校史研究.

하였다. 그러므로 반드시 처음부터 중국 중앙 정부와 관련 성 ^{省} 정부의 쉰우巡撫(지방행정장관)에게 학교 설립의 좋은 점을 명확하게 말하여 그들이 관심을 가지도록 하고, 중국 주관 당국이 교학 계획의 제정에 참여하여 칭다오에서 통과한 시험을 승인하도록 하며 아울러 졸업 학생들의 졸업 후 진로에 대해서도 최대한 관심을 가질 수 있도록 하여야 한다고 말하였다. 티르피츠는 또한 과학적 성과가 두드러질 뿐 아니라 중국인 사이에서도 명망을 얻고 있는 인사를 파견하여 학교의 책임을 맡기고, 또 그로 하여금 일을 진행할 때 처음부터 교학을 주관하는 중국 기관과 소통하여 이해를 구하도록 하여야 한다는 의견을 제시하였다.[11] 이렇게 중국 정부와의 '합작'을 말한 것은 사실 독일로서는 달리 어찌할 방도가 없었기 때문이다. 중국 사회의 저항 투쟁은 독일 정부로 하여금 현실을 대면하지 않을 수 없게 하여, 식민통치의 방식을 바꾸어 중국 정부와 연계하는 방식을 통하여 문화적 침투를 진행하도록 하였다. 티르피츠는 계속해서 다음과 같이 말하였다. "이러한 교육기관은 실제로 유럽 특히 독일의 헌법과 행정관리법, 예산배정, 재정법, 철로법 등을 쓰는 것을 임무로 하기에 중국인에게 특히 우선적으로 필요하므로 본인은 바로 이 학교를 통해 가장 직접적인 영향을 미칠 수 있기를 바라는 것입니다. 물론 이는 중국 정부와의 합작을 전제로 하여야 하며 이로써 시작부터 의심을 사는 것을 막을 수 있을 것입니다. 예를 들어 독일 학교에서 일본 대학에서와 같은 그리 유쾌하지 못한 정치적 요소를 덧붙이는 것과 같은 일 말입니다. 본인은 나아가 일본에서 공부한 대학생들의 그리 유쾌하지 못한 경험 때문에 중국 당국이 어느 정도 우리 측으로 기울어 온건 보수의 의미에서 행정관리 학교를 세울 수

11] Mechthild Leutner(Hrsg.), Ibid., S. 453~455, hier 454 역문 참고.
http://news.qdu.edu.cn/xiaoqing/index.asp校史研究.

있기를 희망합니다."[12] 이상에서 보건대 독일 정부는 학교를 설립할 준비를 할 때부터 이미 중국과의 '합작'을 고려하고 있었다는 것을 알 수 있다. 이러한 '합작'의 태도는 이후 중국 정부와의 협상 과정과 실제로 대학을 경영하는 과정에서도 보인다.

2. 중국의 응대

칭다오에 대학을 설립한다는 안건에 대해 중국 정부가 전적으로 피동적이었던 것은 아니다. 반대로 처음부터 독일 정부와 엄정하게 교섭을 벌였고 긴 시간에 걸친 협상 과정에서 중국 정부는 많은 권익을 쟁취하였고, 결국 중국과 독일의 '합작'이라는 형식을 확정하였다.

중국은 원래부터 문화 교육의 나라라는 명예를 지니고 있으며 문화 교육 사업은 중국 사회에서 역대로 매우 중시되어왔다. 일찍이 춘추시기 공자를 보아도 교단을 세워 처음으로 사학私學의 교육 풍토를 열었고, 기원전 136년 한漢 무제武帝는 '오경박사五經博士'를 세우고 '태학太學'을 열었으며 수당隋唐 이후에는 과거 시험이 활발히 이루어져 중국 교육 사업의 발전을 대대적으로 촉진하였을 뿐 아니라 그 영향이 멀리 해외에까지 미쳐 심지어 유럽 계몽사상으로부터 본받고 배워야 할 표본으로 여겨졌다. 다만 교육이 '인륜 도덕'과 시부 사장詩賦詞章에 편중되었기 때문에, 또한 "꾸밈이 지나치면 실질이 빈약해지고, 법도가 오래되면 폐단이 생겨나게 되는"[13] 자연규율 때문

12] Mechthild Leutner(Hrsg.), *Ibid.*, S. 453~455, hier 454 역문 참고.
http://news.qdu.edu.cn/xiaoqing/index.asp校史研究.

13] 陈旭麓, 『近代中国社会的新陈代谢』, 上海人民出版社, 1992, 247쪽.

에, 중국의 교육제도는 이후 점점 쇠퇴의 길로 접어들게 되었다. 특히 명대明代에 이르러서는 '경의지문經義之文'이라 일컬어지는 팔고문八股文이 크게 성행하여 "세속의 빠른 출세를 바라는 이는 경학經學과 사학史學의 실제 의미를 더 이상 묻지 않고 다투어 과거 시험의 답안을 취하여 그것을 표절하고 모방하여 급제를 낚으려 하였다."[14] 그 결과 "문인들은 모두 책을 묶어두고 보지 않고 과거 시험문제 답안에만 매진하였다. 그리하여 관리가 되고 좋은 성적으로 급제를 하여도 한漢과 당唐의 조종祖宗이 누구인지도 모르니 지구상의 각 나라에 대해서는 말할 것도 없었다."[15] 중국 전통 교육 제도의 낙후성에 대해서는 많은 의식 있는 문인들이 일찍부터 간파하고 있었다. 자강운동自强運動(1860~1894)과 유신운동維新運動(1895~1898)으로부터 입헌운동立憲運動(1905~1911)에 이르기까지 "과학으로 연마하고 실용을 강구한다"는 교육 개혁은 시종 개혁운동의 중요한 부분을 차지하고 있었다. 중국 신교육 체계의 발정 과정에서 중국이 본받아야 할 표본으로서 독일도 자주 언급되었다. 1898년 100일 유신 기간에 캉 여우웨이는 상서에서 프로이센의 교육개혁은 중국 교육 영역의 한 표본이 될 수 있다고 말하였다. 1901년 위안 스카이袁世凱는 바오 딩保定에 프로이센을 표본으로 지향하는 일종의 군사학원을 세운 바 있다. 1905년에는 다섯 대신이 유럽을 탐방하고 귀국한 다음 재차 독일의 교육제도를 크게 부각시킨 바 있다. 그러므로 독일 정부가 칭다오에 대학을 설립한다는 건의를 제출하였을 때 일부 중국 관원은 적극적으로 그에 바로 응하였다. 독일 주재 중국 공사 쑨 바오치孫寶琦는 외무부에 보낸 보고에서(1907년 12월 11일), 그 "뜻이 심히 훌륭하

14] 陈旭麓, 위의 책, 246쪽.

15] 陈旭麓, 앞의 책, 246쪽.

고" "진정 우의를 갖추었다"고 극력 칭찬을 아끼지 않으며 마땅히 그것을 지지해야 한다고 말하였다.[16]

그러나 만청 정부 또한 외국 열강이 중국에 대해 문화정책을 취하는 실제 의도를 매우 분명하게 알고 있었으므로 교육의 대권을 그냥 넘겨주려 하지 않았다. 만청 정부는 만청 정부대로 서방의 현대 과학기술을 들여와 신식 학당을 세우는 과정에서 학교 설립의 방향을 장악하고자 하였는데, 이는 한편으로는 봉건왕조의 통치 지위를 유지하기 위해서이고, 또 한편으로는 민족과 국가 이익에 더 이상의 손실이 발생하는 것을 막기 위해서이다. 그래서 일찍이 1906년 9월 청 정부의 학부學部는 공고를 내어 외국학교 졸업생의 학력 자격에 대한 승인을 취소한다고 발표하였다. 중국 중앙정부는 이를 통해 전국의 시험제도를 통일하고자 하였다.[17] 1907년 12월, 중국 주재 독일 공사 렉스가 중국 정부와 만나 칭다오에 대학을 세우기를 원했을 때 학부 또한 "교육은 실로 국가를 위해 마땅히 의무를 다해야 하는 것으로 외국인이 대신 논의할 수 있는 바가 아니다"[18]는 이유로 거절하였다. 그러나 공적을 세우고자 하는 마음이 절실한 렉스는 순순히 물러나려 하지 않았다. 1908년 2월 15일 그는 청 정부의 학부 대신 장 즈둥張之洞을 직접 찾아가 다시 학교 설립에 관한 요구를 제시하며 아울러 독일로부터 전문가를 파견하여 중국 정부와 협의하도록 하겠다고 건의하였다.[19] 장 즈둥은 비록 중국과

16] 현재 中国第一历史档案馆에 보관. 外务部, 제1512호와 褚承志, 『青岛特别高等专门学堂』에 보임. 『山东文献』 第六卷, 第四期, 37쪽.

17] Roswitha Reinbothe, Kulturexport und Wirtschaftsmacht, op. cit., 1992, S. 201 ; Mechthild Leutner(Hrsg.), op. cit., S. 431.

18] 中国第一历史档案馆에 보관. 외무부, 제1512호 ; Mechthild Leutner(Hrsg.), Ibid., S. 435 ; Klaus Muehlhahn, op. cit., S. 244 참고.

19] Roswitha Reinbothe, Kulturexport und Wirtschaftsmacht, op. cit., S. 199.

외국학당의 교육 지향이 "전혀 다르고, 교과 과정 자체도 일치하기 어렵다"는 것을 인식하였지만, 독일이 칭다오에 학교를 설립하고자 하는 것은 독일 정부가 주관하는 것으로 개인이 하는 것과 다르고, 또 독일 측이 막대한 자본을 준비하고 전문가를 파견하여 양측의 협의를 통해 장정을 정하고자 한다는 점에서 중국과 합작하고자 하는 뜻이 있다고 여겼다. 그래서 학부는 외무부와 여러 차례 논의를 거친 다음 우선 독일 전문가와 시험적으로 협상을 해 보기로 결정하였다.[20]

1908년 4월 독일 해군은 공사관 번역을 파견하고 함부르크Hamburg 대학 교수 오토 프랑케Otto Franke를 특별 위원으로 하여 칭다오에 고등교육기관을 설립하는 사안을 놓고 중국 정부와 협상을 진행하였다. 중국 측이 긴장하지 않도록 프랑케는 군부 대표 신분이 아닌 베이징 주재 독일 공사관 '전문 고문'의 신분으로 중국 측 협상 대표와 접촉하였다.[21] 중국 정부에 제출한 학교 설립 초안에서 프랑케는 우선 새로 설립할 대학 내에서는 선교활동을 엄격히 금할 것과 중학교 과정을 개설하는 것 등의 항목을 내세웠는데, 그 목적은 중국 측의 호감을 얻어 다른 방면의 요구를 인가 받기 위한 것이었다.[22]

선교를 금지하고 중학 과정을 개설한다는 것에 대해 중국 정부는 자연히 환영의 의사를 표했다. 그러나 학부 관원은 그래도 독일 측의 초안을 인가할 수 없었는데, 왜냐하면 독일 정부가 칭다오에 설립하는 대학은 경사대학당京師大學堂과 동등한 대학으로서의 지위를

20] 褚承志, 「青島特別高等专门学堂」, 『山东文献』 第六巻, 第四期, 37쪽.

21] Roswitha Reinbothe, Kulturexport und Wirtschaftsmacht, op. cit., S. 200.

22] Roswitha Reinbothe, Kulturexport und Wirtschaftsmacht, Ibid., S. 203~204 ; O. Franke, Die deutsch-chinesische Hochschule in Tsingtau, ihre Vorgeschichte, ihre Einrichtungen und ihre Aufgaben, in : Marine-Rundschau, Dezember 1909, S. 1325.

가져야 하고, 중국 정부에게 칭다오에서 졸업한 학생의 대학 학력을 승인할 것을 요구하였으며, 아울러 그들을 받아들여 정부 기관에서 임직할 수 있도록 하고, 적어도 그들에게 외국에서 유학하고 돌아온 대학생과 같은 자격을 주어서 경사대학당의 졸업시험에 참가할 수 있게 해야 한다고 했기 때문이다. 이러한 요구는 이미 중국 정부가 받아들일 수 있는 범위를 크게 벗어난 것이다. 중국 정부는 여전히 예전의 과거 시험 때의 형식에 준하여 신식 교육을 설계하였는데 경사대학당의 졸업시험을 과거 시험의 최고 단계의 시험—京試—과 같은 것으로 여기고 있었다. 그러므로 지방에 경사대학당과 동등한 지위의 대학을 설립한다는 것은 생각할 수 없는 일이었다. 또 중국 정부가 우려한 바는 일단 독일의 요구에 응하게 되면 기타 열강들 또한 다투어 모방하여 같은 요구를 할 것이라는 점이다.[23] 그 외에도 초안 규정을 보면, "학당 감독의 각 인원은 모두 독일 정부가 선출하여 파견하고 중국이 관원을 파견하여 감찰하지 않는다. 시험 때에는 오직 중국 학부에서 파견한 자가 감시한다. 졸업학생에게는 진사進士 출신을 부여한다" 등 이들 항목은 모두 중국의 주권을 침해하는 것이므로 만약 고치지 않으면 절대 받아들일 수 없는 것이었다.[24] 결국 독일 측은 초안을 포기할 수밖에 없었고 장차 건립될 대학 명칭을 '칭다오 특별고등전문학당特別高等專門學堂'이라고 하는 데 동의하였다.[25] 독일 정부는 또한 자신들이 주관하여 학생을 모집하겠다는 요구를 포기하고 중국 정부가 학생을 선발하여 보내고 학생을 선발하는 범위도 산둥에 제한되지 않는다는 데 동의하였다. 그리고

23] Roswitha Reinbothe, Kulturexport und Wirtschaftsmacht, Ibid., S. 201~202 ; O. Franke, Ibid., S. 1328~1329.

24] 褚承志, 「青島特別高等专门学堂」, 『山东文献』 第六卷, 第四期, 37~38쪽.

25] 褚承志, 위의 글, 38쪽.

중국 학부가 공포한 학교 장정에 따라 고등반과 초급반의 두 등급
으로 나누는 데 동의하였으며, 중국 정부가 교사를 선발하여 파견해
중학 과정을 가르친다는 데 동의하였다.[26] 중국은 그래도 어느 정
도 국가 주권을 보호하였으며 비교적 많은 권익을 쟁취한 셈이다.

중국 정부는 또한 학교의 위치를 지난濟南으로 바꾸고 중국 측이
독일의 교장과 동등한 지위를 갖는 한 명을 임명하여 학교 업무를
공동으로 관리해야 한다는 요구를 제기하였다.[27] 학교의 위치를 바
꾸는 안에 대해 프랑케와 티르피츠는 모두 반대 의사를 표하였다.
왜냐하면 독일정부가 학교를 설립하는 목적은 바로 칭다오를 그 기
지로 삼아 중국 전체로 그 문화적 파급을 확대한다는 데에 있었기
때문이다. 칭다오는 독일 식민지로서 독일 정부의 직접 통치아래
있었으므로 칭다오에 학교를 설립하는 것은 또한 독일이 학교 업무
를 장악하고 간섭하는 데 유리하였다.[28] 독일 정부는 처음에 중국
정부가 학교에 관원을 파견하겠다는 요구 또한 반대하였다. 그러나
중국 측이 그 입장을 고수하자 독일 정부는 어쩔 수 없이 한 발 물
러나 독일 교장에게 유일한 대표의 지위를 보장해준다는 전제 하에
중국 정부가 관원을 파견하여 '총 감찰'을 맡는다는 데 동의했다. 총
감찰의 직무는 "중국 정부에 학교가 조약에 따라 운영되고 있는지

26] Roswitha Reinbothe, Kulturexport und Wirtschaftsmacht, op. cit., S. 205 ; O.
Franke, op. cit., S. 1327~1328 ; 褚承志, 앞의 글, 38쪽 참고.

27] Schreiben des Sonderbeauftragen Otto Franke an den Staatssekrretaer des Reichs-
marineamts, Tirpitz(1908年 7月 18日), Mechthild Leutner(Hrsg.), "'Musterkolonie
Kiautschou' : Die Expansion des Deutschen Reiches in China", *Deutsch-chinesische
Beziehungen 1897 bis 1914*, Eine Quellensammlung, Berlin 1997, S. 455~458 ; Roswitha
Reinbothe, Kulturexport und Wirtschaftsmacht, *Ibid.*, S. 200~201 참고.

28] Schreiben des Sonderbeauftragen Otto Franke an den Staatssekrretaer des Reichs-
marineamts, Tirpitz(1908年 7月 18日), Mechthild Leutner(Hrsg.), *Ibid.*, S. 455~458
; Roswitha Reinbothe, Kulturexport und Wirtschaftsmacht, Ibid., S. 200~201 참고.

를 보고하고, 중국어 교육과 중국 교원 상황을 검사하고 학생의 중국어 교과 과정을 감독하는 것이었다."[29] 비록 권한이 제한적이기는 하지만 중국 정부는 그래도 이를 통해 학교 관리에 참여할 수 있었다.

협상의 최종 결과, 비록 중국과 독일 양측의 동기와 목적이 서로 다르긴 했으나 서로 타협하여 대학을 '합작 운영'한다는 공통된 인식에 도달하게 되었다. 독일 정부는 주로 이 대학을 발판으로 문화 정책을 추진하여 식민주의 이익을 관철하고자 하였고 중국 정부는 현대 과학기술을 들여와 현대화된 인재를 양성하여 자강을 도모하고자 하였다. 이는 근대 중국과 외국의 불평등 관계 구조 아래에서 탄생한 지극히 특수한 '합작'이다.

이후 프랑케는 협의에서의 내용에 근거하여 '청다오 특별고등정문학당 장정青島特別高等專門學堂章程'의 초안을 작성하였다.[30] 이 장정은 모두 18조항으로 되어 있는데 학교의 성질과 명칭, 위치, 학교 설비, 행정관리, 경비 출처, 학제, 교과 과정의 개설, 시험제도, 대상 학생, 연령 제한, 입학 후 거주와 복장, 졸업생 진로 등에 대해 구체적으로 규정하고 있다. 장정은 중국 외무부에 전달되었고 외무부에서 다시 학부로 전달되었다. 학부 관원이 다시 상세히 검토하여 "실제로 협의에 따라 개정하였다"는 것을 확인한 다음 비로소 비준하여 입안하였다. 1908년 7월 8일, 독일 대표 프랑케와 중국 대표 학부랑중學部郎中 양 슝샹楊熊祥, 천 쩡서우陳曾壽 등이 장정에 서명하였다.

그 외 필요한 경비와 경비 조달에 관한 사항에 대해서는 양측이

29] Mechthild Leutner(Hrsg.), *Ibid.*, S. 457 ; O. Franke, op. cit., S. 1328.

30] 이 장정의 중문 원고는 谋乐의 『青岛全书』(青岛印书局刊, 1912, 210~214쪽)와 褚承志, 앞의 글, 39~40쪽에 보인다. 독일 원고는 다음에 실려 있다. Mechthild Leutner(Hrsg.), *Ibid.*, S. 464~467.

협의를 계속하였다. 독일 정부의 원래 계획은 학교 개설 경비 30만 마르크와 연간 경비 7만 5천 마르크를 준비하는 것이었는데 이 액수는 중국 측의 비난을 샀다. 1908년 6월 20일, 중국 주재 독일 공사 렉스는 독일 수상에게 보고서를 보내 제국 국회의 예산안 위원회에 칭다오 학교 설립 투자 경비를 증액해 줄 것을 요구하였다. 독일 측은 국회에서 통과한 자오아오 총독건교예산膠澳總督建校預算 및 찬조법안에 따라 학교 개설 경비 64만 마르크를 제공하고 재정부에서 60만 마르크를 3년에 나누어 주기로 하였으며 연간 경비로 13만 마르크를 지출하기로 하였다. 중국 학부는 학교 개설 경비 4만 마르크, 연간 경영비 4만 마르크를 조달하기로 하였다. 중국 학부의 재정이 어려웠기 때문에 중국 측이 부담하는 연간 경비는 잠정적으로 10년을 한도로 하였다. 경비는 학부와 직속기관, 그리고 산둥성 정부가 나누어 부담하도록 하였는데 학부와 직속기관과 산둥에서 각각 1만 5천 마르크를 준비하기로 하였다.[31] 경비 문제에 대한 협의를 마친 다음 중국과 독일이 합작한 칭다오 특별고등전문학당 사안은 비로소 확정되었다. 경비의 액수로 보건대 독일 측이 대부분을 부담하고 중국 측은 다만 보조의 역할을 하고 있다. 이는 양국의 경제적인 능력의 현격한 차이라는 실제 상황에 따라 정해진 것이다. 그리고 중국 정부는 국가 재정이 매우 긴박한 상황에서도(일례로 제육주의 열강은 '신축조약辛丑條約'에서만 중국 정부에 4억 5천만 2백의 은을 전쟁 배상금으로 물게 하였다) 자금을 내어 학교 사안을 지지하였는데, 이 점만 보아도 교육사업의 발전에 정부가 얼마만큼 마음을 쏟고 있었는지 알 수 있다.

1909년 6월 20일, 학부는 '산둥 칭다오 특별고등전문학당 설립의

31] O. Franke, op. cit., S. 1332. 또한 褚承志, 앞의 글, 38쪽과 周东明, 앞의 글, 150쪽에 보인다.

협의 상황 및 장정의 제정과 경비 조달에 관한 보고서山東青島設立特別高
等專門學堂咨議情形幷商訂章程認籌經費折'를 조정에 올리고 정식으로 칭다오
특별고등전문학당을 설립할 것을 청하여 당일로 비준을 얻었다.

이상에서 살펴본 협상의 과정으로부터 중국 정부가 문화교육의
주권을 지키기 위해 노력을 게을리하지 않았고 큰 성취를 이루었음
을 볼 수 있다.

3. 중국과 독일의 '합작' 운영

'칭다오 특별고등전문학당'은 독일 주둔군 포병 군영의 옛 터(지금
의 차오청 루朝城路 칭다오 철로국青島鐵路局)에 세워졌다. 1909년 10월 25
일 학교를 열어 11월 1일 정식으로 수업을 시작하였다. 첫 해 학생
수는 약 80명이었는데, 이후 해마다 증가하여 1913년과 1914년에 이
르러서는 재학생이 대략 400명에 달하였다.[32] 이후 제1차세계대전
과 일본·독일 전쟁이 발발하면서 이 학교는 폐교되었고, 졸업한 학
생은 모두 약 30명밖에 되지 않았다.

칭다오 특별고등전문학당은 중국과 독일 합작의 성질에 속하는
것으로 이러한 합작의 성질은 사람들이 말하듯이 "명의상으로는 중
국과 독일의 합작이나 실제는 독일이 다 한 것"이 결코 아니었다.[33]
혹자는 "학교는 명목상으로는 중국과 독일 합작이라고 하지만 행정
권은 사실 독일인 손에 있었다"라고 하는데,[34] 사실은 중국 측이 적
극적으로 실무에 참여하였으며 그 과정에서 분명 능동적인 역할을

32] Roswitha Reinbothe, Kulturexport und Wirtschaftsmacht, op. cit., S. 227.

33] 李厚基, 앞의 글, 214쪽.

34] 周东明, 앞의 글, 150쪽.

담당하였다. 중국과 독일이 합작하였다는 것은 아래 세 가지 측면에서 구체적으로 보여진다.

(一) 중국·독일 양측은 나누어 자금을 조달하여 함께 비용을 부담하였다. 중국·독일 양측은 모두 학교 개설 비용으로 69만 마르크와 연간 경비 20만 마르크를 준비하였다. 이 모든 경비는 실제 조달되었다. 다만 "선통宣統 3년 혁명군이 일어나 중국 국정이 지극히 혼란스러워 중국 측에 변화가 있었을 가능성이 있다."[35]

(二) 중국과 독일 양측에서 각각 관원과 교사를 파견하여 역할을 분담하며 협력하여 함께 관리하였다. 독일 정부는 감독(교장에 해당) 한 명을 파견하여 학교 전체 사무를 총괄하였고 전체 교직원을 이끌도록 하였다. 중국 정부는 총 감찰 한 명을 파견하여 학교에 머무르면서 학교 장정이 시행되는지의 여부와 중학교 교원의 자질, 그리고 학생들의 학업과 품행 등 사항을 검사하는 책임을 맡도록 하였다. 독일 정부는 지리학자이며 해군 관원인 게오르크Georg에게 학교 감독을 맡게 하였고, 중국 정부는 기명어사記名御史 학부원외랑學部員外郎 장 카이蔣楷에게 총 감찰을 맡게 하였다(장 카이는 민국民國 2년 4월 물러나 총 감찰은 더우 쉐광竇學光이 대신하였다).[36]

(三) 교육에서 독일 교원은 독일어와 세계역사, 지리, 수리 및 법정, 공정 기술, 농림과 의학 등 서학西學 과정을 가르쳤고, 중국 교원은 중국 경학經學, 문학, 역사, 지리 등 중국학 과정을 가르쳤다. 이는 독일의 교과 과정과 중국의 교과 과정을 합하여 중국과 서양이 유기적으로 잘 배합된 학습 체계를 이룬 것이다.

35] 褚承志, 앞의 글, 42쪽.

36] 褚承志, 앞의 글, 43~44쪽.

이러한 합작 국면이 있게 된 것은 우선은 독일 정부가 교육·문화 정책을 추진하는 당초부터 중국 정부와 '합작'하고자 하는 의향이 있었기 때문인데, 이는 제국주의의 침략에 대한 중국 사회의 저항투쟁이 독일 정부로 하여금 현실을 직면하지 않을 수 없게 하여 독일 정부는 이에 식민정책 수단을 수정하여 중국과의 연계를 통해 문화적 침투를 진행하려고 한 것이다. 다음으로 중국정부 또한 협상을 통하여 자국의 이익을 최대한 확보하려 하였기 때문이다. 물론 양측의 동기가 다르기 때문에 양측의 행동에는 각기 중점을 둔 바가 달랐다.

이상에서 기술한 바와 같이 독일 정부가 칭다오 특별고등전문학당을 설립하게 된 주요 목적은 중국에 영향력을 행사하기 위한 것이다. 그들은 학교 설립을 통해 중국 학생들에게 '독일의 지식'과 '도이치 정신'을 주입하여 그것으로써 그들을 조종하기 쉽도록 하였다. 이 점은 먼저 독일어 교육을 강조하는 것에서부터 구체화되었다.

독일 정부는 칭다오 특별고등전문학당에서 독일어 교육에 큰 노력을 기울였다. 초급반의 주요과정이 독일어를 배우는 것일 뿐 아니라 고등반의 주요 과정 또한 독일 교사가 독일어로 수업을 진행하게 하였다. 독일 식민주의자는 독일어 교육이 독일 문화를 전달하고 중국 엘리트에 영향을 미치는 가장 유력한 도구라는 것을 익히 알고 있었다. 그리고 독일어를 배우는 것은 또한 중국인이 독일 문화를 받아들이는 중요한 전제로서 보다 많은 중국인이 독일어를 할 줄 알아야지만 독일 문화를 중국에 더욱 널리 전파할 수 있을 것이었다. 또한 영어와 마찬가지로 독일어는 당시에 매우 상업적인 가치를 지닌 외국어로서 그것을 잘 할 수 있는 학생은 상업계로 진출하든 정계로 진출하든 모두 힘들이지 않고 할 수 있었다. 중국에 대한 무역을 촉진하고 친 독일 세력을 길러내는 데 독일어 교육은 매우 중대한 의미를 지닌 것이었다.

독일 정부는 또한 법정法政 과목의 교육과 과학 연구 작업을 통해 중국에 특별한 영향을 미치기를 희망했다. 서방 민주국가와 달리 독일은 20세기에 이르기까지 여전히 군주 전제 정치체제를 유지하고 있어 국가 정권은 융커Junker(프로이센과 동부독일의 토지 귀족)의 손에 있었으므로 자산 계급이 적극적으로 참정해야 하는 의회란 허식에 지나지 않았다. 그래서 독일의 헌법과 법률 체계는 두드러지게 국가기구를 보호하고 인민의 기본권리에 반대하는 특징을 지니고 있다. 독일의 이러한 법률 관념은 특히 중국에 적합한 것으로 보여졌다. 독일의 지방 법관 쿠르트 롬베르크Kurt Romberg는 "군주제의 기초 위에 세워진 독일 국가 생활과 독일 헌법은 특히 중국에 대해서는 공화국 형식으로 전개되는 영국과 미국의 경우에 비하여 훨씬 낫다"며 공언하였다.[37] 그는 1911년부터 법정 과목의 장으로서 여러 방안을 제기하며 중국 학생이 독일의 법학과 법률체계를 숙지할 수 있도록 노력을 아끼지 않았다. 이러한 법정 교육이 중국 학생에 어떠한 효력을 발휘하였을지는 충분히 예견할 수 있다.

후발 제국주의 국가로서 도이치제국의 세계 정치, 경제, 문화 여러 영역에 대한 경쟁의식은 매우 강렬하였다. 왜냐하면 그 이전 제국주의 국가들이 이미 한 발 앞서 세계를 나누어 식민지 각축의 장에서 우세한 지위를 확보하고 있었기 때문에, 후발 제국주의 국가는 필시 결전의 각오로 쟁탈하여야 제국주의라는 국제 회식에서 그나마 한 점 맛있는 먹이를 나누어 가질 수 있었을 터이다. 이러한 경쟁의식은 칭다오 특별고등전문학당을 세우는 과정에서도 뚜렷하게 드러났다. 예를 들어 외국어 교육을 강조한 것은 독일 문화의 침투

37] Roswitha Reinbothe, Kulturexport und Wirtschaftsmacht, op. cit., S. 214.

에 도움이 될 뿐만 아니라 교회가 세운 대학들과 경쟁하기에 유리
하였다. 교회가 세운 대학에서는 일반적으로 외국어를 가르치지 않
거나 혹은 학생들이 외국어를 공부하는 것을 제한하였는데, 이는 이
들 학교가 종교 교육과 성직자를 길러내는데 중심을 두었고, 혹 외
국어를 가르치면 학교의 종교적 분위기가 바뀌어 학생들이 종교 세
계를 벗어나 그 밖의 대우가 좋은 다른 분야로 이동하지 않을까 하
는 우려에서이다. 반대로 독일 정부로 말하자면 외국어를 가르치는
것이 자국에게 무해할 뿐만 아니라 자국의 명성을 높여서 더 많은
학생이 오게 할 수 있었다. 실제 상황 또한 예상했던 대로 학교가
개설된 지 얼마 지나지 않아 바로 외국어 교육 때문에 학교의 명성
이 크게 높아졌다. 많은 중국 청년들은 학교에서 공부하는 것을 독
일에 유학하는 것과 같은 것으로 여겨 그 결과 학생은 "매년 큰 폭
으로 증가하여 모두 받아들이기 힘든 지경에까지 이르렀다."[38]

　독일 식민주의자가 문화적 침투를 행하는 동기에 대해 중국 정부
는 시종 긴장을 늦추지 않고 주의를 기울였다. 그러므로 독일 정부
와 '합작'하는 과정에서 중국 정부는 자신의 의도와 의지를 관철시
키기 위해 가능한 노력을 다하였다. '칭다오 특별고등전문학당 장정
靑島特別高等專門學堂章程'의 규정에 따르면 "총 감찰은 독일 감독의 통제
를 받지 않고," "본 학당 학생은 반드시 산둥 학무관리아문(衙門)이
선발하여 보내는데 고등 소학당 졸업자의 자격을 갖추어야 한다.
만약 독일 정부가 학생을 입학시키고자 한다면 반드시 먼저 산둥
학무관리아문에 보내 고등 소학당 졸업자와 같은 수준인지를 검사
받아야 하고 다시 산둥 학무관리아문을 통해 입학시킨다. (…중략…)
중국 경학과 문학, 인륜도덕, 역사, 지리 등 과목의 교원은 산둥 학

38] 李厚基, 앞의 글, 225쪽.

무관리아문에서 선발하여 천거한다. 독일 정부는 중국학에 우수한 교원이 있으면 또한 산둥 학무관리아문의 자격 심사를 거친 후에 일률적으로 고용할 수 있다. (…중략…) 본 학당은 중국 정부 입안의 인가를 거쳐 수시로 산둥성 시학관視學官이 일률 시찰한다. 시험 때에는 베이징 학부에서 위원을 파견하여 정중히 시행한다. 또한 졸업 증서에 감독과 총 감찰이 함께 서명한다."**39]** 이러한 규정은 중국 정부에 학교 관리에 참여할 수 있는 비교적 큰 권한을 부여하여 학교 경영을 효과적으로 감독할 수 있도록 보장해주었다.

'중체서용中體西用'은 근대 중국 개량파가 중서中西 문화 관계를 처리하는 기본 원칙이었다. 이 원칙은 칭다오 특별고등전문학당에도 그대로 적용되었다. 중국 정부는 중국 학생들이 서방 교육을 받을 때 결코 자국의 민족 문화의 뿌리를 버리지 않도록 하였다. 칭다오 특별고등전문학당의 개학식에서 중국 총 감찰은 학생들에게 훈화하기를 공자의 도에 따라야 하고 우선 공자의 교훈을 강구하여 그 교훈을 이해하고 심화해야 한다고 말하였다. 그리고 선현들이 남긴 많은 격언을 마땅히 공부의 기초로 삼아 그것을 바탕으로 나아가 자신의 덕행을 더욱 갈고 닦아 참된 사람이 되어야 한다고 하였다.**40]** 여기에서 '공자의 도'는 중국 민족 문화의 정수로서 선양되었을 뿐만 아니라 중국 학생의 중요 연구 과정의 하나로 규정되었다. 나아가 총 감찰은 교내에서 중국 문화의 의미를 지닌 활동을 자주 거행하였다. 학교에서 학생들은 전통 신발과 모자를 쓰고 장포와 마고자 등 통일된 제복을 입었다. 공자의 기일에 학생들은 의관을 정제하고 학교 사당에 모여 총 감찰의 인솔하에 제를 올렸다. 중국 정부

39] 『青島特別高等专门学堂章程』 제5·14·15·16조.

40] 『胶州发展备忘录(1908.10~1909.10)』 부록 「关于德华高等学校开学的报告」 참고. http://news.qdu.edu.cn/xiaoqing/index.asp校史研究 참고.

는 서방의 과학기술교육과 중국의 유교전통을 결합하여 학생들이
국가를 위해 복무하는 기술을 장악하게 하고 아울러 중국 문화의
근본을 잊지 않도록 하였다. 자국의 민족 문화 전통에 대한 숭상은
교육이 식민주의의 노예로 전락하는 것을 어느 정도 막아내는 작용
을 발휘하였다.

　종합하면 중국 정부는 칭다오 특별고등전문학당을 설립하고 운
영하는 과정에서 상당히 능동적인 작용을 하였다. 설사 정부 내부
의 각 파벌이나 사회 각 단체마다 서양 열강에 대해 서로 다른 시각
과 서로 다른 행동 방식을 가지고 있었다 해도 서방 열강과 교섭하
는 과정에서 중국이 시종 전적으로 피동적인 객체였던 적은 없었기
때문이다. 극소수의 노예 근성에 젖은, 그리고 목숨 유지에 연연하
였던 매국노 외에 온 나라는 위 아래 할 것 없이 국가 주권을 보호
하고 민족 이익을 지키는 것을 우선으로 삼아 적극적이고 주동적으
로 외국 침략자에 항쟁하였다. 구체적인 예로 칭다오 특별고등전문
학당의 설립과 경영에 있어 중국 정부는 처음 접촉을 시도할 때나
이후 구체적으로 협의 사항을 실천할 때나 언제나 국가 민족의 이
익을 지키기 위해 노력을 게을리하지 않았고 나아가 매우 큰 성과
를 거두었다. 이러한 상황은 자오아오膠澳 총독 트루펠Truppel이 '칭다
오 특별고등전문학당 장정靑島特別高等專門學堂章程'에 대해 비판을 가한
것에서도 볼 수 있다. 트루펠은 우려를 표하였는데, 그것은 장정에
따른다면 식민 통치 당국이 학교에서 통제와 기율로 구속할 수 있
는 가능성을 잃어버릴 수 있기 때문이었다. 더욱이 이는 식민 문화
정책의 근본적인 중심 임무이다. 그는 1909년 9월에 다음과 같이 강
조하여 말하였다. "식민지에서는 (…중략…) 학교 경영에서 마땅히
추구해야 할 정치 목표와 마땅히 집행해야 할 식민 문화 정책의 임
무를 잊어서는 안 된다." 그런데 이 목표는 반드시 '학교 관리권'을

독점해야만 실현될 수 있다. "본인이 보기에 우리는 학교 통제 측면에서 대담하게 행동하여 중국인의 의견과 중국인의 방식에 구속을 받지 않아야 한다. 왜냐하면 그것은 주로 학교 정신에 영향을 미치므로 전체 경영 측면에서 보면 학교 정신은 잘 가르치는 것보다도 더욱 중요하기 때문이다."[41] 트루펠의 입장과 태도는 매우 분명하다. 다만 중국 정부의 완강한 저항 때문에 실현하기 어려웠을 뿐이다. 그는 1910년 12월 28일 일본에서 올 때부터 병환이 있었는데, 학교 업무에 지나치게 간섭하여 결국 해직되어 귀국하였다.[42]

문화 교육은 도이치제국의 식민통치의 주요한 수단이라 할 수 있다. 독일 정부는 많은 비용을 아끼지 않고 칭다오를 독일의 문화와 과학의 중심으로 만들고자 노력하였다. 그들의 장기적 전략 목표는 중국에서 도이치제국의 경제적·정치적 이익을 촉진하는 것이었다. 그리고 직접적인 목표는 중국 사회에 광범위한 영향력을 행사할 수 있도록 하는 것이었다. 독일 정부는 중국 민중과 정치 엘리트의 호감과 비호를 얻는 방식을 통하여 중국에서 자신의 이익을 공고히 하고 확대하고자 하였다. 그렇게 감화된 독일 학교 졸업생은 식민 정권의 연계인 혹은 합작 동지가 될 것이었다. 그러나 식민주의자는 중국에서 자신의 의지대로 행동할 수 없었다. 중국 정부는 적극적으로 간섭하고 참여하여 칭다오 특별고등전문학당의 본래 계획을 바꾸었고, 또 독일 정부를 압박하여 중국의 평등한 지위와 민족 권익, 그리고 칭다오 특별고등전문학당의 '중국화' 경향 등 비교적 많은 것을 승인 받았다. 중국 정부의 이러한 참여와 실천적 행동은 분명 독일 식민주의자가 중국 민중에게 행하고자 하였던 문화 정복의

41] Klaus Muehlhahn, op. cit., S. 249.
42] Klaus Muehlhahn, Ibid., S. 249.

기도를 억제하고 중국 문화의 뿌리를 지킬 수 있게 했다. 더화 칭다오 특별고등전문학당의 설립과 경영으로부터 우리는 제국주의 시대에 중국과 독일 양측의 상호작용을 명확하게 볼 수 있는데, 이는 독일 제국주의의 침략 과정이나 중국의 근대 사회 발전에 깊은 영향을 끼쳤다.

譯 : 안소현(광운대 강사)

식민주의 인식과 식민유산의 보호

: 상하이, 칭다오의 경우

자오 청궈

1. '문화식민주의'에 관한 논쟁

개혁개방 이후 경제·문화 교류가 활발해지면서 서양문화가 중국에 깊은 영향을 미치자 중국문화의 '서구화'에 대한 우려도 깊어졌다. 또 서양의 '후식민주의' 이론이 도입되면서 1990년대 중반 '문화식민주의'에 관한 논쟁이 일어났다.

자오 잉윈趙應雲은 1995년 9월 22일 『런민르바오人民日報』에 「'식민문화'의 징후를 경계함」을 발표했다. 그는 "새로 개장하는 점포 중 '다이너스 당구성', '시카고 오락실', '성 바울 명품샵' 등과 같이 '서양식 상호를 사용하는 곳들이 점차 많아진다. 어떤 길은 굳이 '동방의 월가'라는 명칭을 붙이려고 한다. 천 년의 고성 쑤저우蘇州의 하천 제방에도 쑤저우를 '동방의 베니스'로 건설하고자 한다는 표어가 걸려있다"고 말했다. 그리고 "이는 단지 상업의 측면에서 문화를 보

---

* 趙成國. 중국해양대학 해양문화연구소 교수.

고, 인격과 국격을 보는 것이다. 또 이는 문화예술과 사회과학 영역에서 보이는 일부 건강하지 못한 '식민문화' 경향과 관련한 것이고, 정치, 경제생활에서 인격과 국격을 필요로 하지 않는 현상과 관련한 것이다. 이것이 비록 징후라 할지라도 우리는 경계하고, 바른 인식을 가져야 한다. 만약 이런 상황이 더 발전한다면, 식민문화가 범람해 새로운 '식민문화' 애호가들을 양성할 것이고, 끊임없이 '식민문화'에 대한 새로운 요구를 낳을 것이다. 그러면, 우리 국가는 다른 모양이 될 것이고, 우리는 100여 년이 넘게 식민주의를 반대한 지사들을 볼 면목이 없게 된다. 또 중화민족의 위대한 선조에 어찌 떳떳할 수 있겠는가!"라고 지적했다.

이어서 『징지르바오經濟日報』, 『광밍르바오光明日報』, 『제팡르바오解放日報』, 『중화두슈바오中華讀書報』, 『원이바오文藝報』 등은 일제히 글과 기사를 발표해 '식민문화' 문제에 대해 열띤 토론을 전개하였다. 국가언어문자공작위원회國家語言文字工作委員會 언어문자관리사語言文字管理司도 1995년 11월 3일 전문가와 학자를 초청하여, 어떻게 '조국의 언어와 문자를 순화하고, 민족의 우수한 문화를 발전시킬 것인가'에 대해 좌담을 진행했다. 이 토론을 지켜보니, 주로 거론된 문제가 '서양식 이름'이 범람하는 이러한 현상을 '식민문화' 혹은 '문화식민주의'라 부를 수 있는지에 관한 것이었다.

1995년 11월 4일, 『제팡르바오』는 쓰마 신司馬心의 글을 발표해, 자오 윙원의 글과 서양식 이름의 범람이 '식민문화'라 불리며 다시 출현하는 현상沉渣泛起에 대해 이의를 제기했다. 쓰마 신은 다음과 같이 생각했다. "서양문화가 중국에 들어와, 중국문화에 일부 부정적인 영향을 낳는 것은 피하기 어렵기에, 그 일을 크게 생각하거나 두려워할 필요가 없다. 오늘날 중국에서 어떻게 이러한 '식민문화'가 '범람'할 수 있었을까? 중국의 개방은 주권이 중국에 있었기에 능동적으로 외국

의 것들을 흡수한 것이다. 수년 전 외국인들이 조계지에 공장을 건
설하게 한 것은 '조계를 중시'해서가 아니었고, 외국산의 국내 유입
은 '경제 침략'이 아니었다는 것은 이미 충분히 설명이 되었다. 개방
17년 후인 오늘날, 어떻게 서양식 명칭을 몇 개 차용한 것이 '식민문
화'로 갑자기 변하게 된 것일까."

이에 대해, 셰 팡핑謝方平은 「'식민문화'가 다시 출현하는 것의 두려
움」이라는 글에서 '식민문화'의 징후를 두려워하는 것은 '작은 일을
크게 만드는 것'이 아니라고 지적했다. 이미 드러난 '식민문화'의 징
후들 중 그것이 두드러지게 미친 영향은 민족자부심의 약화이다. 예
를 들면, 일부 지방에서 '서양식'으로 작명하는 것이 유행한다고 하
더라도 중국인은 이해하지 못할 것이고, 외국인들도 그 의미를 명확
히 알지 못할 것이다. 문화예술과 사회과학의 어느 영역에서 애국지
사는 폄하되고, 굴욕을 당하는 반면 한간漢奸 문인과 그 작품은 다시
발굴되어 제멋대로 치켜세워진다. 과거 그들에 대한 엄정한 비판도
떳떳하지 못한 것이 된다. 대외 교류 때 국격과 인격을 상실하는 일
이 있으면, 일부 사람들은 그것을 수치라 여기지 않고, 오히려 영광
으로 여긴다는 것을 간간이 듣기도 한다. 더 심한 경우, 어떤 상점은
아편 담뱃대를 공예품으로 판매하여 이익을 취하기도 한다. 어떤 사
람은 단지 돈을 버는 것만 돌볼 뿐, 국가의 명예는 돌보지 않는데,
확실히 사리사욕에 눈이 멀어서이다. 만약 이러한 상황이 발전하도
록 그대로 두면 자포자기의 사회심리가 조성될 것이다.[1]

리 자빈李家斌은 언어, 문자의 관점에서 '서양식 오염'에 대해 비판
했다. 그는 다음과 같이 생각했다. 언어와 문자는 전 국민의 사회
교제 도구로, 그 자체가 계급성이 없다. 그러나 언어생활 가운데 반

1] 『解放日報』, 1995.11.25.

영된 언어와 문자는 명확한 정치적 공리 목적을 갖는다. 그 가운데 민족자부심과 자존심의 수립, 민족응집력의 강화, 국가주권의식의 체현 등이 중요한 내용이다. 우리들은 "언어, 문자 생활을 하면서 각 방면의 외국문화를 적극적으로 흡수해야만 하지만, 우리들이 사용한다고 하더라도, 외국의 것이 본국, 본민족 문화체계에 유입되게 해야 하지, 그것이 본국, 본민족의 문화를 대체하게 해서는 안 된다는 것이 전제되어야 한다. 민족의 특색이 없는 것은 세계로 나아갈 수는 없다."[2]

많은 학자들은 오늘날의 '문화식민주의'에 관한 논쟁이 근래 문화 학술계의 일부 이론 문제 연구에 도움이 된다고 생각한다. 얼마 전 이론계는 서양의 '후식민주의' 이론을 소개했는데, 어떤 논자는 이 이론이 제국주의가 '냉전' 이후 제3세계에 행한 문화포위와 문화침입을 비판하면서 제3세계 학자의 '비변경화', '비서구화' 책략에 이론적 근거를 제공했다고 여긴다. 그러나 어떤 학자는 후식민주의 이론은 오히려 유럽중심주의의 문화식민침략이라고 예리하게 지적한다. 현재까지 '문화식민주의' 논쟁은 지속되고 있다.

2. 식민유산의 '세계문화유산' 등재 신청에 관한 논쟁

21세기에 들어, 중국의 문화유산보호, 세계문화유산 등재 신청 등은 정부의 중요한 일이 되었다. 중앙부터 지방까지 문화유산을 보호, 이용하는 것에 대한 의식이 날로 강화되어, 국가와 지방은 이것을 위해 많은 돈과 인력을 투입해 이 사업이 활발하게 전개되도록

2] 『光明日報』, 1995.11.7.

하고 있다. 이 과정에서 (근대) 식민지 시기에 남겨졌던 건축물, 공업 등의 유산 보존, 보호 그리고 이용문제가 언급되었다. 칭다오靑島, 상하이上海, 다롄大連, 광저우廣州, 마카오, 홍콩 등 많은 도시들이 이 문제와 관계된다. 주의할 만한 것은 역사적 가치와 사용 가치가 있는 식민문화유산의 보호와 이용에 대해서, 학계, 정계 그리고 민간 모두 어떠한 논쟁이 없어, 마치 '당연히 그러한 것', '순리가 그러한 것'과 같은 일이 되었다는 점이다. 그러나 그 중 일부 유산을 세계문화유산으로 신청하는 것에 관한 문제에서 비교적 격렬한 논쟁이 있었다.

2005년 몇 개의 도시는 식민건축과 관련한 것들을 세계문화유산으로 등재하기 위한 준비작업에 착수했다. 하얼빈哈爾賓의 일본군731 세균부대 유적지, 선양瀋陽의 '동방의 아우슈비츠' 영미전쟁포로 수용소 유적지, 난징南京대학살 기념관, 상하이의 와이탄外灘 건축군 등을 관련 학자 혹은 기관이 세계문화유산으로 등재하려고 하자, 격렬한 논쟁이 일어났다.

이 글에서는 주로 상하이 '와이탄' 건축군을 세계문화유산으로 신청하는 것을 예로 든다.[3]

제일 먼저 이 제안을 한 사람은 상하이 작가 자오 리홍趙麗宏(상하이문학사 사장, 작가)이다. 2003년 2월 상하이 '양회(인민대표대회와 정치협상회의)' 기간에 자오 리홍은 전국정치협상회의 위원 신분으로 상

3] 상하이 와이탄 건축군. 黃浦강 서쪽 강가에 위치한 와이탄은 남북으로 거리가 4km로, 상하이의 중요한 상징이다. 이곳은 북쪽에는 外白渡橋가 서 있고, 남에는 金陵東路가 받치고 있는, 와이탄 건축군의 정수가 존재하는 곳이다. 1.5km의 와이탄 서쪽 측은 해관빌딩, 和平호텔, 홍콩상하이은행 등 고딕양식, 바로크식, 로마식, 고전주의식, 르네상스식, 동서양 융합식 등 각종 양식으로 된 52개의 빌딩이 서 있다. 이 빌딩들은 다른 건축사의 손으로 만들어져, 풍격이 완전히 다르지만, 건축 격조가 통일되고, 건축 윤곽이 조화로워, 황푸강 서쪽 강가는 우아하고 아름다운 스카이라인을 그리며, '만국건축박람회'라는 명성을 얻었다.

하이 와이탄 건축군의 유네스코 세계문화유산 등재를 신청하자는 제안을 하였다. 이 안건은 제출되자마자 큰 반향을 일으켰고, 2003년 중국의 '10대 시비是非' 논제가 되었다.

와이탄을 세계문화유산으로 등재하려고 신청하는 것은 시작 단계에서부터 논쟁이 일었다. 논쟁은 인터넷뿐 아니라 베이징과 상하이 양쪽 매체 사이에서도 진행되었다. 『공런르바오工人日報』, 『중궈칭녠바오中國靑年報』를 대표로 하는 매체는 와이탄이 식민의 치욕이라 여겼다. 그러나 『제팡르바오』, 『와이탄화바오外灘畫報』를 대표로 하는 상하이 지역 매체는 그것이 '편협한' 생각이라고 여겼다.

와이탄 건축군이 세계문화유산 등재에 성공할 수 있을지 없을지는 미지수이다. 그러나 이러한 논쟁의 출현은 우리들로 하여금 두 개의 다른 가치관의 교전을 볼 수 있게 했다.

『공런르바오』는 '단호하게' 서명한 글을 발표해 다음과 같은 것을 지적했다. 와이탄 건축은 식민자가 중국을 박탈하면서 남긴 범죄의 증거로, 중국인이 일찍이 굴욕 당한 흔적이다. 이것은 누구도 부인할 수 없는 것이다. 세계문화유산 등재 신청을 위해서, "정치적인 색채를 희미하게 해야 한다"고 말하는데, 이것으로 다른 사람들을 설득하기 어렵다. 건축은 예술이고, 또 역사이다. 역사는 바로 정치를 포함하고, 또 민족의 정서를 포함한다. 와이탄 건축물의 특수성은 특히 그 내용이 복잡한데, 어떻게 예술과 정치, 역사를 분리해 낼 것이며, 심지어 민족의 정서를 무시할 수 있겠는가? 미래를 바라보는 것은 맞지만, 역사를 무시하는 것과 다르다. "과거를 잊는 것은 바로 배반을 의미한다."

세계문화유산 등재 신청을 통해 이루고자 하는 것은 먼저 본국의 역사문화를 발전시켜 잘 드러내는 것이고 그 다음이 보호하는 것이다. 우리들은 무엇을 서양인들에게 선전할까? 심지어 식민색채가

농후한 것들로!^{4]}

반대하는 입장에 있는 저명한 평론가 옌 양^{문揚}도 와이탄 건축이 '식민문화'를 대표한다고 지적했다. 그는 나아가 다음과 같이 지적했다. 비록 우리들이 감상하는 시선으로 이 만국건축물들을 평가할 수 있다고 하더라도, 또 일부 사람들이 식민역사에 대해 다른 견해를 가질 수 있고, 심지어 가지각색으로 꾸밀 수 있다고 하더라도, 와이탄 건축군이 대표하는 것은 일종의 '식민문화'로, 세계문화유산 등재 신청은 가볍게는 스스로 상처를 공개하는 것이라 할 수 있고, 무겁게는 상처가 좋아져 아픈 것도 잊어버린 것이라고 말할 수 있다. 상처는 사랑할 만한 것이 못 된다.

또 그는 외국의 예를 들었다. "우리나라의 많은 도시는 일본 침략자가 남긴 일본식 건축물을 이국 정조의 보호 측면에서 대한다. 반면 30여 년 간 일본 식민지였던 한국에서는 이러한 현상이 매우 드물게 나타난다. 선택적으로 몇 곳만 남기고, 그것을 국치기념관으로 간주한다." 옌 양의 관점에서 볼 때 와이탄 건축군을 세계문화유산으로 등재하기 위해 신청하는 것은 마치 식민문화를 발전시키는 것과 같다.

옌 양의 관점에 대해서 세계문화유산 등재 신청 방안을 제출한 자오 리훙 선생은 전혀 동의하지 않았다. 그는 정치적 관점에서 '세계문화유산 등재 신청'을 보면 안 된다고 생각했다. 그는 "옌 양 선생의 관점에 대해 나는 전혀 찬성하지 않는다. 그의 관점은 좁기 때문이다. 상하이 와이탄 건축군은 일종의 인류 문화이다. 그것이 식민자가 설계한 것이라고 할지라도 우리나라 사람들이 만든 것이다. 우리가 세계문화유산 등재를 신청하는 것은 문화의 관점에서 출발

4] 『工人日報』, 2003.07.08.

한 것이다. 많은 국가의 건축 스타일이 동시에 한 곳에서 융합된 상황은 국내외적으로 보기 드물다. '식민문화'를 세계문화유산에 등재하려고 신청하는 것은 우리들이 첫 번째가 아니다. 인도, 베트남 등 국가도 마찬가지이다. 우리들은 항상 외국 침략자가 남긴 문화를 치욕으로만 간주할 수 없다"고 표명했다.[5]

통지대同濟大 교수이자, '세계유산보호위원회' 중국연락원 루안 이싼阮儀三은 세계문화유산 등재 신청이 단지 '우수한 전통문화를 발전시키고, 찬란한 역사를 드러'낼 뿐이라는 생각은 잘못된 관점이라고 생각했다. 이미 '세계문화유산'이 된 목록을 살펴보면, 금자탑, 만리장성, 진시황릉, 고궁 그리고 아우슈비츠 수용소, 히로시마 원자폭탄폭발지 등이 있는데, 그것들은 주인이 노예를 기만하고 괴롭힌 것, 봉건영주가 농민을 억압한 것의 산물이거나 인류 역사에서 가장 잔혹하고 처참함을 대표하는 것들이다. 위에서 말한 관점을 따르면, 이러한 '노예 문화', '봉건주의 문화'의 것들을 어떻게 '발전'시킬 수 있을까? 수용소와 원자탄이 어떻게 '눈부신' 역사가 될 수 있을까?

현대건축설계집단現代建築設計集團의 베테랑 건축사 차이 전위蔡鎭鈺는 건축사로서 자신은 와이탄 건축물 자체의 가치에 더 주목한다고 밝혔다. 황푸강黃浦江 연안의 1,700미터 가운데 와이탄에는 수십 개의 '만국건축물'들이 서 있는데, 그것들은 서양 고전주의, 신고전주의, 아르데코artdeco, 고딕 양식, 로마식, 르네상스식, 중서융합식, 절충주의를 모방한 것으로, 풍부하고 다채롭다. 특히 이 건축군은 비록 한 명의 설계사의 솜씨에서 나온 것도 아니고, 동일한 시기에 지어진 것도 아니지만, 건축 형태, 색채는 오히려 조화롭고, 전체 윤곽선 처리가 사람의 관심을 끌 만큼 잘 어울리는 것이 마치 장중하고

5] 『上海商報』, 2003. 1.

느린 음악과 같다. 이것은 중국에서 유일한 것으로, 전 세계에서도 매우 드문 것이다.

차이 전위는 "와이탄이 식민주의자의 산물"이라고 말하는 것에 대해 다음과 같이 지적했다. 이것은 아는 것이 없는데다 편견이 더 해진 것이다. 많은 역사 자료가 와이탄 건축물의 시공은 대부분 중국의 기사와 장인이 완성한 것임을 증명한다. 와이탄 건축물의 설계사는 대부분 윌슨, 존슨과 같이 유명한 서양 건축가였다. 그러나 그들은 '식민주의자'가 아니라 우리와 마찬가지로 자신의 재주, 지혜 그리고 노동에 기대어, 심혈을 기울여 우수한 건축물을 만들어낸 집단으로, 공사를 맡긴 후 여전히 현장에 가서 공사를 감독하고 건축물이 순조롭게 완성되도록 해야 했다. 다시 말해, 그들의 사업 파트너와 조수 가운데는 힘든 노동을 제공한 많은 중국인 건축사가 있었다.

통지대 건축과 주임 교수 창 칭常青은 와이탄이 문명의 다양한 발전 과정을 증명한다고 보았다. 그는 다음과 같이 생각했다. 제1차세계대전 당시 유럽 등지에서 전쟁이 격렬할 때, 상하이는 상대적으로 평온하여, 대량의 서양 자본이 상하이로 이동하였다. 이때 당시 성행한 신고전주의, 아르데코, 절충주의 등을 포함한 세계의 각종 건축문화 유파가 상하이 와이탄으로 건너와 한번에 건설되었다. 후에 제2차세계대전이 폭발한 후, 동서양의 많은 정교한 역사 건축물들은 포화 속에서 완전히 사라지거나 전후 재건 도중 삽시간에 사라져버렸다. 그러나 와이탄의 많은 근대역사건축물들을 포함한 상하이 중심 지구는 오히려 여러 가지 이유로 인해 보전되었다. 이것은 상하이와 전 인류에 보기 드문 문화의 보고를 남긴 것이다. 오늘날, 만약 전 인류 문명의 발전 과정의 시각에서 와이탄의 이러한 현상을 본다면, 우리들은 반드시 넓고 관용적인 마음으로 그 역사적 가치를 직시하고, 이 문화유산을 기꺼이 받아들이고, 각종 가능한 방법과 수단을 취해 이 진귀한 유산을 보호해 그것이 영원히 전승되도록 해야 한다.[6]

상하이 와이탄 건축군을 세계문화유산으로 등재하려 한다는 소식은 의견을 분분하게 하였다. 이 소식은 최종적으로 문물부서에 의해 확인된 것은 아니지만, 2004년 쑤저우에서 개최된 제28차 세계유산위원회에서 국가문물국國家文物局 전문가팀 팀장이자, 중국문물학회 회장 뤄저원羅哲文은 조간신문 기자 특별 인터뷰에서, 상하이 와이탄 건축군을 세계문화유산 등재를 신청하려고 하는 것은 "당연히 가능할 것이다"라고 말했다. 뤄저원은 와이탄의 건축물들은 평소에 "만국건축박람회"라 불리고, 그 문화적 가치가 독특하다고 여기며 다음과 같이 말했다. "와이탄 건축군은 자체로 우수하기 때문에 내년에 중국에서 유일하게 세계문화유산 등재를 신청하려고 하는 마카오 역사 건축군과 마찬가지로 이것은 한 시대를 대표할 것이다. 마카오 역사 건축군은 세계문화유산으로 등재를 신청할 수 있고, 와이탄 건축군도 세계문화유산 등재 신청을 할 수 있을 것이다. 와이탄 건축군을 세계문화유산으로 등재 신청하는 것에 대해서 나는 두 손 들어 찬성한다."[7]

오늘날에도 상하이 와이탄 건축군의 세계문화유산 등재 신청에 관한 논쟁은 여전하다. 전체적으로 찬성하는 측의 목소리가 반대하는 측보다 높다. 정부는 매우 분명하게 찬성하는 태도를 보인다. 이 논쟁은 식민주의와 민족주의 사이의 충돌을 반영한다. 그러나 구체적인 실천의 측면에서 보면 이러한 충돌은 식민유산의 역사문화가치와 '자원가치'를 정부, 학계 그리고 보통 민중이 인식하고 받아들

6] 『新民週刊』, 2004.7.3.

7] 『東方朝報』, 2004.7.3.

이는 데 큰 영향을 미치지 않는다. 우리들이 전국의 상황을 검토해 본 결과 식민유산은 보호와 재이용에 있어 '매우 중요시'되고 있다. 이 점은 칭다오의 예를 통해 더 잘 이해할 수 있다.

3. 칭다오의 식민 유산: 건축과 공업

1897년 11월 산동 차오저우曹州 쥐예巨野에서 두 명의 독일 선교사가 살해당하는 사건이 발생하는데, 역사에서는 그것을 '쥐예자오안巨野教案'이라 불린다. 독일정부는 이것을 빌미로 군대를 파병해 자오저우만을 침략했다. 1898년 3월 6일 독일은 '자오아오膠澳 조차 조약'을 통해 조차 기간을 99년으로 하고 산동을 자신의 세력범위에 둔다.

1898년 9월 독일은 칭다오를 개방해 자유항으로 삼는다. 1899년 10월 독일 황제 빌헬름 2세Wilhelm II(재위 1888~1918)는 '자오저우 보호지'의 새로운 시내를 칭다오라고 이름을 짓는다. 여기가 바로 자오아오 조차지의 주요 구역이 된다.

독일은 칭다오를 침략한 후, 한편으로 공무 장소, 관저 등의 공공 건물을 짓고, 또 한편으로는 특혜 정책을 취해 각국 상인이 칭다오에 와서 상점·은행·광장 그리고 주거용 별장과 다세대 주택을 짓게 했다.

1914년 제1차세계대전이 폭발하자, 일본은 기회를 틈 타 독일을 쫓아내고 칭다오를 침략한다. 이후 일본은 이곳을 식민통치하며 강점, 구매 등의 방식으로 독일 건물 174곳을 약탈하는 동시에 대량의 공장, 주택을 지었다. 『자오아오지膠澳志』에 기재된 것에 따르면, 1915년부터 1928년 말까지 일본인은 774곳에 건축물을 지었고, 구미인들은 87곳에 건축물을 지었다고 한다.

1945년 항일전쟁이 끝난 후, 칭다오의 일본인 건물은 모두 난징 국민당 정부가 접수했다. 1984년 국민당 중앙 신탁국의 칭다오 괴뢰정권 부동산 청산처의 『괴뢰정권의 부동산 보고서』 통계에 따르면, 일본과 독일의 각종 건물의 총계가 3,618곳으로, 그 중 주택이 1,442곳이고, 여관, 아파트, 사무용 건물, 상점, 창고, 사당, 학교, 병원 등 기타 공공건물이 2,176곳이었다.[8]

칭다오 해방 후, 중국인민해방군은 1949년에 「칭다오시군사관제위원회건물부공공부동산관리임시조례靑道市軍事管制委員會房産部公共房地産管理暫行條例」를 공포하여,[9] 건물 1,143곳, 4,655동 등 모두 51,502개의 방을 접수, 관리하였다. 그 중 일본 건물이 658곳, 국민당 기관과 전범 건물이 115곳, 한간 건물이 48곳, 독일교포 건물이 29곳, 한국교포이 건물 9곳이고, 병영이 4곳이다. 중국인민해방군은 건물들을 접수한 후, 토지자산은 시정부 재정국이 관리하고, 민간 주택은 민정국이 관리하게 했다.[10]

1950년 6월 통계에 따르면 외국교회는 칭다오의 건물 중에서 81곳으로, 예배당, 병원, 진료소, 학교, 고아원 등을 포함하고 있었다.

독일 식민지 시기와 일본 점령 시기의 건축물 중 보존된 몇 백 개의 칭다오의 건축물들은 해방 이후 비록 큰 훼손을 입지는 않았지만 보호의식이 부족해 몇 번의 훼손 단계를 겪었다. 주의할 만한 것은 파괴가 가장 심했던 시기가 바로 개혁개방 이후라는 점이다.

첫 번째 시기는 건국 초기로, 경제가 매우 곤란하여 도시는 대규모의 건축공사를 할 수 없었다. 구도심에서만 부분적으로 소규모 건설이 전개되어, 새로운 정권 아래 도시생활 수요를 만족시켰을 뿐

8] 青岛市史志办公室 編, 『青岛市志·房产志』, 北京 : 新华出版社, 1999, 51~52쪽.

9] 青岛市档案馆资料, 档案编号 : C0001-001-00025.

10] 青岛市史志办公室 編, 『青岛市志·房产志』, 北京 : 新华出版社, 1999, 36쪽.

이다. 이것은 무의식적으로 도시 경관을 보존하게 했다. 그러나 보호관념이 부족했기 때문에, 이 시기에는 주로 역사건축물의 '야만적인' 사용을 통해 파괴가 자행되었다.

두 번째 시기는 '문화대혁명' 기간에 있었다. 이 기간에 파괴된 것들의 대부분이 종교건축물과 사당이었다. 동시에 전 단계와 마찬가지로 역사건축물에 대한 보호의식이 부족했기 때문에 많은 건축물들이 심하게 파손되었다.

세 번째 시기는 1980년대 개혁개방 이후 도시화가 급속하게 진행되던 시기였다. 도시관리층은 '붉은 기와와 녹색의 숲, 푸른 바다와 파란 하늘'의 '작은 칭다오'의 모습이 도시의 발전을 속박한다고 잘못 생각하고, '작은 칭다오'를 '큰 칭다오'로 만들기 위해 먼저 도시의 원형을 타파하려고 했다. 이러한 잘못된 생각 때문에 1980년대부터 고층 건축물들이 구도심 지역에 계속해서 건설되어, 도시 풍경을 파괴했고, 또 일부 오래된 건축물도 허물어졌다.

다행스러운 것은 이러한 상황이 오래 지속되지는 않았다는 것이다. 1990년대 초 칭다오는 도시계획에 대한 방향을 바꾸어 동부에 새로운 시내를 건설하기 시작하면서, 구도심에 새로운 건축물을 짓는 것을 멈추어, 온전하게 대부분의 오래된 구역과 건축물을 보존하였다. 이것은 오늘날 칭다오가 도시 풍경을 보호할 수 있는 조건이 만들어진 것이었다.

2003년 칭다오시정부는 131개의 제1 역사우수건축물 그룹 목록을 공포했다. 그 중 대부분이 독일 건축물이고 그 다음이 일본 건축물이다. 대표적인 건축물은 주로 아래와 같다(괄호는 건축년도이다).

독일 건축 : 이쉐이루沂水路 독일영사관 옛 유적지(1897), 독일우체국대리점 옛 유적지(1898), 칭다오산 포대 유적지(1899), 해군 본부 건물

옛 유적지(1899), 더화은행德華銀行, Deutsche Asiatische Bank(1899) 옛 유적지, 천주교회 숙사 옛 유적지(1899), 자오아오 우체국 옛 유적지(1901), 비스마르크 병영 옛 유적지(1900), 유럽인 감옥 옛 유적지(1900), 해병구락부 옛 유적지(1901), 독일총독부 옛 유적지(1903), 칭다오 경찰서 옛 유적지(1904~1905), 독일신부 고택(1903), 게르만맥주공장 옛 유적지(1903), 도살장 옛 유적지 (1903~1906), 독일총독부 관저(1905), 루터공동주택 옛 유적지 (1905), 칭다오 기독교회(1908), 더화대학 옛 유적지(1910), 헨리왕 자호텔 여관부 옛 유적지(1911), 자오아오법원 옛 유적지(1912), 자오아오 개항장 전기 사무소 옛 유적지(1914)

일본 건축 : 카이즈開治 주점 옛 유적지(1913), 홍콩상하이은행 옛 유적지 (1917), 미츠비시三菱양행 옛 터(1918), 칭다오취인소 옛 유적지 (1920), 일본상업학교 숙사 옛 유적지(1931), 조선은행 옛 유적지 (1932), 산줘山左은행 옛 유적지(1934), 아시아호텔 옛 유적지 (1936), 일본상공회의소 옛 유적지(1938)

기타 건축 : 영국총영사관 옛 유적지(1907), 미국총영사관 옛 유적지(1912), 덴마크영사관 옛 유적지(1913)

이상의 건축물들은 법률의 보호를 받고 있으며, 그 사용 범위도 광범위해 정부 업무 기관, 호텔, 교회, 여행 관광지로 활용된다. 일부분은 민간 주택으로 사용되기도 한다. 그러나 정부로부터 자금 지원을 받아 수리하고, 원형을 유지하기 위해 노력해야 한다.

칭다오의 오래된 건축물 중 국가중점문물보호대상의 자격을 얻은 것들로는 독일 총독부 옛 유적지, 빠다관八大關 건축군, 칭다오 독일 감옥 옛 유적 박물관이 있다.

1) 독일 자오아오 총독부 옛 유적지

독일 자오아오 총독부 옛 유적지는 이쉐이루 11번지에 위치해 있다. 1897년 독일이 칭다오를 침략한 후, 독일건축사 마르크가 설계하고 1904~1906년에 준공했다. 주 건물의 높이는 20미터이고 모두 5층이다. 건축 면적은 약 7,500평방미터이다. 1914년 일본이 칭다오를 침략한 후 총독부는 일본 수비 군사령부가 되었다. 1922년 12월 중국정부가 칭다오를 회수해 1929년 7월엔 칭다오특별시정부 소재지가 되었다. 1938년 1월 일본이 칭다오를 다시 침략했고, 총독부를 '칭다오특별시공서', '칭다오특별시정부'로 삼았다. 1945년 항일전쟁에서 승리한 이후, 난징 국민당 정부가 칭다오를 접수하여 관리했고, 다시 총독부를 시정부 소재지로 삼았다. 1949년 6월 2일 칭다오는 해방되었고, 총독부는 칭다오시 인민정부 사무동이 되었다. 1994

[그림 1] 독일총독부 옛 터

년 시정부가 새로운 곳으로 이
사했고, 현재는 칭다오시 인민
대표대회와 정치협상회의 사무
동이 되었다. 1996년 12월 25일
에는 총독부 옛 유적지가 제4 전
국중점문물보호대상 그룹이 되
었다.

2) 빠다관 건축군

빠다관八大關 건축군은 훼이취
앤쟈오匯泉角 관광지구 북부에 위
치해, 서쪽으로는 훼이취앤만과

[그림 2] 빠다관 건축군

이웃하고, 남으로는 타이핑만太平灣과 접해, 요새라 불리는 8개의 길
이 있어 8개 요로關口로 불리었다. 즉 샤오관루韶關路·자위관루嘉峪關路·
한구관루函谷關路·정양관루正陽關路·린후아이관루臨淮關路·닝우관루寧武關
路·쯔징관루紫荆關路·쥐용관루居庸關路이다. 이 8개의 길은 종횡으로 교
차하여 관광지구를 형성한다. '빠다관'이라 불리는 이곳은 칭다오의
'붉은 기와와 녹색 숲, 푸른 바다와 파란 하늘'이라는 특색을 가장
잘 드러내는 관광지구이다.

빠다관 건축군은 다양한 형태의 각국 건축물이 모여 있어 '만국건
축박람회'라 불리었다. 이곳은 러시아·영국·프랑스·미국·덴마크·
그리스·스페인·스위스·일본 등 20여 국가의 건축물들이 모여 있는
곳이다. 2005년 국무원은 빠다관 건축군을 전국중점문물보호대상으
로 공포했다.

3) 칭다오 독일감옥 옛 유적 박물관

창저우루常州路 25번지에 위치한 독일감옥 옛 유적 박물관은 1900
년에 건설되기 시작했다. 옛 유적지의 건축 면적은 8,297.5평방미터
로, 26동의 각종 건축물들을 포함하고 있다. 그것들은 보루堡壘식 건
축이 주가 되는 매우 특색 있는 건축군이다. 이는 전형적인 19세기
독일 보루식 건축물로 우리나라에서 오늘날 보전상태가 가장 온전
한 최초의 식민 감옥이다. 이처럼 온전하게 보전된 감옥은 중국감
옥근대사에서 유일한 것이고 세계에서도 보기 드물다.

1900년부터 1995년까지 건축군은 줄곧 감옥으로 사용되었다. 독
일의 칭다오 점령 시기(1897~1914)에는 독일이 비중국 국적의 범죄자
를 수감하는 감옥이었다. 일본의 제1차 칭다오 점령 시기(1914~ 1922)

[그림 3] 칭다오 독일감옥 옛 유적 박물관

에는 일본수비군구치소가 되었다. 1922년 중국정부가 칭다오를 회
수한 후 칭다오지방검찰청구치소가 된다. 1929년엔 칭다오지방법원
구치소가 된다. 일본의 제2차 칭다오 점령시기(1938~1945)에는 일본
해군구치소와 괴뢰칭다오법원구치소가 된다. 1945년 일본이 투항
한 후엔 칭다오지방법원구치소가 되어 일본 전범과 한간들을 수감
했다. 1949년 칭다오 해방 후에는 칭다오시 인민법원구치소가 되었
다. 1955년에는 칭다오시공안국구치소가 되었으나, 1995년 이전하
였다. 2004년 12월 칭다오시 인민정부는 그곳을 칭다오시 법제교육
기지로 만들 것으로 결정하여 칭다오시 사회치안종합관리위원회 조
직으로 하여금 수리하도록 했다. 2006년 국무원은 칭다오 독일감옥
옛 유적지를 전국중점문무보호대상으로 공포했다. 정식 명칭은 칭
다오독일감옥 옛 유적 박물관으로, 2007년 4월 30일에 정식으로 대
외적으로 개방하였다.

　건축물 이외에 칭다오의 식민유산 가운데 중요한 부분이 바로 공
업 유산이다.

　칭다오의 근대공업은 식민지, 반식민지 경제의 축소판으로 19, 20
세기에 흥기하였다. 독일식민정부는 중국에 대한 군사·경제 침략
속도를 가속화해, 칭다오에 항구·철도 등 교통시설과 기관차, 선박
제조 및 수리, 시멘트, 육류가공, 양조 등의 공업과 전기, 수도 등
기초시설을 건설하였다.

　1914년 이후, 일본 침략자는 독일 식민자가 건설한 공업을 기초로
방직업을 대표로 삼아, 1916~1922년이라는 6년의 짧은 기간에 칭다
오 공업지구에 6개의 방직공장과 일부 부대시설을 설립했다. 일본
은 2차로 칭다오를 점령한 후, 제철공장·염색공장·방직공장 등 공
장을 건설하였고, 8개의 방직공작을 수리, 증축하여, 칭다오의 방직
업을 독점하였다. 일본의 패전 후 난징 국민당 정부는 일본이 설립

[표 1] 칭다오방직기업 각 명칭 대조표

현재명	원(原) 명칭	창립주최	설립 년도
칭다오제1방직공장	다캉(大康)방직공장	일본방적주식회사	1919
칭다오제2방직공장	네이와이(內外)면방직공장	네이와이면주식회사	1917
칭다오제3방직공장	룽싱(隆興)방직공장	르칭(日淸)방적주식회사	1923
칭다오제4방직공장	펑톈(豊田)방직공장	르상(日商)펑톈방적주식회사	1934
칭다오제5방직공장	상하이방직공장	르상상하이방적주식회사	1934
칭다오제6방직공장	종위앤공다(鍾淵公大) 제5공장	일본상하이제조견사주식회사	1921
칭다오제7방직공장	푸스(富士)방직공장	일본푸스기체방적주식회사	1923
칭다오제8방직공장	통싱(同興)방직공장	일본통싱방적주식회사	1935
칭다오제9방직공장	바오라이(寶來)방직공장	일본귀광(國光)방적주식회사	1923

한 각종 공장을 접수했다.

방직업을 예로, 칭다오 해방 후 원래 있던 방직공장은 사회주의 기업으로 개조되었고, 그 전신과 대비한 것은 [표 1]과 같다.

일찍이 1980년대 후반 칭다오는 공업시설의 용도를 바꾸기 시작했다. 즉 보호 차원에서의 재이용을 시도한 것이다. 자금이 부족한 상황에서 작업장과 공장건물의 외형은 보전하면서 간단한 개조를 시도했다. 방치된 공업시설들이 새로운 역할을 얻어 다시 시장에 투입됨과 동식에 원래 있었던 시설 대부분이 보존될 수 있었다. 칭다오견직물공장과 칭다오염색공장의 구 공장은 음식과 오락을 한번에 즐길 수 있는 '텐무청天幕城'으로 개조되어 시민이 여가생활을 즐기기 좋은 장소가 되었다. 베이하이北海선박공장이 다른 곳으로 이주한 후 원래 있었던 일부 시설은 보존되어, 장애인올림픽 요트경기장으로 개조되었다, 이곳에서 2008년 베이징올림픽요트경기와 국제범선경기 등 중요한 국제, 국내 해상 경기 프로그램이 연달아 성공적으로 개최되어, 국제적으로 좋은 평판을 얻었다.

[그림 4] 칭다오맥주박물관

 게르만맥주회사 칭다오주식회사(맥주공장)는 타이동진台東鎭 남쪽
에 위치해 있다. 당화糖化 작업장이 다층의 공장건물로 되어 있고,
벽돌, 나무, 강철이 혼합된 구조로 된 전형적인 독일 건축물이다.
1903년에 건립되어 현재 맥주박물관으로 다시 태어났다. 맥주박물
관의 건립은 칭다오시의 공업문화유산보호작업 중 또 하나의 칭찬
할 만한 점이다. 시 문물국의 지지와 협조 하에 칭다오맥주주식유
한공사는 원래의 독일맥주공장을 이용하면서 공장에 박물관을 창립
하여 기업문화를 선전했다. 칭다오맥주박물관은 100년 된 오래된
맥주공장과 오래된 설비 그리고 전통공예과정, 기업역사, 세계적인
브랜드 정신 유산 등에 관한 좋은 전시들을 구성해, 참관자가 매년
30만 명에 이른다.

4. 맺으며

1979년 제2차세계대전 시기 수감과 유태인 학살에 이용되었던 폴란드 아우슈비츠 수용소는 세계문화유산이 되었다. 일찍이 110만명의 유태인을 학살한 이 유적지가 세계유산위원회의 허가를 받은 것은 세상을 깜짝 놀라게 할 만한 것이라 할 수 있다. 일본의 히로시마원자폭탄유적지에 건설된 평화공원도 1996년 세계문화유산 등재에 성공했다.

특히 주목할 만한 것은 1985년 캐나다 퀘백 역사지역(원래 프랑스령)도 세계문화유산으로 인정받았다는 것이다. 이것은 계도의 의의가 있다. 캐나다가 원래 프랑스 성격이 강한 지역을 세계문화유산으로 등록한 것은 대외적으로 식민문화의 어떠한 면을 받아들인 것이라고 할 수 있다.

부인하기 쉽지 않은 것은 중국의 많은 지방의 식민유산 보존 상태가 비교적 온전하다는 것이다. 그러나 이것은 결코 우리가 식민주의에 대한 인식이 얕아 맹목적으로 받아들였음을 의미하지는 않는다. 반대로 중국에서 식민주의를 비판하는 목소리는 줄곧 끊이지 않았다. 심지어 어떤 때는 격렬했다. 우리들이 받아들여야 하는 것은 일종의 도구적인 문화 즉 건축과 공업과 같은 것이다. 거기에 중국 인민의 창조력을 응결시켜야 한다. 비록 그것이 식민자의 침략 흔적을 반영한 것이라 할지라도 인류의 다양한 문화요소가 내면에 융합된 건축문화와 공업문화로서, 그것이 나타내는 것은 식민자의 식민문화일 뿐 아니라 전 인류의 문화이기도 하다.

식민유산은 문화유산의 속성을 갖는다. 그것은 역사의 증명이자, 당시 역사의 중요한 기록으로 귀한 역사적인 가치를 갖는다.

칭다오와 자발적으로 발전한 많은 근대 도시는 다르다. 칭다오는 목적과 엄격한 도시계획이 있는 지도사상 하에 건설된 곳이다. 이것은 중국근대도시건설사 가운데 거의 없는 일이다. 도시건설의 성취는 국가 지도자와 전문가의 승인과 중시를 받아야 한다. 1957년 마오 저둥毛澤東(1893~1976)은 칭다오에 시찰 와서 도시의 풍경을 높이 평가했다. 이 때문에 1958년 6월 중국건축학회는 칭다오에서 '칭다오 거주지역과 건축물'을 주제로 학술토론회를 개최하였다. 중국건축계의 원로 량 쓰청梁思成 선생은 일찍이 "칭다오는 전형적인 식민지건축박람관으로 중국근대건축사를 쓴다면 창다오의 건축물은 매우 중요하다"고 말한 적이 있다.[11]

식민유산의 보존과 보호는 인민이 국가의 치욕을 잊지 않게끔 교육하는 데 매우 큰 정치적 의의가 있다. 식민건축의 보존 역시 애국교육의 매우 좋은 실물이다. 칭다오 독일 감옥 옛 유적 박물관이 바로 좋은 증거이다.

동시에 식민유산을 과학적이고 합리적으로 이용하는 것은 매우 큰 경제 이익을 갖는다, 특히 '유산 여행'은 중요한 효과를 발휘한다. 그러나 이용 과정 중 정부 관리자가 정책 결정을 할 때나 유산 '경영자'가 방침을 결정할 때는 반드시 민족의 감정을 고려해야 한다. 민족감정과 정부의 의지가 조화롭게 통일되고 나서야 민족의 감정이 상하지 않게 할 수 있다. 이 한계를 넘어서야, 식민유산의 효과가 장차 역행할 수 있을 것이다.

譯 : 유다진(인천문화재단 홍보출판팀)

11] 青岛晩报编委会, 『琴岛钩沉』, 青岛出版社, 1999, 364쪽.

식민지의 기억, 그 재영토화를 위하여

: 존스턴별장을 통해 본 동아시아 조계네트워크

백지운

1. 기억전쟁

지금 인천에서는 개항기 근대건축물 복원을 둘러싸고 논의가 뜨겁다. 인천시가 만국공원萬國公園(현 자유공원)에 있었던 존스턴별장을 비롯한 근대건축물 복원계획을 발표한 이래, 지역 문화계와 시민단체 들 사이 찬반론이 끊이지 않고 있다. 복원반대의 논리는 중층적이다. 자료들이 충분치 않은 상태에서 이루어질 섣부른 복원이 값싼 관광주의를 부추기리라는 우려가 제기되는가 하면, 식민유산을 복원하는 것에 대한 시비 또한 만만치 않다. 그리고 이념적 문제도 숨어 있다. 1950년 인천상륙작전 때 미군의 함포사격으로 파괴된 존스턴별장 자리에 한미수교100주년기념탑이 서 있기 때문이다. 또한 존스턴별장과 함께 복원대상으로 거론되는 구 세창양행사택 자리의 맥아더동상 철거문제도 반대론에 연동된다. 이처럼 개항기 대

* 인하대학교 한국학연구소 HK교수. 이 글은 『중국현대문학』 제42호에 수록된 글을 재수록한 것임을 밝혀둔다.

표적인 두 양관洋館이 있던 장소에 반공시대의 상징물이 서 있는 것
은 우연이 아닐 터, 존스턴별장을 비롯한 인천의 양관들이 겪은 여
정은 제국주의에서 식민, 냉전시대를 거쳐 온 한국근현대사의 흔적
그 자체다.

복원찬반론 속에서 식민시대와 냉전시대의 유산이 대립하는 기묘
한 상황은 우리 역사의 아이러니를 잘 보여주는 바, 이 논쟁은 근대
문화재를 한국의 문화적 맥락 속에 어떻게 정위定位할 것인지가 여전
히 문제적인 우리사회의 현실을 드러낸다. 문화재를 일반적으로 '민
족정기'를 담은 전통문화재로 한정하는 우리의 관례적 인식 속에는
식민지 근대를 역사에서 지우고자 하는 무의식이 작동한다. 그리하
여 민족주의와 결합한 개발논리가 근대기억의 파괴를 부추기고 거
기에 (인천의 사례가 보여주듯) 다시 반공이데올로기가 개입하면서, 우
리의 근대는 구멍투성이가 된 것이다. 이 점에서 근대문화재를 문화
유산으로 등록한 최근 문화재청의 시도는 주목할 만한 일이다.

비단 한국뿐 아니라 동아시아, 나아가 전세계적으로 근대의 기억
은 전쟁과 식민, 제국주의와 대면할 것을 요구한다. 특히 서구열강
에 의한 개항과 (半)식민의 경험을 공유하는 동아시아의 경우 근대
의 기억은 서로 긴밀하게 얽혀 있다. 따라서 근대건축물에 담겨 있
는 근대이야기를 복원함으로써, 이념논쟁 속에 사장된 실實역사를
복원하고 나아가 냉전 이래 일국적 폐쇄주의에 갇혀 온 자국사를
동아시아지평으로 열어내는 작업이 긴요하다. 가치판단을 앞세우기
보다, 먼저 사실에 대한 충실한 복원 과정에서 새롭게 드러나는 우
리의 과거를 오늘의 시각에서 어떻게 현재화할지를 고민해야 한다.

본고는 개항기 제물포 만국공원에 있었던 양관, 존스턴별장에 담
긴 동아시아 근대의 이야기를 복원하기 위해 쓰여졌다. 존스턴별장
은 상하이에서 온 영국 상인 제임스 존스턴James Johnstone의 여름별

장으로 1903년 착공되어 1905년 완공되었다. 1919년 영국계 독일인 칼 볼터Karl Wolter에게 이전되었다가 히로자와廣澤, 이어 야마쥬우山十에게 다시 매각되었다. 1936년 인천부仁川府가 인수하여 '인천각仁川閣'으로 개칭했고 해방 후에는 미군청에 접수되어 장교숙소로 사용되었다가, 1950년 9월 15일 인천상륙작전 때 미군의 함포사격으로 파괴되었다.[1]

인천항의 랜드마크 존스턴별장은 건물의 아름다운 외관과 장소의 상징성으로 인천 사람들의 마음속에 오랫동안 기억되어 왔음에도 불구하고, 그 복원에 대해서만큼은 적잖은 저항에 부딪히고 있다. 그 저항에는 민족주의와 냉전이데올로기의 기묘한 얽힘이 존재하지만, 여기에는 그것만으로 단순화할 수 없는 중요한 문제가 있다. 바로 근대를 이해할 때 개항이라는 역사적 사건을 어떻게 해석하고, 또 개항기의 역사적·문화적 산물을 어떻게 우리의 근대문화 안으로 재영토화reterritorialization할 것인가 하는 점이다. 존스턴별장이 이 문제의 중요한 시금석으로 되는 것은, 무엇보다 그 자리가 조계지租界地였기 때문이다. 1883년 개항과 동시에 제물포에는 각국의 조계가 형성되었다. 1884년 10월 '인천제물포각국조계장정'이 체결되면서 만국공원 일대에 일본, 중국 조계와 함께 서양인 조계가 만들어졌고, 1888년 한국 최초의 서양식 공원, 만국공원의 설계가 완성되었다. 그 중심에 세워진 대표적 양관이 바로 존스턴별장이었다.

문명은 천연두와 같아서 피하지 못할 바엔 적극적으로 맞이하자는 후쿠자와 유키치福澤諭吉의 현실주의를 결했던 우리에게, 개항과 조계의 역사는 제국주의 침략이라는 해석의 일방주의 속에 기억하고 싶지 않은 과거로 은둔해 있다. 우리보다 일찍, 더 큰 규모로 조

1] 인천문화재단 편, 『만국공원의 기억』, 인천문화재단, 2006, 107쪽.

계를 경험했던 중국 상하이와 비교해 보면 그런 경향은 더 두드러진다. 1842년 아편전쟁의 패배로 개항한 상하이에 1843년 영국과 프랑스, 미국 조계가 형성되었다. 황푸黃浦강 부근의 작은 포구가 19세기 후반 동양 최대의 국제도시로 발돋움했다. 개혁개방 이후 중국 자본주의를 선도하는 도시 중 하나인 상하이에, 조계의 기억은 소비와 재생산의 부단한 과정을 거치면서 현재로 호출된다. 상하이 조계를 어떻게 볼 것인가에 대해서는 이미 1980년대 후반부터 활발한 연구와 논의가 진행되어 왔다.[2] 그 경향을 대체로 두 가지로 정리할 수 있다. 하나는 1990년대부터 불기 시작한 '상하이노스탤지어老上海' 붐 속에서 조계를 현대성의 문화지도 속에서 조명하는 것이다. 조계를 식민지로, 조계문화를 식민문화로 보기보다, 서구의 이국성을 주체적으로 포용하여 적극적 현대상상을 구축하는 "중국적 코스모폴리탄"의 공간으로 해석하는 경우다.[3] 그리고 다른 한편에서 상하이 조계를, 서구 자본주의 문명의 기형적 욕망이 배설되는 "정욕의 파라다이스"로,[4] 혹은 "근대 중화민족의 치욕의 온상"으로 보는[5] 견해들이 조계찬양 일변도의 편향을 견제한다.

자본주의적 세계체제에서 '탈선'해 있던 중국이 궤도진입에 박차를 가하는 중요한 길목에 상하이가 있다는 점에서, 중국이 조계를 기억하는 맥락은 우리와 다를 것이다. 그러나 그보다는 오랫동안 개항을 괄호침으로써 그 맥락 자체를 제대로 거론하지 않았던 것이 중국과 우리의 근본적 차이다. 그런 점에서, 우리에게 진정한 의미

2] 상하이노스탤지어에 대한 분석으로 박자영, 「상하이 노스탤지어」, 『중국현대문학』 제30호, 2004년 참조.

3] Leo Ou-fan Lee, *Shanghai Modern : The Flowering of a New Urban Culture in China 1930 ~1945*, Cambridge : Harvard University Press, 1999.

4] 陳思和, 「論海派文學的傳統」, 『杭州師範學報』, 2002, 第1期 1~2쪽.

5] 余秋雨, 「상하이사람들」, 『상하이런 베이징런』, 일빛, 2006.

의 탈식민은 오지 않았다. 식민을 괄호치는 것이 아니라 온갖 이데
올로기들로 꽁꽁 묶인 그 기억과 진지하게 대면할 것, 그리하여 공
백으로 뚫려 있던 식민의 과거를 정직하게 복원하여 현재로 불러내
야 한다.

이 글에서 존스턴별장의 기억을 복원하고자 하는 이유는 이런 맥
락에서다. 그 과정에서 밝혀진 새로운 사실에 근거하여 몇 가지 추
정이 가능해졌다. 우선 제임스 존스턴이라는 인물이 상하이공공조
계 공부국 이사와 이사장을 역임했고 또 상하이뿐 아니라 아시아에
가장 큰 영향력을 발휘했던 이화양행(現 자딘매티슨 주식회사Jardine,
Matheson & Co. Ltd.)의 경영자였다는 것, 존스턴별장의 건립이 이화양
행의 조선진출과 관련되어 있으리라는 것, 상하이의 유력한 독일건
축가 하인리히 벡커Heinrich Becker의 배고양행倍高洋行에서 존스턴별장
을 건축했고 칭다오에서 활약한 독일건축가 쿠르트 로트케겔Curt
Rothkegel이 거기에 간접적으로 간여했으리라는 것, 또한 상하이 와이
탄에 있었던 독일식 건축물 저먼클럽Club Concordia과 톈진, 칭다오 등
의 독일건축물들이 그와 관계되어 있거나 적어도 동시대성을 띠고
있다는 것 등등.

이러한 사실들은 개항과 조계 연구가 단순한 자국사의 복원을 넘
어 동아시아 근대의 연결망을 복구할 수 있음을 시사한다. 식민의
기억을 대면하는 탈식민적 복원이 냉전시대의 일국적 굴레를 넘어
지역적regional 시야를 여는 이 작업은 인천의 근대건축물에 관한 지방
문화연구local culture studies가 인천—상하이—칭다오를 연결하는 동아
시아 지역문화연구regional culture studies의 지평으로 확대되는 과정이기
도 하다.

2. 제임스 존스턴과 이화양행

1) 제임스 존스턴과 상하이의 케직패밀리

제물포 만국공원에 있던 존스턴별장의 주인 제임스 존스턴에 대해 국내에 알려진 자료는 거의 없다. 그가 상하이에 본거지를 둔 영국인 부호라는 점, 여름을 보내기 위해 제물포에 1903년 별장건축에 착공하여 1905년에 준공하였다는 점, 1919년 상하이에서 작고하자 두 딸 중 하나가 세창양행의 경영주 칼 볼터Karl Wolter에게 출가했다는 점 정도가 그의 개인 신상에 대해 알려진 전부이다. 제임스 존스턴의 본거지는 상하이였다. 최성연의 『개항과 양관역정』에 인용된 파울 쉬르바움Paul Schirbaum의 기술에 따르면, 존스턴은 스코틀랜드 태생으로 상하이에 도크공장을 설립하여 많은 부를 쌓은 인물로, 1906년 이후 여름철이면 피서를 위해 상하이에서 가족과 친구들을 동반해 와 체류했는데 기선 한 척을 통째로 세낼 정도로 엄청난 부호였다.[6]

제임스 존스턴이 어떤 인물이었는지를 추적하기 위해서는 상하이 영국조계(후에 공동조계로 바뀜)에서 활동했던 영국인 상인들에 대해 알아볼 필요가 있다. 1840년 아편전쟁의 결과로 맺어진 난징조약(1842)으로 인해, 중국은 광저우廣州, 상하이上海, 닝뽀寧波, 샤먼厦門, 푸저우福州를 개항했고, 이 항구에서 서양인들은 치외법권과 관세 20퍼센트 할인 혜택을 누렸다. 그리고 1845년 11월 29일 공포된 '상하이토지장정'[7]에 의해 상하이에서 처음으로 영국조계가 합법적으로

6] 최성연, 『개항과 양관역정』, 경기문화사, 1959, 162~168쪽. 이 글에서는 2002년 해반문화사랑회에서 펴낸 영인본을 참고했다.

7] 1845년의 최초의 토지장정Land Regulation은 '조계'라는 세계적 성격을 띤 협동사회

설립되었다. 영국조계는 황푸강, 즉 오늘날 와이탄外灘, Bund을 중심
으로 1848년까지 지속적으로 경계를 확장하였으며,[8] 1862년에는 홍
커우虹口 일대에 1848년부터 들어서기 시작한 미국조계와 합병된 후
명칭을 '외국조계'로 바꾸었다. 1899년 정식명칭 '상하이국제공공조
계'가 정식으로 정해졌다.

1844년부터 상하이 와이탄 일대에는 이미 11개의 양행洋行이 들어
서 있었다. 가장 최초로 들어온 것이 이화양행怡和洋行, 인기양행仁記洋
行, 의기양행義記洋行, 삼화양행森和洋行, 보순양행寶順洋行 등이다. '상하
이토지장정'에는 조계지의 경계와 통치방법 외에도 외국상인이 간
단한 시정市政을 설립하여 거류지를 관리하도록 윤허하는 조약과,
영국인독점거류지에 관한 내용이 들어 있었는데,[9] 이를 통해 당시
조계지에서 영국계 상인이 어느 정도의 주도권을 차지하고 있었는
지 가늠할 수 있다. 특히 1854년에 설립된 공부국工部局, Municipal Council
은 영국조계 내부의 시정기관으로서, 그것은 식민지 안의 일종의 의
회와 같은 기관이었다. 공부국의 최종 결정권은 이사회董事會, the
board of directors에 있었고, 이사들은 상하이에 거주하는 납세양행들의

통치를 위한 각종 법령의 기초가 되었다. 이에 의하면 중국인의 거주와 가옥임
대, 임차가 모두 금지되어 있다. 장정은 영국 당국과 청국 관헌에 의해 수정될
수 있다. 이후 1854년 영국, 미국, 프랑스에 의한 토지장정이 새로이 수립되었다.
F. L. Hawks-Pott, 帆足計·濱谷滿雄 역, 『上海の歷史 : 上海租界發達史』, 東京 : 白
揚社, 1935, 26~27·54~57쪽. 원제는 *A Short Story of Shanghai* : *Being an account of the
growth and development of the International Settlement*, 1928.

8] 최초의 영국조계는 지금의 옌안동루에서 베이징동루까지, 약 55.3평방킬로였다.
1846년 허난중루를 서쪽 경계로 정한 뒤 영국조계의 면적은 약 72평방킬로.
1848년 영국의 신임 영사 알콕R. Alcock이 조계지 확장을 요청하여, 11월 27일 188
평방킬로로 확장되었다. 용도는 주로 오락장 시설로, 1850년 경마장이 이 안에
세워졌다. 常靑 주편, 『大都會, 从这里开始 : 上海南京路外滩段研究』, 上海 : 同济
大学出版社, 2005, 10~12쪽.

9] 郑时龄, 『上海近代建筑和城市的发展演变』, 上海 : 上海教育出版社, 1999, 13쪽.

타이판大班, Taipan[10] 중에서 선출되었다. 공부국은 1941년 태평양전쟁 발발 후 일본군에 접수되었다가 1943년 해체될 때까지, 조계지 내 행정에 최고결정권을 행사했다.[11]

그런데 이 공부국이사회의 역대 이사장 중 케직가Keswick Family 인물들에 주목할 필요가 있다. 상하이시 당안관黨案館에서 편한『상하이조계지』라는 책 부록에는 당시 상하이 조계에서 활약한 주요 인물들에 대한 간략한 약전이 수록되어 있는데, 윌리엄 케직William Keswick(1835~1912)과 그의 아들 헨리 케직Henry Keswick(1870~1928) 그리고 헨리의 아들 윌리엄 존스턴 케직William Johnstone Keswick(1903~?)이 대대로 공공조계공부국에서 주요한 위치를 차지했음이 발견된다. 즉, 윌리엄 케직은 1865년에서 1866년 사이 공공조계공부국 이사장을 역임했고, 그의 아들 헨리 케직은 1906년 공부국이사회에 들어가 1907년 이사장으로 선출되었다. 또한 헨리 케직의 아들이자 윌리엄의 손자인 윌리엄 존스턴 케직은 1936년에 공부국 이사, 1939년 부이사장이 되었으며 1940년에 이사장으로 선출되었다.[12]

그리고『상하이조계지』〈상하이공공조계공부국이사표〉에 실린, 역대 공부국이사와 이사장 명단을 살펴보면 또 한 명의 케직가 인물이 발견되는데, 그가 J. J. 케직J. J. Keswick이다. J. J. 케직, 즉 퍼스트 네임과 미들 네임이 명확하지 않은 이 케직가의 인물은 1880년과 1881년 이사회에 이름을 올렸다가 1881년 임기 중 사임했다. 그리고 다시 1884년 1월 22일, 1885년 2월 13일 두 차례에 걸쳐 공부국이사장으로 선출되었다.[13] J. J. 케직이 공부국 이사장을 역임한

10] 동아시아에서 활동하는 외국상인으로, '대경영자great manager'라는 뜻이다.

11] 沉寂, 『老上海南京路』, 上海 : 上海人民美术出版社, 2003, 26쪽.

12] 上海市档案馆 编, 『上海租界志』, 上海 : 上海社会科学院出版社, 2001, 604~638쪽 참조.

시기는 윌리엄 케직과 그의 아들 헨리 케직이 이사장을 역임한 시기 사이이다.

그렇다면 케직가는 어떤 집안이며 이들은 언제 상하이에 건너왔고 상하이에서 무슨 일을 했을까. 먼저, 윌리엄 케직의 연보를 살펴보자. 그는 1835년 1월 1일 스코틀랜드 남동부 저지대에서 태어났다.[14] 그의 외할머니는 마가렛 자딘 존스턴Margaret Jardine Johnstone으로, 바로 상하이 최초의 서양양행인 이화양행Jardine Matheson & Co.의 설립자, 윌리엄 자딘William Jardine(1784~1843)의 누이이다.[15] 윌리엄 자딘은 상하이 공공조계사상 독보적인 인물이고 또 한국의 제물포와도 긴밀한 관련을 가진 인물이므로 다시 별도로 논하기로 한다. 우선, 여기서 추론할 수 있는 것은 윌리엄 케직의 손자인 윌리엄 존스턴 케직의 미들네임 '존스턴'이 외할머니 마가렛 존스턴의 성을 딴 것이라는 점이다. 그럴 경우, 케직 집안의 또다른 인물 J. J. 케직의 미들네임인 'J' 역시 '존스턴'일 가능성이 크다.

마침, 케직 집안에는 제임스 존스턴 케직James Johnstone Keswick이라는 인물이 있다. 그는 윌리엄 케직의 동생이며, 1870년 동아시아에 건너와 약 26년간을 머물렀다.[16] J. J. 케직이 1880년과 1881년에 공부국 이사를, 1884년과 1885년 공부국 이사장을 역임했다는 앞서 연

13] 上海市档案馆 编, 위의 책, 643~644쪽.

14] 케직Keswick이라는 성은 잉글랜드 북부 컴버리아주에 있는 케직마을에서 온 이름인 듯하다. 케직은 광산으로 유명한 고장이다. 1564년 독일에서 최초의 광산전문가가 이곳에 도착하여 컴버리아주 광산업의 요람이 되었다. 초기부터 구리와 납이 많이 났고, 뒤이어 유명한 브로데일Borrowdale 흑연에 기반하여 연필산업의 중심지가 되었다. 철로가 생기면서 케직마을은 신속하게 슬레이트, 석탄, 철, 석고, 중정석 산업을 번영시켜 나갔다. 현재 케직에는 케직광산박물관이 있다. http://www.keswickminingmuseum.co.uk/index.htm

15] http://encyclopedia.thefreedictionary.com/James+Johnstone+Keswick

16] http://encyclopedia.thefreedictionary.com/James+Johnstone+Keswick

[표 1] 케직계의 가계도

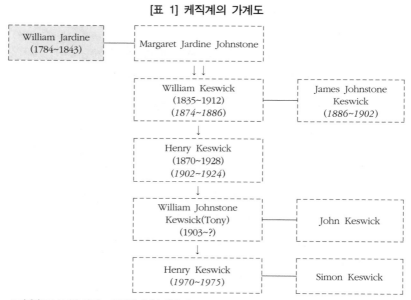

※ 이탤릭으로 표시한 연도는 이화양행 타이판 역임 연도

보의 기록에 맞춰 볼 때, 시기상으로 J. J. 케직이 윌리엄 케직의 동생인 제임스 존스턴 케직과 같은 인물일 가능성이 크다. 그리고 윌리엄 존스턴 케직과 그의 종조부從祖父 제임스 존스턴 케직의 미들네임 '존스턴'은 모두 윌리엄 케직의 할머니의 성을 딴 것이다.

여기까지 본다면, 제물포에 있었던 존스턴별장의 주인인 제임스 존스턴이 제임스 존스턴 케직이리라는 추론이 가능하다. 다만, 제임스 존스턴 케직의 생몰연도나 동아시아에서 그의 행적에 대한 자세한 기록이 입수되지 않은 상황에서, 양자가 동일인물인지의 여부를 확언하기는 힘들다. 그러나 몇 가지 정황증거들로 볼 때, 존스턴별장의 주인이 이 제임스 존스턴 케직이 아니더라도 적어도 케직 집안과 밀접한 관련이 있는 인물임은 분명하다.

2) 윌리엄 자딘과 이화양행[17]

케직 집안의 제임스 존스턴이 제물포에 왔었을 것이라는 정황적 증거 중 가장 유력한 것은 케직 일가가 상하이와 제물포에서 가장 영향력 있는 양행 중 하나였던 이화양행의 사실상의 경영자였다는 점이다. 상하이에 건너온 1대 케직인 윌리엄 케직은, 이화양행의 설립자인 윌리엄 자딘의 누이의 외손자였다. 그리고 윌리엄 자딘에게 후손이 없었기 때문에 사실상 이화양행의 경영권은 케직가로 넘어 갔으며 현재까지도 (홍콩의 가장 큰 재벌의 하나인) 이 회사는 케직계에 의해 경영되고 있다.[18]

먼저 이화양행의 설립자인 윌리엄 자딘의 연보부터 살펴보자. 윌리엄 자딘은 1784년 스코틀랜드 덤프리셔Dumfriesshire 로크메이븐 Lochmaben 근처의 농가에서 태어났다. 에딘버러의학학교를 졸업한 그는 1802년 18세가 되던 해 영국동인도회사에서 동인도상인 브런위크Brunwick의 선의船醫로 일했다. 1817년 동인도회사를 떠난 후에는, 뭄바이의 코와스지상사Cowasjee & Co.와 광둥廣東의 찰스매그냑상사 Charles Magniac & Co.의 사원으로 일하기도 했다. 찰스 매그냑이 파리에서 죽자 회사는 그의 형제인 홀링워스 매그냑Hollingworth Magniac에게 넘어갔다. 홀링워스는 상사를 하급사원이었던 자딘에게 맡기고 자신은 뒤로 물러났고, 상사 이름은 매그냑자딘상사Magniac, Jardine & Co.

17] 본 절은 아래의 자료들을 참고로 기술되었다.
　http://en.wikipedia.org/wiki/William_Jardine
　http://www.archiveshub.ac.uk/news/03021205.html
　http://www.jardines.com/profile/history.html
　드니 이요, 김주경 역, 『홍콩-중국과의 해후』, 시공사, 1998.
18] 자딘매티슨 그룹의 역대 경영자에 대해서는 이 회사의 홈페이지를 참고하라.
　http://www.jardines.com/profile/history.html

로 개칭되었다.

아편무역에 대한 오랜 경험으로 인해, 자딘은 1820년대 매그냐자
딘상사의 대중국무역을 처리하는 데 탁월한 능력을 발휘했다. 1827
년 그는 스코틀랜드 준남작의 아들 제임스 매티슨James Matheson과 그
의 조카 알렉산더 매티슨Alexander Matheson을 불러들여 본격적으로 대
중국무역을 시작했다. 1832년 윌리엄 자딘과 제임스 매티슨을 공동
경영자로 하는 유한책임합자회사 자딘매티슨 주식회사가 광둥에서
설립되었다. 이 회사의 중국이름이 바로 이화양행이다. '이화'란 '행
복한 화합'이라는 뜻이다. 자딘이 전략가이자 강경한 협상가였다면,
매티슨은 내부 살림을 담당하는 조직가였다. 이 회사는 주로 아편
과 차茶를 거래했다. 1833년 영국의회가 동인도회사의 중국무역권
을 몰수하자, 자딘매티슨 회사는 그 틈을 이용하여 아시아에서 가장
큰 양행으로 번성했다.

1840년대 자딘은 19척의 대륙간 쾌속선과 (근해와 상류 밀매를 위한)
수많은 작은 배와 중국선, 밀수선들을 소유하고 있었다. 자딘의 관
심사는 인도의 아편과 필리핀의 향신료, 설탕을 중국에 들여오고,
중국의 차와 비단을 영국으로 수출하는 것이었다. 또한 그는 화물
보험에도 손을 댔고 조선소 시설과 도매상 자리를 임대했으며, 다른
상인들과의 무역라인을 중개했다.

이화양행과 자딘이 동아시아의 근대를 연 역사적 사건 아편전쟁
을 발발케 한 사실상의 주역이었다는 점은 흥미롭다. 당시 중국은
수출하는 차와 비단보다 들어오는 아편의 양이 더 많아짐에 따라,
은 유출로 심각한 경제난을 겪고 있었다. 1830년대 중반부터 이미
중국 정부는 중국의 은 유출을 엄격히 통제하기 시작했고, 그로 인
해 영국상인들의 대중국무역은 점점 어려워졌다. 그러나 자딘은 아
편무역을 중국에 더 확장하고 싶어했다. 동업자인 매티슨을 영국에

보내 영국정부가 중국무역을 위한 적극적 행동을 취하도록 호소했지만, '철의 공작Iron Duke' 웰링턴Arthur Wellesley Wellington(1769~1852) 외무장관이 받아들이지 않았다. 그러자 1838년 자딘이 직접 영국으로 건너갔다. 그 때는 중국 전역을 피폐하게 만든 아편을 단속하기 위해 도광제道光帝가 린 저쉬林則徐를 광둥으로 파견한 상태였다. 린 저쉬는 자딘이 영국으로 떠난 사이 아편무역상을 체포하고 2만 291상자의 아편을 몰수하여 공개적으로 소각했다. 심지어 그는 빅토리아 여왕에게 중국 황제에게 절하라는 명을 담은 편지를 보내기도 했다.

1840년 자딘은 아시아와 영국에 거주하는 수백 명의 무역상의 서명을 받은 연판장을 가지고, 영국 의회에 대중국전쟁을 일으키도록 설득해냈다. 당시 자딘은 전쟁을 위한 자세한 계획과 전술지도, 중국에게서 받아낼 배상금과 요구사항, 심지어 필요한 군대와 전선의 수까지 상세하게 준비하여 의회에 제출했다고 한다. 이 플랜이 바로 '자딘 페이퍼Jardine Paper'다. 철의 공작을 이은 외무장관 파머스턴경 3rd Viscount Palmerston(1784~1865)이 이 '자딘 페이퍼'에 의거해 아편전쟁을 일으킬 결심을 했다고 하니, 1840년에 발발한 동아시아의 역사적 사건 아편전쟁은 바로 이화양행의 윌리엄 자딘에 의해 일어난 것이라 해도 과언이 아니다. 리차드 휴Richard Hughes는 그의 저서 『홍콩—빌려온 땅, 빌려온 시간Hong Kong : A Borrowed Place, a Borrowed Time』에서 이렇게 말했다. "윌리엄 자딘은 타이판으로서 그러했던 만큼 군인으로서도 이름을 날렸다."

1842년 8월 29일, 청국 대표 치 산琦善은 난징南京이 바라보이는 바다에 정박한 영국 군함 콘월리스호에서 국제무역에 전략적으로 유리한 5개 항구의 개항을 법령으로 공포하는 조약을 체결했다. 이것이 바로 난징조약이다. 이 조약으로 인해 중국에 아편수입이 본격적으로 확대되었고 영국은 홍콩을 영구 점령했다. 물론 1841년 1월부터 홍콩은 이미 무역과 군사기지로 영국에 점거되어 있었다. 자딘은 1820년대 중반 홍콩을 방문한 이래, 줄곧 이 섬에 흥미를 보여왔다. 대중국무역은 왕성해졌고 자딘매티슨 회사도 크게 번창했다. 그들은 아시아에서 가장 큰 무역상사로서 프린슬리 홍Princely Hong, 太子行 : 양행의 왕자이라 불렸다. 윌리엄 자딘은 1843년 58세에 영국에서 죽었다. 그는 애쉬버튼Ashburton을 대표하는 상원의원이었다. 파머스턴 경은 이렇게 말했다. "자딘의 지혜로운 조언이 없었더라면 우리는 중국에서 그런 성공을 누릴 수 없었을 것이다."

자딘은 독신으로 죽었다. 그의 사후 자딘매티슨 회사는 그의 조카인 데이빗 자딘과 앤드류 자딘으로, 다시 로버트 자딘에게 넘어갔다. 그러다 자딘의 생질녀의 아들인 윌리엄 케직이 1874년에서 1886년까지 자딘매티슨 회사의 타이판을 맡았다. 그가 바로 자딘가 케직계의 시조이다. 훗날 회사 내 매티슨의 지분을 매점하면서 회사는 케직가 자손들이 경영하게 되었다.

자딘 회사의 역사상 뛰어난 타이판(즉, 경영자)으로 이름을 올린 케직계 인물로는 윌리엄 케직, 제임스 존스턴 케직, 윌리엄 존스턴 케직, 존 케직John Kewsick, 헨리 케직, 사이먼 케직Simon Keswick 등이 있다. 존 케직은 윌리엄 존스턴 케직과 형제이며, 헨리와 사이먼은 윌리엄 존스턴의 아들이다. 자딘 회사Jardine Matheson Holdings Ltd.의 현 회장은 헨리 케직이다. 헨리는 1970년(31세)에서 1975년 사이 이 회사의 타이판을 했고, 타이판을 지낸 여섯 번째 케직계 자손이다.[19]

오늘날 자딘매티슨그룹은 홍콩에서 가장 큰 재벌의 하나이자, 홍콩정부 다음으로 가장 큰 고용주이기도 하다. 홍콩의 수많은 이정

19] 윌리엄 자딘과 타이판을 지냈던 다른 자딘 집안 인물들을 허구적으로 그린 소설로, 제임스 클라벨James Clavell의 장편소설 『Tai-Pan』(1966), 『Gai-Jin』(1993), 『Noble House』(1981), 『Wirlwind』(1987)가 있다.

표들이 이 회사의 설립자인 자딘과 매티슨의 이름을 따고 있다. 또한 이 그룹은 중국, 북미, 유럽, 호주, 동남아, 그리고 일부 아프리카에서도 활약하고 있다. 그런데 이 회사가 우리에게 중요한 이유는, 그것이 독일계 세창양행世昌洋行, Meyer & Co., 미국계 타운센드양행 Townsend & Co.과 함께 제물포를 통해 조선으로 진출한 대표적 서양양행, 이화양행이라는 사실 때문이다.

3) 이화양행의 조선진출

이화양행은 한국에 들어온 최초의 서양상사였다. 이화양행의 조선진출을 주선한 것은 조선 최초의 서양고빙인 파울 게오르게 폰 묄렌도르프Paul George von Möllendorf(1848~1901)였다. 묄렌도르프가 텐진 天津 대리영사직을 사직하고 리 홍장李鴻章(1823~1901)의 주선으로 조선 고빙인으로 제물포에 도착한 것은 1882년 12월 9일이다. 그런데 그는 내한 전부터 당시 상하이에 정주하고 있던 이화양행의 대리인 거빈스W. R. Gubins와 친분이 있었다. 묄렌도르프가 조선에 고빙인으로 갈 것을 의뢰받은 것은 1882년 10월경이었던 것 같다. 조선고빙인 고용임무를 위임받은 마 젠충馬建忠(1845~1899)이 리 홍장에게 편지를 보냈고, 리 홍장이 묄렌도르프를 추천한 것이다. 당시 청나라는 조선에 영향력을 유지해야 했기 때문에, 조선으로 갈 고빙인은 청 정부의 완전한 신임을 받는 인물이어야 했다. 당시 묄렌도르프의 일기를 살펴보면, 조선으로 파견되기 전, 리 홍장은 그에게 왕의 고문관이자 앞으로 설치할 해관海關의 총세무사가 되어 오랫동안 쇄국해 온 조선의 문호를 유럽에 개방할 것을 인지시켰다. 논의는 극비리에 진행되었으나 묄렌도르프는 그 모든 이야기를 이화양행의 상하이지점장인 거빈스와 상의했다.[201] 그런데 당시 상하이의 이화양행은 그 전부터 한국 광산에 대해 흥미를 보이고 있었고, 거빈스는 묄렌도르프의 내한 전부터 그와 한국 광산채굴에 관해 논의해 왔다. 묄렌도르가 조선의 통리교섭통상사무아문으로 왔을 때, 그는 이화양행 소속 영국인 광산전문가 버틀러Buttler를 대동하고 왔으며, 1883년 1월 묄렌도르프가 고종의 전권대사로 광산개발 및 철도를 담보로 차관을 마련하기 위해 상하이에 파견되었을 때, 이화양행은 묄렌도르프와의 협상을 통해 상하이-제물포를 왕복하는 정기항로를 개통하고 광산채굴권을 획득했다.[21]

증기선 정기항로 개통과 함께 거빈스는 제물포에 교역소를 짓도록 허가받았으나, 제물포에 쓸 만한 건물이 없었기 때문에 폐선 선체를 사서 제물포항구에 정박시켰다 한다(1884년). 떠 있는 폐선은 일꾼들의 거주지이자 창고로 사용되었다. 한국에서 이화양행의 교역은 처음부터 실패였다. 한국인들은 물물교환시스템에 익숙해 있어, 무거운 동전 위주의 교역은 극도로 불리했다. 또한, 한국어를 하지 못하는 거빈스에게 언어장벽은 매우 컸다. 1884년 상하이-나가사키-부산-제물포를 운영하는 화물증기선을 개통했으나 거의 이득을 보지 못했다. 말하자면 조선에서 이화양행의 교역사업은 거의 실패였고, 그들의 내한 목적 역시 교역이 아니었다. 그들의 주요목적은 처음부터 조선의 광산채굴권을 얻는 것이었다.[22]

1883년 7월 18일 이화양행은 묄렌도르프와 계약을 맺어, 30퍼센

20] 묄렌도르프, 신복룡·김운경 역주, 『묄렌도르프 自傳(外)』, 집문당, 1987, 57~60쪽.

21] Lee, Bae-Yong, "A Study on British Mining Concessions in the Late Chosòn Dynasty", *Korea Journal 24 : 4*, April, 1984, p. 25.

22] Lee, Bae-Yong, ibid., p. 23 ; Robert D. Neff, "First Western Business in Korea : Jardine, Matheson & Company", *The Korea Times*, 2005.6.19. 이하 이화양행의 조선에서의 광산채굴과 관련된 본 절의 기술은 이 두 문헌을 참조로 기술되었음을 밝혀 둔다.

트의 세금을 과세하는 조건으로 경기도 용평 만세교萬世橋의 사금장
砂金場 채굴권을 양도받았다. 이들은 미첼Mitchell과 베허Beecher 두 금광
전문가를 파견하여 기기를 설치하고 채굴에 들어갔다. 그러나 만세
교는 이미 전부터 조선인들에 의해 사광채굴이 진행되던 곳이라, 곧
현지주민들과 마찰했다. 한영우호통상조약(1883.11.26)이 맺어진 이
듬해 8월 20일, 이화양행은 영국 공사 애스턴Aston을 통해 통리아문統
理衙門 김홍집에게 지역주민들이 사금장채굴조약을 교란한다고 주장
했다. 그러나 한국정부는 묄렌도르프가 승인한 것은 만세교의 구리
와 납이었지 사금이 아니었다 주장하여, 마침내 만세교 사금장에서
이화양행은 손을 떼게 된다.

한편, 이화양행은 만세교뿐 아니라 강원도 금화金化에도 진출하고
있었다. 1883년 10월 7일, 영국인 광산전문가 4인과 장비를 금화로
파견했는데, 여기에는 중국인 기술자 천 꾸이陳貴와 리 넝李能도 있었
다. 1884년 5월에는 미첼이 금화와 금성金城을 직접 답사했고, 6월에
는 이화양행 소속 페이 얼차오費爾朝가 금성을 탐사했으며, 다시 8월
에 이화양행 소속 중국인광산기술자 리우 옌원柳延文과 리우 옌티엔
柳延田이 금화 금광탐사를 위해 파견되었다.

만세교와 금화, 금성은 서로 인접한 지역으로서, 이로 보아 영국
이 이 일대의 광산권을 광범위하게 차지하고 있었음을 알 수 있다.
그러나 이화양행은 조선에서 광산권 획득에 거듭 실패했고 결국
1884년 12월 말 제물포의 지부를 회수하고, 화물증기선 운항도 모두
중단했다. 그리고 1885년 영국의 거문도점령으로 인해 이화양행은
더 이상 광산채굴에 진전을 얻지 못했다. 이후 이화양행이 조선에
다시 발을 들였는지는 확실하지 않다.

여기까지의 기술을 근거로, 다시 존스턴별장의 건립과 별장 소유
주인 제임스 존스턴에 대한 정황들을 정리해 보면 다음과 같다.

우선, 제물포 존스턴별장의 주인 제임스 존스턴은 동아시아에 최초로 진출했고 사업 면에서 가장 번성했던 이화양행의 설립자 윌리엄 자딘의 생질녀의 아들 윌리엄 케직의 동생 제임스 존스턴 케직일 가능성이 크며, 적어도 케직 집안의 인물이었을 것이다. 제임스 존스턴 케직은 1884년과 1885년 상하이 공공조계공부국 이사장을 역임했을 정도로 상하이에서 강력한 권력층이었고 또 이화양행을 이끄는 대표적 타이판 중 하나이기도 했다. 그런 제임스 존스턴 케직이 1880년과 1881년 공부국 이사로 선출되었다가 1881년 임기 내 사임했고, 다시 1884년 이사장으로 선출되었던 점에 유의할 필요가 있다. 즉, 그가 공부국 이사직을 물러난 해와 다시 이사장으로 선출된 해 사이의 공백기인 1881년에서 1884년 사이는 바로 이화양행이 조선의 광산채굴권에 관심을 가지고 제물포에 지부를 설치했던 시기와 맞아떨어진다.

제임스 존스턴 케직이 이화양행의 대표적 타이판 중 하나라는 기록은 있지만, 그것이 언제인지는 분명하지 않다. 다만, 제임스 존스턴 케직은 1870년에 중국에 왔고, 1859년부터 이화양행 대표를 역임하다 1886년 런던의 매티슨회사Matheson & Co.의 관리를 위해 중국을 떠난 그의 형 윌리엄 케직의 뒤를 이어 이화양행을 맡았다는 기록이 있다.*23]* 그리고 윌리엄 케직의 아들인 헨리 케직이 1902년에서 1924년 상하이 이화양행의 경영을 맡았던 것을 참조한다면, 제임스

23] 윌리엄 케직이 이화양행의 대표를 맡은 시기에 대해서는 기록들이 엇갈린다. 구글인사이클로피디아 인물백과 사전에서는 윌리엄 케직이 1855년 중국에 건너와 일본에서 머물다 1862년에 이화양행에 가담했다고 되어 있다. 그런데 상하이에서 출판된 『상하이조계지』의 인물약전에는 그가 1855년 중국에 와서 1859년 이화양행 대표를 맡았으며, 아울러 일본으로 양행의 세력을 확장했다고 말하고 있다. 또한 홍콩, 상하이, 요꼬하마를 왕래했고, 1862년에는 定例局 위원으로 선출되기도 했다고 한다. 上海市档案馆 編, 앞의 책, 613쪽.
http://encyclopedia.thefreedictionary.com/James+Johnstone+Keswick

존스턴 케직이 상하이 이화양행
의 타이판이었던 시기, 즉 경영
을 맡았던 시기는 윌리엄, 헨리
부자 사이의 공백기인 1886년에
서 1902년 사이일 것이라 짐작
된다. 만약 제임스 존스턴 케직
이 존스턴별장의 주인과 동일인
물이 확실하다면, 존스턴별장의
건립(1903~1905)은 그가 이화양행
의 타이판에서 물러난 직후가
된다.

그렇다면, 존스턴은 왜 이화
양행이 조선을 철수한 후인
1903년에 제물포에 와 여름별장

[그림 1] 존스턴별장[26]

을 세웠을까. 정황적으로 참고할 만한 사실은, 비록 이화양행이
1884년 만세교 사금장 채굴권을 포기하고 제물포를 철수했지만, 그
이후에도 영국은 조선의 금광권을 포기하지 않았다는 것이다.[24]
1889년에는 영국의 부총영사 켐벨C. W. Cambell이 조선반도의 교차투
어를 시행했고, 또 다른 광산전문가 스타이플링Stipling이 1889년 9월
조선을 방문하여 강원도와 함경도, 평안도를 답사했다. 그리고 1895

24] 1884년 7월에 제물포에 도착한 미국인 광산기술자 제임스 그레이엄James Graham도
이화양행의 고용인으로 왔을 것이라는 추측이 있다. 그는 양곡 지역에서 많은
사금과 400불에 해당하는 금괴를 찾았고, 1884년 10월 21일 상하이로 돌아가 이화
양행에 보고했다. 이화양행이 1884년 12월 조선을 철수한 후에도, 그는 한국정부
에 고용되어 양곡 계곡에서의 금 답사를 지속하기를 원했다. 그러나 한국 정부가
그를 고용했는지는 알 수 없다. Robert D. Neff, "An American Gold Miner in
Korea", *The Korea Times*, 2005.7.10.

년 미국이 밀약을 통해 운산 금광채굴권을 획득한 이후, 영국은 독
일계 세창양행과의 치열한 경쟁 끝에 마침내 1900년 3월 14일 평안
북도 은산殷山의 광산채굴권을 얻어냈고, 1905년 11월 4일에는 미국
및 일본과 협력하여 황해도 수안遂安의 금광권을 얻어냈다.[25] 물론,
은산과 수안 금광의 소유주는 이화양행이 아니었다. 그러나 은산과
수안의 영국인 소유주들이 이화양행과 어떤 관련을 가졌는지 알 수
없다. 더구나 1902년은 영일동맹이 맺어져, 중국에서 영국의 이권
을, 조선에서 일본의 이권을 상호 인정하면서, 상대적으로 조선에서
의 영국인의 활동이 수월해지기 시작한 시기였다. 추측컨대, 제임스
존스턴이 이 시기 제물포에 별장을 지은 것은 단순히 여름피서를
위해서라기보다는 이처럼, 1890년대 이후 조선에서의 영국인 광산
채굴업이 1880년대 초반의 실패와 달리 큰 호황을 이루었던 상황
과 무관하지 않을 것이다.

3. 인천 – 상하이 – 칭다오의 네트워크

1) 존스턴별장과 저먼클럽

　존스턴별장을 통해 동아시아 조계의 연계망을 찾을 수 있는 근거
는 소유주인 제임스 존스턴과 이화양행 외에 또 있다. 존스턴별장

25] 만세교와 달리 은산·수안의 금광에서 영국은 대량의 이득을 취했다. 이배용은
　　광산권 타결에 관한 영국의 뛰어난 외교술을 지적한다. 즉, 초기에 영국은 청국
　　의 영향력에 의존하여 조선과 이권을 협상하다가, 1894년 청일전쟁 이후 조선에
　　서의 일본의 영향력이 커지자 일본과 협력하여 광산 이권을 얻어냈다. Lee,
　　Bae-Yong, ibid., pp. 27~36 참조.
26] 김창수 소장.

을 설계한 독일인 설계자를 추적하는 과정에서, 상하이뿐 아니라 칭
다오 독일조계와 인천과의 교통의 흔적이 발견된다. 우선, 최성연의
『개항과 양관역정』에 수록된 파울 쉬르바움(1945.10. 26)의 일기를 보
면, 존스턴별장의 설계와 디자인에 대해 다음과 같이 적혀 있다.

> 존스턴별장의 건축설계와 디자인은 상하이에서 독일구락부를 건축한
> 바 있는 독일인 로즈케겔Rothkegel이라는 기술자이며, 두 건물은 서로 흡
> 사한 바가 매우 많다. 지붕 위 붉은 기와는 중국 칭따오에서 가져왔으며
> 전기장치와 전등은 독일, 그리고 모든 가구는 영국 런던의 메이폴상사로
> 부터 구입하였다. 그러나 그 뒤 가구류는 존스턴이 제물포 여름철 별장을
> 포기하였을 때 상하이로 옮겨가고 말았다.
>
> 골짜기에 있던 붉은 집에는 발전시설과 우물에서 옥상 큰 탱크로 물을
> 올리는 모터펌프가 있었다. 이 건물은 여름철에 한해서 사용할 목적으로 설계
> 된 듯하다. 그런 까닭은 아무런 난방시설이나 스토브 장치가 없기 때문이다.
> 특히 이 집에 대해서 기록해 둘 것은 홀 가장자리의 띠(요대)와 식당의 층층대
> (계단)에서 볼 수 있는 아름다운 목조조각들이다. 상하이로부터 10명~12명의
> 조각공을 초빙해서 수개월에 걸쳐서 이를 완성하였다고 전한다.[27]

먼저 몇 가지 관련 사실부터 확인해 보자. 인용문에서 언급된 상
하이의 독일구락부는 저먼클럽German Club(원 건물명은 Club Concordia)
을 말한다. 당시 상하이조계지에는 브리티쉬클럽, 프렌치클럽, 저먼
클럽의 세 외국인 클럽總會이 있었다.[28]

27] 최성연, 앞의 책, 166~167쪽.

28] 저먼클럽은 텐진과 홍콩에도 있었다. 텐진의 저먼클럽은 1907년에 지어졌고, 현재
는 텐진CPPCC빌딩Tianjin CPPCC Building이라 불린다. 양식은 룬트보겐스타일Rundboge
nstil이다. 지진으로 손상되어 일부 재건축되었지만, 현재 텐진에 남아 있는 가장
오래된 서구식 건물 중 하나다. 홍콩의 저먼클럽은 1859년 완차이에 설립되었다가

[그림 2] 푸동에서 바라본 와이탄29] : 저먼클럽이 철거되고 그 자리에 중국은행이 지어지고 있다.

[그림 3] 1940년대 와이탄 풍경30] : 저먼클럽이 철거되고 그 자리에 중국은행이 서 있다.

1872년 원담 가 동쪽 고딕양식의 벽돌건물로 재건축되었다. 1914년 제1차세계대전 발발 후 적산가옥이 되어 세인트조셉대학St. Joseph College으로 넘어갔으며 현재도 이 대학 건물로 쓰이고 있다. Discover Tianjin : Culture and Travel. List of 160 Significant Historic Buildings in Tianjin-1, http://www. wayabroad.com/tianjin/text/text45.htm ; Carl T. Smith, "The German Speaking Community in Hongkong 1846~1918", p. 9.(인터넷판) 참조.

29] 『三十年代上海』(엽서)
30] 『老上海200景』, 上海人民美術出版社, 2006.

상하이 저먼클럽 건물은 1890년 인기양행으로부터 매입한 땅에 1904년 10월 22일 착공, 1907년 2월에 준공되었다. 그러나 이 건물이 저먼클럽으로서 존재했던 것은 10년 정도밖에 되지 않는다. 1917년 8월 14일 중국이 독일과 오스트리아에 선전포고하면서, 와이탄 22호의 저먼클럽은 폐쇄되었고, 동년 12월 중국은행에 매각되었다. 그리고 1934년 이 건물이 은행건물로서 부적절하다고 감정되어 중국은행은 저먼클럽건물을 철거하기로 결정한다. 그리하여 1937년 저먼클럽 자리에 지금의 중국은행건물이 낙성되었다. 그러나 1937년 항일전쟁 발발로 인해 1946년에 와서야 정식으로 개점했다. 당시 와이탄은 중산동이루中山東一路라는 이름으로 더 알려져 있었고 중국은행도 산동이루 23호라는 주소로 등록되었다. 그래서 원래 저먼클럽의 주소였던 와이탄 22호는 현재 사라지고 없다.[31]

파울 쉬르바움은 제물포 존스턴별장을 설계한 사람이 저먼클럽의 설계자 로즈케겔이라고 말하고 있다. 그러나 중국 쪽 자료를 보면, 저먼클럽은 독일 설계사 하인리히 벡커Heinlich Becker가 위탁받아 지은 독일식건물이다.[32] 토르스텐 바르너Torsten Warner에 따르면 당시 벡커는 독일 르네상스식 복고풍의 설계안으로 공모에 1등으로 당선되었다. 또한 그 설계안은 1900년 파리세계박람회의 독일관의 영향을 받았다고 한다.[33] 입면은 전형적 절충주의 양식이고, 독일식 로마풍과

31] 郑时龄, 앞의 책, 50쪽. 이하 상하이 저먼클럽에 대한 기술은 아래의 저술들을 참고로 기술했음을 밝혀 둔다. Torsten Warner, 『在中国德国建筑艺术』(인터넷판) ; 郑时龄, 같은 책, 50, 302, 327쪽 ; 娄承浩, 薛顺生 編著, 『消逝的上海老建筑』, 上海 : 同济大学出版社, 2002, 72쪽.

32] 郑时龄, 앞의 책, 50쪽.

33] 1900년 파리세계건축박람회는 '산업문명의 발달과 응용'이라는 주제 하에 약 210일간 개최되었다. 이 박람회의 의의는 아르누보 양식을 전 유럽에 보급했다는 데 있다. 유겐트스틸Jugendstil로 불리는 이 양식은 곡선의 장식적 가치를 높이고 2차원적이고 구불구불한 비대칭 형태를 특징으로 한다. 김시목, 「世界博覽會의

르네상스 및 바로크 건축의 특징
들을 종합했다.

저먼클럽은 독일 바이에른왕
국의 풍격을 띤 건축물로서, 당
시 상하이 와이탄에 있던 가장
화려하고 아름다운 건축물이었
다. 높이 48미터에 청동으로 된
높은 첨탑은 북유럽의 바로크
양식을 연상시킨다. 그리고 탑
루 위의 치첩雉堞과 장엄한 반원
형 아치형 입구, 기둥들은 로마
풍의 영향을 받았다. 건물 중앙
의 아치형 대문 양 옆에는 두 개
의 보조문이 있었고, 모두 원형
기둥으로 장식되어 있었다. 문
머리 위에는 정밀한 조각이 새겨
져 있었다. 깎은 듯한 단면과 지
붕 양쪽으로 높이 솟은 기둥은

[그림 4] 1900년 파리세계박람회 독일관[34]

전형적인 북유럽 중세기의 건축 양식이다. 벡커는 상하이의 기후에
적응하기 위해 2~3층 앞부분에 긴 포치porch를 만들고 아치형의 큰
창문을 만들었다. 2층 채색 유리창에는 세계 각국의 국장國章이 새겨
져 있다.

실내 장식 역시 매우 정교했다. 벽면에는 베를린, 브레멘Bremen, 뮌
헨, 비엔나 풍의 풍경화가 그려져 있었고, 아름다운 촛대들과 커다란

建築的 意味에 관한 硏究」, 연세대 석사논문, 1989 참조.

34] Torsten Warner, 앞의 책 참조.

[그림 5] 공공화원(公共花園, 후에 와이탄공원으로 불림)[35]
: 1868년 8월 공원 완성. 뒤편으로 저먼클럽이 보인다.

벽시계가 걸려 있었다. 들보 위에는 독일어로 된 격언이 새겨져 있었
고, 각 방들의 주된 색조는 푸른빛이었다. 중앙 홀에는 아치형으로
만나는 기둥이 있었다. 내부에는 바bar와 무도장, 양궁실, 도서관, 식
당과 예배당 등을 갖추고 있었다. 바의 실내장식 역시 바이에른 풍이
었다. 그리고 실내계단은 대리석을 깎아 만든 것으로, 그 역시 바이
에른왕궁 내부계단의 영향을 받았다.

  저먼클럽은 1920년대까지는 상하이 와이탄에서 가장 높은 건물
중 하나였다. 사실 처음 와이탄의 영국 상인들은 인도 식민지에서
사용하던 건축 형식, 즉 사면에 발코니를 단 단층구조를 사용했다.
몇 년 뒤 상하이를 비롯한 외국 특구는 점점 중국도시와 다른 유럽
식 풍모를 띠게 되었고, 외국인 상인들에게 그곳은 제2의 고향 같은

35] 『老上海200景』

구실을 했다. 그들은 업무가 끝
난 후 가볍고 편한 기분으로 여
가를 즐기고 고향과 관계된 물
건도 구매하며 정기적으로 문화
행사를 열기도 했다. 각 나라 나
름대로 사교클럽을 두고 자녀들
을 자기 나라 학교에 보냈다. 그
래서 각 나라마다의 건축풍모가
점점 더 명확해졌다. 조계지가
형성된 초기 건축에는 중국과
서양 두 가지 양식의 차이만 있
었지만, 20세기 초에는 각국의
독특한 건축 풍모로 자신의 민

[그림 6] 와이탄저먼클럽[36]

족적 특색을 드러내는 추세로 바뀌었다.

　저먼클럽은 이런 배경 속에 세워진, 상하이 최초의 전형적 독일풍
건축물이다. 하인리히 벡커는 저먼클럽 설계 이후 일거에 상하이 독
일인 수석설계사로 명성을 떨쳤다. 독일인들은 그의 건축풍모를 아
시아의 지리나 기후 조건에 맞으면서 도이치민족정신을 체현한 이상
적인 작품이라 여겼다. 또한 독일은 경제적으로 부흥하여 원양무역
에서 영국과 어깨를 나란히 하고 있었으므로, 건축물의 외관에도 특
별히 신경을 썼다. 독일 건축 형식은 도이치 정신과 중국에서의 식민
지 경제력의 상징이었다.

36] 상하이시 역사박물관 소장.

[그림 7] 저먼클럽 앞, 와이탄공원 전망^{37]}

2) 하인리히 벡커와 쿠르트 로트케겔의 건축들

그렇다면 저먼클럽을 설계한 하인리히 벡커는 어떤 인물이며, 그는 제물포의 존스턴별장과 어떤 관계가 있을까. 상하이에서 활동한 외국인 설계회사 중 배고양행倍高洋行이라는 이름이 발견된다. 배고양행은 1899년 하인리히 벡커에 의해 설립되었다. 1905년 칼 베덱커Karl Baedecker가 동업자가 된 후 회사 이름을 벡커앤베덱커Becker & Baedecker로 바꾸고 베이징과 텐진에 분점을 두었다. 1911년 벡커가 독일로 돌아간 후 회사 이름은 다시 배극양행倍克洋行(독문명칭 Karl Baedecker)으로 개칭되었다. 제1차세계대전이 발발한 1914년 폐점했다.

앞서도 말했듯이 이들은 중국에서 도이치민족정신을 살린 건축설계

37] 출처 미상.

사로 이름을 날렸고 비슷한 기법으로 독일화원클럽Deutscher Gartenclub 등 수많은 상업빌딩의 별관과 상하이, 지난濟南, 베이징 등의 독일중국은 행의 분점을 설계했다. 중국 건축학자 정 스링鄭時齡의 저술에 따르면, 배고양행에서 설계한 건축물의 목록은 [표 2]38]와 같다.

[표 2] 배고양행의 중국 건축목록

항목	작품명칭		주소	건축연대	비고
	중문명칭	서양명칭			
1	독일영사관 德国领事馆		红口区 黃浦路 80号	1884	1937년 철거
2	성페테스부르크 러중은행 华俄道胜银行	The St. Petersburg Russo-Asiatic Bank	黃浦区 中山东一路 15号	1901~1905 1938 수리	현존
3	독중은행 德华银行	Deutsch-Asiatische Bank	黃浦区 中山东一路 14号	1902	1930년대 철거 交通银行 건설
4	독일화원클럽 德国花园总会	Deutscher Garten Club	卢湾区 茂名南路	1903	1920년대 철거 프렌치클럽 건설
5	독일우체국 德国邮局	Kaiserlich Deutsche Post	黃浦区 福州路 70号	1903	현존
6	저먼클럽 德国总会	Club Concordia	黃浦区 中山东一路 23号	1904~1907	1930년대 철거 1934~35년 中國銀行 건설
7	주택 毕勋路20号住宅		徐汇区 汾阳路 20号	1905~1911	현존 지금의 上海 音乐学院图书馆
8	중국수출입은행회사 祥泰商行	China Export, Import, Banking Company	黃浦区 江西中路 138号	1907~1908	현존
9	독일엔지니어학원 德国技术工程学院 同济德文医学堂	Deutsche Ingenieurschule	徐汇区 复兴中路 1195号 (陕西南路口)	1908~1916	현존
10	신복음교회 및 독일자제학교 신축 新福音教堂和德国子弟 学校改建	Deutsche Evangelische Kirche und Deutsche Schule	红口区 黃埔路金山路	1911	부재 1932~1934 철거

38] 郑时龄, 앞의 책, 327~328쪽

베이징 독중은행 北京德华银行	Deutsche Asiatische Bank	北京 东交民巷 7号	1906~1907	부재 1992 철거
텐진독중은행 天津德华银行		天津 解放路 108号	1907~1908	현존
한커우독중은행**39]** 汉口德华银行	The Russo-Chinese Bank	汉口	1908	부재
예화양행건물 天津礼和洋行大楼	Carlowitz & Co. Building	天津		미상
한국의 성 韩国城堡	"Schloss" at Chemulpo, Korea	韓國		미상

[표 2]의 일련번호 6번이 바로 저먼클럽이다. 그리고 맨 아래 일련
번호 없이 '한국 제물포에 세워진 성(韩国城堡, "Schloss" at Chemulpo,
Korea)'이라 쓰여진 항목이 있는데, 그것이 존스턴별장임은 거의 확실
해 보인다.

그렇다면, 파울 쉬르바움이 존스턴별장의 설계사였다고 증언했던
로즈케겔은 어떤 인물이며, 그는 존스턴별장과 어떤 관련이 있을까.
로즈케겔이라는 이름의 정확한 철자와 발음은 쿠르트 로트케겔Curt
Rothkegel(1883~1946)이다. 먼저, 로트케겔이 중국에서 지은 건물들의
목록을 정리하면 [표 3]**40]**과 같다.

하인리히 벡커가 상하이를 중심으로 활동한 건축설계사라면, 쿠
르트 로트케겔은 칭다오에서 주로 활동했다. 중국에서 로트케겔이

39] 아마도 漢口露華銀行의 오기인 듯하다.

40] 이 표는 다음의 자료들을 참조로 작성되었다.
   http://202.110.193.6/shizhi.nsf/a663b4a1bfb37f84482566c7002a1861/bd2f016088b4
   dbd1482568cb0011ecde?OpenDocument
   史建老, 『中国建筑的四重困境』(인터넷판).
   http://www.aaart.com.cn/cn/critique 2005.8.12.
   http://www.bjdch.gov.cn/travel/news_travel.asp?chanelid=191&news_id=398
   중문 위키피디아 백과사전 http:zh.wikipedia.org
   Torsten Warner, 『在中国德国建筑艺术』(인터넷판).

[표 3] 쿠르트 로트케겔이 중국에서 설계한 건축물 목록

번호	명칭	소재지	연도	양식	건립자	비고
1	하인리히왕자호텔음악당 亨利王子饭店音乐堂	青岛市 南区 太平路 29~33号	1905	독일청년파 풍격	함부르크 알토네르 (Altonaer), F. H. 슈미트 회사 시공	1차대전 후 青岛大饭店东馆, 1938년 日本栋部司令部, 항전 승리 후, 国民党青岛市执 行委员会 사무소
2	의약상점 医药商店	青岛市 南区 广西路 33号	1905	4층. 높이18미터. 붉은 기와. 유럽청년파 풍격		
3	칭다오복음교회당 青岛福音教堂 Evangelische Kirche für Tsingtau	青岛市 市南区 西部 江苏路 15号	1908. 4.1 착공. 1910. 10.23 준공	외벽은 황색물결무늬, 붉은 지붕. 위에는 녹색 4각첨탑. 종루의 높이는 36.47미터. 중앙置 처마 높이 9.36미터. 종루의 삼면 외벽에는 시계가 새겨져 있어, '시계건물'로 불림. 총면적 1297.51평방미터. 평면은 바실리카식.	주칭다오 총독부 (1907.6.1. 공개공모)	속칭 독일예배당(德国 礼拜堂), 1914, '국제예배당(國際 禮拜堂)'으로 개칭. 현, 장수루기독교당 (江苏路基督教堂)
4	자정원 資政院		1910	독일문예부흥식		
5	중국국회회당 中國國會大廈		1910	유럽풍	청 정부	1911년 신해혁명 발발로 시공되지 못함.
6	공친왕사저 恭親王私邸	北京	1911	유럽풍		
7	국제클럽 国际俱乐部(萬國俱乐 部, 西紳總會)	北京 市東城區	1912	벽돌. 근대절충식. 총 2층 건물. 1층에 넓은 아치식 정문.		현, 베이징 시 통전부(統戰部) 클럽
8	치엔먼(前門) 개조	베이징	1912			드나들기 쉽도록 개조.
9	선양독일영사관 德国驻沈阳领事馆	沈阳	1924			

지은 최초의 건축물은 1905년 칭다오에 설계한 하인리히왕자호텔음
악당이고, 대표적 건물은 칭다오복음교회당(현, 장수루기독교당江蘇路基
督教堂)이다. 칭다오 외에 상하이, 톈진, 베이징에도 그가 설계한 건
축들이 있다. 또한 1910년 로트케겔은 중국임시국회건물을 설계해

달라는 요청을 청 정부로부터 받았으나, 이듬해인 1911년 신해혁명
으로 인해 시공되지 못했다. 그가 구상했던 의회는 대청의 방향과
배치는 베를린의 것을 모방하되 그 규모를 배로 하자는 것이었다.
또한 그는 1911년 전소된 베이징 동화먼東華門 자리에 브란덴부르크
식의 성문을 지을 것을 위탁받았으나 심미적인 의견 차이로 인해
완곡히 거절했다 한다. 제1차세계대전이 발발하고 일본군이 칭다오
를 점령한 1914년 11월, 칭다오에 있던 로트케겔은 일본군의 포로가
되었다. 1915년 초 로트케겔을 비롯한 독일포로들은 일본의 포로수
용소로 끌려갔다가 1919년 파리평화회의 개최 후 석방되었다. 같은
해, 그는 상하이에 자신의 건축설계사무소를 다시 열었지만 창작의
열정과 영감은 이미 전과 같지 못했다. 1924년 독일군의 주선양瀋陽
영사관 등의 건물을 설계한 것을 마지막으로 귀국했다. 그 후 그는
다시 중국으로 돌아오지 않았다. 1946년 독일 베를린에서 향년 63
세의 나이로 사망했다.

　이제까지의 기술들을 근거로, 존스턴별장 설계에 관한 사항들을
정리해 보면 다음과 같다. 우선, 파울 쉬르바움은 존스턴별장의 설
계가 상하이 저먼클럽의 설계사인 로트케겔이라고 말하고 있지만,
상하이 저먼클럽의 설계사는 쿠르트 로트케겔이 아니라 하인리히
벡커이다. 그리고 정 스링의 저서에 의하면, 존스턴별장의 설계사
역시 하인리히 벡커였다.

　그러나 몇 가지 정황으로 볼 때, 로트케겔이 존스턴별장의 건립에
간접적으로 개입했을 여지까지 배제하기는 어렵다. 우선, 당시 상하
이 지역에서 독일식 건물은 극히 소수였고, 중국의 독일식건축물 대
부분은 칭다오와 텐진을 중심으로 건축되었다. 독일에 점령당했던
1898년에서 1914년 사이, 칭다오는 동아시아에 유일하게 독일이 창
건한 도시였으며, '독일문화와 도시건축예술의 전시관'이었다. 독일

[그림 8] **칭다오복음교회당**(현, 장수루기독교당)[41]

총독 트루펠Truppel은 신도시는 마땅히 독일의 민족적 특성을 살리고 중국의 다른 도시와 차별화되어야 한다고 생각했다. 그리하여 칭다오의 독일식 건물들은 당시 아시아에서 인기를 끌었던 영국식 건축과 다른, 독특한 독일풍을 띠게 되었다. 가파르게 경사진 지붕과 우뚝 솟은 탑루, 붉은 기와, 도움형 지붕 등이 그 특징이다. 또한 칭다오의 루산蘆山에는 화강석이 풍부했고 또 당시 독일 국내에서도 화강석 장식이 유행했기 때문에, 화강석은 칭다오의 전형적인 건축재료가 되었다. 대표적 예로, 1906년 완공된 총독부관저의 세 주요 벽면은 모두 화강석판으로 꾸며졌고, 1907년 완공된 총독별관과 1910년의 장수루기독교당은 모두 화강석 표면을 올록볼록하게 조각하여 매우 입체감 있게 벽면을 세웠다. 19세기 독일에서 유행한 문예부흥식 복고와 로마식 복고 건축물이 칭다오에서 부활하여, 어떤 건축물

41] 『歐韻靑島』, 靑島出版社

[그림 9] 존스턴별장[42]

에는 장엄한 탑루가 있고, 어떤 건축에는 바로크풍의 장식이 있으며, 어떤 경우는 타일로 구형構珩 벽면 효과를 내는 도안을 붙이기도 했다. 또 화강석으로 격자선을 넣은 창으로 벽면을 장식한 것도 있다.

이러한 묘사들은 존스턴별장의 외관과 놀랄 정도로 흡사하다. 석조 벽면과 붉은 기와, 격자모양의 창틀, 벽면에 새겨진 조각, 높은 탑루와 도옴형의 지붕이 그런 경우다. 이런 양식의 건물은 하인리히 벡커가 있었던 상하이에는 저먼클럽을 제외하면 거의 발견되지 않는 반면, 칭다오에서는 주류를 이루는 건축 양식이었다. 당시 칭다오에서는 물결형 함석장(파형철)을 쓰는 것을 법규로 금하여 중국의 청색 기와 대신 붉은 기와 지붕이 독특한 경관을 이루고 있었다. 따라서 존스턴별장의 붉은 기와를 칭다오에서 실어왔다는 파울 쉬르바움의 증언도 그런 점에서 맞아 떨어진다. 즉, 전체적으로 보아 존스턴별장은 상하이보다는 칭다오의 건축 풍에 더 가깝다. 그런 점에서 이 건물의 설계자는 하인리히 벡커라 하더라도, 건축 과정에서 칭다오의 로트케겔과 어떤 연관이 있었을지 모르는 일이다.

4. 침략/저항의 이분법을 넘어

존스턴별장은 분명 동아시아를 거쳐간 제국주의의 산물이다. 그

42] 김창수 소장.

View of Jinsen. 各 公 園 絶 頂 ノ 景 （仁川名所）

[그림 10] 존스턴별장 채색사진엽서[43]

러나 동시에 그것은 20세 초 인천에 자리잡아 반세기 동안 한국 근 현대사의 파란을 겪어 온 우리 역사의 산물이기도 하다. 그리고 거 기에는 상하이와 칭다오 등 중국 조계의 역사가 한데 뒤얽혀 있다. 비단 기억만이 아니라 우리의 실제 역사를 종횡으로 가로지르고 있 는 것이다. 물론 이런 것이 존스턴별장 자체를 복원하자는 주장을 곧바로 뒷받침하지는 않는다. 다만, 안타까운 것은 상하이나 칭다오 와 달리 우리는 전쟁과 분단으로 인해 실물로서의 존스턴별장뿐 아 니라 그에 관한 역사까지도 망각되고 있다는 사실이다. 조계에 관 한 기록이나 연구성과가 중국이나 일본에 비해 수적으로나 양적으 로 현저하게 떨어지는 우리의 현실은 그 무관심의 표징이다.

식민지로 근대를 시작한 이상, 제국주의를 빼놓고 근대를 해석하

43] 김창수 소장.

는 것은 불가능하다. 특히 개항으로 근대를 연 인천에 대한 지역문
화적 접근은 그 제국주의의 흔적에 관한 철저한 미시적 연구를 필
요로 한다. 이러한 작업은 동아시아 역내의, 유사하면서도 다른 경
험을 가진 인근 개항도시 혹은 조계도시들과의 역사적 연계를 회복
하는 과정이기도 하다. 각 지역이 안고 있는 제국주의의 경험과 기
억이 그곳의 현재를 구성하는 데 어떻게 참여하고 있는지를 상호
교차적으로 공유하는 과정에서, 각각의 경험에 부착된 기억의 편향
을 균형 있게 바로잡을 수 있을 것이다. 그런 점에서, 상하이나 칭
다오, 다롄, 요코하마, 고베, 나가사키 등 중국과 일본의 개항도시
혹은 조계도시들이 제국주의의 경험을 어떻게 처리하고 있는지, 그
것이 어떻게 각 지역문화와 역사를 구성하는 과정에서 어떻게 현재
화하는지를 비교하는 작업이 중요롭다.

　덧붙여, 동아시아라는 틀로 자국사를 다시 보는 그간의 연구들이
피식민자들 간의 반反식민주의 연대에 주력해 왔다고 할 때, 동아시
아의 근대를 지배했던 식민주의의 네트워크를 밝히는 작업을 통해
반식민주의 연대 또한 한층 실답게 드러날 수 있음에 주목해야 한
다. 저항의 네트워크와 지배의 네트워크가 함께 입체적으로 복원될
때 비로소, 우리에게 내재된 제국주의를 둘러싼 침략/저항이라는
일국사적 이분법을 넘어, 현재와 미래를 기획할 새로운 인식적·실
천적 지평이 열리게 될 것이다.

『인간문제』에 나타난 근대 노동자 도시 인천

추이 허승

1. 서론

강경애姜敬愛(1906~1944)의 일관된 창작 경향으로 볼 때 『인간문제』
에 나타난 '인천'이라는 배경과 '노동자'라는 인물설정은 이례적이라
할 수 있다. 그의 작품은 대부분이 장연이나 간도와 같은 농촌을 배
경으로 하며 도시로는 인천과 서울뿐이기 때문이다. 이중에서 서울
이 늘 부정적으로 그려진 것을 감안하면 긍정적인 도시 상으로는
인천이 유일하다.[1] 인물설정에서도 강경애가 가장 애착을 갖고 그
려낸 것은 일제식민지하의 농민이다. 이외 그가 주목한 인물로는
간도를 배경으로 하는 작품에 등장하는 항일운동가와 지식인이 있
다. 노동자의 등장은 『인간문제』가 처음이자 마지막이다. 이는 『인

---

* 崔鶴松. 중국 중앙민족대학 조선언어문학학과 조교수. 본 논문은 『한국학연구』
19집(인하대 한국학연구소, 2008년 11월)에 실렸던 「『인간문제』와 인천」을 재수록한 것임.

1] 강경애의 소설에 자주 등장하는 간도 龍井은 농촌이라 하기에는 조금 어려우나
도시라고 보기에도 애매하다. 여기에서 도시라는 것은 일정한 규모를 갖춘 근대
적인 도시를 말한다.

간문제』에 관한 연구는 '인천'과 '노동자'라는 이 두 '이례적인 존재'
에 대한 이해가 선행해야함을 보여준다.

강경애의 대표작인 『인간문제』는 1930년대 한국소설사에서 새로
운 경지를 연 작품으로 평가되기도 한다.[2] 『인간문제』에 관한 연구
는 여러 논자들에 의하여 다양한 시각에서 진행되었다. 이중에는 작
품 속에 나타난 '인천'과 '노동자'에 주목한 연구도 적지 않다. 김윤식
은 『인간문제』는 장편소설로는 처음으로 공장노동자의 삶을 묘사함
으로서 소재 확대의 의의가 있다고 하였다. 인천부두에 대한 묘사라
든가 방적공장에 대한 묘사도 소설적 공간 속에 처음으로 포착된
것이라면서 문학적 가치를 부여했다.[3] 김윤식이 『인간문제』가 갖는
소재 확대라는 일면에 주목했다면 김정화는 이러한 소재가 갖는 사
실성 여부를 추적하였다. 김정화는 『인간문제』에 대한 논의를 진행
하는 과정에서 작품 속의 대동방적공장이 당시 인천에 있던 동양방
적 인천공장으로 추정된다는 문제제기를 했다.[4] 이 문제제기는 이상
경에 의해 사실로 확인된다. 이상경은 『인간문제』의 천석정千石町 대
동방적공장은 실재한 만석정萬石町(현 만석동) 동양방적東洋紡績 인천공
장임을 확정한 동시에 작품 발표 당시 신문보도와의 대비를 통하여
부두노동자에 대한 묘사도 진실성을 갖고 있음을 밝혔다.[5] 조남진
은 이상경의 이런 실증적 작업을 더욱 구체화하였다. 조남진은 『인
간문제』와 '인천' 사이의 관계를 분석한 유일한 본격적인 연구라고
할 수 있는 자신의 석사학위논문을 통하여 『인간문제』에 등장하는

2] 김윤식, 「강경애론 : 식민지 공장노동자의 세계」, 『(속)한국근대작가론고』, 일지
   사, 1981, 243쪽.
3] 김윤식, 위의 글.
4] 김정화, 「강경애 소설연구」, 동국대 박사논문, 1991.
5] 이상경, 『강경애 : 문학에서의 성과 계급』, 건국대학교출판부, 1997.

'킹바야'란 당시 인천에 있던 서양식 술집 '금파金波'를 가리키며 철수가 거주하는 '외리'는 당시 인천노동연맹을 이끌고 있었으며 후에 남로당의 2인자가 된 이승엽李承燁의 집이 있던 곳으로 인천노동조직의 구심적 역할을 하던 곳이라는 등 일련의 새로운 사실들을 밝혀냈다.[6] 이상의 사실적 확인을 기초로 최원식은 또 『인간문제』가 갖는 당대성을 지적하였다. 그는 작품이 연재된 1934년 하반기가 바로 동양방적 인천공장이 조업을 시작한 시점임에 주목하여 논의를 전개함으로서 『인간문제』의 정확한 시간적 배경을 추정해냈다.[7]

『인간문제』의 후반부에 등장하는 '인천'과 '노동자'에 대한 이런 인식의 심화는 동시에 작품을 보다 객관적이면서도 심도 있게 분석하는 토대가 되었다. 작품 분석에 있어 여러 가지 견해가 있지만 "이 작품은 용연의 농민들이 인천에서 노동자로 재탄생하는 한국노동계급의 형성과정을 축도적으로 형상화한 전형적인 사회주의 리얼리즘 소설"[8]이라는 최원식의 논의가 대표적이다.

이 글에서는 『인간문제』에 나타난 '인천'과 '노동자'에 대한 이왕 논의의 기초상에서 이 두 '이례적인 존재'가 나타나게 된 배경과 이것이 강경애 문학 전반에서 차지하는 의의를 찾아보는 것을 통하여 『인간문제』를 보는 시각을 다양화하는 동시에 당시 인천 노동운동 현황과 『인간문제』 사이의 연간성에 대해서도 살펴보고자 한다.

6] 조남진, 「'인간문제'에 나타난 인천」, 인하대 석사논문, 1998.
7] 최원식, 「'인간문제', 사회주의 리얼리즘의 성과와 한계」, 『인간문제』, 문학과지성사, 2006.
8] 최원식, 위의 글, 407쪽.

2. 『인간문제』의 '개작'과 인천

『인간문제』는 강경애의 최초 기획과는 달리 연재과정에서 큰 변화를 거친다. 그리고 이 변화에 의하여 나타난 것이 바로 '인천'과 '노동자'이다.

오늘날 시중에서 찾아볼 수 있는『인간문제』의 판본에는 여러 가지가 있지만 근본을 찾아보면 모두 1934년『동아일보』연재본과 1949년 북한 노동신문사 단행본을 저본으로 하고 있다. 이상경은 북한 단행본은 강경애가 신문연재본을 개작해 두었던 것을 훗날 그의 남편인 장하일張河一이 북한에 갖고 가 출판한 것으로 본다.[9] 지금까지『인간문제』의 개작에 관한 논의는 이것이 전부이다. 그러나『인간문제』와 그 주변의 자료들을 꼼꼼히 읽다보면 강경애는 작품 창작 과정에서도 최초의 기획을 크게 변화시킨 것을 알 수 있다. 자신의 첫 기획에 대한 대대적인 '개작'인 것이다.『인간문제』에 대한 보다 깊은 이해를 위해서는 이것도 하나의 개작이라 보고 그 변화에 주목해볼 필요성이 있다.

강경애는 간도에 이주한 후에도 여러 차례나 조선에 다녀왔다. 그 가운데서 특별히 주목을 요하는 것은『인간문제』발표 직전에도 조선에 왔다는 점이다. 1936년 8월『신동아』에 발표된 전기적 소설「산남」에는 아래와 같은 구절이 있다. "지금으로부터 이태 전 칠월 이십일경일입니다. 돌연히 나에게 전보 한 장이 뛰어들었습니다. 그 내용인즉 내 어머님의 병환이 위중하니 곧 오라는 것입니다."[10] 알다시피『인간문제』는 1934년 8월 1일부터 12월 22일까지 120회에 걸쳐

9] 이상경 편,『강경애 전집』, 소명출판, 1999, 5쪽 참고.
10] 이상경 편, 위의 책, 636쪽.

『동아일보』에 연재된 소설이다. 「산남」은 작품 발표 직전인 1934년 7월 20일 경에 강경애가 조선에 다녀간 적이 있음을 보여준다. 이는 1934년 7월 31일발 『동아일보』의 「신연재소설예고」에 실린 『인간문제』 경개梗概에 관한 소개와 함께 놓고 보면 그 중요성을 더한다.

梗概 : 이 소설의 작의作意는 탐욕무비한 장자의집이 일야에 땅속으로 빠져 그 자리에 큰못이생기엇다는 전설을가진 원소라는못을 중심으로 삶에 허덕이는 조그마한 농촌생활현실을그리어냄에잇다.
　원소 로—만쓰의 주인공같은장재—자기집차인이 근빈자에게체금을 받기새려금품을 주엇다고 주판으로면상을쳐서 그거스로말미암아죽게까지 이르게한 그리고 그의 진무른 육욕생활! 그조아에 히생되랴는 부모없는 계집애 그리고 그계집애에게 첫사랑을 느끼엇든 소작인의 아들 거기에다 서울서 유학하는 장재집아들이 하기휴가에 돌아와 그가련한계집애에게 동정하다고 그동정이 연애가되어 이에 이조그마한 농촌에는 부자상극의 삼각연애가 전개되고 마는 것이다.
　그러나 이조그마한 농촌은 원소 혜택을 받아가며 인심갈등의 이즈러진 정욕의 세계를 내면에 실은채 밤을 마지하는것이었다.[11]

예고豫告는 "강경애씨는 예민하고 주도한 관찰과 섬세하고 박력있는 필치로써 특히 농촌소설을 그림에 있어 뛰어난 솜씨를 보여주었거니와 이 『인간문제』도 농촌을 배경으로 한 것으로써 씨의 예술과 사상이 완전히 융합된 참된 의미에 있어서의 완미한 작품"이라는 작가와 작품에 대한 간단한 소개에 이어 위의 작품 경개를 보여주는데 이로 보면 『인간문제』는 본래 용연을 배경으로 하는 한편의

11] 「新連載小說豫告」, 『동아일보』, 1934년 7월 31일.

농촌소설로 기획되었다는 것을 알 수 있다. 초반의 14회, 즉 용연 지주 정덕호의 딸 옥점이가 등장하기 전까지는 예고에서 보여준 작품 경개와 일치하다. 그러나 15회에서 지주의 아들 대신에 딸이 등장하며 16회에서 그 딸이 지주의 아들 역할을 하게 되는 신철이라는 인물을 용연에 데리고 오면서 소설은 '부자상극의 삼각연애'라는 사전의 예고와 전혀 다르게 전개되어 나간다. 애초의 기획을 연재 도중에 크게 고친 것이다. 그리고 이 변경에 의하여 나타난 것이 '인천'과 '노동자'이다. 강경애는 작품 기획에 대한 변경을 통하여 새로운 환경과 인물을 등장시켰다. 문제는 이런 변경이 놀라운 당대성을 지니고 있음이다.[12]

강경애의 친구 동생 고일신高一新의 회고에 의하면 강경애 부부는 1931년 6월 간도 룽징으로 이주하기 전의 한동안을 인천에서 품팔이를 하였다고 한다.[13] 이때의 노동경험은 『인간문제』를 창작하는 데 많은 도움이 되었을 것이다. 그러나 주목을 요하는 것은 이 시기에는 인천에 동양방적공장이 없었다. 동양방적 인천공장은 일본 근대산업의 아버지로 일컬어지는 시부자와 에이이치澁澤榮一에 의해 창립된 오사카 보세키大阪紡織를 모체로 한다. 1932년 12월에 인천 만석정 매립지에 공장을 건립하기로 확정하여 1933년 말에 완공되었으며 1934년부터 조업을 시작했다.[14] 동양방적 인천공장은 강경애가 간도 룽징으로 이주한 후에 건립된 것이다. 용정에서 신문이나 인편으로 관련 소식을 전해 듣고 썼다고 하기에는 『인간문제』에 그려진 동양방적 인천공장의 모습이 너무나 생생하다.

12] 『인간문제』의 당대성에 대해서는 앞에서도 말했지만 최원식(앞의 글)의 논문에 서 소상히 다루었다.
13] 이상경 편, 앞의 책, 856쪽 참고.
14] 『東一紡織社史』, 동일방직주식회사, 1982 참고.

『인간문제』에 여실히 반영되는 동양방적 인천공장의 모습들은『인간문제』의 당대성이 1934년 7월 20일 경의 조선행과 밀접한 연관이 있음을 보여준다. 이번 조선행에서 강경애는 인천에 직접 다녀옴으로써 부두와 동양방적공장을 둘러보고 이곳의 노동자들과 관련되는 충분한 자료를 확보했을 가능성이 크다. 이런 과정에서 인천과 이곳 노동자들의 역동성과 가능성에 주목하게 되었으며 나아가 본래의 창작기획을 크게 변경시켜『인간문제』의 후반부를 이들을 중심으로 구성해나갔을 것이다.

3. '인간문제' 해결의 주체와 대안

인간사회에는 늘 새로운 문제가 생기며 인간은 이 문제를 해결하기위하야 투쟁하므로써 발전 될것입니다. 대개 인간 문제라면 근본적인 문제와 지엽적문제로 나눠 볼수가잇을것이니 나는 이 작품에서 이시대에 잇어서의 인간의 근본문제를포착하여 이문제를 해결할 요소와 힘을 구비한 인간이누구며 또 인간으로서의 갈바를지적하려고 노력하엿습니다.[15]

『인간문제』 연재 예고인 이 글은 강경애가『인간문제』를 창작하게 된 동기를 보여줄 뿐만 아니라 그의 문학관을 드러내기도 한다. 강경애 문학은 1935년을 기준으로 전기와 후기로 나눌 수 있다. 1930년대 후반에 오면서 강경애의 문학적 경향은 주변 환경의 영향을 받아 급격히 변화되어 상실감과 좌절의식을 나타낸다.[16] 그러나 그 이

15] 「新連載小說豫告 : 作者의말」,『동아일보』, 1934년 7월 31일.
16] 만주국 건국(1932년) 이래 계속되는 일제의 무자비한 토벌과 내분의 격화로 인하여 만주항일진영의 역량은 급격히 감쇠되었다. 중국공산당 동만특별위원회는

전, 1930년대 전반기 강경애의 문학적 경향은 "인간사회의 근본적인
문제를 포착하고 나아가 이 문제를 해결할 사람을 찾으며 또 그가
행할 바를 지적한다"는 말로 귀납된다. 첫 발표소설 「파금」(1931)으
로부터 나타난 이런 경향은 「부자」(1933), 「소금」(1934) 등 작품을 거
쳐 『인간문제』(1934)에서 구체적으로 형상화된다. 이 점에서 강경애
의 전기 문학은 『인간문제』에 이르는 과정이라 볼 수 있다.

「파금」은 자신이 배우는 식민지법률에 대한 불신으로 하여 고민
하던 형철이가 불합리한 현실을 개혁하고자 대중과 함께 싸울 생각
을 하게 되며 만주 이주를 계기로 항일무장투쟁에 직접 참여한다는
이야기를 다루고 있다. 첫 발표소설 「파금」에서 강경애는 '인간문제'
를 해결할 주체로 지식인을 선택하였으며 그 대안으로 만주에서의
항일투쟁을 제시하고 있다. 만주항일투쟁이란 대안은 「소금」에서도
나타난다. 간도의 농민 봉식이는 작품 초반에 이미 공산당을 따라
항일투쟁에 참가하였으며 봉식이의 어머니는 일련의 수난을 통하여
공산당의 항일투쟁을 긍정하게 된다.

강경애가 보건대 만주항일투쟁은 '인간문제'를 해결할 하나의 대
안임이 확실하였다. 그러나 문제 해결의 주체에 관한 선정에서는
변화가 보인다. 「파금」에서는 지식인에 기대를 걸었으나 「소금」에
서는 각성한 농민으로 바뀐다. 이런 변화는 「소금」(1934.5~10)과 거
의 같은 시간에 발표된 『인간문제』(1934.8.1~12.22)에서도 나타난다.
『인간문제』의 신철이는 「파금」의 주인공 형철이의 연장선상에 있
는 인물이다. 신철이와 형철이는 배경과 초기 활동이 동일한 사람

1935년 초에 간도의 소비에트 구역을 포기하라는 지시를 내렸으며 1936년에 이
르러 공산유격대는 간도지방을 완전히 포기하였다. 1937년 中日戰爭이 발발하기
전까지 일제는 간도뿐 아니라 전반 만주에서 공산주의의 위협을 단지 그림자에
불과한 것으로 만들어 놓았다. 스칼라피노·이정식, 『한국공산주의운동사(1)』,
돌베개, 1986, 228~233쪽 참조.

으로 볼 수 있을 정도로 근사하다. 두 사람 모두 일정한 경제적 여유가 있는 가정에서 태어나 경성제대에서 법률을 배웠으며 민중에 대한 동정을 갖고 있다. 이러한 동정은 그들로 하여금 식민지 사회에 대한 변혁을 꿈꾸게 한다. 그러나 결과는 형철이는 만주에서 항일무장투쟁에 참가하며 이 때문에 총살을 당하나 신철이는 전향하는 것으로 나타난다. 동일한 배경에서 동일한 길을 걸었던 두 사람은 최종적으로 서로 다른 선택을 한다. 강경애가 보건대 지식인은 결코 민중을 이끌어 '인간문제'를 해결할 존재가 아니었다.

　지식인에 대한 부정과 함께 강경애가 주목한 것은 각성한 농민이다. 「소금」의 봉식이와 봉식 어머니가 그 일례이다. 만주에서 각성한 농민의 항일투쟁에 기대를 거는 동시에 강경애는 조선 국내에서도 각성한 농민에 주목하였다. 「부자」는 바로 이런 시점에서 씌어졌다. 액자소설의 형태를 취한 「부자」는 M포구라는 한 농촌을 배경으로 장사와 바위 두 부자가 동일한 환경에 처했을 때 취한 서로 다른 행동을 통하여 농민의 각성을 보여준다. 액자 내부 이야기는 아버지 장사의 일대기를 그린다. 어린 나이에 고아가 된 장사는 평생을 선주를 위하여 일한다. 그러나 어느 날 역풍을 만나 배가 파선되자 선주는 다시는 장사에게 배를 빌려주지 않는다. 도둑질로 생계를 유지하던 장사는 끝내는 선주를 죽이고 자신도 죽는다. 액자 외부는 이런 아버지의 지난 행적을 돌이켜 보는 아들 바위의 이야기를 다룬다. 농장감독 전중이의 미움깨를 산 바위는 자신이 개간한 농지에서 쫓겨난다. 막다른 골목에 처한 그는 저도 몰래 전중이네 함석창고에 도둑질을 간다. 그러나 함석창고의 자물쇠를 비트는 순간 자신의 행위를 반성하고 XX회의 지령에 따라 조직적인 행동을 취할 것을 다짐한다. 바위는 지식인 홍철이가 꾸리는 야학에서 교육을 받았던 것이다.

아버지 장사가 취한 자연발생적인 반항과 반대로 아들 바위는 목적의식적인 투쟁을 다짐한다. 그러나 「부자」에서는 야학에 의한 바위의 의식변화 과정이 배제되었으며 바위를 비롯한 XX회의 투쟁 모습도 보여주지 못했다. 「부자」는 단편이었기에 구체적인 과정을 담아내기에는 편폭상의 제약을 받았다. 앞에서 언급한 '신연재소설예고'를 보면 『인간문제』는 바로 「부자」에서 유감으로 남겼던 이런 부분을 구체적으로 형상화하려는 시도였음을 알 수 있다. 「부자」의 장사와 바위는 『인간문제』에서 첫째라는 인물로 단일화된다. 용연에서의 첫째는 자연발생적인 반항을 진행하는 아버지 장사로 인천에서의 첫째는 목적의식적인 투쟁을 진행하는 아들 바위로 볼 수 있다.

강경애는 본래 용연을 무대로 첫째를 비롯한 이곳의 농민을 통하여 '피착취' 인민의 '각성'과 '투쟁'을 모두 그리려 하였으나 연재 도중에 기획을 변경하여 용연은 '피착취'의 공간으로 한정하고 인천이라는 새로운 공간을 작품 속에 끌어들여 '각성'과 '투쟁'의 모습을 보여주었다. 그리고 이 과정에서 용연의 농민을 인천의 혁명적 노동자로 재탄생시켰다. 이는 강경애가 농촌과 농민을 '인간문제' 해결의 장소와 주체로 보던 시각이 변하여 조선에서는 도시와 노동자가 그 대안으로 제시되었음을 시사한다.

문제는 그 대안의 구체적 장소가 '인천'으로 설정된 것이다.

4. 인천 노동운동의 문학적 재현

강경애는 인천과 비교적 밀접한 인연을 맺고 있다. 지금 추정 가능한 범위 내에서 1934년까지 조선에서 고향 장연과 서울을 제외하면 강경애가 일정기간 거주한 곳으로는 인천이 유일하다. 이러한

것도 강경애가 인천을 『인간문제』 후반부의 배경으로 설정하게 된
원인의 하나가 되겠지만 보다 중요한 것은 당시 인천이 갖고 있는
도시적 특점이 그로 하여금 이곳에 주목하게 하였다.

　'도성都城의 인후咽喉'로 불리던 인천은 1883년 일제에 의해 개항되
자 또 미국, 청국 등 여러 나라와 맺은 수호통상조약의 호혜원칙에
따라 이들 나라에도 개방됨으로써 개항과 동시에 국제항의 성격을
띠게 된다. 국제적 항구로서의 인천항은 경인철도건설(1900), 인천항
축조(1912) 등으로 하여 1910년에 이르러서는 대외무역량의 28%를
차지하는 국내 최대의 무역항으로 발전한다. 무역의 발전은 상업의
발전을 이끌었으며 1930년대에 들어와 대공업이 자리잡으면서 인천
은 차츰 무역항, 상업도시, 공업지대로 발전하였다.[17] 그리고 이는
또 노동자들의 대량 유입으로 이어졌다.

　『인간문제』의 후반부에 해당하는 인천편은 활기찬 인천의 새벽
에 대한 묘사로부터 시작된다.

　　인천의 새벽만은 노동자의 인천(강조는 필자) 같다! 각반을 치고 목에 타월
　을 건 노동자들이 제각기 일터를 찾아가느라고 분주하였다. 그리고 타월
　을 귀밑까지 눌러쓴 부인들은 벤또를 들고 전등불 아래로 희미하게 꼬리
　를 물고 나타나고 또 나타난다. 나중에 알고 보니 이 부인들은 정미소에
　다니는 부인들이라고 하였다.[18]

　침울한 '원소怨沼' 전설로 시작되는 용연편과는 사뭇 다른 분위기
이다. 인천의 새벽을 아름답게 장식하는 노동자들의 분주한 모습을

17] 강덕우, 「仁川開港과 관련한 몇 가지 문제」, 『인천학연구』 창간호, 인천대학교
　인천학연구원, 2002, 247~251쪽 요약.
18] 최원식 편, 『인간문제』, 문학과지성사, 2006, 272쪽, 이하는 페이지수만 표시.

보면서 신철이는 '인천의 새벽만은 노동자의 인천'이라고 한다. 강경애는 바로 이런 노동자의 도시 인천에 용연의 농민 첫째, 선비, 간난이와 서울의 지식인 신철이를 투입시킨다. 그리고 신철이와 첫째를 통하여 부두의 자유노동시장에서 근무하는 노동자들의 삶을 생생하게 그려낸다.

> 조선의 심장 지대인 인천의 이 축항은 전 조선에서 첫손가락에 꼽힐 만큼 그 규모가 크고 또 볼만한 것이었다. (…중략…) 노동자들이 무리를 지어 쏠려나온다. 잠깐 동안에 수천 명이나 되어 보이는 노동자들이 축항을 둘러싸고 벌떼같이 와와 하며 떠들었다. 그들은 지게꾼이 절반이나 넘고 그 외에 손구루마를 끄는 사람, 창고로 쌀가마니를 메고 뛰어가는 사람, 몇 명씩 짝을 지어 목도로 짐을 나르는 사람, 늙은이, 젊은이, 어린애 할 것 없이 한 뭉치가 되어 서로 비비며 돌아가고 있다.   −282~283쪽

인천에 부두 임금노동자가 나타나기 시작한 것은 19세기로 거슬러 올라간다. 1883년의 개항과 함께 부두노동자들이 급격히 늘어난 것이다. 이들은 주로 부두의 하역운반을 맡았다.[19] '노동자의 씩씩한 참동무'가 되려는 신철이도 인천에서 부두의 하역운반에 동참하며 그 과정에서 지식인의 연약성과 노동자의 활력을 실감한다. 그리고 이때에 만난 첫째를 교육, 인도하여 그로 하여금 계급의식에 눈을 뜨게 한다. 지식인과 노동자의 이런 결합은 부두노동쟁의로까지 이어진다. 노동자의 도시 인천에서 신철이는 자신의 이념을 실천하고 첫째는 그를 사로잡았던 의문점들을 하나하나 해결해나가면서 '그가 속하여 있는 계급을 명확히' 알게 되고 '인간 사회의 역사적

19] 경인일보 특별취재팀, 「국내 노동운동의 출발·중심지」, 『인천이야기』, 다인아트, 2001, 110쪽.

발전을 위하여 투쟁'하려는 굳은 결심을 하게 된다.

신철이와 첫째를 통하여 부두 자유노동자의 삶을 보여주었다면 선비와 간난이를 통하여서는 일제하 대공장노동자의 삶을 그려냈다. 동양방적 인천공장에 근무하는 여공들의 비참한 생활상과 부당한 대우는 당시의 여러 신문들에 여실히 보도되어 있다.

생활난직업난으로 각방의 공황을 늣기는때에 유독인천동양방적(東洋 紡績)만이직공난을 늣긴다하야 부근 각지방으로부터지원자가운집하는형 세이나 그들은 대개가 채용수일에견대지못하야 나온다는대 그내용은 동 공장이 개업한지발서이개월이되야 그동안숙련(熟練)한 녀공도잇스나 별 로로임을 인상치아니하고 종전대로 십이시간로동에이십전에지나지못함 그것으로는 도저히 생활할수가업서고만두는것이라하며그중에도그나마 엇절수업시 다니는사람도잇스나무리한공장의임금을 원망하는 원성이자 못놉다한다.[20]

『인간문제』에서 선비와 간난이는 신문보도의 내용들을 고스란히 재현하고 있다. 뿐만 아니라 벌금제도, 강제저축제도, 기숙사제도 등 신문보도에 나타나지 않은 불합리한 제도들도 하나하나 끄집어 내어 그 본질을 밝혀 놓음으로써 일제식민지하 대공장노동자들의 피착취의 모습을 핍진하게 보여준다. 공장의 불합리한 제도와 노동 자들이 받는 부당한 대우를 밝혀 놓는 데 앞장선 사람은 이미 서울 에서 혁명적 노동자로 성장한 간난이다. 간난이는 공장 외부 조직 과의 연결을 통하여 전해받은 격문으로 노동자들을 교육, 인도한다. 그의 지도하에 선비도 차츰 계급의식에 눈을 뜨고 노동운동에 동참

20] 「十二時間勞動에 賃金僅僅二十錢 : 東紡仁川工場女工의生活悲慘採用數日에殆半退 職」, 『조선일보』, 1934년 7월 14일.

한다.

신철이와 첫째가 대동방적공장 건설현장에서 벽돌을 나르는 장면에 대한 묘사라든가 부두의 하역운반과정에 대한 묘사 및 간난이와 선비의 제사과정에 대한 생생한 묘사는 본인이 직접 체험하거나 노동현장에 내려가 관찰해보지 않고는 써내기 힘든 것이다. 단순히 신문기사를 보거나 추측에 의한 것이라고 보기에 어려운 것이 또 하나 있다. 간난이와 선비를 비롯한 혁명적 노동자들이 몸담고 있는 노동운동에 관한 묘사가 그렇다. 당시 동양방적 인천공장에는 확실히 간난이나 선비와 같은 혁명적 노동자들의 활발한 활동이 있었다.

인천에서는 이른바 '화요파' 공산주의자 김형선을 중심으로 정갑용·김만석·백봉흠 등이 인천적색노동조합을 조직하고 『공장뉴스』 등의 출판물을 간행하여 노동자들을 의식화·조직화하였다. 이들은 1935년 1월 29일 일제에 의해 공판에 회부되었다. 검거를 피한 박연성 등은 인천 동양방직을 토대로 **계속활동하다가 두달 후 일제에 의해 구속되었다.** (강조는 필자)[21]

1930년대 중반의 『조선중앙일보』를 보면 동양방적 인천공장과 인천적색노동조합에 관한 많은 기사를 접하게 된다.[22] 적색노동조합운동이 1930년대 조선공산당재건운동의 한 부분이며 김형선이 옛 화요파가 주축이 되어 결성된 '꼼뮤니스트 그룹'에 가담하여 조공재건 활동을 했다는 것을 염두에 두면 동양방적 인천공장의 적색노동조합도 '꼼뮤니스트 그룹' 계열의 조직임을 알 수 있다.[23]

21] 인천광역시사편찬위원회, 『인천의 발자취』(『인천광역시사』 제2권), 인천광역시, 2002, 686쪽.

22] 『東紡職工等檢擧25日부터嚴重取調開始: 事件內容은赤色結社』(1935년 2월 7일) ; 『仁川赤色'그룹'事件靑年四名또檢擧: 端緖는東紡工場에서』(1935년 5월 2일) ;『『東紡赤化를 目的한赤色그룹 事件公判』(1936년 3월 11일) 등.

코민테른은 1928년 '12월테제'로 "파벌투쟁을 없애고 대중에 뿌리 내린 볼셰비키당을 건설하라"는 당재건방침을 제시했을 뿐만 아니라, 국제레닌대학이나 모스크바 동방노력자공산대학에서 훈련받고 검증된 조선인 사회주의자들을 통해 당재건운동에 직접 개입했다. '꼼뮤니스트 그룹'은 바로 이런 배경과 조건에서 조직되었다. '꼼뮤 니스트 그룹'은 공장신문을 발행하여 사회주의사상을 노동현장에 나르고 선진노동자와 직접 결합하려 했으며, 대중운동에 적잖은 영 향을 끼쳐 당건설의 토대를 일부 마련했다. 인천의 경우, 대중사업 에 끊임없이 참여하여 5개의 '공장핵'과 6개의 공장반을 건설했다. 그리하여 '꼼뮤니스트 그룹'은 "적어도 인천에서는 당재건을 위한 조직적 준비가 끝났다"고 코민테른에 보고할 수 있었다.[24] 동양방 적 인천공장의 적색노동조합이 '꼼뮤니스트 그룹'계열의 조직이라 고 할 때 간난이와 선비를 통하여 보여주는 대동방적공장의 노동운 동은 '꼼뮤니스트 그룹'이 동양방적 인천공장에서 진행한 활동을 문 학적으로 재현한 것이라 볼 수 있다. 간난이에게 격문을 전해주는 사람이 첫째라는 것은 또 신철이와 첫째의 활동도 이 그룹과 연관 됨을 보여주며 『인간문제』의 인천편은 공장신문을 발행하여 사회 주의사상을 노동현장에 나르고 선진노동자들과 직접 결합하려 했다 는 '꼼뮤니스트 그룹'이 인천 지역에서 벌린 노동운동에 대한 문학 적 재현이라고도 볼 수 있다.

23] 강경애의 남편 장하일은 사회주의자들과 밀접한 관계를 맺고 있었다. 추이 허숭, 「만주'체험과 강경애 문학」, 인하대 석사논문, 2007, 57~59쪽 참고. 강경애가 남 편을 통하여 이 시기 인천에서의 사회주의자들의 활동을 일정 정도 이해하고 있 었을 가능성도 짙다.

24] 성대경, 「꼼뮤니스트 그룹'의 당재건운동」, 『한국현대사와 사회주의』, 역사비평 사, 2000 참고.

5. 결론

강경애의 전기 문학은 '인간문제' 해결의 주체와 대안을 찾는 과정이라 볼 수 있다. 강경애는 '인간문제' 해결의 주체를 처음에는 지식인에서 찾았으나 곧 지식인에 대해 부정적인 입장을 취하면서 각성한 농민에 주목하게 된다. 그리고 만주에서는 각성한 농민의 항일무장투쟁을, 조선 국내에서는 각성한 농민으로 구성된 도시 노동자들의 조직적 투쟁을 대안으로 제기한다.

대표작 『인간문제』는 강경애의 이런 문학관을 구체적으로 형상화한 작품이다. 『인간문제』는 본래 용연을 배경으로 한 농촌소설로 기획되었으나 창작과정에 최초의 기획을 크게 변경시켜 '인천'과 '노동자'라는 새로운 배경과 인물을 등장시켰다. 그리고 이들을 통하여 '인간문제' 해결 대안으로서의 도시 노동자의 조직적인 투쟁을 생동감 있게 보여주었다.

인천이 『인간문제』 후반부의 배경으로 등장한 것은 당시 인천의 도시적 특성과 밀접히 관계된다. "개항 이후 항구도시, 공업도시, 상업도시로 빠르게 변모한 인천엔 노동자계층이 다른 도시보다 일찍 형성됐다."[25] 그리고 이런 두터운 노동자층의 형성은 또 1930년대의 적색노동조합운동과 맞물려 활발한 노동운동으로 이어졌다. 강경애는 바로 이런 점들에 주목하였다. 강경애에게 '노동자의 도시 인천'은 '조선의 심장'이었으며 노동자들의 활력으로 하여 생기가 넘쳤다. 『인간문제』는 그 문학적 재현인 것이다.

25] 경인일보 특별취재팀, 위의 글, 110쪽.

East Asia,
the Third Eye on Port Opening

Inha University
Center for Korean Studies

EAST-ASIA KOREANOLOGY Book Series

Koreanology-Contemporary Approach

Lee, Youngho

Korean Studies over the last century has floated between two extremes in its academic approach as Korea underwent colonialism and national division. While considering the Western model as of universal value, it has also defended the peculiar, nationalistic approach. In the meantime, some magnetic fields of conflict have slowly taken shape through continual exposure to the alternatives of the West and the Orient, modernity and tradition, universality and particularity, the world and the nation, etc. In this context, it is not surprising that, in the 21st century, attempts have developed to open a new horizon for Korean Studies via East Asia. This has come to be acknowledged as the third way. For this reason, the Center for Korean Studies(CKS) at Inha University proposes the new field of "East-Asia Koreanology".

Four departments (Korean Language & Literature, History, Philosophy, and

---

* Director, Center for Korean Studies, Inha University.

Cultural Contents) of the College of Humanities & Arts collaborated to set up "the Korean Studies Program" at Inha's graduate school. This innovative approach intends to develop the field of Korean Studies at the East Asian level. It is closely related with the recent rush of students from neighboring East Asian countries hoping to pursue Korean Studies at Inha University. This development is one that motivated us to get more academically open to the region as a whole. Nevertheless, it is difficult to build up East-Asia Koreanology as an integral field of study without inventing a comprehensive methodology embracing various disciplines.

For this reason, CKS proposed the idea of "Koreanology for the East-Asia Community" when it joined the Humanities Korea Project (offered by the National Research Foundation of Korea). Our proposal intends to break up the 20th century's conflicted past and establish an interdisciplinary and international field of research to build a common nest of peaceful coexistence and ensure constructive solidarity among Korea's neighbors in the new century. To achieve this, we propose to substitute a two-way, interactive style of communication for the traditional one-way approach of "Area Studies" structured by imperialistic thinking.

CKS is planning to undertake this 10-year project in three phases. The first phase is entitled "Koreanology on the Horizon of East Asia." With this theme the historical, intellectual, and cultural experiences of Korea, which have been previously treated from the narrow lenses of one nation's history, will be reinterpreted from a holistic East Asian perspective. We hope the fruits of this work prove methodologically helpful for neighboring East Asian countries in better understanding their own national studies.

In the second phase, "Communication between Koreanology and East Asia" will be examined. It attempts to replace Korean Studies of 20th century conflict with a Koreanology embracing a "Win-Win" philosophy and communication worthy of the present day.

CKS' efforts for the third phase will be concentrated in an area termed "Establishment and Diffusion of East Asia Koreanology." Here we shall not only confirm proper methodologies of the new Koreanology, but also try to apply and disseminate them in various practical works.

Of course, we are not free from obstacles on the roundabout way via East Asia. For example, outdated hostile intentions to restructure the Asian world into a hierarchical order and enforce hegemony are still active. These are sometimes interwoven with biased nationalistic aspirations to revive a "great" past. Now, the key to achieving the desired "Win-Win" outcome lies in fusion and interaction. Diverse branches of the humanities need to be blended together in the framework of Koreanology. Not a mechanical combination, but rather a chemical fusion of linguistics, literature, history, philosophy, and cultural contents is required. Further, the positive effects of this effort will need to be transferred to the social and natural sciences. Also necessary will be a broad interaction of academic dialogues with the Korean Studies departments of each East Asian country as well as representatives of respective national studies programs. Such interchanges are all the more urgent considering the immature state of Korean Studies throughout the region. The boundaries of East Asia can be expanded technically to Southeast Asia without difficulty, but our perspective and learning should be much broader in order to intentionally cover the entire continent, no more confined to China or Japan.

The EAST-ASIA KOREANOLOGY Book Series has been designed to secure common ground for interdisciplinary research of East Asia Koreanology. For the creation of a blended methodology, we will make this series an open basket. It contains creative fruits, which will help us rediscover and re-illuminate historical experiences, carve out alternative discourses, and elaborate practices appropriate for the field of humanities. CKS at Inha University will fill this basket with an abundant harvest every year and continue to sincerely play its role as "a new center for 21st century Korean Studies linking Incheon, the Korean Peninsula, East Asia, and the World".

I. Before and After Port Opening

Economic Activities of Seo Sang-Jib, the Korean Version of Comprador(mai'pan) during the Period of the Opening of the Incheon Port

Lee, Youngho

The ports of East Asia at the time of their opening to foreign trade were a place of competition, confrontation, and trade between foreign merchants and local merchants. How did the local merchants in the Incheon Port respond to the environment? Seo Sang-jib was one of the most representative merchants who did business by taking the advantage of the networks of domestic and foreign merchants and politicians. I would like to take a close look at his life and business activities to identify the relationship between the modern economy and politics, the way modern merchants operate during the port-opening period, and its characteristics observed from the East Asian context.

Seo Sang-jib acted on behalf of Sunsinchang Trade Corporation owned by Townsend. Some criticize that he represented the interest of the American merchant, but he also sought independent business and capital accumulation of his own.

---

* Director, Center for Korean Studies, Inha University.

During the Kabo Reform period, he established a joint corporation by utilizing this connection with the reform-minded bureaucrats and engaged in tax payment service, rice trade and international red ginseng trade. He set up the distribution based in Seoul and its surrounding areas along Han River and the West Sea. Recognizing the advantages of the Incheon Port, he also aimed at the formation of the distribution network covering whole East Asia linking China's Shanghai Port and ports of Japan.

In the Daehan Empire period, Seo Sang-jib organized Shinsang Corporation with nationalist characteristics to represent the interest of Korean merchants in a way that is confronts Japanese merchants. When the Daehan Empire promoted the policy toward development of industry and production, his active investment in the maritime, shipbuilding, and financial industries helped him grow into one of the major capitalists in Incheon. However, as it was inevitable that his emergence as a big capitalist led him to be involved in the political network and got implicated in a coup-de-tat attempt led by reformist Yu Gil-jun.

I associated the footsteps of Seo Sang-jib to China's compradors (mai'pan). Compradors in China, who achieved a financial success as merchandise brokers, invested in a number of industries booming in foreign trade ports, took the leadership in merchant groups, participated in patriotic movements, and embraced Western values and lifestyles. When the trail of his life is followed, he is potentially the Korean version of comprador who is close to China's mai'pan. It can be presumably evaluated that Seo Sang-jib is someone who can represent a capitalist based on East Asian foreign trade ports.

The Construction and Development of Sea Port Busan under the Rule of Japanese Imperial

Kim, Seung

Busan is not only a city geographically close to Japan, and but also a place where Choryang-waegwan had been serving as a channel of communication with Japan since Joseon. Because of the background, Busan was able to become the first port in Korea which opened itself to foreign trade. However, the Busan port was directly faced with the ocean and did not have a wide hinterland. Therefore, Japan reclaimed coastal wetlands of the port from 1902 to the end of its colonial rule of Korea. The harbor facilities built as part of the project were used for unloading US Army supplies during the Korean War and were also used as basic structures for export activities in the 1950s and 1960s.

Meanwhile, the population continued to grow along with the expansion of the urban space. The growth was particularly noticeable in 1925 when the Provincial Office of Gyeongsangnam-do was relocated to Busan, and in 1936 when more industrial facilities were

---

* HK Professor, Institute of International Maritime, Korea Maritime University.

established. The percentage of the Japanese population in Busan during the colonial period had declined from 51% in 1910 to 18% in 1942. However, it does not mean that the number of the Japanese had dropped. The decrease can be viewed in relative terms because Busan-bu incorporated part of Dongrae-gun in 1935, and then completely merged the region in 1942, resulting in the increase in the absolute number of the Korean population. The trend of the industries in Korea during the Japanese colonial rule indicates that most dominant industries in the Busan Port from its port opening period to 1910 were soy and sesame oil, clear liquor(cheongju), and rice milling. At that time, the Busan Port took an important position in Korea, taking 47.2% of the total national production. The port was initially mainly led by light industries such as textiles and food, but heavy/chemical industries had grown since 1935 when the country went into the wartime economy system. The change in the economic structure resulted in a change in the composition of the industrial population by each period.

Over time, the proportion of agriculture and livestock industries had gone down, and Koreans households became more involved in industrial production than in commerce. One of the noticeable changes was that the share of industrial workers among Koreans had risen from 10.25% in 1930 to 20% in 1941, because heavy and chemical industries prospered in Busan under the wartime economy. Despite the transition, the Koreans were bipolarized in terms of employment, given that the urban informal sector took account 33% of the total population as of 1941. For the Japanese residents in Busan, the percentage of households engaging in industrial production had been shrinking from 71% in 1920 to 45.7% in 1941. However, the number of public officials and self-employed had increased by 10% and the share was maintained at around 27% from the 1930s. After all, the share of economically active households among the Japanese residents in Busan was a stable 73.1% as of 1941 when commerce, public sector, and self-employed sectors were combined together.

Colonial Modernity in Mokpo as a Dual City

Park, Chanseung

Colonial modernity refers to a specific aspect of modernity in the universal sense of the word that is presented in the space of a colony. Colonial modernity is best seen in the cities of a colony, in particular, colonial cities where nationals of the imperial country migrate and settle down. Mokpo used to be a small fishing village, but upon its opening in 1897 it began to rapidly grow into an important port city through which rice and cotton produced in the Honam region were transported to Japan. After 1910, Mokpo developed into the biggest commercial and industrial city in the region.

However Korean and Japanese neighborhoods in Mokpo were segregated between South and North Villages with Mt. Yudal serving as the border. The two villages differed significantly in terms of their general conditions, ranging from roads, houses, water supply and drainage, street lamps, garbage disposal, to hospitals. Korean

---

* Professor, Department of History, Hanyang University.

members of the Mokpo City Council frequently demanded improvements to the poor public facilities for the native residents, only to be rejected by the Japanese city authorities. The city authorities were generally indifferent to the destitute conditions in Korean neighborhoods, and were deliberately so to some extent. Japanese colonizers in Korea attempted to demonstrate the modernity they brought with them by preserving the wide gaps in living conditions between Japanese and Korean residential areas in cities such as Mokpo, where many Japanese lived. Imperial powers built 'dual cities' in their colonies for such purposes ; Mokpo was a model of them.

Escape from Impasse

: Early Treaties between Japan and the West

Mitani, Hiroshi

The opening of Japan to the West has generally been thought to have occurred in two stages the treaties in 1854 and the trade treaties in 1858, both initiated by the United States. This paper shows that there were in fact at least three stages, in which Dutch assistance and Japanese initiative played not a small role in producing the treaties that framed diplomatic relations as well as trade.

The first generation of Japanese treaties with the West, with the US, Britain,and Russia, were open port treaties without any reference to diplomatic relations or trade. The Japanese government wanted to maintain its policy of seclusion by allowing minimum concessions to the West. Although the following treaty with Holland dealt with trade, it was based solely on the trade customs at Nagasaki during the early modern era and other nations could not enjoy

---

* Professor, Department of Area Studies, The Graduate School of Arts and Sciences, Tokyo University.

most-favored-nation status.

The Japanese government decided to adopt a more open policy after beginning to learn about Western navigation and sciences from a group of Dutch teachers sent to Nagasaki. It followed a path of gradual change by adding trade articles to existing treaties with Holland and Russia. After concluding the revision of these treaties, the Japanese government gave the US agent permission to visit Edo. Although it planned to revise the treaty with the US in a similar manner, in fact the agreement was even more open, including official diplomatic relations, because of the Japanese agents' enthusiasm for a more open policy as well as the US agent's eager demands. This treaty became the model for subsequent treaties with the Netherlands, Russia, Britain and France.

Contrary to the common view, starting withthe second generation, Japanese treaties with the West were the products of Japanese observation of the world situation and strategic thinking.

A Penetration of the Free Trade System into East Asia in the Nineteenth Century

Kagotani, Naoto

Western modern imperialism created the economical institutions, such as the free trade system, fixing currencies to the key currency at a high valued rate and forming radial railway systems to transport primary goods from inland. These institutions resulted in the expansion of overseas merchant networks in the nineteenth century. The free trade system encouraged the activity of Chinese traders. In the case of Kobe port in 1894, overseas Chinese merchants accounted for 63 percent of exports from Kobe to Asia.

It was crucial that the large number of Chinese immigrant laborers drastically increased in Southeast Asia in the nineteenth century. Western imperialism needed its labor power to produce and process primary goods, such as tin ore and rubber. There were many Chinese towns where workers spoke the same language and shared the same practices. The important thing was that it was mainly Chinese workers drastically who supplied the large consumer

---

* Professor, Institute for Research in Humanities, Kyoto University.

markets in Southeast Asia. It was Chinese merchants who provided consumer goods to these workers, because they had learned and knew the emigrant workers' adopted languages, social customs and cultural taste.

The overseas Chinese merchants had an advantage in purchasing consumer goods because they used the high valued currencies in Southeast Asia. The currencies in colonies allowed them to buy goods easily. In particular, it was profitable for merchants to deal with Japanese goods because they could be exported at the devalued currency rate. The main reason why Chinese and Indian merchants tried to set up new branches in Kobe was that Japanese goods were very profitable for them due to the difference in currency policies between colonies and Japan. The cheap Japanese goods were needed for people in colonies because they suffered from the deflationary circumstances.

The high valued currencies in colonies also encouraged overseas Chinese laborers' remittances from Southeast Asia to South China. These remittances brought the information that the immigrant labor was profitable and then promoted further emigration. The more the numbers of Chinese workers increased in colonies, the more overseas Chinese networks could be expanded, based on a common language and background, unifying of the flow of people, money and goods into a single unit.

Formation on the 'Oceanic Network' in East Asia Before the Opening of Ports and Subsequent Development

: Focusing on Hoi An

Nguyen, Van Kim

In the long history of the Eastern Asian countries, from early time trading relations among nations had been established. Foreign trade always played very important role not only in making prosperity but also in building diplomatic and cultural relations. In fact, the 'Oceanic network' in East Asia were formed a long time before East Asian countries had to open their ports to the western powers. From 16th century, the potentials of economy, political environment and traditional culture contributed to forming the well-known city port of Hoi An. Foreign merchants and missionaries came to the town to exchange goods and carried on missionary works. Hoi An used to be a prosperous area, destination of all walks of life and one of intersecting areas of the East and West economic, cultural centres.

---

* Professor, Department of World History, Vietnam National University, Hanoi.

II. Memory Politics

How Could Shanghai Become a Cultural Center of Modern China?

Yuan, Jin

Shaghai could become a cultural center of modern Chinese due to a number of factors including geography, history, culture, economy, and politics. Such characteristic of Shanghai allowed co-existence of the Chinese and foreigners in the form of a concession district, fully revealing its benefits from its early stages. In feudal and underdeveloped China of the mid and late 19th centuries, the International Settlement in Shanghai was a channel where China encountered with the Western world, and served as an important base to resist the feudal and despotic ruling of the Chinese authorities, and a center of development of modern media such as newspaper and magazines. Shanghai was the first place in China where both the Chinese and foreigners lived. The fact that the city fully utilized the benefits as an international settlement to advance the country in a feudal state into modern capitalism may look like a coincidence, but the two events have a causal relationship.

---

* Professor, Department of Chinese Language and Literature, Fudan University, Shanghai.

The Tradition of Shanghai School Literature

Chen, Sihe

In the history of Chinese literature, it was around the 1930s when the term called the Shanghai School literature(海派文學) was created. However, like the history of the city of Shanghai, it does not mean that the attempt to express the city's historic flavor and cultural images into an artistic form began in the 1930s. Instead, it has evolved over a long period of time as everyday lives in the Shanghai concession gradually affected literary works after the city opened its port to foreign trade. In the wake of Flowers of Shanghai(海上花列傳), two traditions have been formed in Shanghai School literature: One is a tradition to describe the images of modernity residing in the extremely complicated urban culture. The other one reveals restrictions between classes and humanitarian criticism seen from the critical perspective of leftist culture. The new sensational literature and the leftist culture of the 1930s drove the two traditions to their peak. In the 1940s, the two traditions were merged in

* Professor, Department of Chinese Language and Literature, Fudan University, Shanghai.

the personal life spaces of the city, developing a relatively stabilized area of esthetics in the art of Zhang Ai-ling(張愛玲).

The Process of Establishing the German-Chinese Advanced School of Special Sciences of a Special Type

Sun, Lixin

The German-Chinese Advanced School of Special Sciences of a Special Type, founded in 1907, has a significant meaning in the history of higher education of Qingdao. The foundation of the school was initiated by the German government and the German authorities that controlled the Chinese territory to fortify and expand the interest of the political and economic interest of Germany in China. However, China was not on a passive side in the process. The Chinese government took part in in-depth negotiations with the German government from the early stage of the discussion. Furthermore, it successfully secured its rights in the negotiations so eventually China and Germany decided to "jointly" operate the school. The two sides had different focus, but they basically shared the notion that the school would be run together.

* Professor, Center for German Studies, Ocean University of China.

The Recognition of Colonialism and Preservation of Colonial Heritage

: Examples of Shanghai and Qingdao

Zhao, Chengguo

China had been put under colonial rule for about a century since 1940, when the society turned into a semi-colonial and semi-feudal state. During the period, many "colonial heritages" had been created. There has been a heated debate for a long period, in particular for the last 10 years in the academic community and the public about whether the colonial heritages produced at that time are cultural resources, or whether they can be treated as world cultural heritages. The author believes that colonial heritages have elements of cultural heritages and therefore, they need to be preserved and inherited. They have values as certain type of cultural resources.

---

* Professor, Institute of Marine Culture, Ocean University of China.

The Memory of Colonization and Its Reterritorialization

: A Study on East Asia Concession Network through the Johnstone Villa

Baik, Jiwoon

This study investigates East Asian concession network by shedding light on the Johnstone Villa, western-style building located in the Public Park in Jemulpo during the opening-port period. The Johnstone Villa was the summerhouse of James Johnstone, a British merchant based in Shanghai. The construction of the villa was commenced in 1903 and was completed in 1905.

In keeping with the recently emerging interest in the history of the open-port period and the identity of local culture, there is a heated debate in Incheon concerning the restoration of the villa. Despite the villa has been remembered by the citizens of Incheon as a long-standing symbolic landmark of the post-port era Incheon, it still is regarded as an outcome of Western Imperialism at the same time. Besides, the restoration plan is closely tied with the issue of the removal of General MacArthur's Statue and the

---

* HK Professor, Center for Korean Studies, Inha University.

Centennial Statue, commemorating the Korea-U.S. treaty, both of which are located in Liberty Park.

Here are a couple of points of dispute. First, considering that most of the modern cultural inheritances in Asia were remnants of imperialism, how can we reterritorialize their imperialist inheritances as local culture? Second, in a region like Korea in which the Cold-War supplanted Western and Japanese imperialism, the problem of getting rid of colonial inheritances is largely interwined with that of removing the cultural inheritances of the Cold-War. Third, why do the differences in ways of remembering and dealing with the cultural inheritances of colonialism in each of the nations of the East Asian region happen?

Having these critical points in mind, this study aims at evidential research on the materials regarding the Johnstone Villa. Through this study, we can assume that there existed human and material connection between the villa and the Shanghai Foreign Concession, and the Qingdao German Concession. In this context, this essay is a preliminary study on the concession network linking Incheon, Shanghai and Qingdao, from which we are able to go beyond the mere restoration of a part of national history to the further exploration of the inter-connectedness of East Asian modernity.

Modern Workers' City of Incheon Depicted in *From Wonso Pond*

Cui, Hesong

The literature of Kang Kyong-ae can be divided into early works and late works before and after 1935, respectively. Her literary trend dramatically changed into expression of loss and frustration after she was affected by the external environment in the late 1930s. However, in her works in the early 1930s, to simply put, she captured the fundamental problems of the human society and went so far as to find a person who can solve the problem and direct the person what to do. The tendency, shown in her first novel *Pageum*(1931) and *followed by Buja*(1933), and *Mothers and Daughters*(1934), is more concretely presented in *From Wonso Pond*(1934). In this regard, the early works of Kang Kyong-ae is a journey into *From Wonso Pond*.

In *From Wonso Pond*, the author found the subject who would solve the problems of the human society in intellectuals, but swiftly

---

* Assistant Professor, Department of Korean Language and Literature, Minzu University of China.

became skeptical about them, and turned her attention to enlightened farmers. Eventually, alternative solutions to the problems were armed resistance against Japan led by enlightened farmers in Manchuria and organized strife of progressive urban workers within Joseon. *From Wonso Pond*, the most well-known work of Kang Kyong-ae, embodied such idea in the concrete form. The novel was originally planned to describe the farming village of Yongyeon as background, but a new background and people— Incheon and workers—were selected in the actual output. They served effective roles in vividly revealing organized strife led by urban workers as a solution to the problems of the society.

The fact that Incheon was used as background of the latter part of the novel is closely related with the unique characteristics of the city. The class of workers emerged in Incheon earlier than in other cities as Incheon has fast transformed itself into a city of port, industry, and commerce since opening of its port to foreign trade. The strong base of worker led to active labor movements coincided with the Red Labor Union Movement of the 1930s. The characteristics caught the attention of Kang Kyong-ae : for the author, Incheon, the "city for the workers" was the "heart of Joseon", and the city was alive with the energy of the workers. It is *From Wonso Pond* that represented the scene of the times in the literary form.

필자 소개

최원식崔元植

서울대학교 국문과에서 「이해조문학연구」로 박사학위를 취득하고 현재 인하대학교 인문학부 한국어문학전공 교수로 재직하고 있다. 최근의 주요 저서로는 『제국 이후의 동아시아』, 『東アジア文学空間の創造』, 『한국계몽주의 문학사론』, 『韓国の民族文学論』 등이 있다. cws919@inha.ac.kr

이영호李榮昊

서울대학교 국사학과에서 「1894-1910년 지세제도 연구」로 박사학위를 취득하고, 현재 인하대학교 인문학부 사학전공 교수로 재직하고 있다. 주요 저서로 『한국근대 지세제도와 농민운동』, 『동학과 농민전쟁』 등이 있다. yholee@inha.ac.kr

김승金勝

부산대학교 사학과에서 「1920년대 경남동부지역 청년운동」으로 박사학위를 취득하고 현재 한국해양대학교 국제해양문제연구소에서 HK교수로 재직하고 있다. 최근의 주요 논저로는 「한말 부산거류

일본인의 상수도시설 확장공사와 그 의미」,「한말·일제하 울산군 장생포의 포경업과 사회상」,「개항 이후 1910년대 용두산신사와 용미산신사의 조성과 변화과정」,「일제강점기 부산지역 일본인 청년단체의 조직과 활동」,『사진엽서, 부산의 근대를 이야기하다』(공저) 등이 있다. namsan386@hanmail.net

박찬승 朴贊勝

서울대학교 국사학과에서 「일제하 민족주의 우파의 실력양성운동론 연구」로 박사학위를 취득하고 현재 한양대학교 사학과 교수로 재직하고 있다. 주요 논저로『한국근대정치사상사연구』,『민족주의의 시대』 등이 있다. pcshistory@hanamil.net

미타니 히로시 三谷博

도쿄대학 인문과학연구과 국사학전문과정에서 「明治維新とナショナリズム」로 박사학위를 취득하고, 현재 도쿄대학 총합문화연구과 지역학전공 교수로 재직하고 있다. 주요 저작으로,『東アジアの公論形成』,『大人のための近現代史 : 19世紀編』, Escape from Impasse : The Decision to Open Japan 등이 있다. hmitani@ask.c.u-tokyo.ac.jp

가고타니 나오토 籠谷直人

오사카시립대학 경제학부에서 「アジア国際通商秩序と近代日本」으로 박사학위를 취득하고 현재 교토대학 인문과학연구소 교수로 재직하고 있다. 주요 논저로는『帝国とアジア·ネットワーク : 長期の19

世紀』(공저), 『アジア国際通商秩序と近代日本』 등이 있다.
kago@zinbun.kyoto-u.ac.jp

응우옌 반 낌Nguyen Van Kim

베트남국립하노이대학에서 "Japan's closed country policy : Cause and Consequence"로 박사학위를 취득하고, 현재 베트남국립하노이대학 사학과 교수로 재직하고 있다. 주요 논저로는 "Japan and Asia : Traditional contact and socio-economic transformation", "Relationships of Japan and Southeast Asia in XVth-XVIIth Centuries" 등이 있다.
nguyenvankimls@yahoo.com

위앤 진袁進

상하이 화둥華東사범대학 중문과를 졸업하고 현재 상하이 푸단復旦대학 중문과 교수로 재직하고 있다. 주요 논저로는 『中國小說的近代變革』, 『鴛鴦蝴蝶派』, 『中國近代文學觀念的近代變革』 등이 있다.
yuanjin92@yahoo.com.cn

천 쓰허陳思和

상하이 푸단대학 중문과를 졸업하고 현재 같은 대학 인문학원 부원장, 중문과 교수로 재직하고 있다. 주요 논저로는 『中國新文学整体觀』, 『中國當代文學史』, 『巴金論稿』(공저) 등이 있다.
chensihe@gmail.com

쑨 리신 孫立新

독일 아우구스부르크Augsburg대학 철학과에서 "Das Chinabild der deutschen protestantischen Missionare des 19. Jahrhunderts : Eine Fallstudie zum Problem interkultureller Begegnung und Wahrnehmung"로 박사학위를 취득하고 현재 베이징사범대학 역사학원 및 중국해양대학 독일연구센터 교수로 재직하고 있다. 주요 논저로는『百年巨變─19世紀德國的歷史和文化』,『在'模範殖民地'胶州湾的統治與抵抗─1897至1914年德國與中國的相互作用』등이 있다. sunlx200466@163.com

자오 청궈 趙成國

중국 베이징대학 역사학과에서 「한일회담연구」로 박사학위를 취득하고, 현재 중국해양대학 해양문화연구소에서 교수로 재직하고 있다. 주요 논저로는 「박정희와 한일외교정상화」, 「명대 조선사절과 중조해상교통」,『주산군도 승사현의 역사와 문화전통연구』(공저) 등이 있다. zhaochengguo@yahoo.co.kr

백지운 白池雲

연세대학교 중어중문학과에서 「근대성 담론을 통해 본 梁啓超 계몽사상 재고찰」로 박사학위를 취득하고, 현재 인하대학교 한국학연구소 HK교수로 재직하고 있다. 주요 논저로는 "Murakami Haruki and the historical memory of East Asia", 「량치차오 계몽주의의 기항지─『신대륙유기 新大陸遊記』를 중심으로」 등이 있다. jiwoon-b@hanmail.net

추이 허숭崔鶴松

인하대학교 대학원 한국학과에서 「강경애 소설의 주제와 변모양상 연구」로 박사학위를 취득하고, 현재 중국 중앙민족대학 조선언어문학학과에서 조교수로 재직하고 있다. 주요 논저로는 「만주 체험과 강경애 문학」, 「해방전 주요섭의 삶과 문학」, 『1946년 북조선의 가을』(역서) 등이 있다. cuihesong@hanmail.net

찾아보기

● 필자 소개(집필순)

최원식	인하대학교 인문학부 한국어문학전공 교수
이영호	인하대학교 인문학부 사학전공 교수
김 승	한국해양대학교 국제해양문제연구소 HK교수
박찬승	한양대학교 사학과 교수
미타니 히로시	도쿄대학 총합문화연구과 지역학전공 교수
가고타니 나오토	교토대학 인문과학연구소 교수
응우옌 반 낌	베트남국립하노이대학 사학과 교수
위앤 진	상하이 푸단대학 중문과 교수
천 쓰허	상하이 푸단대학 인문학원 부원장, 중문과 교수
쑨 리신	베이징사범대학 역사학원 및 중국해양대학 독일연구센터 교수
자오 청궈	중국해양대학 해양문화연구소 교수
백지운	인하대학교 한국학연구소 HK교수
추이 허숭	중앙민족대학 조선언어문학학과 조교수

동아시아한국학 연구총서 2

동아시아, 개항을 보는 제3의 눈 East Asia, the Third Eye on Port Opening

© 인하대학교 한국학연구소, 2010 Printed in Incheon, Korea

1판 1쇄 인쇄 ‖ 2010년 05월 20일
1판 1쇄 발행 ‖ 2010년 05월 31일

엮은이 ‖ 인하대학교 한국학연구소(http://www.inhakoreanology.kr)
펴낸이 ‖ 이본수
책임편집 ‖ 김현아

펴낸곳 ‖ 인하대학교출판부(Inha University Press)
등 록 ‖ 1979년 5월 23일 남부 제13호
주 소 ‖ 인천광역시 남구 용현동 253
          253 Younghyeon-dong Nam-gu, Incheon, 402-751 Republic of Korea
홈페이지 ‖ http://press.inha.ac.kr
이메일 ‖ press@inha.ac.kr

공급처 ‖ (주)글로벌콘텐츠출판그룹
주 소 ‖ 서울특별시 강동구 길동 349-6 정일빌딩 401호
전 화 ‖ 02-488-3280
팩 스 ‖ 02-488-3281

값 20,000원
ISBN 978-89-7407-251-3 94910
          978-89-7407-250-6 94910(set)